Internationale Zuständigkeit
im deutsch-türkischen Rechtsverkehr

Europäische Hochschulschriften

Publications Universitaires Européennes
European University Studies

Reihe II
Rechtswissenschaft

Série II Series II
Droit
Law

Bd./Vol. 3182

PETER LANG
Frankfurt am Main · Berlin · Bern · Bruxelles · New York · Oxford · Wien

Murat Atalı

Internationale Zuständigkeit im deutsch-türkischen Rechtsverkehr

PETER LANG
Europäischer Verlag der Wissenschaften

Die Deutsche Bibliothek - CIP-Einheitsaufnahme

Atalı, Murat:

Internationale Zuständigkeit im deutsch-türkischen Rechtsverkehr / Murat Atalı. - Frankfurt am Main ; Berlin ; Bern ; Bruxelles ; New York ; Oxford ; Wien : Lang, 2001
(Europäische Hochschulschriften : Reihe 2, Rechtswissenschaft ; Bd. 3182)
Zugl.: Regensburg, Univ., Diss., 2001
ISBN 3-631-38179-4

Dekan: Gerrit Manssen
Erstgutachter: Prof. Dr. Peter Gottwald
Zweitgutachter: Prof. Dr. Andreas Spickhoff
Tag der mündlichen Prüfung: 13.02.2001

D 355
ISSN 0531-7312
ISBN 3-631-38179-4

www.peterlang.de

Meinen Eltern in Liebe und Dankbarkeit

Vorwort

Die vorliegende Arbeit wurde im WS 2000/2001 von der Juristischen Fakultät der Universität Regensburg als Dissertation angenommen. Entstanden ist sie während meines vierjährigen Aufenthalts in Deutschland, der mir von der Juristischen Fakultät meiner Heimatuniversität Selçuk in Konya/Türkei durch ein Stipendium erst ermöglicht wurde. Ich danke sehr für diese großzügige finanzielle Unterstützung und hoffe, dass diese Arbeit bei der Lösung der im deutsch-türkischen Rechtsverkehr auftauchenden zuständigkeitsrechtlichen Probleme einen Beitrag leistet.

Bei der Anfertigung meiner Arbeit wurde ich durch zahlreiche Personen unterstützt, die mich durch inhaltliche Hinweise, Ratschläge, Verbesserungsvorschläge, aber manchmal auch durch einfache Gespräche motiviert und dadurch zum Gelingen der Arbeit wesentlich beigetragen haben. Alle diese Personen kann ich aus Platzgründen nicht aufführen, nachfolgende jedoch nicht zu nennen, wäre nicht zu entschuldigen. Mein ganz besonderer Dank gilt vor allem meinem hochgeschätzten Doktorvater, Herrn Prof. Dr. Peter Gottwald, der das Thema angeregt und die Arbeit mit seiner vielfältigen und sehr ergiebigen Unterstützung betreut hat. Mein Dank gilt ferner meinem lieben Freund, Herrn Dr. M. Fatih Uşan, der mir nicht nur durch die Beschaffung von Materialien aus der Türkei, sondern auch durch seinen sonstigen tatkräftigen Einsatz sehr geholfen hat. Großen Dank schulde ich auch Herrn Rechtsanwalt Adnan Şen, Herrn Dr. Yavuz Şahin und Herrn Yusuf Kaya, die mir in unterschiedlichen Phasen der Arbeit immer hilfreich zur Seite gestanden und vor allem im privaten Bereich für den erforderlichen Ausgleich zu den Anstrengungen der Arbeit gesorgt haben. Herrn Prof. Dr. Andreas Spickhoff danke ich herzlich für die schnelle Ausfertigung des Zweitgutachtens.

Meiner Freundin Sylvie Brahy gilt mein letzter und persönlichster Dank.

Regensburg, im März 2001 Murat Atalı

Inhaltsverzeichnis

Abkürzungsverzeichnis XVII
Einleitung 1

**Erster Teil:
Allgemeines zum Begriff der internationalen Zuständigkeit und deren Normierung im deutschen und türkischen Recht**

§ 1 Allgemeines zum Begriff der internationalen Zuständigkeit 3
A. Der Begriff der internationalen Zuständigkeit 3
I. Allgemeine und besondere Zuständigkeit 4
II. Ausschließliche und konkurrierende Zuständigkeit 4
B. Quellen der internationalen Zuständigkeit 5
C. Fazit 7
§ 2 Die Prüfung der internationalen Zuständigkeit und Inlandsberührung als Anknüpfungspunkt 8
A. Auslandsbezogenheit des Falles 8
B. Inlandsberührung als Zuständigkeitsanknüpfungspunkt 9
I. Im allgemeinen 9
II. Die Arten (Erscheinungsformen) der Anknüpfungspunkte 10
III. Mit den Anknüpfungspunkten verfolgte Interessen (Wertungsprinzipien) und ihre Tragfähigkeit 11
IV. Die Vertretbarkeit der Anknüpfungspunkte hinsichtlich der Beziehungsintensität zum Forumstaat 13
1. Gestaltung und Bedeutung der Beziehungsintensität bezüglich deren Tragweite 13
2. Exorbitante Gerichtsstände 13
3. Forum non conveniens 15
V. Doppelrelevante Tatsachen bei der Begründung der internationalen Zuständigkeit 19
1. Die Bedeutung der doppelrelevanten Tatsachen 19
2. Die Lösungsansätze im deutschen und im türkischen Recht 20
3. Stellungnahme 22
VI. Ergebnis 22
§ 3 Das System der Regelung der internationalen Zuständigkeit im deutschen und türkischen Recht 24
A. Einleitung 24
B. Methoden der Regelung der internationalen Zuständigkeit 24
C. Die Regelung der internationalen Zuständigkeit im deutschen Recht 25
I. Autonomes Recht 25
II. Das EuGVÜ und die Anwendbarkeit seiner Zuständigkeitsordnung im deutsch-türkischen Rechtsverkehr 25
1. Kurzer Überblick auf das EuGVÜ 25
2. Auslandsbezug des Rechtsstreits als stillschweigende Voraussetzung der Anwendbarkeit des Übereinkommens? 27
a) Meinungsstand im Schrifttum 27
b) Stellungnahme 29
3. Der räumlich-persönliche Geltungsanspruch des EuGVÜ – Drittstaatenproblematik 30

a) Die Bedeutung der Problematik 30
b) Der Meinungsstand über die Drittstaatenproblematik in der Lehre 31
c) Die Türkei als Drittstaat des EuGVÜ in der deutschen Rechtsprechung 32
d) Die Auffassung des EuGH über die Drittstaatenproblematik 34
e) Stellungnahme und Fazit 34
D. Die Regelung der internationalen Zuständigkeit im türkischen Recht 35

Zweiter Teil:
Die Anknüpfung der internationalen Zuständigkeit im deutschen und türkischen Recht
***Erster Abschnitt:* Die Anknüpfung des allgemeinen Gerichtsstands**

§ 4 Der allgemeine Gerichtsstand 39
A. Der Begriff des allgemeinen Gerichtsstands 39
B. Der allgemeine Gerichtsstand der natürlichen Personen im deutschen Recht 40
I. Der Wohnsitzgerichtsstand als Grundregel 40
II. § 13 ZPO oder Art. 2 EuGVÜ im deutsch-türkischen Rechtsverkehr 40
III. Bestimmung des Beklagtenwohnsitzes im deutschen Recht 41
IV. Ergebnis und Stellungnahme zum Thema der Bestimmung des ausländischen Wohnsitzes 43
C. Der allgemeine Gerichtsstand der juristischen Personen im deutschen Recht 44
I. Maßgebliche Regelung (§ 17 ZPO oder Art. 2 i.V.m. 53 EuGVÜ) 44
II. Die praktische Bedeutung der Wahl zwischen § 17 ZPO und Art. 2 i.V.m. 52 EuGVÜ 44
III. Die Anwendbarkeit von Art. 2 i.V.m. 53 EuGVÜ im deutsch-türkischen Rechtsverkehr 47
D. Der allgemeine Gerichtsstand im türkischen Recht 48
I. Der Wohnsitzgerichtsstand der natürlichen Personen als Grundregel 48
1. Die Rechtslage 48
2. Der Wohnsitzbegriff im türkischen Zivilgesetzbuch 48
3. Der allgemeine Gerichtsstand der natürlichen Personen unter Anwendung der Wohnsitzdefinition des türk. ZGB 49
4. Zwischenergebnis und Stellungnahme 52
5. Die restriktive Auslegung des Wohnsitzbegriffs durch das türk. Kassationsgericht 53
6. Kritik 54
II. Der allgemeine Gerichtsstand der passiven Streitgenossen 55
1. Grundregel 55
2. Der *gemeinsame* Gerichtsstand der Streitgenossen 56
3. Stellungnahme 57
4. Böswillige Geltendmachung des Art. 9 Abs. 2. Satz 1 (und 2) türk. ZPO 58
5. Vergleich des deutschen und des türkischen Zuständigkeitsrechts in bezug auf den Mehrparteiengerichtsstand 59
III. Der allgemeine Gerichtsstand der juristischen Personen im türkischen Recht 60
E. Fazit 62

***Zweiter Abschnitt*: Die Anknüpfung der besonderen Gerichtsstände**

§ 5 Der Gerichtsstand des dauernden Aufenthalts 64
A. Die Rechtslage im deutschen Recht 64
I. Der Aufenthaltsortsgerichtsstand im autonomen deutschen Recht 64
II. Das EuGVÜ und die Aufenthaltszuständigkeit 64
B. Gerichtsstand des dauernden Aufenthaltes im türkischen Recht 65
C. Fazit 65

§ 6 Der Gerichtsstand der Niederlassung **66**
A. Im allgemeinen 66
B. Der Niederlassungsgerichtsstand im deutschen Recht 66
I. Das autonomen Recht 66
1. Niederlassung i.S.v. § 21 ZPO 67
2. Geschäfte mit Bezug auf die Niederlassung 68
3. Filiale und Repräsentanten der türkischen Banken in Deutschland 68
4. Reisebüros als Niederlassung? 70
II. Niederlassungsgerichtsstand in internationalen Verträgen 71
1. Niederlassungsgerichtsstand im WA und in der CMR 71
2. Der Niederlassungsgerichtsstand im EuGVÜ und seine Anwendbarkeit im deutsch-türkischen Rechtsverkehr 72
C. Der Gerichtsstand der Niederlassung im türkischen Recht 73
D. Zusammenfassung 74
§ 7 Gerichtsstand des Vermögens **76**
A. Allgemeines 76
B. Vermögensgerichtsstand i.S.v. § 23 ZPO 76
C. Hinreichender Inlandsbezug des Rechtsstreits als ungeschriebene Voraussetzung des Vermögensgerichtsstands 79
D. Der Ausfall des § 23 ZPO im Anwendungsbereich des EuGVÜ 82
E. Zwischenergebnis und Stellungnahme 83
F. Gerichtsstand des Vermögens im türkischen Recht 83
§ 8 Besondere Gerichtsstände für Streitigkeiten aus Vertragsverhältnissen **85**
A. Im allgemeinen 85
B. Art. 5 Nr. 1 EuGVÜ im deutsch-türkischen Rechtsverkehr 85
C. Der Gerichtsstand des Erfüllungsortes im autonomen deutschen Recht 86
I. Der Begriff der vertraglichen Streitigkeit 86
II. Bestimmung des Erfüllungsorts 87
1. Maßgebliche Rechtsordnung 87
2. Die Auswirkung einer Erfüllungsortsvereinbarung auf die internationale Zuständigkeit 88
3. Stellungnahme 89
III. Einzelbestimmungen über den Erfüllungsortsgerichtsstand 89
D. Erfüllungsortsgerichtsstands in CMR und WA 90
E. Erfüllungs- und Vertragsabschlussortsgerichtsstand im türkischen Recht 90
I. Die Gemeinsamkeiten und die Unterschiede mit/von dem deutschen Recht 90
1. Klagen aus vertraglichen Streitigkeiten im Sinne des Art. 10 türk. ZPO 91
2. Die Zuständigkeitsbegründungsfunktion der Erfüllungsortsvereinbarung bzw. des gesetzlichen Erfüllungsorts 92
II. Der Gerichtsstand am Vertragsabschlussort 93
III. Die einzelnen gesetzlichen Sonderbestimmungen über Streitigkeiten aus Vertragsverhältnissen 95
F. Zusammenfassung 96
§ 9 Der Gerichtsstand der unerlaubten Handlung **97**
A. Im allgemeinen 97
B. Staatsvertragliche Bestimmungen über den Deliktortgrichtsstand im deutsch-türkischen Rechtsverkehr 98
C. Deliktortsgerichtsstand im autonomen deutschen Recht 98

I. Grundnorm: § 32 ZPO ... 98
II. Sonderbestimmungen über Deliktortsgerichtsstand ... 99
D. Deliktortsgerichtsstand im türkischen Recht ... 101
I. Deliktortsgerichtsstand im allgemeinen ... 101
II. Sonderbestimmungen über den Deliktortsgerichtsstand im türkischen Recht ... 101
III. Deliktortsgerichtsstand als gemeinsamer Gerichtsstand ... 102
E. Zusammenfassung ... 102
§ 10 Der besondere Gerichtsstand für Unterhaltssachen ... 103
A. Allgemeines ... 103
B. Staatsvertragliche Bestimmungen über Unterhaltssachen ... 103
C. Der besondere Gerichtsstand in Unterhaltssachen im autonomen deutschen Recht ... 104
I. Die Anwendungsvoraussetzungen des § 23a ZPO ... 105
1. Eine Unterhaltssache i.S.v. § 23a ZPO ... 105
2. Das Nichtvorliegen der inländischen Gerichtsstände des Beklagten ... 106
3. Das Bestehen des inländischen *allgemeinen* Gerichtsstandes des Klägers ... 106
II. Verbundzuständigkeit für Unterhaltssachen während der Anhängigkeit einer Ehesache ... 107
III. Streitgenossenschaft der Eltern dem unterhaltsberechtigten Kind gegenüber ... 107
D. Internationale Zuständigkeit für Unterhaltssachen im türkischen Recht ... 108
I. Unterhaltsansprüche während der Anhängigkeit einer Scheidungsklage ... 108
1. Vorsorgungsunterhalt (tedbir nafakası) als vorläufige Maßnahme ... 108
2. Stellungnahme ... 109
3. Bedürftigkeits- und Kindesunterhalt (Yoksulluk ve İştirak Nafakası) ... 109
II. Unterhaltsansprüche unter (Ex-)Ehegatten ohne Scheidungsklage ... 109
III. Andere Unterhaltsansprüche ... 110
E. Zusammenfassung ... 111
§ 11 Ausschließliche Gerichtsstände im deutsch-türkischen Rechtsverkehr ... 112
A. Die ausschließlichen Gerichtsstände im deutschen Recht ... 112
I. Anwendbare Bestimmungen im Verhältnis zu Drittstaaten ... 112
II. Überblick auf den Inhalt des Art. 16 EuGVÜ ... 112
1. Der Katalog des Art. 16 EuGVÜ ... 112
2. Klagen auf dingliche Rechte an unbeweglichen Sachen (Art. 16 Nr. 1 EuGVÜ) ... 113
III. Die Auslegung der Merkmale des Art. 16 EuGVÜ ... 114
IV. Die Reflexwirkung des Art. 16 EuGVÜ ? ... 115
V. Die Anwendbarkeit der autonomen Bestimmungen über die ausschließliche Zuständigkeit ... 115
VI. Zwischenergebnis ... 115
B. Ausschließliche Gerichtsstände im türkischen Recht ... 116
I. Die Normierung der ausschließlichen Gerichtsstände im türkischen Recht ... 116
II. Gerichtsstand an unbeweglichen Sachen ... 117
III. Die Ausschließlichkeit der internationalen Zuständigkeit der türkischen Gerichte für den Übergang eines dinglichen Rechtes mit einem Ehescheidungsurteil ... 119
§ 12 Internationale Zuständigkeit für erbrechtliche Streitigkeiten im deutsch-türkischen Rechtsverkehr ... 121
A. Die Regelung der internationalen Zuständigkeit in beiden Rechtsordnungen im allgemeinen ... 121
I. Das autonome deutsche Recht ... 121
II. Das autonome türkische Recht ... 121

B. Staatsvertragliche Bestimmungen für Erbstreitigkeiten im deutsch-türkischen Rechtsverkehr ... 122
C. Zusammenfassung ... 123
§ 13 Internationale Zuständigkeit der deutschen Gerichte für familienrechtliche Streitigkeiten ... 125
A. Einleitung ... 125
B. Eherechtliche Streitigkeiten mit/unter türkischen Beteiligten ... 126
I. Die Qualifikation des Begriffs der Ehesache und dessen Behandlung im internationalen Zuständigkeitsrecht unter Berücksichtigung der unterschiedlichen Rechtsinstitute ... 126
1. Die förmliche Trennung der Ehe ... 126
2. Talaq-Scheidung ... 127
II. Anknüpfungspunkte für die internationale Zuständigkeit in Ehesachen ... 128
1. Staatsangehörigkeitszuständigkeit ... 128
a) Im allgemeinen ... 128
b) Zuständigkeitsrechtliche Folgen der deutsch-türkischen Doppelstaatsangehörigkeit ... 129
2. Aufenthaltszuständigkeit ... 130
a) Bestimmung des inländischen Aufenthaltes ... 131
(1) Qualifikationsfragen ... 131
(2) Aufenthaltsbegründung in Einzelfällen ... 134
(i) Aufenthalt bei Strafhaft ... 134
(ii) Aufenthalt bei Asylbewerber ... 134
b) Die Anerkennung ausländischer Scheidungsurteile in der Türkei ... 136
C. Internationale Zuständigkeit der deutschen Gerichte für Scheidungsfolge- und andere Familiensachen während der Anhängigkeit einer Ehesache vor einem deutschen Gericht im Falle der Anwendung des türkischen Sachrechts ... 139
I. Die Qualifikation der Folgesachen ... 139
II. Familiensachen im Verbundverfahren ... 140
III. Internationale Zuständigkeit des deutschen Familiengerichts in einzelnen Folgesachen ... 142
1. Die Übertragung des Sorgerechts und die Regelung des Umgangsrechts ... 142
a) Das Kind hält sich in der Türkei auf und besitzt nur die türkische Staatsangehörigkeit ... 143
b) Das Kind hält sich in der Türkei auf und besitzt die türkische und zugleich die deutsche Staatsangehörigkeit ... 143
c) Zwischenergebnis und Stellungnahme ... 144
d) Aufenthaltszuständigkeit in MSA und die Entführung des Kindes während der Scheidungsklage ... 145
2. Kindes- und Bedürftigkeitsunterhalt und hierunter zu subsumierende Ansprüche bei der Scheidung ... 146
a) Kindesunterhalt (iştirak nafakası) ... 147
b) Bedürftigkeitsunterhalt (yoksulluk nafakası) ... 147
3. Materieller Schadensersatz (Entschädigung – maddi tazminat) ... 148
4. Immaterieller Schadensersatz (manevi tazminat) ... 150
5. Morgengabe (mehir/mihr) nach türkischem Recht? ... 151
6. Versorgungsausgleich ... 152
7. Hausratsverteilung und Zuweisung der Ehewohnung ... 153
8. Ansprüche auf Herausgabe der persönlichen Gegenstände und Rückforderung von Schenkungen ... 154

9. Weiterführung des Namens des (Ex)Ehemannes nach der Scheidung ... 155
D. Internationale Zuständigkeit der deutschen Gerichte für isolierte Familiensachen ... 156
E. Internationale Zuständigkeit der deutschen Gerichte für einstweilige Maßnahmen während der Anhängigkeit des Ehescheidungsverfahrens ... 158
F. Internationale Zuständigkeit der deutschen Gerichte für einstweilige Maßnahmen während des Getrenntlebens der türkischen Ehegatten in Deutschland ... 160
G. Internationale Zuständigkeit der deutschen Gerichte für Kindschafts-, Vormundschafts-, Betreuungs- und Pflegschaftssachen ... 162
H. Zusammenfassung ... 163

§ 14 Internationale Zuständigkeit der türkischen Gerichte für familien- und personenrechtliche Angelegenheiten ... 164
A. Einleitung ... 164
B. Die Regelung der internationalen Zuständigkeit der türkischen Gerichte für personen- und familienrechtliche Streitigkeiten ... 164
I. Die internationale Zuständigkeit der türkischen Gerichte für die Scheidungsklage ... 164
II. Die Verbundzuständigkeit während der Anhängigkeit der Scheidungsklage ... 167
1. Vorsorgliche Maßnahmen während (auf die Dauer) der Scheidungsklage ... 167
2. Folgesachen der Scheidung ... 168
III. Familienrechtliche Angelegenheiten nach erfolgter Scheidung ... 169
IV. Besondere Gerichtsstände für andere Personalstatutsangelegenheiten ... 169
1. Gerichtsstand der Vaterschaftsklage ... 170
2. Gerichtsstand der Klagen auf Anfechtung der Ehelichkeit sowie auf Legitimation nichtehelicher Kinder (nesebin reddi ve tashihi davaları) ... 170
3. Gerichtsstand der vorläufigen Schutzmaßnahmen während der Ehe und ohne Scheidungsklage ... 170
4. Internationale Zuständigkeit der türkischen Gerichte für einige FGG-Fälle im Bereich der Personalstatutsangelegenheiten ... 171
C. Internationale Zuständigkeit der türkischen Gerichte für Personalstatutsangelegenheiten von Türken ohne Wohnsitz in der Türkei (Art. 28 türk. IPRG) ... 171
D. Internationale Zuständigkeit der türkischen Gerichte für einige FGG-Prozesse in Personalstatutsangelegenheiten von Ausländern ohne Wohnsitz in der Türkei (Art. 29 türk. IPRG) ... 178
E. Zusammenfassung ... 180

Dritter Teil:
Bestimmung des Gerichtsstandes durch Parteivereinbarung

§ 15 Internationale Gerichtsstandsvereinbarungen im deutschen Recht ... 182
A. Der Geltungsanspruch des EuGVÜ für internationale Zuständigkeitsvereinbarungen mit Drittstaatenbezug ... 182
I. Reine Inlandsfälle und ihre Grenzen ... 183
II. Vereinbarung der Zuständigkeit der Gerichte eines Nichtvertragsstaats durch Parteien mit Wohnsitz in Vertragsstaaten ... 185
III. Vereinbarung der Zuständigkeit der Gerichte eines Vertragsstaats durch Parteien mit Drittstaatenwohnsitz ... 185
IV. Vereinbarung der Zuständigkeit der Gerichte eines Vertragsstaates durch Parteien mit Vertragsstaatenwohnsitz ... 186
V. Fazit und Stellungnahme ... 186
B. Das Zusammenspiel des Art. 17 EuGVÜ mit autonomen Bestimmungen ... 187
C. Das Verhältnis des Art. 17 EuGVÜ zu anderen Zuständigkeitsvorschriften des EuGVÜ ... 188

D. Die Form der Gerichtsstandsvereinbarungen nach Art. 17 EuGVÜ 189
E. Zulässigkeit und Wirkungen der Gerichtsstandsvereinbarungen im EuGVÜ 189
F. Zwischenergebnis 191
G. Internationale Gerichtsstandsvereinbarungen im autonomen deutschen Recht 191
I. Zulässigkeit einer Zuständigkeitsvereinbarung gemäß § 38 ZPO 191
II. Bestimmtheitsgrundsatz bei Gerichtsstandsvereinbarungen nach § 38 ZPO 193
III. Folgen einer Zuständigkeitsvereinbarung nach § 38 ZPO 194
IV. Fehlende Anerkennungsfähigkeit der zu fällenden Entscheidung des vereinbarten Gerichts 194
V. Ergebnis 195
§ 16 Gerichtsstandsvereinbarungen nach türkischem Recht 196
A. Gesetzliche Grundlage 196
B. Prorogation der türkischen Gerichte 196
1. Für eine Prorogation geeignete Rechtsstreitigkeiten 197
a) Inlandsbezogenheit des Rechtsverhältnisses? 197
b) Keine für den Rechtsstreit im Hinblick auf den ordre public bestimmte Zuständigkeit im Ausland? 197
2. Sachliche Voraussetzungen der Gültigkeit einer Prorogation der türkischen Gerichte. 198
3. Die Form der Zuständigkeitsvereinbarungen 200
C. Prorogation ausländischer Gerichte 200
I. Die Folgen der Prorogation ausländischer Gerichte aus der Sicht der inneren Gerichtsbarkeit 201
II. Für eine Prorogation der ausländischen Gerichte geeignete Rechtsverhältnisse 202
1. Auslandsbezogenheit des Rechtsverhältnisses 202
2. Schuldrechtliche Rechtsverhältnisse 203
3. Keine ausschließliche oder im Hinblick auf den ordre public bestimmte Zuständigkeit in der Türkei 204
a) Personen-, familien- und erbrechtliche Angelegenheiten 204
b) Versicherungssachen 204
c) Arbeitsrechtliche Streitigkeiten 205
d) Rechtsstreitigkeiten mit Beteiligung ausländischer Aktien- und Kommanditgesellschaften 205
e) Gerichtsstand der unbeweglichen Sachen 206
f) Konkursverfahren 206
III. Bestimmtheitsgrundsatz bei der Prorogation ausländischer Gerichte 207
IV. Die Form der Prorogation ausländischer Gerichte 207
D. Ergebnis 208
§ 17 Begründung der internationalen Zuständigkeit durch Rügelose Einlassung 210
A. Rügelose Einlassung im EuGVÜ 210
B. Rügelose Einlassung im autonomen deutschen Recht 211
C. Rügelose Einlassung im türkischen Recht 211
Zusammenfassung 215
Literaturverzeichnis 219

Abkürzungsverzeichnis

a.A.	andere Ansicht
AaO.	am angegebenen Ort
ABD	Ankara Barosu Dergisi (Zeitschrift der Anwaltskammer von Ankara)
ABl. EG	Amtsblatt der Europäischen Gemeinschaften
a.F.	alte Fassung
AGB	Allgemeine Geschäftsbedingungen
AGBG	Gesetz zur Regelung des Rechts der Allgemeinen Geschäftsbedingungen
AHFM	Ankara Hukuk Fakültesi Mecmuası (Zeitschrift der Juristischen Fakultät von Ankara)
Alt.	Alternative
a.M.	andere Meinung
Anh.	Anhang
Anm.	Anmerkung
AmtsG	Amtsgericht
Art	Artikel
AsylVerfG	Asylverfahrensgesetz
AtomG	Atomgesetz
Aufl.	Auflage
AuslInvestmG	Gesetz über den Vertrieb ausländischer Investmentanteile und über die Besteuerung der Erträge aus ausländischen Investmentanteilen
AWD	Außenwirtschaftsdienst des Betriebsberaters
BAG	Bundesarbeitsgericht
BayObLG	Bayerisches Oberstes Landesgericht
BayObLGZ	Entscheidungen des Bayerischen Obersten Landesgerichts
BB	Betriebsberater
Bd.	Band
BGB	Bürgerliches Gesetzbuch
BGH	Bundesgerichtshof
BGHZ	Entscheidungen des Bundesgerichtshofes in Zivilsachen
Bekl.	Beklagte
BörsG	Börsengesetz

BVerfG	Bundesverfassungsgericht
BVerfGE	Entscheidungen des Bundesverfassungsgerichts
Bzw.	Beziehungsweise
CC	Code Civil
CMR	Übereinkommen über den Beförderungsvertrag im internationalen Straßengüterverkehr vom 19.5.1956
DAR	Deutsches Autorecht
DB	Der Betrieb
Ders./dies.	derselbe/dieselbe
Diss.	Dissertation
DriZ	Deutsche Richterzeitung
DZWir	Deutsche Zeitschrift für Wirtschaftsrecht
E.	Esas (Aktenzeichen)
EFTA	European Free Trade Association
EG	Europäische Gemeinschaft
EGBGB	Einführungsgesetz zum Bürgerlichen Gesetzbuch
EGV	Vertrag zur Gründung der Europäischen Gemeinschaft
Einl.	Einleitung
EMRK	Europäische Menschenrechtskonvention
ESHK	Ecnebi Anonim ve Sermayesi Paylara Münkasem Şirketlerle Ecnebi Sigorta Şirketleri Hakkında Kanun-u Muvakkat (Übergangsgesetzes über die ausländischen Aktien-, Kommanditaktien- und Versicherungsgesellschaften)
etc.	et cetera
EU	Europäische Union
EuGH	Europäischer Gerichtshof
EuGHE	Entscheidungen des Europäischen Gerichtshofs
EuGVÜ	EG-Übereinkommen vom 27.9.1968 über die gerichtliche Zuständigkeit und die Vollstreckung gerichtlicher Entscheidungen in Zivil- und Handelssachen
EuZPR	Europäische Zivilprozessrecht
EuZVR	Europäische Zivilverfahrensrecht
EuZW	Europäische Zeitschrift für Wirtschaftsrecht
EWG	Europäische Wirtschaftsgemeinschaft
EwiR	Entscheidungen zum Wirtschaftsrecht

EWS	Europäisches Wirtschafts- und Steuerrecht
f., ff.	folgend(e), fort folgend(e)
FamRZ	Zeitschrift für das gesamte Familienrecht
FernUSG	Gesetz zum Schutz der Teilnehmer am Fernunterricht
FGG	Gesetz über die freiwillige Gerichtsbarkeit
Fn.	Fußnote
FS	Festschrift
FuR	Zeitschrift für Familie und Recht
GG	Grundgesetz
Ggf.	Gegebenenfalls
GRUR	Gewerblicher Rechtsschutz und Urheberrecht
GRURInt.	Gewerblicher Rechtsschutz und Urheberrecht, Internationaler Teil
GS	Gedächtnisschrift
GVG	Gerichtsverfassungsgesetz
GWB	Gesetz gegen Wettbewerbsbeschränkungen
HD	Hukuk Dairesi (Zivilsenat)
Hdb.	Handbuch
HGB	Handelsgesetzbuch
HGK	Hukuk Genel Kurulu (Großer Senat der Zivilkammern des türk. Kassationshofs)
h.M.	herrschende Meinung
Hrsg.	Herausgeber
HUMK	Hukuk Usulü Muhakemeleri Kanunu (türk. Zivilprozessordnung)
HwiG	Gesetz über den Widerruf von Haustürgeschäften und ähnlichen Geschäften
İBD	İstanbul Barosu Dergisi (Zeitschrift der Anwaltskammer von İstanbul)
İBK	Yargıtay İçtihadı Birleştirme Kararı (Plenarentscheidung des türk. Kassationshofs)
i.d.F.	In der Fassung
i.d.R.	In der Regel
i.e.S	Im engeren Sinne
İHFM	İstanbul Hukuk Fakültesi Mecmuası (Zeitschrift der Juristischen Fakultät von İstanbul)
İKİD	İlmî ve Kazaî İçtihatlar Dergisi (Zeitschrift für Jurisprudenz und richterliche Entscheidungen)

IntGesR	Internationales Gesellschaftsrecht
IPR	Internationales Privatrecht
IPRax	Praxis des internationalen Privat- und Verfahrensrechts
IPRG	Gesetz über Internationales Privat- und Verfahrensrecht (Milletlerarası Özel Hukuk ve Usul Hukuku Hakkında Kanun)
IPRspr	Die deutsche Rechtsprechung auf dem Gebiete des IPR
i.S.v.	Im Sinne von
i.V.m.	In Verbindung mit
i.w.S.	Im weiteren Sinne
IZPR	Internationales Zivilprozessrecht
IZVR	Internationales Zivilverfahrensrecht
JR	Juristische Rundschau
Jura	Juristische Ausbildung
Juris	Juristisches Informationssystem für die Bundesrepublik Deutschland
JuS	Juristische Schulung
JZ	Juristenzeitung
K.	Karar (Entscheidungszeichen der Rechtssache)
Kap.	Kapitel
KG	Kammergericht
Kl.	Kläger
krit.	Kritisch
KWG	Gesetz über das Kreditwesen
LG	Landsgericht
lit.	Litera
LM	Nachschlagewerk des Bundesgerichtshofs, Hrsg. Von Lindemaer/Möhring
LuftVG	Luftverkehrsgesetz
LugÜ	Lugano-Übereinkommen vom 16.9.1988 über die gerichtliche Zuständigkeit und Vollstreckung gerichtlicher Entscheidungen in Zivil- und Handelssachen
MDR	Monatszeitschrift für Deutsches Recht
m.E.	meines Erachtens
MHB	Milletlerarası Hukuk Bülteni (Report über internationales Recht)
MSA	Haager Übereinkommen über die Zuständigkeit der Behörden und das anzuwendende Recht auf dem Gebiet des Schutzes von Minderjährigen

MünchKommBGB	Münchener Kommentar zum Bürgerlichen Gesetzbuch
MünchKommZPO	Münchener Kommentar zur Zivilprozessordnung
m.w.N.	mit weiteren Nachweisen
n.F.	neue Fassung
NJW	Neue Juristische Wochenschrift
NJW-RR	NJW-Rechtsprechungs-Report
Nr.	Nummer
OG	Obligationengesetz (Borçlar Kanunu)
OLG	Oberlandesgericht
PflVG	Gesetz über die Pflichtversicherung für Kraftfahrzeughalter
RabelsZ	Rabels Zeitschrift für ausländisches und internationales Privatrecht
Rdn.	Randnummer
RG	Resmî Gazete (Amtsblatt der Türkischen Republik)
RGBl.	Reichsgesetzblatt
RGZ	Entscheidungen des Reichsgerichts in Zivilsachen
RIW/(AWD)	Recht der Internationalen Wirtschaft (Außenwirtschaftsdienst des Betriebsberaters)
RKD	Resmî Kararlar Dergisi (Amtliche Entscheidungszeitschrift)
Rpfleger	Der Deutsche Rechtspfleger
Rs.	Rechtssache
Rspr.	Rechtsprechung
S.	Seite
s.	Siehe
SchKG	Gesetz über Schuldbetreibung und Konkurs (İcra ve İflâs Kanunu)
schweiz.	Schweizerisch
Slg.	Amtliche Sammlung der Rechtsprechung des Gerichtshofes der Europäischen Gemeinschaft
SpuRt	Sport und Recht
StAZ	Das Standesamt, Zeitschrift für Standesamtwesen
StVG	Straßenverkehrsgesetz
T.	Tarih (Datum)
T.C.	Türkiye Cumhuriyeti (Türkische Republik)
Türk.	Türkisch
u.a.	unter anderem

Urt.	Urteil
u.U.	unter Umständen
UWG	Gesetz gegen unlauteren Wettbewerb
v.	Vom
VAG	Gesetz über die Beaufsichtigung der privaten Versicherungsunternehmungen und Bausparkassen
VersR	Versicherungsrecht
vgl.	Vergleiche
Vorbem.	Vorbemerkung
VVG	Gesetz über den Versicherungsvertrag
WA	Warschauer Abkommen zur Vereinheitlichung von Regeln über die Beförderung im internationalen Luftverkehr v. 12.10.1929
WiB	Wirtschaftsrechtliche Beratung
WM	Wertpapier-Mitteilungen
WuB	Entscheidungssammlung zum Wirtschafts- und Bankrecht
Yarg.	Yargıtay (türk. Kassationshof)
YİBK	Yargıtay İçtihadı Birleştirme Kararları (Plenarentscheidungen des türk. Kassationshofs)
YKD	Yargıtay Kararları Dergisi (Entscheidungen des türk. Kassationshofs)
Yasa	Yasa Hukuk Dergisi
z.B.	Zum Beispiel
ZEV	Zeitschrift für Erbrecht und Vermögensnachfolge
ZfRV	Zeitschrift für Rechtsvergleichung
ZIP	Zeitschrift für Wirtschaftsrecht
zit.	Zitiert
ZPO	Zivilprozessordnung
ZS	Zivilsenat
Zust.	Zustimmend
z.Z.	zur Zeit
ZZP	Zeitschrift für Zivilprozess
ZZPInt.	Zeitschrift für Zivilprozess International

Einleitung

Der erste Schritt ist zumeist richtungsweisend für den Erfolg oder den Misserfolg eines Vorhabens, umso wichtiger ist es, dabei keinen Fehler zu begehen. Bei Rechtsstreitigkeiten ist das nicht anders. Die Frage, wo eine Klage einzureichen ist, das heißt welches Gericht örtlich zuständig ist, steht zumeist am Anfang der Überlegung. Die Beantwortung dieser Frage ist bereits bei einem Sachverhalt ohne jeglichen Auslandsbezug manchmal schwer zu beantworten, so dass eine Klage an das falsche Gericht den Rechtsstreit in die falsche Bahn lenken kann. Noch schwieriger gestaltet sich die Sache, wenn nicht nur das örtlich zuständige Gericht unbekannt ist, sondern gleich der Staat, in dem dieses Gericht liegt.

Die vorliegende Arbeit beschäftigt sich mit der Frage der internationalen Zuständigkeit von Gerichten, wobei der deutsch-türkische Rechtsverkehr im besonderen hervorgehoben ist. Das ist im Hinblick auf die hohe Anzahl der in Deutschland lebenden Ausländer türkischer Herkunft, weit über 2,5 Millionen, ferner aufgrund der insbesondere in den letzten Jahren gestiegenen Investitionen deutscher Unternehmen (z.B. Tourismusindustrie) in der Türkei und des regen Warenaustausches zwischen beiden Ländern vom besonderem Interesse. Diese Berührungspunkte führen zwangsläufig zu Meinungsverschiedenheiten, die nicht selten vor Gericht enden. Zwar ist der Zugang zu den Gerichten, sowohl für Türken in Deutschland als auch für Deutsche in der Türkei durch die Verfassungen beider Länder[1] und durch die einschlägigen Vorschriften des Völkerrechts in beiden Staaten garantiert, doch weder das Verfassungs- noch das Völkerrecht bestimmen die zuständigen Gerichte. Daher wird in der vorliegenden Arbeit die Rechtslage, unter besonderer Berücksichtigung der Rechtspraxis in beiden Ländern, dargestellt. Ferner wird versucht, die dieser Rechtslage zugrunde liegende Dogmatik zu erklären und schließlich aus der Sicht des Verfassers in strittigen oder regelungsbedürftigen Fällen eine praktisch und dogmatisch richtige Lösung anzubieten. Dabei geht es nicht um die Auflistung und die Kommentierung aller Rechtsnormen, die sich auf die internationale Zuständigkeit beziehen, sondern darum, die Grundprinzipien des internationalen Zuständigkeitssystems beider Länder, sowie die im deutsch-türkischen Rechtsverkehr am häufigsten in Anspruch genommenen Gerichtsstände möglichst in einer Form der Rechtsvergleichung darzulegen.

Von praktisch besonderer Bedeutung sind hierbei bilaterale Verträge zwischen beiden Ländern, hier vor allem der Konsularvertrag, ferner internationale Verträge, denen sowohl Deutschland als auch die Türkei beigetreten sind (MSA, CMR, WA) und schließlich auch Internationale Verträge, die zwar nur in einem dieser Länder gelten, jedoch auf den deutsch-türkischen Rechtsverkehr nicht unerhebliche Auswirkungen haben (EuGVÜ). Das Zusammenwirken und das Zusammenspiel der genannten Verträge, natürlich auch mit dem nationalen Recht, ergibt dann schließlich die Antwort auf die Frage, welches Gericht international zuständig ist, und ob das Urteil dieses Gerichts im anderen Land anerkannt und erforderlichenfalls vollstreckt werden kann. Das Ziel muss sein, dass der in beiden Ländern verfassungsrechtlich garantierte Justizgewährungsanspruch auch tatsächlich in die Praxis umgesetzt wird. Ob das der Fall ist, will die vorliegende Arbeit zu klären versuchen.

---

[1] Vgl. *Schwab/Gottwald*, Verfassung und Zivilprozess, S. 31 ff.

Erster Teil: Allgemeines zum Begriff der internationalen Zuständigkeit und deren Normierung im deutschen und türkischen Recht

§ 1 Allgemeines zum Begriff der internationalen Zuständigkeit

A. Der Begriff der internationalen Zuständigkeit

Der Begriff der internationalen Zuständigkeit wird im deutschen sowie im türkischen Recht im gleichen Sinne verstanden. In beiden Rechtsordnungen ist damit gemeint, im Gegensatz zur innerstaatlichen Zuständigkeit, ob und unter welchen Voraussetzungen die Gerichte eines Staates *in ihrer Gesamtheit* für die Entscheidung eines Rechtsstreits mit Auslandsberührung von der grundsätzlich bestehenden Jurisdiktionshoheit (yargı hakkı) Gebrauch machen dürfen[2]; mit anderen Worten geht es darum, ob die Gerichte eines Staates zur Entscheidung auslandsbezogener Fälle zuständig sind. Insoweit hat das Wort „*zuständig*" bei hiesigem Gebrauch zwei Aspekte. Einerseits muss geklärt werden, in welchen Auslandsfällen der Richter eine Sachentscheidung treffen darf, zum anderen gilt das Gebot an den Richter, sich in den übrigen Fällen einer Entscheidung in der Sache zu enthalten, als zweiter Aspekt[3].

Obwohl die Bezeichnung der *internationalen Zuständigkeit* als solche missverständlich sein mag, weil sie an eine Zuständigkeit nach internationalem Recht denken lässt[4], hat sie sich im deutschen Sprachgebrauch durchgesetzt. Dieselbe Bezeichnung (wörtlich übersetzt: milletlerarası/ uluslararası yetki) wird auch im türkischen Recht benutzt. Allerdings weist man auch in der türkischen Literatur darauf hin, dass diese Bezeichnung missverständlich sein kann[5].

Die obige Definition des Begriffs bezieht sich auf die sog. „direkte" internationale Zuständigkeit (Entscheidungszuständigkeit), während man mit dem Begriff der sog. „indirekten" internationa-

---

[2] *Nagel/Gottwald*, § 3, Rdn. 3; *Neuhaus*, Grundbegriffe, S. 407; *Schack*, IZVR, Rdn. 188; *Geimer*, IZPR, Rdn. 845, 850; *Kropholler*, Hdb. IZVR I, Kap. III, Rdn. 6 ff.; *Walchshöfer*, ZZP 80 (1967), S. 170; *Kuru*, Bd. 1, S. 398; *Nomer*, IPR, S. 330; vgl. *Ekşi*, S. 19.

[3] *Kropholler*, Hdb. IZVR I, Kap. III, Rdn. 4.

[4] Näher *Riezler*, S. 197 ff.; *Kropholler*, Hdb. IZVR I, Kap. III, Rdn. 5 ff.; *Habscheid*, W. J., FS Gaul (1997), S. 169.

[5] *Nomer*, IPR, S. 330-331; *Kuru*, Bd. 1, S. 399; *Ekşi*, S. 15 ff.

len Zuständigkeit (Anerkennungszuständigkeit) meint, ob die Gerichte eines bestimmten Staates, in dem ein Urteil ergangen ist, aus der Sicht des Staates, wo das Urteil anerkannt werden soll, für den entschiedenen Fall international zuständig waren[6].

Den Begriff der internationalen Zuständigkeit kann man je nach der Betrachtung der Sinne und Zwecke der Normen, die einen Anknüpfungspunkt darstellen und damit einen Gerichtsstand begründen, unterschiedlich einordnen. Folgende Einteilungen sind insoweit die geläufigsten:

I. Allgemeine und besondere Zuständigkeit

Der allgemeine Zuständigkeit betrifft den Fall, dass die Gerichte eines Staates für Klagen jeglicher Art gegen eine Person aufgrund des Bestehens des als grundlegend ausgewählten Anknüpfungspunktes zuständig sind, es sei denn, es kommt im Einzelfall die Zuständigkeit der Gerichte eines ausländischen Staats wegen eines besonderen Anknüpfungspunktes als ausschließlich in Frage[7]. Hingegen spricht man von einer besonderen Zuständigkeit, wenn die Gerichte eines Staates dem Kläger für einzelne Klagen wegen eines besonderen Anknüpfungsmerkmals neben der allgemeinen Zuständigkeit der Gerichte eines anderen Staates zur Wahl stehen[8].

II. Ausschließliche und konkurrierende Zuständigkeit

Die Einteilung in die ausschließliche und konkurrierende Zuständigkeit bezieht sich darauf, ob ein Staat die internationale Zuständigkeit seiner Gerichte für gewisse Fälle für ausschließlich erklärt, oder ob für denselben Fall die Gerichte mehrerer Staaten aus seiner Sicht zuständig sein können[9]. Es geht also darum, ob ein Staat eine möglicherweise in einem anderen Staat begründete Zuständigkeit für denselben Fall anerkennt oder nicht.

Indessen besteht die Schwierigkeit vor allem bei der Feststellung, wann ein Staat die Ausschließlichkeit der Zuständigkeit seiner Gerichte beansprucht. Denn sowohl im deutschen als auch im türkischen Recht indizieren die Normen über die örtliche Zuständigkeit in der Regel zugleich die internationale Zuständigkeit. Die Ausschließlichkeit in bezug auf die örtliche Zuständigkeit lässt sich aber nicht automatisch auf die internationale Zuständigkeit übertragen[10], zumal die Zielset-

---

[6] *Kropholler*, Hdb. IZVR I, Kap. III, Rdn. 9; *Nomer*, IPR, S. 330.

[7] *Kropholler*, Hdb. IZVR I, Kap. III, Rdn. 260; *Schack*, IZVR, Rdn. 191.

[8] *Kropholler*, Hdb. IZVR I, Kap. III, Rdn. 260; *Schack*, IZVR, Rdn. 191.

[9] *Nagel/Gottwald*, § 3, S. 10; *Kropholler*, Hdb. IZVR I, Kap. III, Rdn. 148; *Schack*, IZVR, Rdn. 197; *Ekşi*, S. 184 ff.

[10] Ausführlich *Riezler*, S. 211-212.

zungen, sowie Interessen und Grundsätze der beiden Bereiche voneinander unterschiedlich sind[11]. Hierbei gibt es keinen Gleichlauf zwischen der örtlichen und der internationalen Zuständigkeit, wenn auch eine Parallelität bestehen kann[12]. Damit ist es angebracht, dass man die Zielsetzung der Vorschrift, die Interessen und die allgemeinen Grundsätze des *internationalen Zuständigkeitsrechts* als Maßstab heranzuziehen hat, wenn die Ausschließlichkeit des konkreten Gerichtsstands in bezug auf die *internationale Zuständigkeit* in der indizierenden Vorschrift nicht ausdrücklich festgelegt ist[13].

Auch die Folgen der Ausschließlichkeit decken sich nicht immer im Bereich der internationalen und der örtlichen Zuständigkeit. Dass ein ausschließlicher Gerichtsstand derogationsfest ist, gilt als gemeinsame Folge der Ausschließlichkeit in beiden Bereichen[14]. Dagegen ist es ihre wichtigste Folge auf der internationalen Ebene, dass eine ausländische Entscheidung öfters nicht anerkannt wird, wenn bei deren Ergehen die ausschließliche Zuständigkeit der Gerichte des Anerkennungsstaats nicht beachtet worden war[15].

B. Quellen der internationalen Zuständigkeit

Obwohl die Formulierung der internationalen Zuständigkeit das Wort „*international* (uluslararası)“ enthält, ist sie aus der Sicht ihrer Quelle national. Denn jeder Staat stellt die Bestimmungen über die internationale Zuständigkeit seiner Gerichte grundsätzlich autonom für sich selbst auf[16]. Die Tatsache, dass einige bilaterale und multilaterale Staatsverträge (z.B. EuGVÜ, MSA, CMR, WA) direkte Vorschriften über die internationale Zuständigkeit enthalten[17], ändert an diesem Umstand nichts[18].

Dennoch kann der Einfluss der allgemeinen Regeln des Völkergewohnheitsrechts auf die internationale Zuständigkeit nicht gänzlich bestritten werden[19]. Denn sie bestimmen den Grundrahmen der internationalen Zuständigkeit, und zwar dadurch, dass sie jeden Staat zur Gewährlei-

---

[11] *Schack*, IZPR, Rdn. 197-198; *Ekşi*, S. 192.

[12] *Kropholler*, Hdb. IZVR I, Kap. III, Rdn. 153; Stein/Jonas-*Schumann*, § 24 ZPO, Rdn. 3a.

[13] *Kropholler*, Hdb. IZVR I, Kap. III, Rdn. 153.

[14] § 40 Abs. 2 Satz 1 ZPO; Art. 17 Abs. 3 EuGVÜ; Art. 31 türk. IPRG; Art. 22 türk. ZPO.

[15] § 328 Abs. 1 Nr. 1 ZPO; Art. 28 Abs. 1 EuGVÜ; Art. 38 lit. b türk. IPRG; zur Nichtanerkennung als Folge der Missachtung der ausschließlichen Zuständigkeit der türkischen Gerichte ausführlich bei *Ekşi*, S. 184 ff.

[16] *Kropholler*, Hdb. IZVR I, Kap. III, Rdn. 24; *Habscheid*, W. J., FS Gaul (1997), S. 168.

[17] In diese internationalen Abkommen wird in der vorliegenden Arbeit insoweit eingegangen, als sie im deutsch-türkischen Rechtsverkehr relevant sind.

[18] Statt aller s. *Riezler*, S. 2 ff. und 203; *Schröder*, S. 82.

stung des Rechts auf freien Zugang zu den Gerichten auffordern. Dabei darf es nicht darauf ankommen, ob es sich bei dem Rechtssuchenden um einen In- oder Ausländer handelt, zumal dieses Recht als ein Menschenrecht gilt[20], so dass dessen Einhaltung in einem Rechtsstaat die verfassungsrechtliche Garantie genießt[21].

Im übrigen bleibt es jedoch jedem Staat überlassen, wie und unter welchen Voraussetzungen von diesem Recht Gebrauch gemacht wird. Jeder kann nämlich nicht jeden in einem beliebigen Staat verklagen. Damit man also vor einer willkürlichen Inanspruchnahme durch den Kläger geschützt ist, hat jeder Staat eine sinnvolle internationale Zuständigkeitsordnung aufzustellen, mit der das Gleichgewicht zwischen dem Recht des Einzelnen auf Zugang zu Gericht und der Schutzbedürftigkeit des Beklagten in diesem Zusammenhang optimal gehalten werden kann[22].

Im deutsch-türkischen Rechtsverkehr hat man insoweit eine andere Grundlage für die völkerrechtliche Quelle der Gewährleistung des Rechts auf freien Zugang zu den Gerichten und der internationalen Zuständigkeit, nämlich den Konsularvertrag zwischen dem Deutschen Reich und der Türkischen Republik vom 28.05.1929[23], ebenso das deutsch-türkische Nachlassabkommen[24]. Der erste Artikel dieses Vertrags lautet:

„Die Angehörigen[25] jedes der vertragschließenden Staaten genießen im Gebiete des anderen Staates in allem, was den gesetzlichen Schutz ihrer Person und ihres Vermögens angeht, die gleiche Behandlung wie die eigenen Staatsangehörigen. Demgemäss haben sie freien Zutritt zu den Gerichten und können vor Gericht unter denselben Bedingungen und in derselben Weise wie die eigenen Staatsangehörigen auftreten".

---

19 Hierzu *Habscheid*, W.J., FS Gaul (1997), S. 168-169; ausführlich *Kropholler*, Hdb. IZVR I, Kap. III, Rdn. 43 ff.

20 So etwa *Gottwald*, in: Habscheid/Beys, S. 9 ff., unter Hinweis auf Art. 10 der Allgemeinen UN-Erklärung der Menschenrechte von 1948, sowie auf Art. 6 I EMRK.

21 Die Gewährleistung des Rechts auf freien Zugang zu Gericht bzw. das daraus zu resultierende Prinzip der diesbezüglichen Gleichstellung von In- und Ausländern ist insofern in den Verfassungsgesetzen der beiden Länder vorgegeben, s. etwa Art. 101 I 2 und 103 I GG, und Art 36 türk. GG; zum Thema ausführlicher *Gottwald*, in: Habscheid/Beys, S. 9 ff.; *Schwab/Gottwald*, Verfassung und Zivilprozess, S. 31 ff.; *Nagel/Gottwald*, § 1 Rdn. 23 ff. und § 4, Rdn. 7 ff.; *Geimer*, IZPR, Rdn. 250 ff., 1947; *Pfeiffer*, S. 21 ff.; *Kropholler*, Hdb. IZVR I, Kap. III, Rdn. 73; vgl. BverfGE 60, 253, 303.

22 *Gottwald*, in: Habscheid/Beys, S. 16-17.

23 RGBl. 1930 II 758, Resmî Gazete Nr. 1511 v. 4.6.1930, in Kraft getreten am 18.11.1939; nach seiner Suspendierung wegen 2. Weltkriegs wurde es am 01.03.1952 wieder in Kraft gesetzt (BGBl. 1952 II 608).

24 Anlage zu Art. 20 deutsch-türkischer Konsularvertrag vom 28.5.1929, RGBl. 1930 II 758.

25 Dieser Artikel erfasst mit dem Wort „Angehörigen" nach dem allgemeinen internationalen Sprachgebrauch sowohl natürliche als auch juristische Personen, s. *Bülow/BöckstiegelGeimer/Schütze*, Bd. 1, A II, S. 517.1, Fn. 4.

C. Fazit

Der Begriff der internationalen Zuständigkeit – im Grunde als ein Institut des nationalen/inneren Rechts – nimmt sich die Frage zum Gegenstand, ob und unter welchen Voraussetzungen die Gerichte eines Staates in ihrer Gesamtheit für die Entscheidung eines Rechtsstreits mit Auslandsberührung von der grundsätzlich bestehenden Jurisdiktionshoheit Gebrauch machen dürfen. Insofern unterscheidet er sich von Nachbargebieten, etwa von örtlicher, sachlicher und funktioneller Zuständigkeit.

Die Quellen der internationalen Zuständigkeit sind grundsätzlich nationale Bestimmungen. Abgesehen davon, dass einige bilaterale und multilaterale Staatsverträge direkte Bestimmungen für die internationale Zuständigkeit enthalten, und allgemeine Prinzipien des Völkerrechts ihren Grundrahmen bestimmen, verselbständigt sie sich vom Völkerrecht insoweit, als es sich um die Bestimmung der konkreten Anknüpfungspunkte handelt, durch die ein bestimmter Gerichtsstand begründet wird.

§ 2 Die Prüfung der internationalen Zuständigkeit und Inlandsberührung als Anknüpfungspunkt

A. Auslandsbezogenheit des Falles

Die Auslandsbezogenheit (yabancı unsur) des Falles gilt immer als Anlass für die Prüfung der internationalen Zuständigkeit. Sonst liegt ein reiner Inlandsfall vor, bei dem sich die Prüfung der internationalen Zuständigkeit von vornherein erübrigt[26]. Zu der Frage, was die Auslandsbezogenheit kennzeichnet, die sich nun stellt, kann man sagen, dass sie eine irgendwie geartete Berührung des konkreten Falles zu einem ausländischen Staat ist. Sie bezieht sich also immer darauf, ob beim Sachverhalt in bezug auf die Parteien oder den Gegenstand eine Verbindung zu einer ausländischen Rechtsordnung auftritt. Diese kann sich daraus ergeben, dass eine bzw. beide der Parteien Ausländer sind[27], eine der beiden im Ausland ihren Wohnsitz bzw. gewöhnlichen Aufenthalt hat, das einschlägige Rechtsgeschäft im Ausland abgeschlossen wurde, der Erfüllungs- oder Begehungsort im Ausland liegt, die streitige Sache sich im Ausland befindet[28], dieselbe

---

[26] *Nagel/Gottwald*, § 3, Rdn. 11; *Nomer*, IPR, S. 330-331; vgl. *Geimer*, IZPR, Rdn. 10 ff., 1745 ff.

[27] So etwa KG: „Die *im Hinblick auf die türkische Staatsangehörigkeit der Parteien* ... von Amts wegen zu prüfende *internationale Zuständigkeit* der deutschen Gerichte ...“ (IPRax 1994, S. 456 = NJW-RR 1994, S. 138); so auch OLG Köln: „... Die internationale Zuständigkeit, die wegen der Auslandsberührung (türkische Staatsangehörigkeit der Eltern und des Kindes) ...“ (FamRZ 1991, S. 363); ebenso OLG Hamm, IPRspr. 1988, Nr. 203, S. 447-449, in der Sache hatten die beiden Parteien marokkanische Staatsangehörigkeit, der Beklagte seinen Wohnsitz und die Klägerin ihren gewöhnlichen Aufenthalt hatten in Deutschland, auf die Rechtsstreitigkeit war deutsches Recht anzuwenden, OLG hat seine internationale Zuständigkeit auf Art. 2 EuGVÜ gestützt, obwohl außer marokkanischer Staatsangehörigkeit der beiden Parteien von keiner anderen Auslandsberührung die Rede war. Auch das türkische Kassationsgericht betrachtet die Fremdstaatsangehörigkeit als eine Auslandberührung, s. etwa Yarg. HGK, E. 1993/2-949, K. 1994/189, T. 30.3.1994, YKD 1994, S. 872; E. 1988/11-26, K. 1988/76, T. 15.6.1988, MHB 1988-1, S. 92.

[28] Vgl. BGH, IPRax 1990, S.318 ff. = EuZW 1990, S. 36 ff. Im entschiedenen Fall handelte es sich um eine Bekl., eine GmbH deutschen Rechts, die gewerbsmäßig Verträge zur Überlassung von Ferienwohnungen und Ferienhäusern, die in Frankreich und Spanien (damals kein Vertragsstaat von EuGVÜ) belegen waren, schloss, und der Kl. war deutscher Verbraucherschutzverein. Der Rechtsstreit bezog sich auf §§ 9, 13 AGB-Gesetz. Nachdem der BGH festgestellt hatte, dass *nicht* Art. 16 Nr. 1 oder Art. 5 Nr. 3 EuGVÜ sondern die einschlägige Vorschriften des AGB-Gesetzes anwendbar waren, stützte er *internationale Zuständigkeit* der deutschen Gerichte hinsichtlich der in Frankreich belegenen Ferienobjekte auf Art. 2 i.V.m. Art. 53 EuGVÜ, dagegen hinsichtlich der in Spanien befindlichen auf § 14 AGB-Gesetz. Der BGH hat also in dieser Entscheidung, die Belegenheit der Streitobjekte im Ausland als eine Auslandsberührung angesehen, außer dieser Berührung war nämlich der Rechtsstreit rein binnenländischer Fall (zwischen zwei deutschen in Deutschland wohnhaften Personen, sich stützend auf AGB-Gesetz, bezüglich in Deutschland beschlossener Verträge, wegen der Verletzung der einschlägigen Vorschriften des AGB-Gesetzes). Der BGH hat die internationale Zuständigkeit der deutschen Gerichte hinsichtlich Frankreich auf Art. 2 EuGVÜ, hinsichtlich Spanien (damals kein Vertragsstaat von EuGVÜ) auf § 14 AGB-Gesetz abgestellt.

Klage unter denselben Parteien im Ausland anhängig ist[29], oder ausländische Gerichte prorogiert sind etc.[30]

Beachtlich ist jedoch, dass die Kategorie „Auslandssachverhalt“ undurchsichtig ist, und jeder Sachverhalt zugleich einen potentiellen Auslandssachverhalt darstellen kann[31]. Das hat zur Folge, dass der Richter die internationale Zuständigkeit immer dann zu prüfen hat, wenn die Umstände auf eine minimale Auslandsberührung hinweisen[32].

B. Inlandsberührung als Zuständigkeitsanknüpfungspunkt

I. Im allgemeinen

Es ist nicht zu erwarten, dass ein Staat seine Gerichtsbarkeit für alle Rechtsstreitigkeiten auf der Welt zur Verfügung stellt. Denn kein Staat ist daran interessiert, die kostbaren Ressourcen seiner Gerichte für die Entscheidungen zu verschwenden, die im Ausland womöglich nirgends Anerkennung finden und auch im Inland nicht vollstreckt werden können. Folglich versucht jeder Staat so viele oder so wenige Rechtsstreitigkeiten an sich zu ziehen, als es ihm zweckmäßig erscheint[33]. Diese Zweckmäßigkeit ist daran zu messen, ob und wieweit die Erledigung einer Rechtsstreitigkeit durch eigene Gerichte den Gerichts-, Partei- oder Staatsinteressen dient. Die Kriterien hierzu, also die Interessensgegenstände[34], sind die Nähe zur einzelnen Partei, die Nähe zum Sachverhalt bzw. die Verfahrenskonzentration, die Nähe zum anwendbaren Recht und die Wirksamkeit (Vollstreckbarkeit) der Entscheidung[35].

Damit aber diese Bewertung zu einem tragfähigen, festen, abstrakt-generell-normativen und vor allem überschaubaren Zuständigkeitssystem führt, was im positiven Recht ein Bedürfnis dar-

---

[29] *Ekşi*, S. 21.

[30] *Schack*, IZVR, Rdn. 8; *Çelikel*, S. 7; *Ekşi*, S. 21; *Nomer*, IPR, S. 330-331; ausführlich *Geimer*, IZPR, Rdn. 10 ff.

[31] *Pfeiffer*, S. 438; *Aull* (S. 75) spricht insoweit von „Phantasmagorie des Auslandssachverhalts“.

[32] Mit dem Begriff „Auslandssachverhalt“ setzt sich *Aull* (S.75 ff.) im Zusammenhang mit Geltungsanspruch des EuGVÜ näher auseinander; dazu s. unten S. 27 f.

[33] *Schack*, IZVR, Rdn. 186.

[34] *Neuhaus*, Grundbegriffe, S. 417, Fn. 1147.

[35] Näher *Neuhaus*, Grundbegriffe, S. 415 ff.; *Kropholler*, Hdb. IZVR I, Kap. III, Rdn. 19 ff.; *Geimer*, IZPR, Rdn. 1126 ff.; *Pfeiffer*, S. 185 ff.; *Schurig*, RabelsZ 59 (1995), S. 229 ff.; für die Untauglichkeit der von *Szaszy* vorgelegten Kriterien, (nämlich: internationale Harmonie, nationale Autonomie, Gleichlauf, Territorialität und Personalhoheit, Anknüpfung an den Staat der Zustellung, Gegenseitigkeit, Parteiwille, Effektivität, Nichteinmischung, Selbstachtung und Verhinderung von Rechtsmissbrauch) s. *Pfeiffer*, S. 186-187.

stellt[36], soll es konkrete Merkmale geben, welche zur Befriedigung dieses Bedürfnisses und zur Durchsetzung der oben kurz erwähnten Interessen maßgeblich und hinreichend sind[37].

Diese Merkmale sind meistens eine Art der Inlandsberührung des Rechtsstreits[38], und zwar solche, im Falle deren Bestehens die inländische Gerichtsbarkeit zum Zwecke der Erledigung der Rechtsstreitigkeit zur Verfügung stehen sollen. Wenn also der Gesetzgeber die Inlandsberührung eines Rechtsstreits für die Begründung der internationalen Zuständigkeit eigener Gerichte für hinreichend hält, wird damit dieser Bezug zu einem Merkmal der internationalen Zuständigkeit (Zuständigkeitsanknüpfungspunkt) erklärt[39].

II. Die Arten (Erscheinungsformen) der Anknüpfungspunkte

Die Merkmale, die die internationale Zuständigkeit zu begründen haben, sind verschiedenartig. Es lassen sich grundsätzlich drei Arten unterscheiden, je nachdem, worauf sie sich beziehen. Diese kennzeichnen sich durch die territoriale Anknüpfung, die rein personale Anknüpfung an die Staatsangehörigkeit und die Anknüpfung an den Parteiwillen[40]. Als weitere Anknüpfungen gelten der prozessuale Zusammenhang, der bei der Widerklage in Betracht kommt, und das anwendbare Recht. Letzteres wird allerdings im deutschen[41] sowie im türkischen Recht[42] grundsätzlich abgelehnt.

Die territoriale Anknüpfung ist im deutschen, aber auch im türkischen Recht die meist benutzte und in bezug auf die allgemeine internationale Zuständigkeit die grundsätzliche Erscheinungsform des Anknüpfungspunktes. Beispielsweise sind etwa die §§ 12 ff. ZPO, Art. 2 EuGVÜ, Art. 9/I, II türk. ZPO (allgemeine Zuständigkeit am Wohnsitz/Sitz des Beklagten), sowie § 20 ZPO (Aufenthaltsort), § 21 ZPO (Ort der Niederlassung), § 23 ZPO (Belegenheitsort des Vermögens und des Streitgegenstandes), § 23a ZPO (Wohnsitz des Klägers), §§ 24 ff. ZPO (Belegenheitsort der Sache), §§ 27 ff. ZPO (letzter Wohnsitz des Erblassers), § 29 ZPO (Erfüllungsort des Vertrags), § 29a ZPO (Belegenheitsort der Mietsache), § 32 ZPO (Ort der unerlaubten Handlung), Art. 5 ff. EuGVÜ, Art. 9/III türk. ZPO (Wohnsitz des Klägers, oder der letzte sechsmonatige gemeinsame Wohnort), Art. 10 türk. ZPO (Abschluss- und Erfüllungsort des Vertrags), Art. 11 türk.

---

[36] So *Geimer*, FamRZ 1980, S. 790 (Anm. zu KG, Urt. v. 25.7.1979, aaO., S. 785); *ders.*, JZ 1984, S. 980.

[37] Näher *Pfeiffer*, S. 55 ff.

[38] *Ekşi*, S. 41.

[39] *Kropholler*, Hdb. IZVR I, Kap. III, Rdn. 24.

[40] *Kropholler*, Hdb. IZVR I, Kap. III, Rdn. 61 ff.; *Riezler*, S. 135 ff.; *Ekşi*, S. 41-43.

[41] S. *Kropholler*, Hdb. IZVR I, Kap. III, Rdn. 61, 105 ff.

ZPO (der letzte Wohnsitz des Erblassers), Art. 13 türk. ZPO (Belegenheitsort des Grundstücks), Art. 16 türk. ZPO (Aufenthaltsort), Art. 17 türk. ZPO (Ort der Niederlassung), Art. 20 türk. ZPO (Aufenthaltsort), Art. 21 türk. ZPO (Ort der unerlaubten Handlung) erwähnenswert

Die rein personale Anknüpfung wird vornehmlich bei Statussachen verwendet; hierzu sind beispielshalber § 606a Abs. 1 Nr. 1 ZPO, § 43b Abs.1 Nr.1 FGG und Art. 28, 29 türk. IPRG[43] zu erwähnen.

Die Anknüpfung an den Parteiwillen zeigt sich bei der Vereinbarung der Parteien über die Zuständigkeit, die im deutschen Recht in § 38 ZPO bzw. in Art. 17 EuGVÜ, und im türkischen Recht in Art. 31 türk. IPRG geregelt ist.

Die mit all diesen und anderen Anknüpfungspunkten begründeten Gerichtsstände sollen im Endeffekt im Dienste der Zuständigkeitsgerechtigkeit die Zuständigkeitsinteressen erfüllen. Denn die Zuständigkeitsregeln sind niemals bloße Konsequenz technischer Zweckmäßigkeit, sondern stets der Ausdruck der allgemeinen prozessualen Wertungsprinzipien[44]. Es gewinnt an dieser Stelle an Bedeutung, zu vertiefen, was diese Interessen sind.

III. Mit den Anknüpfungspunkten verfolgte Interessen (Wertungsprinzipien) und ihre Tragfähigkeit

Wie oben bereits angedeutet wurde, ist die konkrete Ausgestaltung der internationalen Zuständigkeit das Ergebnis einer Bewertung der Zuständigkeitsinteressen. Was diese Interessen und wer ihre Träger sind, und ob sie den durch sie begründeten Gerichtsstand rechtfertigen können, sind die Punkte, auf die an dieser Stelle eingegangen wird.

Es ist grundsätzlich von drei Arten von Zuständigkeitsinteressen die Rede, nämlich Partei(Beteiligten)-, Staats- und Gerichtsinteressen[45].

Die Parteiinteressen sind aus der Sicht der einzelnen Parteien explizit zu bewerten:

---

[42] S. *Ekşi*, S. 204 ff.

[43] Gesetz über internationales Privat- und Prozessrecht v. 20.5.1982, Gesetz Nr. 2675, Inkrafttreten 20.11.1982, RG, T. 22.5.1982, Nr. 17701; in deutscher Sprache und mit ausführlichen Anmerkungen von *Krüger*, IPRax 1982, S. 254-259; und von *Tekinalp*, RabelsZ 1983, S. 131-140.

[44] So wörtlich *Pfeiffer*, S. 213; *Geimer* (IZPR, Rdn. 1126) formuliert dieses Gebot wie folgt: „Bei der Festlegung der internationalen Zuständigkeit geht es um elementare Fragen prozessualer Gerechtigkeit".

[45] Diese Einteilung gilt jedoch nicht allgemein, und es ist nicht auszuschließen, dass manche Interessen durchaus mehr als einer Gruppe zugeordnet werden können; ebenso kann ein Interesse je nach der Betrachtung einmal selbst Objekt der Wertung und andermal auch Bewertungsmassstab sein, s. etwa *Heldrich*, S. 102; *Neuhaus*, Grundbegriffe, S. 166 ff.; *Schack*, IZVR, Rdn. 199 ff.; *Schröder*, S. 110 ff.; *Kropholler*, Hdb. IZVR I, Kap. III, Rdn. 17; *Pfeiffer*, S. 167 ff.; *Buchner*, S. 55 ff.

Aus der Sicht des Klägers ist es in erster Linie von Interesse, dass ihm ein Gerichtsstand zur Verfügung steht, bei dessen Inanspruchnahme er sein Rechtsschutzziel erreichen kann[46]. Ebenso sehr ist er daran interessiert, dieses Ziel möglichst schnell, einfach, preiswert, zuverlässig und wirksam verwirklichen zu können. Dies kann der Kläger am besten bei einem heimatnahen Gerichtsstand innerhalb seines eigenen Landes erreichen, weil er sich auf diese Weise die Schwierigkeiten der Prozessführung im Ausland erspart[47].

Diese Interessen treffen ebenfalls für den Beklagten – sogar noch eher als für den Kläger – zu. Denn der Kläger kann über „Ob" und „Wann" entscheiden[48], und im Falle der Zuständigkeitskonkurrenz unter mehreren Gerichtsständen auswählen[49].

Im Hinblick auf die oben erwähnten Vorteile, die für beide Parteien gelten, sind die Interessen des Klägers und des Beklagten diametral entgegengesetzt. Dagegen sind beide gemeinsam an einem sach-, beweis- und rechtsnahen Gerichtsstand interessiert, was man auch als Gerichtsinteresse bezeichnen kann[50].

Auch der Staat ist daran interessiert, dass im Land Rechtsfrieden und Rechtssicherheit herrschen. Dies und damit die innere Ordnung lassen sich vor allem dadurch erreichen, dass jeder, sei er In- oder Ausländer, in dem Staat, in dem er lebt, einen effektiven Rechtsschutz genießt. Ebenso ist es als ein Interesse des Staates anzusehen, für Rechtsstreitigkeiten seiner Bürger im Bereich der Statussachen eine auf die Staatsangehörigkeit gestützte Entscheidungszuständigkeit vorzusehen[51].

In Fällen mit Auslandsberührung ist es selten der Fall, dass all diese und andere Zuständigkeitsinteressen in einem einzigen Gerichtsstand zusammentreffen und dort mit gleicher Ergiebigkeit wahrgenommen werden können[52]. Je nach Gerichtsstand überwiegen die Interessen des einen oder des anderen. Welches Interesse einen Gerichtsstand rechtfertigen kann, und – im Falle einer Kollision – welches Interesse zu bevorzugen ist, ist eine rechtspolitische Frage, deren Antwort im Lichte der Zuständigkeitsgerechtigkeit zu suchen ist. Aus der Sicht der Zuständigkeitsgerechtigkeit ist nur die individuelle Partei als Interessenträger allgemein akzeptiert[53]. Den anderen Inter-

---

[46] *Schack*, IZVR, Rdn. 200; *Pfeiffer*, S. 168.

[47] *Heldrich*, S. 106 ff.; *Pfeiffer*, S. 169.

[48] Ob der Kläger die freie Wahl über „Ob" und „Wann" im wahren Sinne hat, ist jedoch nicht unumstritten, hierzu s. ausführlich *Schröder*, S. 236 ff.; *Pfeiffer*, S. 599 ff.; *Buchner*, S. 90.

[49] § 35 ZPO.

[50] *Schack*, IZVR, Rdn. 201, 205.

[51] So *Schack*, IZVR, Rdn. 208.

[52] *Schröder*, S. 111.

[53] *Buchner*, S. 58; vgl. *Schack*, IZVR, Rdn. 206.

essenträgern (dem Staat oder dem Gericht) wird die Maßgeblichkeit immer wieder abgesprochen[54].

IV. Die Vertretbarkeit der Anknüpfungspunkte hinsichtlich der Beziehungsintensität zum Forumstaat

1. Gestaltung und Bedeutung der Beziehungsintensität bezüglich deren Tragweite

Obwohl alle Zuständigkeitsanknüpfungspunkte eine Art von Berührung zur inneren Rechtsordnung aufweisen, sind sie im Rahmen der Zuständigkeitsgerechtigkeit und im Hinblick auf die schutzwürdigen Interessen der Interessenträger nicht immer unumstritten. Das ist vor allem dann der Fall, wenn sie auf ein Merkmal abstellen, das zur inneren Rechtsordnung beziehungsarm ist und trotzdem die internationale Zuständigkeit der inländischen Gerichte konkurrierend mit derjenigen eines anderen Staats begründet. Angesprochen sind die sog. exorbitanten Gerichtsstände[55], bei denen sich der Mangel an Beziehungsintensität auf das Anknüpfungsmerkmal bezieht. Der Mangel an Beziehungsintensität kann aber auch seitens des Sachverhalts im Forumstaat auftreten. In diesem Fall wird der mit dem einschlägigen Anknüpfungspunkt zu begründende Gerichtsstand als forum non conveniens betrachtet, wenn ein anderer Gerichtsstand für denselben Rechtsstreit im Ausland gegeben ist, wo die Streitsache wegen der Beziehungsintensität des Sachverhaltes deutlich besser aufzuheben wäre. Diese beiden Erscheinungsformen der Beziehungsintensität und deren Folgen sind getrennt voneinander zu untersuchen.

2. Exorbitante Gerichtsstände

In Anbetracht dessen, dass das EuGVÜ mit seinem Art. 3 die Anwendbarkeit der dort aufgezählten exorbitanten Gerichtsstände (im deutschen Recht § 23 ZPO) für Nichtvertragsstaaten gelten lässt, bleibt die Relevanz der Sache im deutsch-türkischen Rechtsverkehr bewahrt. Es hat also einen praktischen Sinn, das Thema der exorbitanten Gerichtsstände in der vorliegenden Arbeit zu skizzieren.

---

[54] Näher *Heldrich*, S. 106 ff.; *Pfeiffer*, S. 173 ff.; *Buchner*, S. 58 ff.

[55] Für andere Bezeichnungen (etwa als außerordentlich, ungewöhnlich-übertrieben, maßlos, anarchistisch, exzessive, Ausländerforum, Kampfgerichtsstand gegenüber Ausland, jurisdictionally improrer) s. *Pfeiffer*, S. 524 und dort Fn. 7-14.

Die oben für die grobe Umschreibung der exorbitanten Gerichtsstände erwähnte Charakterisierung, also der Mangel an Intensität des Zuständigkeitsmerkmals zur inneren Rechtsordnung des Forumstaates, bezieht sich darauf, ob ein Gerichtsstand im Hinblick auf den durch ihn zu begründenden Anknüpfungskontakt insoweit vertretbar ist, als auf diese Weise die Rechtsprechungshoheit des Forumstaates übermäßig ausgedehnt wird[56].

Ob und wann eine Ausdehnung der Rechtsprechungshoheit eines Staates als übermäßig betrachtet werden kann, hängt eng damit zusammen, ob der zur Begründung der internationalen Zuständigkeit gewählte Anknüpfungspunkt zum Forumstaat eine schwache, eher zufällige und vorübergehende Berührung darstellt (etwa § 23 Satz 1 Alt. 1 ZPO). Daneben können auch diejenigen Gerichtsstände als exorbitant bezeichnet werden, die durch einen zum Forumstaat zwar intensiven Anknüpfungspunkt begründet werden, aber diese Intensität mit der Streitsache nichts zu tun hat (etwa Art. 14 CC).

Solange die exorbitanten Gerichtsstände einem legitimen und lückenlosen Klägerschutz dienen, lassen sie sich rechtfertigen[57]. Aus diesem Grund befinden sie sich in fast allen Rechtsordnungen, darunter sowohl im deutschen wie auch im türkischen Recht.

Im deutschen Recht gilt etwa der Gerichtsstand des Vermögens als hervorstehender exorbitanter Gerichtsstand (§ 23 Satz 1 Alt. 1 ZPO)[58]. Der Vermögensgerichtsstand wird unten im Zusammenhang mit der Auffassung, dass er ohne Einschränkung (anders formuliert: ohne jeden Bezug des Rechtsstreits zum Inland) als forum non conveniens betrachtet wird, erläutert[59]. An dieser Stelle sei daran erinnert, dass er im deutsch-türkischen Rechtsverkehr im Hinblick auf die Entscheidung des BGH v. 2.7.1991[60] im begrenzten Umfang immer noch gilt.

Auch die internationale Verbundzuständigkeit für Unterhaltssachen[61], die durch § 621 Abs. 2 Satz 1 ZPO i.V.m. § 606a Abs. 1 Nr. 1 ZPO begründet wird, gilt dann als exorbitant (und ist im Sinne des Art. 3 Abs. 2 EuGVÜ ausgeschlossen[62]), wenn sich kein Ehegatte gewöhnlich im Inland aufhält[63]. In diesem Fall kommt Art. 5. Nr. 2 EuGVÜ zur Anwendung, und verdrängt die

[56] *Pfeiffer*, S. 523-524; *Grothe*, RabelsZ 58 (1994), S. 689. Diese übermäßige Ausdehnung der Rechtsprechungshoheit ist eigentlich der Grund dafür, dass die als exorbitant bezeichneten Anknüpfungspunkte auf der internationalen Ebene keine allgemeine Anerkennung finden.

[57] Ausführlich *Schack*, ZZP 97 (1984), S. 48 ff.; *Grothe*, RabelsZ 58 (1994), S. 712 ff.; *Pfeiffer*, S. 523 ff.

[58] Statt aller s. *Schumann*, FS Liebmann, Bd. 2, S. 839 ff.

[59] S. unten S. 76 f.

[60] Unten Fn. 350.

[61] S. unten S. 107.

[62] So *Basedow*, Hdb. IZVR I, Kap. II, Rdn. 101.

[63] *Basedow*, Hdb. IZVR I, Kap. II, Rdn. 101; *Schack*, IZVR, Rdn. 377; *Graf*, S. 147.

deutsche (internationale) Verbundzuständigkeit, falls der Unterhaltsberechtigte seinen Wohnsitz oder seinen gewöhnlichen Aufenthalt in einem der Vertragsstaaten hat.

Exorbitante Gerichtsstände finden sich auch im türkischen Recht[64]. Hierzu zählt vor allem Art. 16 Alt. 2 türk. ZPO, der zu § 23 ZPO äquivalent ist. Er wird jedoch in der türkischen Literatur nur dann als exorbitant betrachtet, wenn der Wert des Vermögensstücks sehr gering ist[65].

Art. 30 türk. IPRG, der die internationale Zuständigkeit für Erbschaftsprozesse im Falle des Nichtvorliegens des letzten Wohnsitzes des Erblassers in der Türkei an denjenigen Ort anbindet, an dem sich die Nachlassgegenstände befinden, kann in bezug auf bewegliche Sachen als exorbitant betrachtet werden[66].

Die Anknüpfung der internationalen Zuständigkeit der türkischen Gerichte bei einigen FG-Fällen gemäß Art. 29 türk. IPRG an den Ort, an dem sich das Vermögen des Betreffenden befindet, ist auf den ersten Blick zwar als exorbitant zu bewerten; sie rechtfertigt sich jedoch dadurch, dass es öfters eine enge Verbindung zwischen der Person, für die die in Art. 29 türk. IPRG aufgezählten Entscheidungen in Frage kommen, und dem Ort, an dem sich ihr Vermögen befindet[67].

Auch der Gerichtsstand der Scheidungsklage an dem Ort, wo die Eheleute zuletzt sechs Monate lang ihren gemeinsamen Aufenthalt hatten (Art. 9 Abs. 3 türk. ZPO), ist m.E. dann als exorbitant anzusehen, wenn es sich bei den Parteien um Ausländer handelt, die sich nicht mehr in der Türkei aufhalten[68]. Denn dies ist eine übermäßige Ausdehnung der internationalen Zuständigkeit der türkischen Gerichte für einen Fall, für den ein ausländischer Gerichtsstand aufgrund der Staatsangehörigkeit der Parteien oder am Wohnsitz- bzw. Aufenthaltsort einer der Parteien irgendwo im Ausland höchstwahrscheinlich zur Verfügung steht. Falls kein ausländischer (allgemeiner oder besonderer) Gerichtsstand vorliegt, ist dann die Notzuständigkeit der türkischen Gerichte ohnehin in Anspruch zu nehmen.

3. Forum non conveniens

Im Hinblick auf die Verwirklichung der Gerichtsinteressen und damit auf eine dem Grundsatz Prozessökonomie Rechnung tragende Erledigung der Streitsache ist neben der Beziehungsintensität des Anknüpfungspunkts auch die Intensität des Sachverhalts zum Forum von Bedeutung.

---

64 Hierzu ausführlich bei *Ekşi*, S. 48 ff.

65 *Nomer*, IPR, S. 359, 340; *Ekşi*, S. 49, 50.

66 *Ekşi*, S. 50.

67 S. unten S. 171.

Indessen kommt die Lehre vom forum non conveniens in Betracht, und sieht vor, dass das angerufene Gericht das Ermessen hat, die Ausübung seiner an sich bestehenden Zuständigkeit abzulehnen. Die wichtigste Voraussetzung hierfür ist jedoch, dass dem Kläger ein anderes Gericht zur Verfügung steht, das besser geeignet ist, die konkrete Streitsache zu entscheiden als das zuerst angerufene Gericht[69]. Mit der Ablehnung der Klage wegen forum non conveniens stellt das angerufene Gericht fest, dass es im Einzelfall für die Streitentscheidung im Vergleich zu einem alternativen Forum in bezug auf die Intensität der Streitsache relativ ungeeignet ist[70]. Hierbei geht es also um die Sicherung der relativen Eignung des angerufenen Gerichts zur Streitentscheidung, und zwar mit der Nebenfolge, dass man auf diese Weise die willkürliche Wahl des Klägers unter den konkurrierenden Gerichtsständen (forum shopping) begegnen kann[71].

Die Lehre vom forum non conveniens dient jedoch nicht dazu, die exorbitanten Gerichtsstände einzuschränken, wenn auch dies in Einzelfällen als gewünschte Nebenfolge auftauchen mag[72]. Denn sie bezieht sich auf die Intensität des Sachverhaltes zum Forum, im Gegensatz dazu, dass es bei den exorbitanten Gerichtsständen um die Intensität (und nur aus dieser Sicht die Maßgeblichkeit) des Anknüpfungsmerkmals zum Forumstaat geht. Insofern ist es denkbar, dass etwa der Wohnsitzgerichtsstand, der im deutschen[73] und im türkischen[74] Zuständigkeitsrecht als allgemeiner Gerichtsstand gilt und von niemandem als exorbitant betrachtet wird[75], im Einzelfall als streitgegenstandsfern und folglich als forum non conveniens erscheinen kann; ein Beispiel hierfür wäre ein Verkehrsunfall zwischen einem Türken und einem Griechen in Yugoslawien, der Beklagte wohnt in Kiel[76].

Die überwiegende Meinung in der deutschen Literatur lehnt die Übertragbarkeit der Lehre vom forum non conveniens, die sich im US-amerikanischen Recht durchgesetzt hat, auf das deutsche

---

68 Vgl. Yarg. 2. HD., E. 4842, K. 6521, T. 27.5.1998, YKD 1998, S. 1136-1137

69 *Pfeiffer*, S. 382 ff.; *Schröder*, S. 487 ff.; *Wahl*, S. 61 ff.; *Geimer*, IZPR, Rdn. 1073 ff.; *Dorsel*, S. 21 ff.; *Kropholler*, Hdb. IZVR I, Kap. III, Rdn. 204; *Schack*, Einführung in das US-amerikanische Zivilprozessrecht, S. 33; *ders.*, IZVR, Rdn. 494; *ders.*, RabelsZ 58 (1994), S. 41. Dabei geht es jedoch nicht um die Wahrnehmung der Zuständigkeitsinteressen des Gerichts pur. Das Gericht lehnt die Klage also nicht um seiner selbst willen ab, „schon gar nicht eigennützig, sondern um die Anliegen der Rechtspflege sachgemäß verwalten zu können. Beweisnähe und Rechtsnähe zum Beispiel sind nicht zur Bequemlichkeit des Richters erwünscht, sondern damit schnell, billig und richtig entschieden werden kann"; daran haben auch die Parteien Interesse; so *Schröder*, S. 486.

70 *Dorsel*, S. 37.

71 S. *Dorsel*, S. 37-38; *Hartwieg*, JZ 1996, S. 110 ff.; vgl. *Schack*, RabelsZ 58 (1994), S. 47.

72 *Schröder*, S. 90; *Wahl*, S. 42 ff.; *Schlosser*, IPRax 1983, S. 285; *Reus*, RIW 1991, S. 542; *Kropholler*, Hdb. IZVR I, Kap. III, Rdn. 204; m.w.N. aus us-amerikanischer Praxis bei *Dorsel*, S. 39-40.

73 § 13 ZPO

74 Art. 9 Abs. 1 Satz 1 türk. ZPO

75 Hierzu *Buchner*, S. 50 ff.

76 *Geimer*, IZPR, Rdn. 1280-1281.

Recht ab[77]. Als Begründung heißt es, der Kläger habe nach deutschem Recht einen Justizanspruch, der jedem gemäß Art. 101 Abs. 1 Satz 2 GG gewährleistet sei, sofern die internationale Zuständigkeit bestehe. Die Lehre von forum non conveniens lasse sich mit diesem absoluten Anspruch nicht vereinbaren[78]. Auf der anderen Seite habe man auch die Sorge um die Rechtssicherheit im Bereich der internationalen Zuständigkeit ernst zu nehmen. Die Lehre vom forum non conveniens führe nämlich zur Verletzung des Prinzips der Zuständigkeitsklarheit[79].

Ebenso gibt es keinen Raum für die Lehre vom forum non conveniens im Anwendungsbereich des EuGVÜ. Denn das Übereinkommen regelt die internationale Zuständigkeit der Vertragsstaaten ganz fest und abschließend[80].

Auch wenn die überwiegende Meinung in der Literatur und Rechtsprechung die Übertragbarkeit der Lehre vom forum non conveniens ins deutsche Recht ablehnt, sind zwei Annäherungen an diese Lehre nicht zu übersehen:

Die erste Annäherung findet sich in § 47 Abs. 1 FGG. Diese Norm sieht vor, dass ein deutsches Gericht die Anordnung einer Vormundschaft unterlassen kann, wenn sowohl das deutsche Gericht wie auch die Gerichte eines anderen Staates für die Anordnung einer Vormundschaft zuständig sind und ein entsprechendes Verfahren im anderen Staat anhängig ist, vorausgesetzt, dass dies im Interesse des Mündels liegt. Ebenso ist in Abs. 2 die Abgabe der Vormundschaft an ein übernahmebereites ausländisches Gericht vorgesehen[81]. Es ergibt sich daraus, dass das deutsche Gericht hiermit das Ermessen hat, seine an sich gegebene Zuständigkeit nicht auszuüben[82]. Obwohl diese gesetzlich geregelte Rechtslage eine gewisse Ähnlichkeit mit der Lehre vom forum non conveniens aufweist, kann sie nicht als deren direkter Anwendungsfall betrachtet werden. Denn die Regelung des § 47 FGG führt keineswegs dazu, dass die deutschen Gerichte die Ausübung ihrer Zuständigkeit deswegen ablehnen dürfen, weil ein ausländisches Gericht für die Sachentscheidung besser geeignet wären. Vielmehr handelt es sich um eine sachliche Berücksichti-

---

[77] *Nagel/Gottwald*, § 3, Rdn. 12; *Schack*, IZVR, Rdn. 499 ff.; *ders*., RabelsZ 58 (1994), S. 40 ff.; *ders*., Einführung in das US-amerikanische Zivilprozessrecht, S. 33 ff.; *Geimer*, IZPR, Rdn. 1074; *von Hoffmann*, IPRax 1982, S. 222; ausführlich *Dorsel*, S. 132 ff.; *Reus*, RIW 1991, S. 548 ff.; vgl. *Kropholler*, Hdb. IZVR I, Kap. III, Rdn. 207 ff.; a.A. *Schröder*, S. 486 ff.; *Wahl*, S. 37; *Jayme*; vgl. *Habscheid*, W. J., FS Gaul (1997), S. 171-172.

[78] *Nagel/Gottwald*, § 3, Rdn. 12; *Kropholler*, Hdb. IZVR I, Kap. III, Rdn. 210; *Pfeiffer*, S. 381 ff., 421.

[79] Mehr dazu *Pfeiffer*, S. 381 ff.

[80] M.w.N. bei *Kropholler*, EuZPR, vor Art. 2 EuGVÜ, Rdn. 19; *Nagel/Gottwald*, § 3 Rdn. 157, 176; *Huber*, RIW 1993, S. 977; *Kohler*, FS Matscher (1993), S. 251; m.w.N. *Reus*, RIW 1991, S. 547, 548; a.A. *North*, IPRax 1992, S. 183.

[81] Gemäß § 47 Abs. 3 FGG gelten diese Regelungen auch für die Pflegschaft.

[82] *Jansen*, § 47 FGG, Rdn. 2; für die über § 47 FGG hinausgehende Anwendung der Lehre vom forum non conveniens durch die Rechtsprechung in weiteren Bereichen der freiwilligen Gerichtsbarkeit s. *Dorsel*, S. 153-154; *Pfeiffer*, S. 422 und dort Fn. 158.

gung internationalprivat- und prozessrechtlicher Folgen, die dem materiellrechtlichen Ziel des Kindeswohls dient[83].

Die zweite Annäherung an die Lehre vom forum non conveniens im autonomen deutschen Zuständigkeitsrecht leitet sich aus der Rechtsprechung ab, nämlich aus der Entscheidung des BGH v. 2.7.1991[84]. Mit dieser Entscheidung hat der BGH den Tatbestandsmerkmalen des Vermögensgerichtsstands (§ 23 Satz 1 Alt. 1 ZPO) ein neues (ungeschriebenes) Merkmal hinzugefügt – oder er hat dieses Merkmal 112 Jahre nach Inkrafttreten der Vorschrift entdeckt[85] –, nämlich den hinreichenden Inlandsbezug des Rechtsstreits. Nach Auffassung des BGH ist eine einschränkende Auslegung des Vermögensgerichtsstandes in bezug auf die internationale Zuständigkeit geboten. Nur so könnte man diese Norm mit ihrer Entstehungsgeschichte und mit der völkerrechtlichen Vertragspraxis in Einklang bringen.

Es ergibt sich zwar von der Begründung nicht ohne weiteres, dass der BGH mit dieser Entscheidung den Vermögensgerichtsstand ohne jeglichen Bezug des Rechtsstreits zum Inland für forum non conveniens hielt[86]. Die h.M vertritt aber die Auffassung, dass das Gericht mit dieser Entscheidung die Lehre vom forum non conveniens ins deutsche Zuständigkeitsrecht übertragen hat[87]. Jedenfalls steht fest, dass der BGH mit dieser Entscheidung bezweckt hat, den im Grunde als exorbitant betrachteten und vor allem im deutsch-US-amerikanischen Rechtsverkehr oft kritisierten Vermögensgerichtsstand einzuschränken. Auf diese Weise sollte der im Anwendungsbereich des EuGVÜ völlig ausgeschlossene Gerichtsstand des Vermögens auch im Verhältnis zu Drittstaaten entschärft werden. Dass der BGH dieses Ergebnis erreichen wollte, ergibt sich daraus, dass er in den Entscheidungsgründen mehr der Kritik Rechnung getragen hat, die im Rahmen der Exorbitanz des Gerichtsstands vorgebracht worden war[88].

Die Lehre vom forum non conveniens kann auch nicht ins türkische Zuständigkeitsrecht übertragen werden[89]. Denn sie ist mit dem Prinzip des gesetzlichen Richters (Art. 36 Abs. 1 türk. GG) nicht zu vereinbaren. Ebenso lässt der zweite Absatz des Art. 36 türk. GG keinen Raum für die Lehre vom forum non conveniens, indem er dem gesetzlich zuständigen Gericht die Nichtein-

---

83 *Pfeiffer*, S. 422; vgl. *Reus*, RIW 1991, S. 549; vgl. *Schröder*, S. 494 ff.

84 Unten Fn. 350.

85 So *Schack*, JZ 1992, S. 54.

86 Der BGH erwähnt nämlich die Lehre vom forum non conveniens nicht ausdrücklich.

87 So etwa *Dorsel*, S. 159; *Fricke*, IPRax 1991, S. 161; *Fischer*, RIW 1990, S. 794 (letztere berufen sich auf den der Entscheidung des BGH vorgehenden Beschluss des OLG Stuttgart v. 6.8.1990, IPRax 1991, S. 179); wohl auch *Schack*, RabelsZ 58 (1994), S. 46.

88 S. Entscheidungsgründe B, III, 1.

89 *Nomer*, IPR, S. 369, Fn. 197; ausführlich *Ekşi*, S. 63-64.

haltung der Entscheidungspflicht ausdrücklich verbietet. Eine etwaige Nichteinhaltung/Verzögerung führt sogar im Hinblick auf Art. 573 Nr. 6 türk. ZPO zur zivil- und strafrechtlichen Haftung des Richters[90].

Es wird jedoch die Ansicht, die eigentlich als ein Ansatz für die Übertragung der Lehre vom forum non conveniens ins türkische Recht betrachtet werden kann, vertreten, dass das Gericht seine mit Art. 23 Satz 1 türk. ZPO i.V.m. Art. 27 türk. IPRG begründete internationale Zuständigkeit[91] wegen Art. 2 türk. ZPO (Rechtsmissbrauchsverbot) abzulehnen hat, falls der ausländische Beklagte bei der Verhandlung, bei der die internationale Unzuständigkeit gerügt werden sollte, abwesend war[92].

V. Doppelrelevante Tatsachen bei der Begründung der internationalen Zuständigkeit

1. Die Bedeutung der doppelrelevanten Tatsachen

Bei den doppelrelevanten Tatsachen, die sich im Rahmen der Begründung der internationalen Zuständigkeit stellen, handelt es sich um das tatsächliche Bestehen der Anknüpfungspunkte, die neben der internationalen Zuständigkeit zugleich die Klage sachlich begründen. Soweit ein Anknüpfungspunkt nur die Rolle der Zuständigkeitsbegründung hat, etwa Wohnsitz, kann man anfangs nur dies in Frage stellen, und je nach seinem Bestehen oder Nichtbestehen die internationale Zuständigkeit bejahen oder verneinen. Wenn dagegen ein Anknüpfungspunkt zugleich den Rechtsstreit sachlich begründet, wenn also die zuständigkeitsrechtliche Begründetheit mit der sachlichen zusammenhängt, was etwa beim Gerichtsstand der unerlaubten Handlung der Fall ist, hat man darauf zu achten, dass die Gefahr besteht, dass einerseits die sachliche Begründung nur zum Zwecke der Begründung der internationalen Zuständigkeit zeitraubend ist, und andererseits der Richter dazu gezwungen wird, seine Meinung über die sachliche Begründetheit des Rechtsstreits im voraus zu äußern, was als ein Grund für die Ablehnung des Richters wegen früherer richterlicher Tätigkeit (§§ 41 Nr. 6, bzw. 42 ZPO, Art. 29 Nr. 2, 3 türk. ZPO) angesehen werden kann[93].

---

[90] *Kuru*, Bd. 4, S. 3944-3945; *Üstündağ*, S. 116-117.

[91] Es handelt sich hier um die Begründung der internationalen Zuständigkeit der türkischen Gerichte aufgrund Art. 23 Satz 1, 187 Nr. 2 türk. ZPO i.V.m. Art. 27 türk. IPRG (rügelose Einlassung), dazu unten S. 211.

[92] *Ekşi*, S. 64.

[93] *Schmid*, NJW 1974, S. 729 ff.; *Kuru*, Bd. 1, S. 86 ff.; zum Thema ausführlich *Schumann*, FS Nagel (1987), S. 417 ff.; zur Bedeutung der doppelrelevanten Tatsachen hinsichtlich der Anerkennungszuständigkeit s. BGHZ 124, S. 237 = IPRax 1995, S. 101 = NJW 1994, S. 1413; dazu *Gottwald*, IPRax 1995, S. 75-76.

2. Die Lösungsansätze im deutschen und im türkischen Recht

Die h.M. im deutschen Recht[94] vertritt die Auffassung, dass es in bezug auf die Begründung der Zuständigkeit nicht unbedingt erforderlich ist, dass etwa eine unerlaubte Handlung tatsächlich begangen wurde. Dies wird erst mit der sachlichen Endentscheidung des Gerichts klar. Deshalb soll sich die Prüfung der internationalen Zuständigkeit darauf beschränken, ob der vom Kläger vorgetragene Sachverhalt als unerlaubte Handlung zu qualifizieren ist – und selbstverständlich, ob der angebliche Deliktort im Inland liegt. Wie der BGH kurz formuliert hat, ist ein schlüssiger Vortrag der die Zuständigkeit begründenden Tatsachen erforderlich[95]. Diese Tatsachen sind (als bloße Behauptungen des Klägers) vom Gericht dem Verfahren zugrunde zu legen, um die Zuständigkeit zu bejahen und ein Sachurteil zu erlassen[96].

Gegen diese h.M. wendet sich *Geimer*. Er ist der Auffassung, es könne durch die willkürlichen Behauptungen des Klägers etwa ein forum delicti comissi überall begründet werden, wenn man der h.M. folge. Daher müsse das Gericht im Rahmen der Zuständigkeitsprüfung untersuchen, ob der vom Kläger vorgetragene Geschehensablauf, der u.U. die Klage begründen könnte, stattgefunden habe[97]. Dagegen ist *Würthwein* der Meinung, es sei irrelevant, ob tatsächlich eine unerlaubte Handlung bzw. ein Schaden vorliege[98]. Es müsse vielmehr feststehen, dass die streitige Handlung bzw. der Erfolg im Gerichtsbezirk (im Inland) zu lokalisieren sei. Es sei also für ausreichend zu halten, dass die unerlaubte Handlung, um die gestritten wird, unstreitig oder erwiesenermaßen dem Gerichtsort zugeordnet werden könne. Das Gericht sei daher nur dann als zuständig anzusehen, wenn keine Zweifel am Bezug zwischen dem Ort des Geschehens und dem Gerichtsbezirk bestünden[99].

Das Thema der doppelrelevanten Tatsachen ist im türkischen Recht als solche – soweit ersichtlich – nicht weitgehend behandelt worden. *Kuru* vertritt im Hinblick auf die Gerichtsstände aus vertraglichen Streitigkeiten etwa die Meinung, dass der Richter zuerst zu untersuchen habe, ob

---

94 *Rosenberg/Schwab/Gottwald*, S. 177; *Kropholler*, Hdb. IZVR I, Kap. III, Rdn. 375; Stein/Jonas-*Schumann*, § 32 ZPO, Rdn. 16; MünchKommZPO/*Patzina*, § 32 ZPO, Rdn. 26; Baumbach/Lauterbach/*Hartmann*, § 32 ZPO, Rdn. 21; *Thomas/Putzo*, § 32 ZPO, Rdn. 1; *Heinrichs*, S. 9 f.

95 BGH, NJW 1987, S. 594.

96 Weitere Nachweise bei *Schumann*, FS Nagel (1987), S. 420 ff.

97 *Geimer*, NJW 1974, S. 1046 (Anm. zu BGH, Urt. v. 6.11.1973, aaO.); *ders.*, IZPR, Rdn. 1825 ff., 1494, 1526; *Geimer/Schütze*, I/1, S. 635.

98 In bezug auf die Tatsächlichkeit der unerlaubten Handlung gehen die Meinungen von *Geimer* und von *Würthwein* auseinander.

99 *Würthwein*, ZZP 106 (1993), S. 64-65.

überhaupt ein Vertrag zwischen den beiden Parteien bestehe[100]. Der Autor äußert sich jedoch nicht näher, wieweit diese Untersuchung gehen soll. In bezug auf letztere Frage ist *Üstündağ* der Meinung, dass das Beweisen der Tatsachen, die das Begehren des Klägers und zugleich die Zuständigkeit des Gerichts begründen sollen, bezüglich der Zuständigkeitsbegründung nur darauf gezielt und beschränkt sein soll, dass dies ausreicht, die Zuständigkeitsvorfrage zu beantworten[101]. Wo hierbei die konkreten Grenzen sind, lässt der Autor allerdings offen. Er fügt nur hinzu, dass die Annahme des Bestehens der die Zuständigkeit zu begründenden Tatsachen für den Richter in bezug auf die Sachentscheidung nicht verbindlich ist.

Die Auffassung des türk. Kassationshofes zu diesem Thema ist nicht ganz klar. In einigen Entscheidungen legte er das Bedürfnis nach dem Beweisen der die Zuständigkeit zu begründenden Tatsachen sehr streng aus, ohne dass er die Problematik als ein unabhängiges Institut betrachtete. In einem Fall handelte es sich um eine unerlaubte Handlung, einen Verkehrsunfall, wobei die beklagte Partei aus mehreren Personen bestand, und folglich die Klage beim Wohnsitzgerichtsstand eines der Beklagten (Art. 9 Abs. 2, Satz 1 türk. ZPO) zu erheben war. Am Ende des erstinstanzlichen Verfahrens war bewiesen worden, dass der Beklagte, bei dessen allgemeinen Gerichtsstand die Klage erhoben worden war, über keine (passive) Prozessführungsbefugnis verfügte. Der türk. Kassationshof hat bei der Revision des erstinstanzlichen Beschlusses entschieden, dass die Klage wegen der Unzuständigkeit des Gerichts abgewiesen werden sollte, weil mit dem bewiesenen Mangel der Prozessführungsbefugnis des Beklagten, in dessen allgemeinen Gerichtsstand die Klage erhoben worden war, auch die Zuständigkeit des Gerichts weggefallen sei. Im Hinblick darauf, dass die Unzuständigkeit des Gerichts schon gerügt worden war, sollte das erstinstanzliche Gericht den am Ende des Verfahrens geklärten Zustand berücksichtigen[102].

Bei einer Klage aus vertraglicher Streitigkeit hat der türk. Kassationshof ebenso entschieden, dass das Gericht zu untersuchen habe, ob der Vertrag, um dessen Bestehen im Rahmen der Unzuständigkeitseinrede gestritten wird, tatsächlich zustande gekommen sei; wenn nicht, habe der Richter die Klage mit der Unzuständigkeitserklärung abzuweisen[103].

---

[100] *Kuru*, Bd. 1, S. 294.

[101] *Üstündağ*, S. 195 (im Anschluss an BGHZ 7, S. 186).

[102] Yarg. 4. HD., Yasa 1983/1 S.102; krit. *Üstündağ*, S. 196.

[103] Yarg. 13. HD., E. 4490, K. 1450, T. 7.3.1975, (*Kuru*, Bd. 1, S. 294).

3. Stellungnahme

Der h.M. im deutschen Recht ist m.E. (ebenso aus der Sicht des türkischen Rechts) zuzustimmen[104]. Denn eine Lösung muss u.a. auch der Vereinfachung sowie der beschleunigten und endgültigen Erledigung des Rechtsstreits dienen[105]. Der Kläger riskiert mit seiner Klage die endgültige Aberkennung des eingeklagten Anspruchs, falls sich seine Behauptungen nicht als wahr feststellen lassen. Dem Beklagten ist diese Verfahrenskonzentration zuzumuten. Denn er erlangt mit dem klageabweisenden Sachurteil zugleich den rechtskräftigen Ausspruch, nichts zu schulden, wenn er die zuständigkeitsbegründenden doppelrelevanten Tatsachen mit Recht bestritten hat[106].

Zusammenfassend bleibt festzuhalten, dass die einseitige Behauptung aller erforderlichen Tatsachen durch den Kläger für die Begründung der Zuständigkeit ausreicht[107]. Das soll insbesondere für eine unerlaubte Handlung gelten, welche sowohl die Zuständigkeit des Gerichtes aufgrund § 32 ZPO als auch den eingeklagten Anspruch gemäß §§ 823 ff. BGB rechtfertigen soll[108].

VI. Ergebnis

Das Gericht hat seine internationale Zuständigkeit zu prüfen, wenn die Streitsache irgendeine Auslandsbezogenheit aufweist. Damit bei dieser Prüfung die internationale Zuständigkeit bejaht werden kann, muss die Streitsache eine zur Begründung der Zuständigkeit ausreichende Inlandsbezogenheit entfalten. Es muss also einen Anknüpfungspunkt geben. Daraus folgt, dass die Anknüpfungspunkte nichts anderes als die Inlandsberührung der Streitsache sind, die vom Gesetzgeber zur Begründung der internationalen Zuständigkeit für ausreichend gehalten werden. Indessen sind die Zuständigkeitsinteressen der Maßstab des Gesetzgebers.

Die Inlandsbezogenheit des Rechtsstreits kann im Hinblick auf die Intensität des Anknüpfungspunktes und auf diejenige der Streitsache in zweierlei Weise bewertet werden: In dem Fall, in dem die Intensität des Anknüpfungspunktes zum Forumstaat zu schwach ist, kommen die sog. exorbitanten Gerichtsstände in Betracht. Wenn dagegen die Streitsache einem anderen (konkur-

---

104 In bezug auf die Anerkennungszuständigkeit gilt dies jedoch nicht, dazu, BGHZ 124, S. 237-247 = NJW 1994, S. 1413-1416 = IPRax 1995, 101-104, dazu *Gottwald*, IPRax 1995, S. 75-76; *Geimer*, LM § 32 ZPO, Nr. 15 1994/5 (Anm.); *Nerlich*, WiB 1994, S. 576 (Anm.); *Jacob*, RIW/AWD 1994, S. 334-335 (Anm.); *Hohloch*, JuS 1994, S. 800-801; *Koch*, ZZP 108 (1995), S. 367-372 (Anm.); *Nerlich*, WiB 1994, S. 575-576.

105 BGHZ 124, S. 237-247 = NJW 1994, S. 1413-1416 = IPRax 1995, 101-104.

106 Vgl. *Gottwald*, IPRax 1995, S. 75.

107 Vgl. RGZ 29, S. 371 ff.; BGHZ 7, S. 184 ff.; BGH, NJW 1964, S. 497 ff.; BGHZ 124, S. 237-247.

108 Stein/Jonas-*Schumann*, § 1 ZPO, Rdn. 20, § 32 ZPO, Rdn. 16.

rierenden) Gerichtsstand sach- und beweisnahe ist, kommt die Lehre vom forum non conveniens in Betracht, die dem deutschen und dem türkischen Recht fremd ist.

Einige Anknüpfungspunkte sind neben der internationalen Zuständigkeit auch für die Begründung des vom Kläger angestrebten Begehrens von Bedeutung. Dies ist vor allem beim Gerichtsstand der unerlaubten Handlung und bei demjenigen des Vertrags der Fall (sog. doppelrelevante Tatsachen). In solchen Fällen reicht im deutschen und im türkischen Recht ein schlüssiger Vortrag des Klägers für die Begründung der internationalen Zuständigkeit aus.

§ 3 Das System der Regelung der internationalen Zuständigkeit im deutschen und türkischen Recht

A. Einleitung

Bis hierher wurden der Begriff der internationalen Zuständigkeit, die Bedeutung und die Funktion der Anknüpfungspunkte, sowie ihre Besonderheiten im allgemeinen erläutert. Die Anknüpfungspunkte, aber auch andere Regeln über internationale Zuständigkeit bilden miteinander ein zusammenhängendes System. Aufgrund der Bedeutung dieses Systems, die als Ausgangspunkt für die Lösung einzelner Fragen steht, hat es Sinn, an dieser Stelle auf die Regelung der internationalen Zuständigkeit im deutschen und im türkischen Recht einen Blick zu werfen, bevor die Anknüpfungspunkte im einzelnen behandelt werden.

B. Methoden der Regelung der internationalen Zuständigkeit

Für die Normierung der internationalen Zuständigkeit gibt es grundsätzlich drei Methoden[109]. Die erste ist die selbständige Regelung der Normen, die die internationale Zuständigkeit begründen, was im schweizerischen IPRG und weitgehend im EuGVÜ der Fall ist. Die zweite Methode ist die Abhängigmachung der internationalen Zuständigkeit davon, ob ein örtlich zuständiges Gericht für den zur Entscheidung kommenden Fall vorliegt. Bei dieser Methode indizieren die Regeln über örtliche Zuständigkeit zugleich die internationale Zuständigkeit; sie sind also doppelfunktional. Die dritte Methode ist das sog. Mischsystem, wobei neben der Doppelfunktionalität der Regeln über die örtliche Zuständigkeit auch zusätzliche Normen gegeben sind, die für bestimmte Fälle eine unmittelbare Regelung der internationalen Zuständigkeit zum Ziel haben. Diese (letztere) Methode ist im türkischen und im autonomen deutschen Zuständigkeitsrecht der Fall. Im deutschen Recht hat man daneben das EuGVÜ, das eine selbständige und abschließende Regelung der internationalen Zuständigkeit der Vertragsstaaten darstellt. Es gelten also zwei Zuständigkeitsordnungen nebeneinander, deren Begrenzung zueinander ein Thema für sich, und für die vorliegende Arbeit von großer Bedeutung ist.

---

109 Ausführlich *Schröder*, S. 83 ff.; *Ekşi*, S. 38.

C. Die Regelung der internationalen Zuständigkeit im deutschen Recht

I. Autonomes Recht

Bei der Regelung der internationalen Zuständigkeit spiegelt sich das sog. Mischsystem im autonomen deutschen Recht wider. Es gibt also einige Normen, die sich direkt auf die internationale Zuständigkeit beziehen; so etwa bei den §§ 606a, 621 Abs. 2, 640a Abs. 2 ZPO, §§ 35b, 43b FGG. Ansonsten wird die internationale Zuständigkeit der deutschen Gerichte durch die Regeln des autonomes Rechts über die örtliche Zuständigkeit (§§ 12 ff. ZPO) indiziert[110]. Die Regeln über die örtliche Zuständigkeit sind damit doppelfunktional. Es ergibt sich daraus, dass solange ein deutsches Gericht örtlich zuständig ist, grundsätzlich auch die internationale Zuständigkeit der deutschen Gerichte vorliegt.

Der Anwendung dieser autonomen Regelungen setzt das EuGVÜ eine erhebliche Grenze, indem es im Verhältnis zu Vertragsstaaten eine vorrangige Geltung beansprucht. Sein Geltungsanspruch ist jedoch im Verhältnis zu Drittstaaten umstritten. Im Hinblick darauf, dass die Türkei ein Drittstaat ist, ist es von Bedeutung, an dieser Stelle in die sog. Drittstaatenproblematik näher hineinzugehen.

II. Das EuGVÜ und die Anwendbarkeit seiner Zuständigkeitsordnung im deutsch-türkischen Rechtsverkehr

1. Kurzer Überblick auf das EuGVÜ

Als Erfüllung des in Art. 220 EGV a.F. (jetzt in Art. 293 EGV) verankerten Auftrags, die Vereinfachung der Förmlichkeiten für die gegenseitige Anerkennung und Vollstreckung von richterlichen Entscheidungen und Schiedssprüchen zugunsten der Staatsangehörigen der Vertragsstaaten sicherzustellen[111], wurde am 27.9.1968 das Übereinkommen über die gerichtliche Zuständigkeit

---

110 So die einhellige Meinung, s. etwa *Schröder*, S. 84; *Nagel/Gottwald*, § 3, Rdn. 18; *Riezler*, S. 219; *Kropholler*, Hdb. IZVR I, Kap. III, Rdn. 30; *Geimer*, IZPR, Rdn. 943; *Linke*, IZPR, Rdn. 114-115; *Schack*, IZVR, Rdn. 236; ausführlich bei *Walchshöfer*, ZZP 80 (1967), S. 183 ff.; ständ. Rspr. von BGH, s. etwa BGHZ 94, S. 156, 157; 115, S. 90, 91.

111 Allerdings geht das EuGVÜ über das Ziel des Art. 220 EGV a.F. (jetzt Art. 293 EGV) hinaus, indem es als Ausgangspunkt nicht die Staatsangehörigkeit eines der Vertragsstaaten sondern den Wohnsitz bzw. Sitz in einem der Vertragsstaaten angenommen hat; dies zeigt sich auch im Präambel des EuGVÜ, wo das Ziel des Übereinkommens wie folgt formuliert: „innerhalb der Gemeinschaft den Rechtschutz der dort ansässigen Personen zu ver-

und die Vollstreckung gerichtlicher Entscheidungen in Zivil- und Handelssachen (EuGVÜ) in Brüssel von sechs EWG-Gründungsstaaten[112] unterzeichnet, und ist zwischen diesen Staaten am 1.2.1973 in seiner ursprünglicher Fassung in Kraft getreten[113].

Das EuGVÜ trägt insbesondere in den folgenden zwei Bereichen eine Bedeutung: Zum einen enthält das Übereinkommen in seinen Art. 2 ff. einen umfassenden und abschließenden Katalog über die direkte internationale Zuständigkeit in (vermögensrechtlichen) Zivil- und Handelssachen[114], ohne dass es auf die Staatsangehörigkeit der Parteien ankommt, wobei grundsätzlich nur der Wohnsitz bzw. Sitz des Beklagten in einem der Vertragsstaaten maßgebend ist. Zum anderen wird die Anerkennung und Vollstreckung der in den Vertragsstaaten erlassenen gerichtlichen Entscheidungen erheblich erleichtert und beschleunigt, ohne dass es darauf ankommt, ob sie aufgrund der Zuständigkeitsvorschriften des Übereinkommens oder des autonomen staatlichen Rechts ergangen sind (Art. 25 ff. EuGVÜ). In Anbetracht dieser und der anderen Regelungen, die u.a. etwa die einstweiligen Maßnahmen (Art. 24 EuGVÜ) oder die Rechtshängigkeit (Art. 21 ff. EuGVÜ) betreffen, und im Hinblick auf das Lugano-Parallelübereinkommen[115] kann man, auch wenn das Übereinkommen keine Vorschrift über das gerichtliche Verfahren enthält, insoweit von einem europäischen Zivilprozessrecht (zumindest von dessen Kern)[116] sprechen[117].

Da das EuGVÜ eine geschlossene Konvention darstellt, (der Beitritt steht also nur den Mitgliedstaaten der Europäischen Union offen – sie sind sogar aufgrund Art. 63 EuGVÜ dazu verpflichtet) stellt sich in bezug auf die Nichtmitgliedstaaten der EU (unter ihnen die Türkei) und die noch nicht Mitgliedstaaten des EuGVÜ die Frage, ob und inwieweit dessen Vorschriften angesichts des Rechtsverkehrs zwischen einem Mitglied- und einem Nichtmitgliedstaat von Bedeutung ist

stärken". Darüber hinaus regelt das EuGVÜ auch die direkte internationale Zuständigkeit der Gerichte und die Rechtshängigkeit, was in Art. 220 EGV a.F. zum Ausdruck nicht gekommen war; hierzu *Basedow*, Hdb. IZVR I, Kap. II, Rdn. 7-8; *Geimer/Schütze*, EuZVR, Einl. EuGVÜ, Rdn. 23.

112 BRD, Frankreich, Italien und die Benelux-Staaten.

113 BGBl. 1972 II 774. Das Übereinkommen wird ab 1. März 2002 durch EG-Verordnung Nr. 44/2001 vom 22. Dezember 2000 über die gerichtliche Zuständigkeit und die Anerkennung und Vollstreckung von Entscheidungen in Zivil- und Handelssachen (ABl. L012, 16.01.2001, S. 1 ff.).

114 Für den durch Art. 1 Abs. 2 Nr. 1 EuGVÜ vom Übereinkommen ausgeschlossen Bereich der eherechtlichen Streitigkeiten gilt seit 1. März 2001 die Verordnung des EG-Rates Nr. 1347/2000 über die Zuständigkeit und die Anerkennung und Vollstreckung von Entscheidungen in Ehesachen und in Verfahren betreffend die elterliche Verantwortung für die gemeinsamen Kinder der Ehegatten v. 29.5.2000 (ABl. EG 2000, Nr. 160, S. 19), abgedruckt in: *Jayme/Hausmann*, Nr. 170, S. 369 ff.

115 Das Lugano-(Parallel)Übereinkommen über die gerichtliche Zuständigkeit und die Vollstreckung gerichtlicher Entscheidungen in Zivil- und Handelssachen v. 16.9.1988 wurde zwischen den EG- und den EFTA-Staaten zum Zwecke der Ausdehnung der Errungenschaften des EuGVÜ auf einen erweiterten europäischen Raum abgeschlossen. Inhaltlich lehnt es sich weitgehend an das EuGVÜ; es folgt dem EuGVÜ in Aufbau, Artikelfolge und Wortlaut nahezu vollständig.

116 So etwa *Benecke*, S. 1.

(sog. Drittstaatenproblematik). Für die Beantwortung dieser Frage spielt es keine Rolle, ob das Übereinkommen als ein gewöhnlicher völkerrechtlicher Vertrag[118] oder aber als ein primäres (auf jeden Fall aber sekundäres) Gemeinschaftsrecht[119] zu qualifizieren ist. Die beiden Auffassungen führen im Endeffekt zum gleichen Ergebnis: das EuGVÜ verdränge in seinem Anwendungsbereich das autonome Recht der einzelnen Mitgliedsstaaten[120]. Von entscheidender Bedeutung ist somit, den räumlich-persönlichen Anwendungsbereich des Übereinkommens festzustellen, was sich dem Wortlaut des Übereinkommens nicht ohne weiteres entnehmen lässt[121]. Eine vorrangige Stufe dieser Problematik stellt aber die Beantwortung der Frage dar, wann die Zuständigkeitsordnung des EuGVÜ überhaupt zur Anwendung kommt. Dies erweist sich als ein Problem vor allem dann, wenn die einschlägige Vorschrift keinen ausdrücklichen Anhaltspunkt dafür beinhaltet, ob ihre Geltung einen Bezug zu einem anderen (Dritt)Staat voraussetzt, was etwa bei Art. 2, 17 EuGVÜ der Fall ist[122].

2. Auslandsbezug des Rechtsstreits als stillschweigende Voraussetzung der Anwendbarkeit des Übereinkommens?

a) Meinungsstand im Schrifttum

Angesichts der Vorschriften des EuGVÜ, die keinen ausdrücklichen Hinweis darüber enthalten, ob ihr Geltungsanspruch auf die Auslandsbezogenheit des Sachverhaltes zu einem Vertrags- bzw. Drittstaat ankommt (so vor allem Art. 2 EuGVÜ), wird die Meinung vertreten, dass es für die Anwendbarkeit des Übereinkommens keine Voraussetzung ist, dass der Rechtsstreit irgendeinen Auslandsbezug aufweist. Das EuGVÜ gelte auch für reine Inlandsfälle; denn die Frage nach der internationalen Zuständigkeit stelle sich rechtslogisch bei jeder Klage[123]. Im übrigen erkläre das

---

117 *Kropholler*, EuZPR, Einl., Rdn. 16-17.

118 *Schwartz*, FS Grewe (1981), S. 551; *Kropholler*, EuZPR, Einl., Rdn. 12; *Schack*, IZVR, Rdn. 78.

119 *Schlosser*, EuGVÜ, Einl., Rdn. 20; *ders.* RIW 1983, S. 473; *ders.* NJW 1975, S. 2132-21333; wohl auch *Baumgärtel*, FS Kegel (1977), S. 286 ff.

120 MünchKommZPO/*Gottwald*, Art. 1 EuGVÜ, Rdn. 14; Bülow/Böckstiegel/Geimer/Schütze-*Auer*, Bd. I, B I 1 e, Einl. EuGVÜ, S. 606.12, Rdn. 35; EuGH 13.11.1979, RIW 1980, S.285; EuGH 15.11.1983, IPRax 1985, S. 92-94.

121 Dagegen ist der sachliche Anwendungsbereich des Übereinkommen ist in seinem Art. 1 präzise geregelt, indem die ausgeschlossenen Bereiche der Zivil- und Handelssachen fest und ausdrücklich gezeigt werden.

122 Einige Vorschriften des EuGVÜ setzen für ihre Geltung ausdrücklich voraus, dass der Sachverhalt eine bestimmte Auslandsbezogenheit zu einem Vertragsstaat aufweist; so ist es etwa in Art. 5 EuGVÜ.

123 *Kropholler*, Hdb. IZVR I, Kap. III, Rdn. 637; *ders.*, EuZPR, vor Art. 2 EuGVÜ, Rdn. 7-8; *Geimer/Schütze*, EuZVR, Einl. EuGVÜ, Rdn. 122; *Geimer*, NJW 1976, S. 446; *ders.*, IPRax 1991, S. 31; vgl. *Linke*, IZPR, Rdn. 123.

Übereinkommen „einen *internationalen* Sachverhalt“ nicht zur eigenen Anwendungsvoraussetzung seiner Zuständigkeitsvorschriften. Das „*internationale*“ Element werde allgemein nur durch die Worte „internationale Zuständigkeit“ in Abs. 4 der Präambel angesprochen. Darüber hinaus ergebe sich das internationale Element in vielen Zuständigkeitsvorschriften aus deren speziellen Anwendungsvoraussetzungen, etwa in Art. 5 EuGVÜ. Tauche die Frage nach der internationalen Zuständigkeit in einem Rechtsstreit gar nicht auf, weil weder das Gericht noch eine Partei irgendeine Auslandsberührung sehe oder vortrage, so bestehe praktisch kein Anlass, die internationale Zuständigkeit aufgrund des Übereinkommens zu erörtern. Vielmehr könne dann sogleich mit dem nationalen Recht gearbeitet werden[124].

Einen anderen Anhaltspunkt für diese Auffassung soll die Unklarheit des Begriffs des „*Auslandssachverhalts*“ darstellen. Er führe zu unübersehbaren Schwierigkeiten bei der Beschreibung dessen, wie ein Auslandsbezug oder ein internationaler Sachverhalt aussehen könne[125]. Das Übereinkommen selbst enthalte keinerlei Definition eines wie immer gearteten Auslandsbezuges, und es sei den Befürwortern der teleologischen Reduktionstheorie nicht gelungen, eine klare Abgrenzungsformel zu finden, mit der die reinen Binnensachverhalte, für die das Übereinkommen nicht gelten solle, von den Angelegenheiten mit internationaler Beziehung abgegrenzt werden könnten. Darüber hinaus finde sich keinerlei Anhaltspunkte dafür, dass die Zuständigkeitsordnung des Übereinkommens reine Binnensachverhalte ausklammere[126].

Die wohl herrschende Gegenmeinung hält die Anwendbarkeit der Zuständigkeitsordnung des Übereinkommens auf reine Binnensachverhalte für ausgeschlossen. In Anbetracht des Abs. 4 der Präambel, wo die Verstärkung des Rechtsschutzes der in der Gemeinschaft ansässigen Personen

---

[124] *Kropholler*, Hdb. IZVR I, Kap. III, Rdn. 637; ausführlich *Aull*, S. 80 f, 86.

[125] M.w.N. *Aull*, S. 87 f; der Autor fügt hinzu, der Begriff des Auslandssachverhaltes beinhalte eine Relativität und zeige sich je nach dem Ausgangspunkt der Betrachtung unterschiedlich. Dies wird am folgenden Beispiel deutlich gemacht: Ein in Stuttgart wohnhafter Nicht-EUAusländer und ein ebenso in Stuttgart domizilierter Franzose haben miteinander in Stuttgart einen dort zu erfüllenden Vertrag geschlossen. Es bestehen keinerlei weitere Bezugspunkte zum Ausland. Aus der Sicht des EuGVÜ handelt es sich zunächst um einen reinen Binnensachverhalt, denn auf die Staatsangehörigkeit der Parteien darf es nach der Konzeption des EuGVÜ keinesfalls ankommen. Gesetzt, dass der Franzose unter Berufung auf Art. 14 CC vor einem französischen Gericht auf Erfüllung der der anderen Partei obliegenden Verpflichtung klagen würde, so käme es darauf an, nach welchem Recht das angerufene Gericht seine internationale Zuständigkeit zu beurteilen hat. Unter der Geltung des EuGVÜ wären die deutschen Gerichte gemäß Art. 2 Abs. 1 international zuständig; eine Klage in einem anderen Vertragsstaat – etwa Frankreich – wäre gemäß Art. 3 Abs. 1 EuGVÜ ausgeschlossen. Insoweit liege zum einen für einen im genannten Fall angerufenen deutschen Richter ein Binnensachverhalt vor, der es gälte das EuGVÜ nicht zulassen würde, dass der französische Richter seine Zuständigkeit nach seiner lex fori bestimmt. Zum anderen würde ein angerufener französischer Richter den tatsächlich vorhandenen Bezug zu einem zweiten Vertragsstaat des Übereinkommens den Wohnsitz beider Parteien in Deutschland zu berücksichtigen haben. Aus seiner Sicht, und auch aus der des EuGVÜ, besteht unbezweifelbar ein Auslandsbezug. Damit stellen sich also einundderselbe Sachverhalt je nach dem Ausgangspunkt der Betrachtung unterschiedlich dar; *Aull*, S. 90-91.

[126] Ausführlich *Geimer/Schütze*, I/1, S. 218 ff.; *Aull*, S. 85 ff.

als das Ziel des Übereinkommens festgelegt ist, sei es angebracht, dass Art. 2 Abs. 1 EuGVÜ die in den einzelnen Vertragsstaaten bestehenden Zuständigkeiten nur in Fällen mit Auslandsberührung abändere. Reine Binnensachverhalte seien somit von der Geltung des Übereinkommens ausgeschlossen; dies sei etwa dann der Fall, wenn beide Parteien ihren Wohnsitz in dem selben Vertragsstaat hätten[127].

b) Stellungnahme

Aufgrund der Regelung der *internationalen* Zuständigkeit unter Vertragsstaaten als Ziel des EuGVÜ[128], fehlt der Mindermeinung die Überzeugungskraft dafür, dass das Übereinkommen auch für die reinen Binnensachverhalte Geltung beanspruchen würde. Man hat insoweit zwei Dinge zu unterscheiden: Als eine Prozessvoraussetzung[129] erscheint die internationale Zuständigkeit zwar bei jeder Klage, – wenn auch nur theoretisch. Die Phänomene jedoch, die daran drängen, die internationale Zuständigkeit zu prüfen, und die Anknüpfungsmerkmale, die in einer Zuständigkeitsordnung zum Zwecke der Anknüpfung eines Rechtsstreits an einen Gerichtsstand gegeben sind, fallen auseinander. Die Auslandsberührung des Falles, etwa die Fremdstaatsangehörigkeit einer Partei, führt lediglich dazu, dass der Richter die internationale Zuständigkeit zu prüfen hat. Ob diese Auslandsberührung zum Einschalten dieser oder jener Zuständigkeitsordnung führt, hängt damit zusammen, ob die konkrete Auslandsberührung in der Lage ist, einen Anknüpfungspunkt im Sinne der in Frage kommenden Zuständigkeitsordnung darzustellen. Die Anwendbarkeit des EuGVÜ auf reine Binnensachverhalte soll m.E. auch nach diesem Maßstab geprüft werden, und zwar getrennt für jede Zuständigkeitsvorschrift. Besitzt etwa eine der Parteien eine ausländische Staatsangehörigkeit, so hat der Richter den Anlass die internationale Zuständigkeit zu prüfen. Bei dieser Prüfung kommt das EuGVÜ wegen seiner Vorrangigkeit vor den autonomen Bestimmungen in erster Linie in Betracht. Die Staatsangehörigkeit ist aber kein vom Übereinkommen anerkannter Anknüpfungspunkt. Kommt keiner der besonderen Gerichtsstände des EuGVÜ in Betracht, hat aber der Beklagte seinen Wohnsitz in Deutschland, so ist die internationale Zuständigkeit der deutschen Gerichte mit Art. 2 EuGVÜ zu begründen. Denn für die Begründung der internationalen Zuständigkeit der deutschen Gerichte bei einem Fall mit Auslandsbezug reicht es, dass der Beklagte seinen Wohnsitz im Inland hat. Die Vorschrift setzt

---

127 *Benecke*, S. 51; *Piltz*, NJW 1979, S. 1071; *Schack*, IZVR, Rdn. 238, 239; *Samtleben*, NJW 1974, S. 1590.

128 Dieses Ziel ist in der Präambel des Übereinkommens (Abs. 4) verankert.

129 Das Vorliegen der internationalen Zuständigkeit stellt im deutschen Recht eine Prozessvoraussetzung dar, s. *Pagenstecher*, RabelsZ 11 (1937), S. 337 ff.; *Rosenberg/Schwab/Gottwald*, S. 536; dagegen wird sie im türkischen Recht nur dann als Prozessvoraussetzung betrachtet, wenn es sich um die ausschließliche oder im Hinblick auf den ordre public bestimmte internationale Zuständigkeit der türkischen Gerichte handelt, s. *Kuru*, Bd. 1, S. 260 ff.; *Ekşi*, S. 147 ff.

nämlich keine weitere Bezugspunkte voraus. Auch die Anwendbarkeit der anderen Vorschriften des EuGVÜ sollte m.E. nach diesem Maßstab geprüft werden.

Als Ergebnis bleibt festzuhalten, dass der Auslandsbezug des Rechtsstreits die logische und unbedingt notwendige Voraussetzung der Anwendbarkeit des EuGVÜ ist.

3. Der räumlich-persönliche Geltungsanspruch des EuGVÜ – Drittstaatenproblematik

a) Die Bedeutung der Problematik

Ebenso wie die Frage, ob das EuGVÜ auch für die Bestimmung der internationalen Zuständigkeit der deutschen Gerichte bei reinen Binnensachverhalten zur Anwendung kommt, ist es in der Lehre, aber auch in der deutschen Rechtsprechung umstritten, ob es für die Anwendbarkeit der Zuständigkeitsordnung des Übereinkommens eine Voraussetzung darstellt, dass der Rechtsstreit Auslandsberührung zu zwei Vertragsstaaten aufwirft, oder aber es genügt, dass er Berührungen zu einem Vertrags- und zu einem Drittstaat aufweist[130].

Die Problematik ist in erster Linie in bezug auf die allgemeine internationale Zuständigkeit (Art. 2 EuGVÜ) in Betracht zu ziehen.

Es ist bereits zu Anfang festzustellen, dass die auseinandergehenden Auffassungen über die Drittstaatenproblematik hinsichtlich der *allgemeinen* internationalen Zuständigkeit der deutschen Gerichte grundsätzlich zum gleichen Ergebnis führen[131]. Denn sowohl § 13 ZPO wie auch Art. 2 EuGVÜ stellen auf den Wohnsitz des Beklagten ab, wobei es weder auf die Staatsangehörigkeit des Beklagten noch auf diejenige des Klägers ankommt[132]. Es genügt also aus beider Sicht, dass der Beklagte seinen Wohnsitz im Inland hat[133]. Folglich besteht im Hinblick auf die Bestimmung des allgemeinen Gerichtsstands der *natürlichen* Personen kein Unterschied zwischen Art. 2 EuGVÜ und § 13 ZPO. Die Anwendung des Art. 2 EuGVÜ i.V.m. Art. 53 EuGVÜ oder aber des § 17 ZPO macht jedoch einen Unterschied in bezug auf die Bestimmung des allgemeinen Ge-

---

130 Mittlerweile ist zu erwarten, dass die Entscheidung des EuGH von 13.07.2000 (Rs. C-412/98 – Group Josi Reinsurance Company SA / Universal General Company), IPRax 2000, S. 520 (mit Anm. von *Staudinger*, IPRax 2000, S. 483 ff.) den Diskussionen ein Ende setzt; näher zu dieser Entscheidung unten S. 34; vgl. auch die noch jüngere Entscheidung des EuGH vom 9. November 2000, Rs. C- 387/98 (Coreck Maritime GmbH/Handelsveem BV).

131 Vgl. *Jenard*-Bericht, unten Fn. 139.

132 Hierzu näher bei *Grolimund*, Rdn. 445 ff.

133 *Rosenberg/Schwab/Gottwald*, S. 172; MünchKommZPO/*Gottwald*, Art. 2 EuGVÜ, Rdn. 21; Stein/Jonas-*Schumann*, § 13 ZPO, Rdn. 18.

richtsstands der *juristischen* Personen. Auf diesen Unterschied wird noch eingegangen werden[134]. Hier ist nur kurz anzudeuten, dass es nicht nur rein theoretische sondern auch praktische Relevanz besitzt, ob § 17 Abs. 1 Satz 2 ZPO oder aber Art. 2 i.V.m. 53 Abs. 1 Satz 2 EuGVÜ für die Bestimmung des allgemeinen Gerichtsstands der *juristischen* Personen in Anwendung gezogen wird.

Ebenso kann die Anwendung der einschlägigen Vorschriften des EuGVÜ oder aber derjenigen des autonomen Rechtes angesichts der besonderen Gerichtsstände zu ganz unterschiedlichen Ergebnissen führen; vor allem dann, wenn es etwa um die Anwendung der Vorschriften des EuGVÜ über die ausschließliche Zuständigkeit (Art. 16 EuGVÜ) und über die Zuständigkeitsvereinbarung (Art. 17 EuGVÜ) geht.

b) Der Meinungsstand über die Drittstaatenproblematik in der Lehre

Die Drittstaatenproblematik ist eine der hervorstehenden Diskussionsthemen des EuGVÜ in der Lehre. Hierzu werden vor allem zwei Auffassungen vertreten.

Nach Auffassung der Anhänger der sog. teleologischen Reduktionstheorie findet die Zuständigkeitsordnung des EuGVÜ nur dann Anwendung, wenn der Rechtsstreit Berührungspunkte zu mindestens zwei verschiedenen Vertragsstaaten aufweist. Denn es sei in der Präambel des Übereinkommens als dessen Ziel verankert, *„das Bestreben, innerhalb der Gemeinschaft den Schutz der dort ansässigen Personen zu verstärken"*. Dies führe zu der Ansicht, das Übereinkommen wolle nur die innergemeinschaftlichen Beziehungen regeln. Hierfür spreche auch der in Art. 220 EGV a.F. (jetzt Art. 293 EGV) den Vertragsstaaten erteilte Auftrag, die Vereinfachung der Förmlichkeiten für die gegenseitige Anerkennung und Vollstreckung von richterlichen Entscheidungen und Schiedssprüchen zugunsten der Staatsangehörigen der Vertragsstaaten sicherzustellen[135].

Dagegen hält es die wohl h.M.[136] mit dem Geist des EuGVÜ für nicht vereinbar, seinen Anwendungsbereich aufgrund einer im Übereinkommen ungeschriebenen Voraussetzung einzuschrän-

---

134 Unten S. 44.

135 *Schack*, IZVR, Rdn. 241 und 103 ff.; *Piltz*, NJW 1979, S.1072; *Benecke*, S. 113 ff.; Thomas/Putzo-*Hüßtege*, ZPO, Vorb. EuGVÜ, Rdn. 14, Art. 2 EuGVÜ, Rdn. 2; Wieczorek/Schütze-*Hausmann*, ZPO, Bd. 1, Teilbd. 1, 3. Aufl. (1994), Vor Art. 2 EuGVÜ, Rdn. 10; zurückhaltend *Heß*, IPRax 1992, S. 358; BGHZ 109, S. 29, 34 = IPRax 1990, S. 318; hierzu krit. Anm. W. Lorenz, IPRax 1990, S. 292, 295; OLG München, IPRax 1991, S. 47; hierzu krit. Anm. *Geimer*, IPRax 1991, S. 32.

136 *Coester-Waltjen*, FS Nakamura, S. 106 ff.; *Kropholler*, EuZPR, vor Art. 2 EuGVÜ, Rdn. 6 ff.; *ders.*, FS Ferid (1988), S. 239 ff.; *Geimer/Schütze*, EuZVR, Einl. EuGVÜ, Rdn. 124, Art. 2 , Rdn. 73; *Geimer*, IPRax 1991, S.

ken. Das Ziel des EuGVÜ sei es, ein möglichst vereinheitlichtes Zuständigkeitssystem zu schaffen. Im übrigen setze das Übereinkommen in seinen einzelnen Vorschriften immer dann ganz präzise einen Auslandsbezug zu Vertragsstaaten voraus, wenn es ihn verlange (so etwa in Art. 5 ff., 13 ff. EuGVÜ). Das Übereinkommen normiere also zwar primär die internationale Zuständigkeit zwischen zwei oder mehreren Vertragstaaten, es erfasse aber in seinen Art. 2, 16, 17 auch das Verhältnis zu Drittstaaten[137].

Die Ausgangspunkte sowie die Argumente der Anhänger der herrschenden Meinung sind allerdings voneinander unterschiedlich. *Kropholler*, *Geimer/Schütze* und *Aull* gehen davon aus, dass das Übereinkommen in bezug auf die allgemeine internationale Zuständigkeit keine *„Auslandsberührung"* voraussetze. Das Übereinkommen gelte also auch für reine Binnensachverhalte. Daraus lasse sich konsequent folgern, dass die Fälle mit Auslandsbezug zu Drittstaaten ohnehin erfasst sind[138]. Hiergegen vertreten *Coester-Waltjen* und *Gottwald* die Auffassung, dass auch eine Berührung zu Drittstaaten ausreicht, solange sie zu anderen Vertragsstaaten ausdrücklich nicht vorausgesetzt wird. Man solle für jede Vorschrift ihre eigenen, speziellen Anwendungsvoraussetzungen für maßgebend halten[139].

c) Die Türkei als Drittstaat des EuGVÜ in der deutschen Rechtsprechung

Es herrscht in der deutschen Rechtsprechung keine einheitliche Auffassung über die Drittstaatenproblematik. Einige Entscheidungen, in denen es sich um die Sachverhalte mit Auslandsberührung zur Türkei handelte, sind hier beispielhaft zu erwähnen:

31; Zöller/*Geimer*, Anh. I, Art. 2 EuGVÜ, Rdn 15; *Schlosser*, Vorbem. Art. 2 EuGVÜ, Rdn. 5 f.; *Grolimund*, S. 103, 151 f., 165 f.; *Aull*, S. 90 ff.; vgl. *Killias*, S. 63.

137 *Lorenz* (DAR 1991/4, S. 126) und *Baumann* (IPRax 1994, S. 435-436) befürworten die Anwendbarkeit des Art 2 EuGVÜ in bezug auf die Fälle mit Auslandsberührung zur Türkei ausdrücklich.

138 *Kropholler*, EuZPR, vor Art. 2 EuGVÜ, Rdn. 8; *Geimer/Schütze*, EuZVR, Einl. EuGVÜ, Rdn. 122 ff., Art. 2, Rdn. 73 ff.; *Geimer/Schütze*, I/1, S. 227; *Geimer*, IPRax 1991, S. 31; *Aull*, S. 85 ff., 93-94, 143; vgl. *Kohler*, FS Matscher (1993), S. 275; *Schmidt*, ZZP 103 (1990), S. 92.

139 *Coester-Waltjen*, FS Nakamura, S. 106 ff.; MünchKommZPO/*Gottwald*, Art. 1 EuGVÜ, Rdn. 12-13; vgl. Stein/Jonas-*Schumann* (20. Aufl.), Einl., Rdn. 781 ff.; *Grolimund*, Rdn. 251 ff., 270 ff., 275 f. und 403 ff. Im sog. *Jenard*-Bericht, der in der Literatur sehr oft zitiert wird, wird über die Drittstaatenproblematik in bezug auf Art. 2 EuGVÜ folgendes ausgeführt: „Bei Rechtsstreitigkeiten, die vor den Gerichten eines Vertragsstaates anhängig sind und die ausschließlich Personen betreffen, die in diesem Staat ihren Wohnsitz haben, spielt das Übereinkommen grundsätzlich keine Rolle; Artikel 2 verweist in einem solchen Fall auf die in diesem Staat geltenden Zuständigkeitsnormen. Dennoch könnte auch ein solcher Rechtsstreit eine Auslandsbeziehung aufweisen. Dies wäre etwa der Fall, wenn es sich bei dem Beklagten um einen Ausländer handelt, so dass der im Artikel 2 Absatz II aufgestellte Grundsatz der Gleichbehandlung zur Anwendung käme. Das gleiche gilt, wenn der Rechtsstreit sich auf einen Gegenstand bezieht, für den eine ausschließliche Zuständigkeit in einem anderen Staat besteht (Artikel 16), und schließlich in Fällen der Rechtshängigkeit oder des Sachzusammenhangs mit einem vor den Gerichten eines anderen Staates anhängigen Rechtsstreit (Artikel 21 bis 23)" (*Jenard*-Bericht, Drittes Kapitel, Nr. I, abgedruckt in: *Bülow/Böckstigel/Geimer/ Schütze*, Bd. 1, B I 1 a, EWG-Übereinkommen, S. 601.1 ff.).

In einer Entscheidung stützte das KG[140] die internationale Zuständigkeit der deutschen Gerichte auf Art. 2 Abs. 1 EuGVÜ. In der Begründung hieß es: Die im Hinblick auf die türkische Staatsangehörigkeit der Parteien in jeder Lage des Verfahrens von Amts wegen zu prüfende internationale Zuständigkeit der deutschen Gerichte ist deshalb gegeben, weil der Wohnsitz des Bekl. in Berlin die *örtliche*[141] Zuständigkeit des angerufenen Gerichtes gemäß Art. 2 Abs. 1 des EuGVÜ begründet. Für die Anwendung des Abkommens komme es nicht darauf an, dass die Türkei bisher nicht Vertragsstaat sei. Vielmehr genüge es für dessen Anwendung in Fällen mit Auslandsbezug, dass der Bekl. seinen Wohnsitz in einem Vertragsstaat – hier der Bundesrepublik Deutschland – habe. *Ferner* habe der Bekl. gemäß §§ 12, 13 ZPO seinen Wohnsitz im Inland. Die örtliche Zuständigkeit des angerufenen Gerichts begründe damit auch die internationale Zuständigkeit der deutschen Gerichte[142].

Das OLG Frankfurt hielt bei einem ähnlichen Fall die Anwendung des Art. 2 EuGVÜ ebenfalls für zutreffend, jedoch wies es dabei auf die Diskussion über die Drittstaatenproblematik hin[143]. Dasselbe OLG stützte die allgemeine internationale Zuständigkeit der deutschen Gerichte in einem anderen Fall, in dem beide Parteien juristische Personen waren und die Bekl. ihren Sitz in Deutschland, dagegen die Kl. in der Türkei hatte, auf § 17 i.V.m. § 12 ZPO[144].

Das OLG Karlsruhe[145] zog in einer Unterhaltsache, in der beide Parteien die türkische Staatsangehörigkeit besaßen und in Deutschland ihren Wohnsitz hatten, für die Begründung der internationalen Zuständigkeit der deutschen Gerichte Art. 2, 5 Nr. 2 EuGVÜ heran, und zwar mit der Begründung, dass das genannte Abkommen die internationale Zuständigkeit der Vertragsstaaten für alle Personen, die ihren Wohnsitz im Hoheitsgebiet eines der Vertragsstaaten hätten, regele. Hierbei spiele ihre Staatsangehörigkeit keine Rolle. Folglich sei ohne Belang, dass die Türkei kein Mitgliedsstaat des Abkommen sei. Da jedoch im vorliegenden Fall nicht nur der Verfügungsbekl., sondern auch die Verfügungskl. und die aus der Ehe hervorgegangene Tochter ihren *Wohnsitz* in Deutschland hätten, ergebe sich der Vorrang jedenfalls aus Art. 5 Nr. 2 EuGVÜ[146].

---

[140] KG, IPRax 1994, S. 455 ff. = FamRZ 1993, S. 976 ff. Im Verfahren waren die Parteien türkische Staatsbürger, die Klägerinnen hatten ihren Wohnsitz in der Türkei, der Bekl. war in Berlin wohnhaft

[141] Richtiger wäre hier das Wort „internationale", denn die gestützte Vorschrift normiert nicht die örtliche, sondern die internationale Zuständigkeit; hierzu *Baumann*, IPRax 1994, S. 436.

[142] Bei der Begründung verwies das KG auf eine Entscheidung vom BGH (FamRZ 1992, 1060, 1061), wo der BGH die genannte Problematik dahingestellt gelassen hatte; vgl. OLG Saarbrücken, FamRZ 1994, S. 579.

[143] OLG Frankfurt, FamRZ 1990, S. 748.

[144] OLG Frankfurt, IPRax 1998, S. 35-37.

[145] OLG Karlsruhe, FamRZ 1986, S. 1226 ff.

[146] Vgl. auch OLG München, IPRax 1991, S. 46 ff.

In einem Fall, in dem die Parteien ebenfalls türkische Staatsangehörige waren, aber die Klägerin in der Türkei lebte, berief sich das OLG Köln[147] in bezug auf die internationale Zuständigkeit auf § 13 ZPO und wurde von *Henrich*[148] unter Hinweis auf die Entscheidung des OLG Hamm vom 11.7.1988[149] kritisiert.

d) Die Auffassung des EuGH über die Drittstaatenproblematik

Die längst erwartete Auffassung des EuGH über die Drittstaatenproblematik wurde vor kurzem in seiner Entscheidung vom 13.07.2000 geäußert[150]. Mit dieser Entscheidung hat er „den gordischen Knoten durchschlagen und damit das Ende der Lehre vom Vertragsstaatenbezug eingeläutet“[151]. Er schließ sich der h.M. an, indem er m.E. einer zeitgemäß zukunftskonformen und extensiven Auslegung/Anwendung der Zuständigkeitsordnung des EuGVÜ Rechnung trug[152].

Der Gerichtshof wies vor allem darauf hin, dass das Zuständigkeitssystem des EuGVÜ, unabhängig von der Staatsangehörigkeit des Beklagten, in Art. 2 Abs. 1 auf „actor sequitur forum rei“ basiert. Darüber hinaus erfordere das EuGVÜ keine weitere Berührungspunkte zu verschiedenen Vertragsstaaten. Vielmehr greift Art. 2 Abs. 1 EuGVÜ dann ein, wenn allein der (Wohn-)Sitz des Beklagten im Anwendungsbereich des Übereinkommens liegt[153].

e) Stellungnahme und Fazit

Es überzeugt m.E. mehr, den Beklagtenwohnsitz in einem der Vertragsstaaten als alleinigen Anknüpfungspunk für die Geltung des EuGVÜ als solchen heranzuziehen, als dieses allgemein anerkannte und in Art. 2 EuGVÜ ausdrücklich geregelte Merkmal mit irgendeiner im Übereinkommen ungeschriebenen Voraussetzung einzuschränken. Damit genügt allein der Beklagtenwohnsitz im Vertragsgebiet, um den Geltungsanspruch des Übereinkommens auszulösen[154].

---

[147] OLG Köln, IPRax 1989, S. 53.

[148] *Henrich*, IPRax 1989, S. 53 (Anm. zu OLG Köln, Urteil v. 22.6.1988, aaO.).

[149] OLG Hamm, IPRspr. 1988, Nr. 203, S. 447-449. Die Entscheidung von OLG Hamm ist bemerkenswert; es hat nämlich in dem Fall, in dem beide Parteien die marokkanische Staatsangehörigkeit und der Beklagte seinen Wohnsitz und die Klägerin ihren gewöhnlichen Aufenthalt in Deutschland hatten – sogar in der Sache deutsches Recht anzuwenden war –, die internatonale Zuständigkeit der deutschen Gerichte auf Art. 2 EuGVÜ gestützt, obwohl außer marokkanischer Staatsangehörigkeit der beiden Parteien von keiner anderen Auslandsberührung die Rede war.

[150] Oben Fn. 130

[151] So *Staudinger*, IPRax 2000, S. 483.

[152] *Staudinger*, IPRax 2000, S. 483 f.; vgl. *Geimer*, IPRax 1991, S. 32, *Jayme/Kohler*, IPRax 1994, S. 411.

[153] Erwägungsgründe 47, 53, 56, 57, 59, 61.

[154] *Aull*, S. 144.

Der Ausgangspunkt der Anhänger der teleologischen Reduktion, das Übereinkommen betreffe nicht die Abgrenzung des Zuständigkeitsbereichs eines Vertragsstaates zu einem Nichtvertragsstaat, verliert dann an Überzeugungskraft, wenn man richtigerweise in Betracht zieht, dass es während der Anwendung des EuGVÜ oder aber des autonomen Rechtes vielmehr um die Abgrenzung des Jurisdiktionsanspruchs zwischen dem EuGVÜ und der jeweiligen lex fori geht[155].

Auch der Anhaltspunkt, es sollte eines der Ziele des Übereinkommens sein, ein möglichst vereinheitlichtes Zuständigkeitssystem innerhalb der Vertragsstaaten zu schaffen[156], spricht dafür, dass das EuGVÜ auch dann zur Anwendung kommt, wenn es sich um einen Fall mit Drittstaatenbezug handelt. Von diesem Ziel her soll die Drittstaatenproblematik im Anwendungsbereich des Übereinkommens nach gleichen Vorschriften gelöst werden. Daraus folgt, dass dann, solange der räumlich-persönliche Anwendungsbereich des Übereinkommens in einzelnen Vorschriften nicht präzise und ausdrücklich eingeschränkt geregelt ist, seine Anwendbarkeit ausschließlich auf die innergemeinschaftlichen Beziehungen nicht herabgesetzt werden darf. Wenn das Übereinkommen einen Auslandsbezug zu zwei Vertragsstaaten voraussetzt, ist das an verschiedenen Stellen im Text des Übereinkommens ausdrücklich vorgesehen (z.B. in Art. 5 ff. EuGVÜ)[157]. Soweit sich der allgemeine Geltungsanspruch des EuGVÜ im konkreten Fall angesichts der zur Anwendung kommenden Vorschrift dadurch aufgibt, dass Bezüge mindestens zu zwei Vertragsstaaten vorsieht (z.B. Art. 5 ff. EuGVÜ), wird in der vorliegenden Arbeit auf das autonome Recht zurückgegriffen.

Im Hinblick auf die jüngste Entscheidung des EuGH v. 13.07.2000 ist ohnehin zu erwarten, dass auch die Rechtsprechung sich an die wohl h.M. in der Lehre anschließt.

D. Die Regelung der internationalen Zuständigkeit im türkischen Recht

Bei der Regelung der internationalen Zuständigkeit hat der türkische Gesetzgeber sich für das sog. Mischsystem entschieden[158]. Die Regeln des internen Rechts über die örtliche Zuständigkeit bestimmen gemäß Art. 27 türk. IPRG zugleich die internationale Zuständigkeit der türkischen Gerichte[159]. Hierbei spielt es keine Rolle, ob die Parteien die türkische oder aber eine ausländi-

---

155 *Aull*, S. 144.

156 *Coester-Waltjen*, FS Nakamura, S. 109.

157 *Coester-Waltjen*, FS Nakamura, S. 109.

158 *Nomer*, IPR, S. 356; *Çelikel*, S. 293; *Ekşi*, S. 39.

159 Es besteht damit auch im türkischen Recht die sog. Doppelfunktionalität der örtlichen Zuständigkeitsregeln. Insofern liegt der Unterschied im Vergleich zum deutschen Recht darin, dass die Doppelfunktionalität durch eine

sche Staatsangehörigkeit besitzen[160]. Auf der anderen Seite enthält dieses Gesetz selbst die Vorschriften über die internationale Zuständigkeit für diejenigen Bereiche, für die entweder keine Regelung unter den örtlichen Zuständigkeitsregeln besteht, oder die vorliegende Regelung über die örtliche Zuständigkeit für die Indizierung der internationalen Zuständigkeit untauglich ist.

Die Regeln über örtliche Zuständigkeit im türkischen Recht, die auch internationale Zuständigkeit der türkischen Gerichte zu indizieren haben, finden sich grundsätzlich in Art. 9 bis 27 türk. ZPO (Hukuk Usulü Muhakemeleri Kanunu). Daneben befinden sich Vorschriften über örtliche Zuständigkeit auch in einigen anderen Gesetzen. Auch diese letztgenannten kommen für die Indizierung der internationalen Zuständigkeit der türkischen Gerichte zur Anwendung. Denn Art. 27 türk. IPRG verweist nicht nur auf die örtlichen Zuständigkeitsregeln der türk. ZPO, sondern auch auf all diejenige Vorschriften, die die örtliche Zuständigkeit regeln, gleichgültig in welchem Gesetz sie sich befinden[161]. Zu erwähnen sind etwa folgende: Art. 24/a Abs. 4[162], 49[163], 136[164], 299[165], 300[166], 518[167] türk. ZGB, Art. 110 türk. Straßenverkehrsgesetz (Karayolları Trafik Kanunu)[168], Art. 5 türk. Arbeitsgerichtsgesetz (İş Mahkemeleri Kanunu)[169], Art. 10 des türk. Übergangsgesetzes über die ausländischen Aktien-, Kommandit- und Versicherungsgesellschaften (Ecnebi Anonim ve Sermayesi Paylara Münkasem Şirketlerle Ecnebi Sigorta Şirketleri Hakkında Kanunu Muvakkat)[170], Art. 137 türk. Rechtsverordnung mit Gesetzeskraft zum Schutz von Patent- und Gebrauchsmusterrechten (Patent Haklarının Korunmasına Dair Kanun Hükmünde Kararname)[171], Art. 63 türk. Rechtsverordnung mit Gesetzeskraft zum Schutz von Warenzeichen (Markaların Korunması Hakkında Kanun Hükmünde Kararname)[172].

---

gesetzliche Vorschrift im türkischen Recht, nämlich durch Art. 27 türk. IPRG, vorgesehen wird. Im deutschen Recht dagegen hat sie sich ohne eine präzise gesetzliche Regelung durchgesetzt.

160 Yarg. 2. HD., E. 1991/603, K. 1991/3657, T. 28.2.1991, YKD 1991-8, S. 1173; E.1985/5145, K. 1985/5390, T. 3.6.1985, YKD 1986-1, S. 33.

161 *Ekşi*, S. 39.

162 Die Vorschrift sieht vor, dass der Kläger die Klage auf Schutze seiner Persönlichkeitsrechte sowohl beim Gericht seines eigenen Wohnsitzes als auch bei demjenigen des Beklagten erheben kann.

163 Unten S. 60.

164 Unten S. 164.

165 Unten S. 170.

166 Unten S. 170.

167 Unten S. 121

168 Unten S. 102.

169 Unten S. 205.

170 Unten S. 60.

171 Dieser Artikel beinhaltet folgende Zuständigkeitsvorschriften: „Abs. 2: Für zivilrechtliche Klagen, die der Patentinhaber gegen dritte Personen erhebt, ist die Gerichte an den Orten zuständig, wo der Kläger seinen Wohnsitz hat, oder wo die Angriff erfolgt hat, oder wo sich die Auswirkungen der Verletzungshandlung ereignet haben.

Die Sondervorschriften des türk. IPRG über die internationale Zuständigkeit befassen sich mit den folgenden Fällen: Personalstatutsangelegenheiten der türkischen Staatsangehörigen ohne Wohnsitz in der Türkei (Art. 28), einige FGG-Prozesse über das Personalstatut von Ausländern (Art. 29), Erbschaftsprozesse (Art. 30) und Prorogation der ausländischen Gerichte (Art. 31). Art. 28, 29, 30 türk. IPRG sind jedoch in dem Sinne subsidiär, dass sie nur dann Geltung beanspruchen, wenn aufgrund der inländischen Vorschriften über die örtliche Zuständigkeit keine internationale Zuständigkeit der türkischen Gerichte für die einschlägigen Fälle besteht bzw. begründet werden kann[173]. Sie bestimmen zugleich ein örtlich zuständiges Gericht in der Türkei für die befassten Streitigkeiten.

Die Verweisung des Art. 27 türk. IPRG auf die Regeln des inländischen Rechtes über die örtliche Zuständigkeit umfasst gleichzeitig diejenige internationale Übereinkommen, die die Bestimmungen über die internationale Entscheidungszuständigkeit beinhalten. Denn die internationalen Übereinkommen erhalten mit ihrer rechtmäßigen Inkraftsetzung in der Türkei gemäß Art. 90 Abs. 4 türk. GG Gesetzeskraft. Zu erwähnen hierzu sind etwa CMR[174], MSA[175] und Warschauer Abkommen zur Vereinheitlichung von Regeln über die Beförderung im internationalen Luftverkehr von 12.10. 1929[176].

Abs. 3: Wohnt der Kläger nicht in der Türkei, so ist das Gericht am Ort zuständig, wo sich der Tätigkeitsort des ins Register eingetragenen Vertreters des Patentinhabers befindet; wenn die Eintragung der Bevollmächtigung gestrichen wurde, ist das Gericht an dem Ort zuständig, wo das Zentrum des Instituts liegt (in Ankara). Abs. 4: Die Klagen von Dritten gegen Patentanmelder oder -inhaber sind am Wohnsitzort des Beklagten zu erheben. Wohnt der Markenanmelder- bzw. inhaber nicht in der Türkei, so ist die Bestimmung des Abs. 3 dieses Artikels anzuwenden. Abs. 5: Im Falle einer mehrfachen Zuständigkeit ist das Gericht zuständig, bei dem die Klage zuerst erhoben wurde"; näher bei *Tekinalp*, Protection of the Rights to an Invention in the New Turkish Patent Law, Annales de la Faculte de Droit d'İstanbul, 1997 (47), S. 27 ff.; *Ortan*, Die neue türkische Verordnung über Patente und Gebrauchsmuster, GRURInt. 1996, S. 709 ff.; *Pınar*, Verfahrensrechtliche Regelungen im türkischen Patent- und Markenrecht, GRURInt. 1999, S. 122 ff.

172 Dieser Artikel enthält folgende Vorschriften: Das zuständige Gericht für zivilrechtliche Klagen „Abs. 1: Für zivilrechtliche Klagen, die der Markeninhaber gegen dritte Personen erhebt, ist die Gerichte an den Orten zuständig, wo der Kläger seinen Wohnsitz hat, oder wo die unerlaubte Handlung erfolgt hat, oder wo sich die Wirkungen der Verletzungshandlung ereignet haben. Abs. 2: Hat der Kläger keinen Wohnsitz in der Türkei, so ist das Gericht am Ort zuständig, wo sich der Tätigkeitsort des ins Register eingetragenen Vertreters des Markeninhabers befindet; wenn die Eintragung der Bevollmächtigung gelöscht wurde, ist das Gericht an dem Ort zuständig, wo das Zentrum des Instituts liegt (in Ankara). Abs. 3: Für die Klagen von Dritten gegen Markenanmelder oder -inhaber ist das Gericht am Wohnsitzort des Beklagten zuständig. Wohnt der Markenanmelder- bzw. inhaber nicht in der Türkei, so ist die Bestimmung des Abs. 2 dieses Artikels anzuwenden. Abs. 4: Im Falle einer mehrfachen Zuständigkeit ist das Gericht zuständig, bei dem die Klage zuerst erhoben wurde". Für den deutschsprachigen Text dieses Gesetzes s. GRURInt. 1998, S. 129 ff.; näher zum Thema s. *Pınar*, Verfahrensrechtliche Regelungen im türkischen Patent- und Markenrecht, GRURInt. 1999, S. 122 ff.

173 *Ekşi*, S. 41.

174 RG, T. 4.1.1995, Nr. 22161.

175 RG, T. 2.2.1983, Nr. 17966.

176 RG, T. 3.12.1977, Nr. 16128.

Abschließend lässt sich zusammenfassend sagen, dass es im türkischen Recht kein spezielles Gesetz gibt, das direkt die Regelung der internationalen Zuständigkeit der türkischen Gerichte mit einzelnen Anknüpfungspunkten zum Ziel hat; vielmehr indizieren die Regeln des inneren Rechts über die örtliche Zuständigkeit gemäß Art. 27 türk. IPRG zugleich die internationale Zuständigkeit der türkischen Gerichte[177]. Die direkte Regelung der internationalen Zuständigkeit ist – ebenso wie im deutschen Recht– nur selten der Fall. Demzufolge lässt sich sagen, dass auch im türkischen Recht das sog. Mischsystem gilt.

[177] Das ist wohl der einzige Unterschied zwischen der deutschen und der türkischen Regelung der internationalen Zuständigkeit, was die Methode angeht; im türkischen Recht wird also auf die Regeln über die örtliche Zuständigkeit ausdrücklich verwiesen, dagegen im deutschen Recht wird von der Lehre und der Rechtsprechung unstrittig akzeptiert, dass die Regeln über örtliche Zuständigkeit zugleich die internationale Zuständigkeit der deutschen Gerichte indizieren.

Zweiter Teil:
Die Anknüpfung der internationalen Zuständigkeit im deutschen und türkischen Recht
Erster Abschnitt: Die Anknüpfung des allgemeinen Gerichtsstands

§ 4 Der allgemeine Gerichtsstand

A. Der Begriff des allgemeinen Gerichtsstands

Die grundlegende Einteilung der Gerichtsstände, die auch für die internationale Zuständigkeit gilt, bezieht sich auf die Frage, ob ein Gerichtsstand für alle oder aber nur bestimmte Klagen gegen eine Person zur Verfügung steht. Demzufolge ist derjenige Gerichtsstand der allgemeine, an dem die Klagen jeder Art gegen eine Person erhoben werden können, es sei denn, dass im konkreten Fall ein ausschließlicher besonderer Gerichtsstand begründet ist[178]. Steht dagegen ein Gerichtsstand dem Kläger nur für einzelne Klagen in vermögensrechtlichen Angelegenheiten zur Wahl, so ist dieser Gerichtsstand ein besonderer[179].

In der vorliegenden Arbeit wird dieser Einteilung gefolgt. Es werden also zuerst der allgemeine Gerichtsstand und dann die besonderen Gerichtsstände erörtert. Im Hinblick auf die unterschiedliche Rechtslage wird bei der Erörterung des allgemeinen Gerichtsstandes zwischen den natürlichen und den juristischen Personen unterschieden.

---

[178] *Rosenberg/Schwab/Gottwald*, S. 171.

[179] *Rosenberg/Schwab/Gottwald*, S. 171.

B. Der allgemeine Gerichtsstand der natürlichen Personen im deutschen Recht

I. Der Wohnsitzgerichtsstand als Grundregel

Wie bereits dargelegt[180], indizieren die Regeln über die örtliche Zuständigkeit zugleich die internationale Zuständigkeit[181]. Dementsprechend begründet § 13 ZPO auf der internationalen Ebene den allgemeinen (internationalen) Gerichtsstand, wo eine Person gemäß § 12 ZPO wegen allen möglichen Streitigkeiten verklagt werden kann, es sei denn, eine ausschließliche Zuständigkeit ist im konkreten Fall begründet. Damit liegt der Grundsatz „actor sequitur forum rei" dem deutschen internationalen Zuständigkeitsrecht zugrunde. Diesem Grundsatz folgt auch das EuGVÜ[182].

II. § 13 ZPO oder Art. 2 EuGVÜ im deutsch-türkischen Rechtsverkehr

Wie oben angedeutet, macht die Anwendung der §§ 12, 13 ZPO i.V.m. § 7 BGB oder aber des Art. 2 i.V.m. 52 EuGVÜ hinsichtlich des allgemeinen Gerichtsstandes der natürlichen Personen letzten Endes keinen Unterschied[183]. Trotzdem hat man im konkreten Fall einer dieser beiden Vorschriften den Vorzug zu geben. Es gilt also entweder die autonome Zuständigkeitsordnung oder diejenige des EuGVÜ. Im Hinblick darauf, dass das EuGVÜ in seinem Anwendungsbereich die autonome Rechtsordnung verdrängt, können beide nicht gleichzeitig gelten.

In der vorliegenden Arbeit wird die Auffassung vertreten, dass Art. 2 EuGVÜ die allgemeine Zuständigkeit der deutschen Gerichte im deutsch-türkischen Rechtsverkehr begründet, wenn der Beklagte (gleichgültig welcher Nationalität) seinen Wohnsitz in Deutschland hat. Ein zusätzlicher Bezug zu anderen Vertragsstaaten des EuGVÜ ist eben nicht erforderlich. Denn Art. 2 EuGVÜ setzt ja keinen solchen voraus[184]. Insoweit gelten folgende Erläuterungen sowohl hinsichtlich des

---

[180] S. oben S. 25.

[181] *Rosenberg/Schwab/Gottwald*, S. 172; Stein/Jonas-*Schumann*, § 13 ZPO, Rdn. 18; *Schack*, IZPR, Rdn. 237.

[182] MünchKommZPO/*Gottwald*, Art. 2 EuGVÜ, Rdn. 13. De lege ferenda wird in der Lehre vorgeschlagen (u.a. *Schack*, IZVR, Rdn. 245 und *Kropholler*, Hdb. IZVR I, Kap. III, Rdn. 66), im Anwendungsbereich des EuGVÜ für die Bestimmung des allgemeinen Gerichtsstands anstatt „Wohnsitz" auf den „gewöhnlichen Aufenthalt" abzustellen. Diesem Vorschlag folgt neulich auch die Arbeitsgruppe, die die Reformvorschläge für die Revision der Zuständigkeitsregeln des EuGVÜ vorbereitet; diese Arbeitsgruppe hat geplant, das zentrale Anknüpfungsmerkmal für die Zuständigkeit, den Wohnsitz natürlicher Personen, durch den gewöhnlichen Aufenthalt, der auf der Grundlage der Rechtsprechung des EuGVÜ autonom bestimmt werden sollte, zu ersetzen; mehr dazu bei *Wagner*, IPRax 1998, S. 241 ff.

[183] S. oben S. 30.

[184] Ausführlich oben S. 30 ff.

EuGVÜ als auch für das autonome Recht. Denn Art. 52 Abs. 1 EuGVÜ verweist hinsichtlich der Bestimmung des Wohnsitzes auf das autonome Recht.

III. Bestimmung des Beklagtenwohnsitzes im deutschen Recht

Der allgemeine Gerichtsstand stellt zwar gemäß Art. 2 EuGVÜ auf den Wohnsitz des Beklagten ab, wobei der Begriff des Wohnsitzes aber im Übereinkommen nicht definiert ist. Eine vertragsautonome Definition schließt Art. 52 Abs. 1 EuGVÜ aus, indem er ausdrücklich auf das autonome Recht desjenigen Vertragsstaats verweist, dessen Gerichte angerufen worden sind[185]. Diese Verweisung bezieht sich im Gegensatz zu Art. 53 Abs. 1 Satz 2 EuGVÜ nicht auf das deutsche IPR. Vielmehr sind die prozessualen Normen des deutschen Rechts anwendbar[186]. Es kommt also § 12 ZPO in Betracht, der auch keine eigene Wohnsitzdefinition für das deutsche Prozessrecht enthält. Insoweit ist jedoch auf §§ 7 ff. BGB zurückzugreifen[187], und zwar auch dann, wenn es sich um die Qualifizierung des abhängigen (abgeleiteten) Wohnsitzes (§§ 9, 11 BGB) handelt[188]. Denn die Tatbestandsmerkmale der prozessualen Normen sind stets nach der lex fori zu qualifizieren[189]. Da es um die Bestimmung des *inländischen* Wohnsitzes geht, spielt es dabei keine Rolle, ob der Beklagte ein In- oder Ausländer ist. Die Bestimmung des *ausländischen* Wohnsitzes kann ohnehin nur dann in Frage kommen, wenn der Beklagte nach deutschem Recht keinen Wohnsitz im Inland hat.

---

185 MünchKommZPO/*Gottwald*, Art. 52 EuGVÜ, Rdn. 3; *Schlosser*, Art. 52 EuGVÜ, Rdn. 1, 2; *Kropholler*, EuZPR, Art. 52 EuGVÜ, Rdn. 1 ff.; krit. *Basedov*, Hdb. IZVR I, Kap. II, Rdn. 29 ff.

186 *MünchKommZPO/Gottwald*, Art. 52 EuGVÜ, Rdn. 3; vgl. *Kropholler*, EuZPR, Art. 52 EuGVÜ, Rdn. 1; *Geimer/Schütze*, EuZVR, Art. 52 EuGVÜ, Rdn. 8; Wieczorek/Schütze/*Hausmann*, Art. 52 EuGVÜ, Rdn. 5.

187 So die einhellige Auffassung, s. etwa *Kropholler*, EuZPR, Art. 52 EuGVÜ, Rdn. 7; MünchKommZPO/*Gottwald*, Art. 52 EuGVÜ, Rdn. 5. Bei der Qualifikation des Begriffs des Wohnsitzes hat man zu beachten, dass dieser insoweit nach der lex fori zu qualifizieren ist, als sie die internationale Zuständigkeit der deutschen Gerichte zu begründen dient. Wenn dagegen bei einem Prozess das türkische Sachrecht nach dem deutschen IPR zur Anwendung kommt, und währenddessen der Wohnsitz zu qualifizieren ist, erfolg die Qualifikation nach türkischem Recht (lex causae), dazu *Neuhaus*, Grundbegriffe, S. 221; *Nomer*, IPR, S. 318 und 110; *Serick*, ZZP 68 (1955), S. 278 ff.

188 *Serick*, ZZP 68 (1955), S. 293, 294; Stein/Jonas-*Schumann*, § 13 ZPO, Rdn. 6 ff.; *Schack*, IZVR, Rdn. 249; *Kropholler*, Hdb. IZVR I, Kap. III, Rdn. 68. Die Qualifikation des abhängigen Wohnsitzes nach der lex fori hat ihre besondere Relevanz im deutsch-türkischen Rechtsverkehr in bezug auf den Wohnsitz der Ehefrau. Denn gemäß Art. 21 türk. ZGB gilt der Wohnsitz des Ehemannes (immer noch) als Wohnsitz seiner Ehefrau, und die Ehefrau kann nur dann einen selbständigen Wohnsitz haben, wenn der Wohnsitz des Ehemannes unbekannt ist oder sie getrennt zu leben berechtigt ist. Auch einige andere Unterschiede zwischen den Wohnsitzbegriffen der beiden Rechtsordnungen machen die Relevanz der Sache deutlich. Diese Unterschiede werden unten bei der Erläuterung des Wohnsitzbegriffes im türkischen Recht klargestellt, s. unten S. 48 f.

189 *Serick*, ZZP 68 (1955), S. 293; *Nagel/Gottwald*, § 3, Rdn. 21; *Schack*, IZPR, Rdn.244; *Jaeckel*, S. 87 ff.; Baumbach/Lauterbach/*Hartmann*, § 13 ZPO, Rdn. 3; BGH, FamRZ 1992, 794, 795. Über prozessuale Bewertung vom Begriff des Wohnsitzes im Zusammenhang mit § 13 ZPO s. *Serick*, ZZP 68 (1955), S. 281 ff., 293, 300; vgl. *Jaeckel*, S. 87 ff.

Wird festgestellt, dass der Beklagte seinen Wohnsitz gemäß § 7 BGB in Deutschland hat, so hat er damit auch seinen allgemeinen Gerichtsstand in diesem Land. Es ergeben sich jedoch Probleme, wenn festgestellt wird, dass der Beklagte keinen Wohnsitz in Deutschland hat. Denn erstens hat man in diesem Fall zu untersuchen, ob für ihn ein Wohnsitz in einem anderen Vertragsstaat des EuGVÜ vorliegt. Das ist nämlich vor allem für die Frage von entscheidender Bedeutung, ob das EuGVÜ Geltung beansprucht, oder aber § 23 ZPO in Betracht kommt[190]. Zweitens hat man im Hinblick auf § 16 ZPO zu untersuchen, ob der Beklagte, der in keinem der EuGVÜ-Vertragsstaaten einen Wohnsitz hat, einen solchen woanders besitzt.

Über die maßgebliche Rechtsordnung hinsichtlich der Bestimmung des Wohnsitzes in einem der anderen Vertragsstaaten enthält das Übereinkommen eine präzise Vorschrift, und zwar Art. 52 Abs. 2 EuGVÜ. Gemäß dieser Vorschrift bestimmt sich ein solcher Wohnsitz nach der Rechtsordnung desjenigen Vertragsstaates, in dessen Gebiet der Beklagte angeblich wohnt.

Es gibt jedoch keine präzise Vorschrift darüber, nach welcher Rechtsordnung zu entscheiden ist, wenn der Beklagte, der weder in Deutschland noch in einem der anderen EuGVÜ-Vertragsstaaten einen Wohnsitz hat, woanders (also in einem Drittstaat, etwa in der Türkei) einen solchen besitzt, was im Hinblick auf die Begründung der internationalen Zuständigkeit der deutschen Gerichte gemäß § 16 ZPO (der sog. allgemeine Hilfsgerichtsstand[191]) von Bedeutung ist. Die maßgebliche Rechtsordnung hierfür sollte nach Kollisionsnormen das deutsche IPR zu ermitteln sein[192]. Unter den deutschen schriftlichen Kollisionsnormen ist aber keine Vorschrift über diese Frage zu finden. In der Lehre werden folgende Auffassungen vertreten:

Nach Auffassung von *Hartmann*[193] soll sich das Vorliegen eines *ausländischen* Wohnsitzes eines Deutschen nach deutschem, dagegen eines Ausländers nach ausländischem Recht richten[194]. Dagegen ist *Serick*[195] der Meinung, es gebe keine eingehende Begründung für die prozessrechtliche Behandlung des Wohnsitzes in § 13 ZPO und der materiellrechtlichen in § 16 ZPO. Wenn es sich um einen prozessualen Wohnsitzbegriff handele, müsse er für alle Normen der ZPO gelten, in denen vom Wohnsitz die Rede sei. Außerdem dürfe darauf hingewiesen werden, dass die unterschiedliche Behandlung des Wohnsitzes in § 13 und in § 16 durchaus nicht mit einer Rücksicht-

---

[190] MünchKommZPO/*Gottwald*, Art. 52 EuGVÜ, Rdn. 10; *Geimer/Schütze*, EuZVR, Art. 52 EuGVÜ, Rdn. 19.

[191] Zöller/*Vollkommer*, § 16 ZPO, Rdn. 1.

[192] *Basedov*, Hdb. IZVR I Kap. II, Rdn. 28; MünchKommZPO/*Gottwald*, Art. 52 EuGVÜ, Rdn. 10.

[193] Baumbach/Lauterbach/*Hartmann*, § 16 ZPO, Rdn. 1.

[194] Vgl. MünchKommZPO/*Patzina*, § 16 ZPO, Rdn. 2 und 3; Zöller/*Vollkommer*, § 16 ZPO, Rdn. 4; *Nagel/Gottwald*, § 3, Rdn. 23. Zum Kritik gegen diese Meinung und diejenige ältere Rechtsprechung, auf die sich diese Meinung stützt s. *Kropholler*, Hdb. IZVR I, Kap. III, Rdn. 276-277.

[195] *Serick*, ZZP 68 (1955), S. 294 ff.; *Pagenstecher*, RabelsZ 11 (1937) S. 363 ff.; *Schröder*, S. 135 ff.

nahme auf ausländische Befugnisse und Hoheitsrechte begründet werde. Sonst wäre nicht erklärlich, warum der Wohnsitz eines Deutschen im Ausland gleichwohl nach deutschem Recht bestimmt werden solle[196]. *Jaeckel*[197] vertritt die Auffassung, dass nur bei einer Anknüpfung an die lex fori unstimmige Ergebnisse im Rahmen der Anerkennungsregel des § 328 Abs. 1 Nr. 1 ZPO können vermieden werden. Sei die Wohnsitzzuständigkeit eines ausländischen Gerichts nach dieser Vorschrift anhand des deutschen prozessualen Wohnsitzbegriffs zu beurteilen, dann sei es widersprüchlich, die internationale Zuständigkeit aufgrund § 16 ZPO mit Rücksicht auf den Wohnsitzbegriff eines ausländischen Rechts abzulehnen, wenn der fremden Entscheidung später im Inland die Anerkennung versagt werden müsse, weil das Gericht nach den deutschen Vorschriften nicht zuständig wäre. Wollte man beide Fragen unabhängig voneinander beurteilen, entstünde ein Widerspruch zwischen den Prüfungen der internationalen Zuständigkeit und der späteren Anerkennung der ausländischen Entscheidung. Das Bestehen eines in- oder ausländischen Wohnsitzes beurteile sich demnach auch für § 16 ZPO nach den §§ 7 ff. BGB. *Schack*[198] hält eine solche Rücksichtnahme auf den ausländischen Wohnsitzstaat nur dann für sinnvoll, wenn auch nach dortigem Recht der Wohnsitz den allgemeinen Gerichtsstand des Beklagten begründet. Sei dies nicht der Fall, dann drohe dem Kläger Rechtsverweigerung, der man mit einer Notzuständigkeit begegnen müsste, eine Situation, die genauso auftreten könne, wenn der ausländische Wohnsitz lege fori qualifiziert und bejaht worden wäre. Deshalb könne man es auch für den ausländischen Wohnsitz in § 16 ZPO bei der unkomplizierten Qualifikation lege fori bewenden lassen.

IV. Ergebnis und Stellungnahme zum Thema der Bestimmung des ausländischen Wohnsitzes

Der allgemeine Gerichtsstand nach deutschem Recht befindet sich dort, wo der Beklagte seinen Wohnsitz hat (Art. 2 EuGVÜ bzw. § 13 ZPO). Auch wenn es an diesem Ergebnis nichts ändert, ob Art. 2 EuGVÜ oder aber § 13 ZPO Anwendung findet, scheint es m.E. richtiger zu sein, den Art. 2 EuGVÜ im deutsch-türkischen Rechtsverkehr heranzuziehen. Denn Art. 2 EuGVÜ hat den Vorrang vor den autonomen Vorschriften, und zwar ohne dass es darauf ankommt, ob der konkrete Fall einen Bezug zu einem anderen Vertrags- oder Drittstaat verweist[199].

---

[196] Näher bei *Serick*, ZZP 68 (1955), S. 296 ff.

[197] *Jaeckel*, S. 91-92.

[198] *Schack*, IZVR, Rdn. 247.

[199] S. oben S. 27.

Die Bestimmung des *inländischen* Wohnsitzes erfolgt immer nach deutschem Recht, solange dieser als Anknüpfungspunkt im internationalen Zuständigkeitsrecht fungiert. Das lässt sich dem Grundsatz lex fori entnehmen. Maßgeblich sind §§ 7 ff. BGB, denn es besteht keine prozessuale Wohnsitzdefinition im deutschen Zivilprozessrecht.

Wenn es um die Bestimmung des *ausländischen* Wohnsitzes geht, weil sie im Rahmen der Einschaltung der autonomen Zuständigkeitsordnung (also hinsichtlich §§ 16, 23 ZPO) die Schlüsselrolle spielt, ist m.E. der Lösung von Art. 52 Abs. 2 EuGVÜ auch für die Nichtvertragsstaaten zu folgen. Denn die Bestimmung des ausländischen Wohnsitzes dient in erster Linie dazu, wo der Beklagte seinen allgemeinen Gerichtsstand und damit den gesetzlichen Richter hat. Ob die internationale Zuständigkeit der inländischen Gerichte aufgrund § 16 ZPO zu eröffnen ist, kommt erst dann zum Zuge, wenn kein allgemeiner Gerichtsstand im Ausland besteht. Da der ausländische Wohnsitz in diesem Zusammenhang nicht die internationale Zuständigkeit der inländischen Gerichte, sondern die der ausländischen Gerichte begründet, führt auch der Grundsatz lex fori zu diesem Ergebnis.

C. Der allgemeine Gerichtsstand der juristischen Personen im deutschen Recht

I. Maßgebliche Regelung (§ 17 ZPO oder Art. 2 i.V.m. 53 EuGVÜ)

Zur Bestimmung des allgemeinen Gerichtsstands juristischer Personen nach deutschem Recht kommen auf den ersten Blick zwei Vorschriften in Betracht, nämlich § 17 ZPO und Art. 2 i.V.m. Art. 53 EuGVÜ. Die erstere ist die autonome Norm, die letztere dagegen die europäische. Da die europäische Regelung die autonome verdrängt[200], kann nur eine der beiden in einem konkreten Fall Anwendung finden. Bevor aber erörtert wird, welche der beiden im konkreten Fall zur Anwendung kommt, ist zu untersuchen, ob die Anwendung der einen oder aber der anderen von praktischer Bedeutung ist.

II. Die praktische Bedeutung der Wahl zwischen § 17 ZPO und Art. 2 i.V.m. 52 EuGVÜ

Der allgemeine Gerichtsstand der juristischen Personen knüpft sowohl im autonomen Recht (§ 17 ZPO) als auch im Anwendungsbereich des EuGVÜ (Art. 2 i.V.m. 53) an den Sitz an. Der Unterschied zwischen beiden Vorschriften besteht jedoch vor allem darin, nach welcher Rechtsordnung zu bestimmen ist, wo sich der Sitz der juristischen Person befindet.

---

200 S. oben S. 27.

Gemäß § 17 ZPO haben die juristischen Personen ihren allgemeinen Gerichtsstand an dem Ort, wo sie ihren Sitz haben, ohne dass es darauf ankommt, welche Staatszugehörigkeit sie besitzen[201]. Als Sitz im Sinne dieser Vorschrift gilt primär der satzungsmäßige, subsidiär der tatsächliche Sitz (§ 17 Abs. 1 Satz 2 ZPO)[202]. § 17 Abs. 1 Satz 2 ZPO räumt also einer anderweitigen Bestimmung in der Satzung bzw. im Gesetz den Vorzug ein, indem er nur dann auf den tatsächlichen Sitz abstellt, wenn etwa die Satzung bzw. das auf die juristische Person anzuwendende materielle Gesetz keine Wohnsitzbestimmung enthält, – was praktisch kaum vorstellbar ist.

Hiergegen ist der Sitz gemäß Art. 53 Abs. 1 Satz 2 EuGVÜ nicht nach in den Zivilprozessgesetzen der jeweiligen Vertragsstaaten geregelten Vorschriften (also nicht etwa in Deutschland nach § 17 ZPO), sondern nach dem IPR des Gerichtsstaates zu bestimmen[203]. In Deutschland ist also nicht § 17 Abs. 1 Satz 2 ZPO, sondern das deutsche IPR heranzuziehen.

Im deutschen IPR gilt die Kollisionsnorm, die allerdings gewohnheitsrechtlich und *ungeschrieben* ist, wonach sich das Statut der juristischen Personen an den tatsächlichen Sitz der Hauptverwaltung[204] anknüpfen lässt (sog. Sitztheorie)[205]. Die Sitztheorie gilt aus deutscher Sicht für juristische Personen mit Verwaltungssitz im Inland ebenso wie für solche mit Verwaltungssitz im Ausland, und hat zur Folge, dass etwa eine Gesellschaft ausländischen Rechts im Inland nicht wirksam gegründet werden kann. Daraus folgt, dass die im Ausland erworbene Rechtsfähigkeit einer solchen juristischen Person in Deutschland nicht anerkannt wird, wenn sie hierzulande ihren effektiven Verwaltungssitz hat. Ebenso kann eine im Inland gegründete Gesellschaft inländischen Rechts mit Verwaltungssitz im Ausland nach der Sitztheorie dann als wirksam gegründet angesehen werden, wenn der Sitzstaat der Gründungstheorie folgt[206].

Allerdings ist die Vereinbarkeit der Sitztheorie mit Art. 43, 48 EGV n.F. (Art. 52, 58 a.F.) nicht unumstritten. Gemäß Art. 43 n.F. sind nämlich die Beschränkungen der freien Niederlassung von

---

201 *Kropholler*, Hdb. IZVR I, Kap. III, Rdn. 278.

202 *Kropholler*, Hdb. IZVR I, Kap. III, Rdn. 278; Stein/Jonas-*Schumann*, § 17 ZPO, Rdn. 9; MünchKommZPO/*Patzina*, § 17 ZPO, Rdn. 16; krit. *Schack*, IZVR, Rdn. 251; BAG, Urteil vom 20.01.1999, Az: 2 Sa 623/97, in: Bibliothek BAG, Juris unter der Nr.: KARE544800539; im entschieden Fall wurde die internationale Zuständigkeit der deutschen Gerichte für eine Beklagte, eine türkische Gesellschaft mit satzungsmäßigem Sitz in A/Türkei, abgelehnt, obwohl sie ihren tatsächlichen Sitz in Deutschland hatte.

203 MünchKommZPO/*Gottwald*, Art. 53 EuGVÜ, Rdn. 6; Stein/Jonas-*Schumann*, § 17 ZPO, Rdn. 10; *Geimer/Schütze*, EuZVR, Art. 53 EuGVÜ, Rdn. 3; *Schack*, IZVR, Rdn. 252; vgl. *Basedow*, Hdb. IZVR I, Kap. II, Rdn. 38. Nach dem Verordnungsentwurf (Art. 2 Abs. 3, 57 VO) wird hiergegen der Sitz einer Gesellschaft bzw. juristischen Person zukünftig autonom bestimmt.

204 Dies kommt gemäß § 17 ZPO nur subsidiär zum Zuge.

205 Staudinger-*Großfeld*, IntGesR, Rdn. 26; MünchKommZPO/*Gottwald*, Art. 53 EuGVÜ, Rdn. 6; *Kropholler*, EuZPR, Art. 53 EuGVÜ, Rdn. 2; *Schack*, IZVR, Rdn. 251-252.

206 MünchKommBGB/*Kindler*, IntGesR, Rdn. 312; Staudinger-*Großfeld*, IntGesR, Rdn. 84 ff.

Staatsangehörigen eines Mitgliedstaates im Hoheitsgebiet eines anderen Mitgliedstaates verboten. Zudem sieht Art. 48 n.F. die Gleichstellung der Gesellschaften mit natürlichen Personen vor, die Angehörige der Mitgliedstaaten sind und ihre Hauptverwaltung oder Hauptniederlassung innerhalb der Gemeinschaft haben. Die überwiegende Meinung in der deutschen Rechtsprechung und der Literatur vertritt die Auffassung, dass die erwähnten Vorschriften des EGV die Sitztheorie als kollisionsrechtliche Anknüpfungsregel im Regelungsbereich des EG-Rechts nicht zu verdrängen vermögen[207]. Auch die bisherigen Entscheidungen des EuGH, unter denen vor allem die „Daily Mail"-Entscheidung vom 27.9.1988[208], waren mit dieser Auffassung in Einklang zu bringen. Das „Centros"-Urteil des EuGH vom 9.3.1999[209] scheint jedoch ein Wendepunkt für die bisher im deutschen IPR herrschende Sitztheorie zu sein[210]. Denn im Urteilstenor heißt es: „*Ein Mitgliedsstaat, der die Eintragung der Zweigniederlassung einer Gesellschaft verweigert, die in einem anderen Mitgliedstaat, in dem sie ihren Sitz hat, rechtmäßig errichtet worden ist, aber keine Geschäftstätigkeit entfaltet, verstößt gegen die Artikel 52 und 58* (jetzt Art. 43, 48) *EG-Vertrag, wenn die Zweigniederlassung es der Gesellschaft ermöglichen soll, ihre gesamte Geschäftstätigkeit in dem Staat auszuüben, in dem diese Zweigniederlassung errichtet wird, ohne dort eine Gesellschaft zu errichten und damit das dortige Recht über die Errichtung von Gesellschaften zu umgehen, das höhere Anforderungen an die Einzahlung des Mindestgesellschaftskapitals stellt* ...". Nach dieser Entscheidung vermag m.E. die bisherige Mindermeinung in der Lehre, die im EG-Vertrag konstituierte Niederlassungsfreiheit stehe der Sitztheorie und damit der Anknüpfung an den effektiven Verwaltungssitz entgegen, in den Vordergrund zu dringen[211]. Auch wenn abzuwarten ist, ob die „Centros"-Entscheidung zur Nichtanwendung der im deutschen IPR bisher herrschenden Sitztheorie führt, ist es insofern nicht auszuschließen, dass dies begrenzt auf die Gesellschaften bleibt, die ihren satzungsmäßigen Sitz in einem anderen der EU-Staaten haben. Dies würde bedeuten, dass sich im Hinblick auf deutsch-türkischen Rechtsverkehr nichts ändern würde. Folglich ist die „Centros"-Entscheidung für die vorliegende Arbeit von geringer Bedeu-

---

207 BayObLG, DB 1998, 2318 f; m.w.N. in: MünchKommBGB/*Kindler*, IntGesR, Rdn. 358.

208 EuGHE 1988, 5505 = NJW 1989, 2186 = IPRax 1989, 381.

209 NJW 1999, 2027 = JZ 1999, 669 = EWS 1999, 140 = RIW 1999, 447 = BB 1999, 809 = EuZW 1999, 216 = ZIP 1999, 438.

210 *Puszkajler* (IPRax 2000, S. 80) ist jedoch der Auffassung, dass das „*Centros*-Urteil" der „*Daily Mail*-Entscheidung" nicht widerspricht.

211 So auch *Nießen*, NJW 1986, S. 1408; *Behrens*, RabelsZ 52 (1988), 498 ff.; *Geyrhalter*, EWS 1999, S. 203, a.A. MünchKommBGB/*Kindler*, IntGesR, Rdn. 368; für unterschiedliche Auffassungen und die Kritik über die „Centros"-Entscheidung s. u.a. *Behrens*, IPRax 1999, S. 323 ff.; *Ebke*, JZ 1999, S. 656 ff.; *Kindler*, NJW 1999, S. 2064 ff.; *Höfling*, DB 1999, S. 1206 ff.; *Roth*, ZIP 1999, S. 861 ff. Die Reaktion der Gerichte auf die „*Centros*"-Entscheidung ist allerdings bisher unterschiedlich, ebenso wie sie in der Lehre verstanden wird; mit Worten von *Behrens* (IPRax 2000, S. 384): „jede der international-gesellschaftsrechtlichen Theorien fühlt sich mit dem Centros-Urteil vom EuGH bestätigt"; hierzu von der jüngsten Rechtsprechung BGH, IPRax 2000, S. 423.

tung, bis die Sitztheorie im deutschen IPR für alle ausländische juristische Personen aufgegeben wird.

III. Die Anwendbarkeit von Art. 2 i.V.m. 53 EuGVÜ im deutsch-türkischen Rechtsverkehr

Die obigen Erläuterungen darüber, ob Art. 2 EuGVÜ im deutsch-türkischen Rechtsverkehr zur Bestimmung des allgemeinen Gerichtsstandes natürlichen Personen heranzuziehen ist, gelten ebenfalls für juristische Personen[212]; deshalb brauchen sie hier nicht wiederholt zu werden. Es bleibt also festzuhalten, dass Art. 2 i.V.m. 53 EuGVÜ auf die juristischen Personen mit tatsächlichem Sitz in Deutschland anzuwenden ist, und demzufolge solche juristischen Personen ihren allgemeinen Gerichtsstand in der Bundesrepublik haben[213], allerdings unter der Voraussetzung, dass die Sitztheorie im deutschen IPR trotz „Centros"-Entscheidung fortbesteht.

---

212 S. oben S. 40.

213 Vgl. OLG Frankfurt, IPRax 1998, S. 35 ff. Das Gericht hat im entschiedenen Fall, in dem die Kl. eine türk. Aktiengesellschaft mit Sitz in Antalya/Türkei und die Bekl. eine deutsche GmbH mit Sitz in Hanau waren, die internationale Zuständigkeit deutscher Gerichte auf §§ 12, 17 ZPO gestützt. Nachdem es den in der Formularklausel vereinbarten Gerichtsstand (Antalya) nicht für ausschließlich gehalten hatte, nahm es die internationale Zuständigkeit der deutschen Gerichte aufgrund §§ 12, 17 ZPO (allgemeiner Gerichtsstand) an, wobei das Landgericht in Hanau wegen des dortigen Sitzes der Beklagten örtlich zuständig war. Das Gericht zog zwar die Anwendbarkeit von EuGVÜ in Erwägung, lehnte dies jedoch mit folgender Begründung ab: zwar seien gemäß Art. 2 Abs. 1 EuGVÜ vorbehaltlich der Vorschriften des Abkommens Personen, die ihren Wohnsitz im Hoheitsgebiet eines Vertragsstaats haben, ohne Rücksicht auf ihre Staatsangehörigkeit vor den Gerichten dieses Staates zu verklagen. Jedoch finde die Anwendung des EuGVÜ ihre Grenze in dem in Art. 17 EuGVÜ verankerten Grundsatz der Progationsfreiheit. Art. 17 EuGVÜ befasse sich nur mit der vereinbarten Zuständigkeit der Gerichte eines Vertragsstaats, nicht – wie dort – mit derjenigen eines Drittstaats. Es ist bei dieser Entscheidung beachtlich, dass das Gericht mit dem in Art. 17 EuGVÜ vorhandenen Vorbehalt auch die Anwendung des Art. 2 EuGVÜ eingeschränkt, und folglich den allgemeinen Gerichtsstand auf §§ 12, 17 ZPO gestützt hat. §§ 38, 40 ZPO statt Art. 17 EuGVÜ anzuwenden war m.E. im konkreten Fall zutreffend. Denn das prorogierte Gericht in Antalya (also außerhalb räumlichen Anwendungsbereichs des EuGVÜ) liegt, und von einem anderweitigen Bezug zu einem der anderen Vertragsstaaten im konkreten Fall keine Rede war. Was für eine Beziehung zwischen Art. 17 und Art. 2 EuGVÜ besteht, und wie der eine die Anwendbarkeit der anderen einschränken kann, lässt sich von der Begründung des Gerichtes nicht verstehen.

D. Der allgemeine Gerichtsstand im türkischen Recht

I. Der Wohnsitzgerichtsstand der natürlichen Personen als Grundregel

1. Die Rechtslage

Bezüglich der Bestimmung der internationalen Zuständigkeit der türkischen Gerichte verweist Art. 27 türk. IPRG auf die örtlichen Zuständigkeitsregeln der türk. ZPO, ohne dass es auf die Staatsangehörigkeit der Parteien ankommt[214]. Demzufolge hat Art. 9 Abs. 1 Satz 1 türk. ZPO, der den allgemeinen örtlichen Gerichtsstand regelt, eine zweite Funktion, nämlich den allgemeinen Gerichtsstand der natürlichen Personen ebenso auf der internationalen Ebene zu begründen[215]. Nach Art. 9 Abs. 1 Satz 1 türk. ZPO ist jede Klage am Wohnsitz des Beklagten zu erheben, soweit das Gesetz es nicht anders ordnet; der Wohnsitz bestimmt sich nach den Vorschriften des türkischen Zivilgesetzbuches[216].

Insoweit besteht kein Unterschied zwischen dem deutschen und dem türkischen Zuständigkeitsrecht. Erhebliche Unterschiede ergeben sich jedoch dann, wenn die Regeln des türkischen Zivilgesetzbuches über den Wohnsitz in Betracht gezogen werden.

2. Der Wohnsitzbegriff im türkischen Zivilgesetzbuch

Nach Art. 19 Abs. 1 türk. ZGB befindet sich der Wohnsitz einer Person an dem Ort, wo sie sich mit der Absicht des dauernden Verbleibens aufhält (tatsächlicher, faktischer – ihtiyari – Wohnsitz)[217]. Er setzt also zwei Elemente voraus: Das objektive Element ist der Aufenthalt an einem bestimmten Ort, und das subjektive Element ist die Absicht, an diesem Ort dauernd zu verbleiben[218]. Damit das Vorliegen der Absicht angenommen werden kann, dass die Person dauernd am

---

214 *Nomer*, IPR, S. 357.

215 *Nomer*, IPR, S. 356.

216 Allerdings wird in der türkischen Lehre die Ansicht vertreten, dass der Begriff des Wohnsitzes im türkischen Zivilgesetzbuch weit weg von der Befriedigung der Bedürfnissen des IPR sei [*Göğer*, AHFM XXVI (1969) 3-4, S. 245 ff.; vgl. *Ansay*, AHFM X (1953) 1-4, S. 666; *Sakmar*, Boşanma, S. 67]. Diese Ansicht betrifft in erster Linie das IPR, teilweise aber auch IZPR – denn im türkischen Recht werden die beiden Bereiche ineinander gesehen –. Da die Verweisung auf Vorschriften des türkischen Zivilgesetzbuches über Wohnsitz ganz präzise gesetzlich vorgeschrieben ist, hat man sie anzuwenden; es liegt aber auf der Hand, dass die Regelungen des türk. ZGB längst veraltet und nicht mehr zeitgemäß sind.

217 Vgl. Art. 23 Abs. 1 schweiz. ZGB.

218 *Oğuzman/Seliçi*, S. 67-68.

Aufenthaltsort verbleiben will, muss es sich aus den Umständen nicht unbedingt ergeben, dass die betroffene Person an diesem Ort bis zum Ende ihres Lebens verbleiben wird; vielmehr genügt es, dass der jetzige Aufenthaltsort zum Mittelpunkt des Lebens gemacht wird[219].

Aus den gesamten einschlägigen Vorschriften des türk. ZGB über den Wohnsitz lässt sich herleiten, dass jede Person einen Wohnsitz haben muss, sei es einen tatsächlichen, sei es einen fiktiven[220]. Gemäß Art. 19 Abs. 2 türk. ZGB kann niemand an mehreren Orten zugleich seinen Wohnsitz haben[221]. Der einmal begründete Wohnsitz einer Person bleibt bis zum Erwerb des neuen bestehen (Art. 20 Abs. 1 türk ZGB). Kann ein früher begründeter Wohnsitz nicht festgestellt werden oder ist ein im Ausland begründeter Wohnsitz aufgegeben und in der Türkei kein neuer begründet worden, so gilt der Aufenthaltsort als Wohnsitz (der sog. fiktive – itibari – Wohnsitz) gemäß Art. 20 Abs. 2 türk. ZGB. Nach Art. 21 türk. ZGB gilt der Wohnsitz des Vaters und der Mutter als Wohnsitz für die unter ihrer elterlichen Gewalt stehenden Kinder; der Sitz des Vormundschaftsgerichts gilt als Wohnsitz der unter Vormundschaft stehenden Person; und schließlich gilt der Wohnsitz des Ehemannes als Wohnsitz der Ehefrau. Die Ehefrau kann nur dann einen selbständigen Wohnsitz haben, wenn derjenige des Ehemannes nicht bekannt, oder die Ehefrau berechtigt ist, getrennt zu leben (Art. 21 Abs. 2 türk. ZGB)[222]. Der Wohnsitz der Ehefrau ist so fest an denjenigen des Ehemannes gebunden, dass sein Wohnsitz auf jeden Fall als ihr Wohnsitz gilt, gleichgültig ob er einen tatsächlichen, fiktiven oder aber einen gesetzlichen Wohnsitz hat. Demzufolge hat die Ehefrau ihren Wohnsitz am Sitz des Vormundschaftsgerichtes, wenn (nur) ihr Ehemann unter Vormundschaft steht[223].

3. Der allgemeine Gerichtsstand der natürlichen Personen unter Anwendung der Wohnsitzdefinition des türk. ZGB

In Anbetracht der gerade oben skizzierten Rechtslage des Wohnsitzbegriffs im türk. ZGB und unter deren Anwendung im Bereich der internationalen Zuständigkeit sind die folgenden Beson-

---

219 *Oğuzman/Seliçi*, S. 68.

220 *Oğuzman/Seliçi*, S. 67.

221 Im Gegensatz zum § 7 Abs. 2 BGB, nach dem der Wohnsitz gleichzeitig an mehreren Orten bestehen kann.

222 Im türkischen Familienrecht ist die Ehefrau in den folgenden Fällen berechtigt, getrennt zu leben: (1) wenn der Richter gemäß Art. 138, 139 türk. ZGB für die Trennung von Tisch und Bett entschieden hat; (2) wenn der Richter gemäß Art. 161 Abs. 2 für die Unterbrechung des Zusammenlebens zum Zwecke der Fortsetzung der ehelichen Gemeinschaft entschieden hat (*Oğuzman/Seliçi*, S. 71); (3) wenn die Gesundheit, der Ruf oder das Gedeihen der Geschäfte der Ehefrau durch das Zusammenleben ernstlich bedroht wird (Art. 162 Abs. 1 türk. ZGB); (4) nach der Einreichung einer Klage auf Scheidung oder Trennung von Tisch und Bett (Art. 162 Abs. 2 türk. ZGB.

223 *Oğuzman/Seliçi*, S. 70.

derheiten des allgemeinen Gerichtsstands im türkischen IZPR im Vergleich zum deutschen Recht festzustellen:

(1) Die erste Besonderheit ergibt sich aus der Einzigkeit des Wohnsitzes. Das hat im Zuständigkeitsrecht zur Folge, dass eine Person nur einen allgemeinen Gerichtsstand hat, und zwar dort, wo sie ihren Wohnsitz hat. Da der Wohnsitz nach § 7 Abs. 2 BGB gleichzeitig an mehreren Orten bestehen kann[224], kann man nach deutschem Zuständigkeitsrecht mehrere allgemeine Gerichtsstände haben, so dass sich der eine im Inland und der andere im Ausland befinden kann[225].

(2) Die zweite Besonderheit bezieht sich auf den gesetzlichen Wohnsitz, vor allem den gesetzlichen Wohnsitz der Ehefrau. Insoweit ist etwa folgende Fallkonstellation denkbar: ein Türke, dessen Ehefrau in der Türkei lebt, arbeitet seit langer Zeit in Deutschland; ergibt sich aus den Umständen, dass er (aus türkischer Sicht) seinen Wohnsitz in Deutschland hat, so hat das zur Folge, dass ebenso seine Ehefrau ihren (gesetzlichen) Wohnsitz und damit ihren allgemeinen Gerichtsstand in Deutschland hat. Dieselbe Fallkonstellation ist auch für die Kinder denkbar, wenn etwa die nichtvolljährigen Kinder der in Deutschland wohnhaften Eltern in der Türkei bei den Großeltern leben und dort in die Schule gehen.

(3) Die dritte Besonderheit ergibt sich aus Art. 20 Abs. 2 türk. ZGB. Nach dieser Vorschrift ist der Wohnort einer Person (kişinin sakin olduğu yer) als Wohnsitz anzunehmen, wenn nicht festgestellt werden kann, ob sie vorher einen Wohnsitz *hatte*. Das gleiche gilt für die Personen, die ihren Wohnsitz im Ausland aufgegeben, aber im Inland noch keinen neuen begründet haben.

Insoweit stellt sich die Frage, wie Art. 20 Abs. 2 türk. ZGB im Zusammenhang mit Art. 9 Abs. 1 Satz 2 türk. ZPO zu verstehen ist. Denn letzterer sieht vor, dass die Klage am letzten Aufenthaltsort des Beklagten in der Türkei zu erheben ist, wenn der Wohnsitz des Beklagten nicht bestimmt ist. Hierzu werden drei Auffassungen vertreten: Nach einer Ansicht ist Art. 20 Abs. 2 türk. ZGB subsidiär, und kommt nur dann zur Anwendung, wenn im konkreten Fall der fiktive Wohnsitz zur Diskussion steht[226]. Nach der zweiten Auffassung begründet Art. 20 Abs. 2 türk. ZPO die internationale Zuständigkeit der türkischen Gerichte nur für die Angelegenheiten der Ausländer[227]. Nach der dritten Auffassung gibt es keinen Widerspruch zwischen beiden Normen. Denn nach Art. 20 Abs. 2 türk. ZGB sei zuerst zu untersuchen, wo sich der Betroffene aufhält;

---

224 Palandt/*Heinrichs*, § 7 BGB, Rdn. 13.

225 *Schack*, IZVR, Rdn. 246.

226 *Tunçomağ*, S. 180; zu beachten ist auch, dass bei der Verweisung des Art. 9 Abs. 1 Satz 1 türk. ZPO auf den Wohnsitzbegriff des türkischen Zivilgesetzbuches keine Unterscheidung zwischen dem tatsächlichen und fiktiven Wohnsitz gemacht wird.

227 *Sakmar*, Boşanma, S. 74.

danach komme Art. 9 Abs. 1 Satz 2 türk. ZPO zum Zuge[228]. Die Verweisung des Art. 9 Abs. 1 Satz. 1 türk. ZPO auf die Bestimmungen des Wohnsitzbegriffes des türk. ZGB dürfe man nicht willkürlich auf Art. 19 türk. ZGB beschränken, sie müsse auch Art. 20 Abs. 2 türk. ZGB umfassen. Denn Art. 9 Abs. 1 türk. ZPO stelle zuerst auf den Wohnsitz, und erst danach auf den „letzten Wohnort in der Türkei" ab. Es sei widersprüchlich, dass einerseits die Zuständigkeit aufgrund des „letzten Wohnortes in der Türkei" begründet werden könne (Art. 9 Abs. 1 Satz 2 türk. ZPO), aber andererseits der gegenwärtige Aufenthalt in der Türkei für die Zuständigkeitsbegründung für nicht ausreichend gehalten würde[229].

Hinsichtlich der Interpretation des Satzteils *„wenn der Wohnsitz des Beklagten nicht bestimmt ist"* in Art. 9 Abs. 1 Satz. 2 türk. ZPO, und ob dieser überhaupt erforderlich war, gewinnt die Diskussion eine andere Dimension[230]. Hierzu werden folgende Auffassungen vertreten:

Die wohl h.M. plädiert dafür, dass der allgemeine Gerichtsstand dann nicht nach Art. 9 Abs. 1 Satz 2 türk. ZPO am letzten Wohnort in der Türkei zu begründen ist, wenn der Beklagte im Ausland einen bestimmten Wohnsitz hat[231]. Dies sei ein Gebot des modernen IPR[232]. Das Abstellen der allgemeinen Zuständigkeit auf den letzten Wohnsitz des Beklagten in der Türkei für die Fälle mit Auslandsbezug lasse sich mit dem Grundsatz des gesetzlichen Richters nicht vereinbaren[233]. Hiergegen vertritt *Kuru* die Ansicht, der Satzteil *„wenn der Wohnsitz des Beklagten nicht bestimmt ist"* in Art. 9 Abs. 1 Satz. 2 türk. ZPO sei so zu verstehen, dass *„der Beklagte in der Türkei keinen Wohnsitz habe"*[234]. Nach Auffassung von *Öktemer*[235] ist Art. 9 Abs. 1 Satz. 2 türk. ZPO völlig unnötig. Denn die Klagen wegen vermögensrechtlicher Ansprüche gegen die Personen, die in der Türkei keinen Wohnsitz hätten, seien gemäß Art. 16, Alt. 1 türk. ZPO jedenfalls an ihrem inländischen Aufenthaltsort zu erheben. Habe der Beklagte keinen Aufenthaltsort in der Türkei, so sei er Art. 16, Alt. 2 türk. ZPO dort zu verklagen, wo sich sein Vermögen, die Streitsache oder die Sicherungssache des Streitgegenstandes (in der Türkei) befinden. Ebenso sei die internationale Zuständigkeit der türkischen Gerichte für die Personalstatutsangelegenheiten der

---

228 *İmre*, FS für 50. Jahr der Republik, İstanbul 1973, S. 216 ff.

229 *Ekşi*, S. 75-76.

230 Dieser Satz wurde nämlich durch eine Gesetzänderung im Jahre 1973 dem Art. 9 türk. ZPO hinzugefügt, (s. RG, T. 8.5.1973, Nr. 14529).

231 *Postacıoğlu*, S. 151.

232 *Ekşi*, S. 78.

233 *Ekşi*, S. 78.

234 *Kuru*, Bd. 1, S. 275.

235 *Öktemer*, ABD 1973-3, S. 475.

türkischen Staatsangehörigen ohne Wohnsitz in der Türkei jedenfalls aufgrund Art. 28 türk. IPRG eröffnet[236].

4. Zwischenergebnis und Stellungnahme

Im geltenden Recht folgt der allgemeine Gerichtsstand der Ehefrau gemäß Art. 21 türk. ZGB i.V.m. Art. 9 Abs. 1 Satz 1 türk. ZPO demjenigen des Ehemannes. Vom Standpunkt des künftigen Rechts ist jedoch zu empfehlen, die nicht mehr zeitgemäße Vorschrift des Art. 21 türk. ZGB, wonach *„der Wohnsitz der Ehefrau demjenigen des Ehemannes folgt"*, ersatzlos aufzuheben. Das ist auch ein Gebot der Gleichberechtigung von Frauen und Männern.

Der anscheinende Widerspruch zwischen Art. 9 Abs. 1 Satz 2 türk. ZPO und Art. 20 Abs. 2 türk. ZGB ist m.E. wie folgt zu beseitigen: Zunächst ist auf den Wohnsitz i.S.v. Art. 9 Abs. 1 türk. ZGB abzustellen. Jede Person hat also ihren Wohnsitz und damit ihren allgemeinen Gerichtsstand an dem Ort, wo sie mit dem Ziel wohnt, sich niederzulassen. Art. 20 Abs. 2 türk. ZGB enthält in bezug auf diejenigen Personen eine durch Gegenbeweis widerlegbare Vermutung, die z.Z. der Klageerhebung nirgendwo einen Wohnsitz haben, und deren letzten Wohnsitz auch nicht feststellbar ist, auch wenn sie sich in der Türkei aufhalten. Diese Personen und diejenigen, die ihren ausländischen Wohnsitz aufgegeben, aber noch keinen inländischen begründet haben, haben ihren fiktiven Wohnsitz und damit ihren allgemeinen Gerichtsstand an dem Ort (in der Türkei), wo sie sich aufhalten. Art. 9 Abs. 1 Satz 2 türk. ZPO regelt dagegen den allgemeinen Gerichtsstand am letzten Wohnort in der Türkei für die Personen, die aus türkischer Sicht nirgendwo ihren Wohnsitz und damit ihren allgemeinen Gerichtsstand haben, und z.Z. der Klageerhebung auch nicht in der Türkei wohnhaft sind. Der Unterschied zwischen Art. 9 Abs. 1 Satz 2 türk. ZPO und Art. 20 Abs. 2 türk. ZGB zeigt sich vor allem daran, dass es bei ersterem um eine Person geht, die nirgendwo auf der Welt einen bestimmten und feststellbaren Wohnsitz und z.Z. der Klageerhebung keinen Aufenthaltsort in der Türkei hat. Sie hat jedoch einen vorigen Aufenthaltsort in der Türkei. Beim letzteren geht es dagegen um eine Person, die sich z.Z. der Klageerhebung in der Türkei aufhält.

Art. 16 türk. ZPO sieht einen *besonderen* Gerichtsstand am inländischen Aufenthaltsort für *bestimmte* Klagen gegen Personen ohne Wohnsitz in der Türkei (aber wohl im Ausland) aufgrund des *inländischen* Aufenthaltes vor. Folglich hat er (Art. 16 türk. ZPO) mit Art. 9 Abs. 1 Satz 2

---

[236] Hierzu ausführlich unten S. 171 ff.

türk. ZPO und mit Art. 20 Abs. 2 türk. ZGB, die die Bestimmung des allgemeinen Wohnsitzes bzw. des Gerichtsstandes betreffen, nichts zu tun.

Art. 28 türk. IPRG stellt die internationale Zuständigkeit der türkischen Gerichte für Prozesse über Personalstatutsangelegenheiten der türkischen Staatsangehörigen zwar immer bereit, verweist aber vorrangig auf die Regeln über die örtliche Zuständigkeit. Folglich hat man bei der Bestimmung der internationalen Zuständigkeit der türkischen Gerichte auch für Prozesse über Personalstatutsangelegenheiten der im Ausland lebenden türkischen Staatsangehörigen Art. 9 Abs. 1 Satz 2 türk. ZPO und Art. 20 Abs. 2 türk. ZGB in Betracht zu ziehen, und erst dann, wenn nach diesen Zuständigkeitsregeln die internationale Zuständigkeit der türkischen Gerichte nicht zu begründen ist, auf die in Art. 28 türk. IPRG vorgesehene Zuständigkeit der Gerichte von Ankara, İstanbul und İzmir zurückzugreifen.

5. Die restriktive Auslegung des Wohnsitzbegriffs durch das türk. Kassationsgericht

Das türkische Kassationsgericht zeigte in seiner bisherigen Praxis eine Neigung zu einer restriktiven Auslegung der Vorschriften über den Wohnsitz, wenn es sich um die Bestimmung des inländischen Wohnsitzes der im Ausland lebenden Türken und um denjenigen der in der Türkei wohnhaften Ausländern handelte. Von restriktiver Auslegung war die Rede vor allem dann, wenn die Wohnsitzbestimmung mittelbar der Begründung der internationalen Zuständigkeit dienen sollte.

Anlässlich einer Scheidungsklage zwischen türkischen Staatsangehörigen, die seit Jahren in Deutschland lebten und dort wohl ihren Wohnsitz hatten, sah das türk. Kassationsgericht ihren Wohnsitz an demjenigen Ort in der Türkei an, wo sie im Personenstandsbuch registriert waren. Das Gericht legte seiner Entscheidung Art. 4 türk. Personenstandsgesetz (Nüfus Kanunu) zugrunde, wonach sich jeder türkische Staatsangehörige beim Standesamt am Ort seines Wohnsitzes in der Türkei registrieren lassen muss. „Weil die Parteien in Siran/Türkei registriert sind, ist anzunehmen, dass sie ihren Wohnsitz in Siran haben, und die dortigen Gerichte zuständig sind" hieß es in der Entscheidung[237].

---

[237] Yarg. 2. HD., E. 10331, K. 11219, T. 13.11.1992, YKD 1993, S. 1163; vgl. *Ekşi*, S. 83, Fn. 386 und 387 zitierte Entscheidungen.

Diese Auffassung des türk. Kassationsgerichts löste in der Lehre zu Recht heftige Kritik aus. Die Auffassung des Gerichts sei weder mit Art. 20 türk. ZGB noch mit Art. 9 Abs. 1 Satz 2 türk. ZPO und noch Art. 28 türk. IPRG zu vereinbaren[238].

In einer weiteren Entscheidung setzte derselbe Senat des türk. Kassationsgerichtes eine zusätzliche Bedingung, den Einbürgerungsantrag, voraus, damit für einen Ausländer angenommen werden konnte, dass er sich in der Türkei mit der Absicht dauernden Verbleibens aufhielt; – diese Absicht ist gemäß Art. 19 Abs. 1 türk. ZGB die zweite Voraussetzung für den Erwerb des Wohnsitzes in der Türkei. Die Umstände, dass sich ein Ausländer in der Türkei mit dem Zweck, Handel zu treiben, aufhalte, seine Kinder in die türkischen Schulen schicke, und er selbst Teilhaber einer Kollektivgesellschaft sei, seien nicht genügende Anhaltspunkte, um zu beweisen, dass er sich in der Türkei mit der Absicht dauernden Verbleibens aufhalte. Vielmehr müsse er dann die Einbürgerung beantragen[239].

6. Kritik

Folgt man der Ansicht des türk Kassationsgerichts über den inländischen Wohnsitz von Ausländern, so ist es fast unmöglich, dass ein Ausländer seinen Wohnsitz in der Türkei begründen kann. Es besteht keine gesetzliche Grundlage dafür, die Annahme des Wohnsitzes eines Ausländers von dieser zusätzlichen Voraussetzung abhängig zu machen. Vielmehr sind der Wohnsitz der Inländer und derjenige der Ausländer nach denselben Vorschriften zu bestimmen[240]. Auch Art. 9 türk. Personenstandsgesetz, wonach das „*Wohnen (ikamet)*“ „*sich ordnungsgemäß (gesetzmäßig) in der Türkei aufhalten*“ bedeutet, vermag nicht die Auffassung des Gerichtes zu rechtfertigen. Denn diese Vorschrift bezieht sich nur auf die Einbürgerung, und beschreibt den Begriff des „Wohnens“, im Sinne des Art. 6 lit. b türk. Personenstandsgesetz, wonach das Wohnen in der Türkei eine Voraussetzung der Einbürgerung ist[241].

Schließlich ist festzuhalten, dass der Wohnsitz und folglich der allgemeine Gerichtsstand der In- und Ausländer nach denselben Vorschriften des türk. ZGB zu bestimmen sind. Es besteht weder ein Anlass noch eine rechtliche Grundlage dafür, dass man den Inländern auf jeden Fall einen inländischen Wohnsitz bereitzuhalten, den Ausländern dagegen die Begründung des inländischen Wohnsitzes mit zusätzlichen Voraussetzungen zu erschweren hat. Nur die Absicht des dauernden

---

238 *İmre*, FS für 50. Jahr der Republik, İstanbul 1973, S. 217; *Sakmar*, Boşanma, S. 71; ausführlich *Ekşi*, S. 83 f.

239 Yarg. 2. HD., E. 1136, K. 1490, T. 21.2.1977, MHB 1982, S. 35-36 = İKİD 1977, S. 5505 f.

240 *Oğuzman/Seliçi*, S. 69; *Ekşi*, S. 81.

241 *Ekşi*, S. 82 und S. 81 Fn. 376.

Verbleibens (subjektives Element des Wohnsitzes) ist für Ausländer vielleicht sorgfältiger als für Inländer zu untersuchen[242].

II. Der allgemeine Gerichtsstand der passiven Streitgenossen

1. Grundregel

Nach Art. 9 Abs. 2 Satz 1 türk. ZPO ist bei mehreren Beklagten die Klage beim Wohnsitzgerichtsstand von einem der Beklagten zu erheben. In diesem Fall können nämlich eventuell mehrere Gerichte (an den Wohnsitzorten der mehreren Streitgenossen) örtlich und damit international zuständig sein, und zwar je nachdem, wie viele Passivstreitgenossen mit anderweitigem allgemeinen Gerichtstand gegeben sind. Insoweit ist folgendes zu berücksichtigen:

Zum einen handelt es sich hier um nicht einen ausschließlichen Gerichtsstand, weil der Satzteil „ist zu erheben (açılır)" missverständlich ist. Vielmehr geht es um die Möglichkeit, die betreffende Klage am Wohnsitz einer der mehreren passiven Streitgenossen erheben zu können, ohne dass die anderen Streitgenossen das Recht haben, die Unzuständigkeit des Gerichtes aufgrund ihrer womöglich anderswo liegenden Wohnsitzes zu rügen[243].

Zum zweiten ist diese Vorschrift nur dann in Anspruch zu nehmen, wenn der Streitgrund für mehrere Beklagte derselbe ist, oder wenn es um zusammenhängende Klagen geht. Es muss also entweder die einfache (Art. 43 türk. ZPO[244]) oder notwendige (Art. 47 türk. ZPO[245]) Streitgenossenschaft vorliegen[246]. Sonst können die anderen Streitgenossen die Zuständigkeit rügen, mit der Folge, dass der Richter gemäß Art. 45 türk. ZPO über die Trennung der Klagen zu entscheiden hat.

Des weiteren kann die Klage nur beim *Wohnsitzgerichtsstand* eines der Streitgenossen erhoben werden. Der Gerichtsstand, der nur einem der Streitgenossen zusteht, ist gemäß Art. 9 Abs. 2 Satz 1 türk. ZPO nicht in Anspruch zu nehmen. Ebenso kann der nur mit einem der Streitgenossen vereinbarte (prorogierte) Gerichtsstand keine Grundlage Art. 9. Abs. 1 Satz 1 türk. ZPO bilden.

---

[242] Vgl. *Ekşi*, S. 82.

[243] *Üstündağ*, S. 198-199, 361.

[244] Vgl. §§ 59, 60 ff. ZPO

[245] Vgl. § 62 ZPO. Art. 47 türk. ZPO enthält jedoch keine Regelung darüber, wann die notwendige Streitgenossenschaft eintritt; sie verweist vielmehr auf die materiellrechtlichen Gesetze; hierzu ausführlich bei *Ulukapı*, S. 43 ff.

2. Der *gemeinsame* Gerichtsstand der Streitgenossen

Art. 9 Abs. 2 Satz 2 türk. ZPO schließt die Möglichkeit, die Klage beim Wohnsitzgerichtsstand eines der mehreren Streitgenossen erheben zu können, dann aus, wenn es einen für die konkrete Klage in Anbetracht ihres Streitgrundes hinsichtlich jedes Streitgenossen gemeinsamen Gerichtsstand (etwa Deliktortsgerichtsstand) gibt. In diesem Fall ist die Klage gegen alle Streitgenossen nur an diesem gemeinsamen Gerichtsstand zu erheben, ohne dass die Wohnsitzgerichtsstände der einzelnen Streitgenossen für die selbe Klage zuständig bleiben[247]. Dies ist also die Ausnahme von Art. 9 Abs. 2 Satz 1 türk. ZPO.

Die Voraussetzungen hierfür sind folgende:

Erstens muss eine Parteienhäufung vorliegen (Art. 9 Abs. 2 Satz 1 türk. ZPO); zweitens muss ein bestimmtes Gericht für die konkrete Klage im Hinblick auf den Streitgegenstand für jeden Streitgenossen örtlich (und damit international) zuständig sein. Dass dieses Gericht eine besondere, und zwar aus dem Gesetz herzuleitende Zuständigkeit haben muss, ergibt sich präzise aus dem Wortlaut der Vorschrift. Folglich reicht es nicht aus, dass einer der passiven Streitgenossen mit dem Kläger ohne Beteiligung der anderen eine Zuständigkeitsvereinbarung abschließt, und die Klage gegen alle Streitgenossen an dem prorogierten Gerichtsstand erhebt[248].

Nun stellt sich die Frage, wie der Richter zu entscheiden hat, falls die Klage nicht am gemeinsamen Gerichtsstand, sondern am Wohnsitzgerichtsstand eines der Streitgenossen erhoben wurde. Auch wenn es unumstritten ist, dass dieser (gemeinsamer) Gerichtsstand nicht ausschließlich ist und der Richter die Unzuständigkeit nicht von Amts wegen berücksichtigen darf[249], ist jedoch umstritten, wie der Richter am Wohnsitzgerichtsstand zu entscheiden hat, falls nur einer der Streitgenossen die Unzuständigkeit gerügt hat; hat er also die Klage für alle Streitgenossen mit einer Unzuständigkeitserklärung abzuweisen bzw. auf das zuständige (gemeinsame) Gericht zu verweisen, oder hat er die Klage nur für den die Unzuständigkeit rügenden Streitgenossen mit einer Klagetrennung zu verweisen, und hinsichtlich der anderen Streitgenossen zuzulassen? Anders gefragt, haben alle Passivstreitgenossen die Unzuständigkeit des Wohnsitzgerichtsstand des einen Streitgenossen wegen des gemeinsamen Gerichtsstandes zusammen zu rügen, damit der Richter die Klage für alle Beteiligten auf das zuständige Gericht verweisen kann?

---

246 *Kuru*, Bd. 1, S. 282 ff.

247 *Kuru*, Bd. 1, S. 286 ff.; *Üstündağ*, S. 199; *Pekcanıtez*, S. 89.

248 *Kuru*, Bd. 1, S. 285.

249 *Kuru*, Bd. 1, S. 289-290; vgl. *Üstündağ*, S. 200.

Diese Frage wurde bis jetzt nur in bezug auf die örtliche Zuständigkeit diskutiert, und von der Rechtsprechung nicht einhellig beantwortet. Obwohl der Große Zivilsenat des türk. Kassationshofes entschieden hat, dass der Richter am Wohnsitzgerichtsstand eines der Streitgenossen für alle Beteiligten auf das zuständige (gemeinsame) Gericht zu verweisen hat, wenn mindestens einer der Streitgenossen die Unzuständigkeitseinrede erhoben hat[250], bestehen der 4. und der 11. Zivilsenate des türk. Kassationshofes immer noch darauf, in diesem Fall die Klage zu trennen[251]. In der Lehre nimmt – soweit ersichtlich – nur *Kuru* Stellung zur Problematik[252]. Er war für die Trennung der Klage – so wie 4. und 11. Zivilsenate des türk. Kassationshofes[253] –, wenn nur einer der Streitgenossen die Unzuständigkeit gerügt hat[254]. Der Autor hat jedoch seine Meinung neuerdings geändert, und schließt sich jetzt der Auffassung des Großen Zivilsenats des türk. Kassationshofes an[255]. Der Wortlaut des Art. 9 Abs. 2 Satz 2 türk. ZPO beinhalte ganz präzise und fest, dass eine solche Klage beim gemeinsamen Gerichtsstand zu erheben sei. Darüber hinaus sei dies ein Gebot des Grundsatzes der Prozessökonomie, und ein Hindernis gegen die eventuellen widersprüchlichen Entscheidungen[256].

3. Stellungnahme

Als Lösungsansatz dieser Problematik auf der internationalen Ebene, womit sich die vorliegende Arbeit beschäftigt, hat man im Auge zu behalten, dass in bezug auf die internationale Zuständigkeit keine Verweisungsmöglichkeit an das international zuständige Gericht besteht[257]. Demzufol-

---

250 „Wenn eine unerlaubte Handlung von mehreren Personen begangen ist, wie in der erhobenen Klage der Fall ist, ist dasjenige Gericht für die Klage gegen all diese Personen zuständig, das sich am Begehungsort der unerlaubten Handlung (Art. 21 türk. ZPO) befindet. Aufgrund dessen ist für die Schadensersatzklage gegen mehrere Personen nicht das Gericht am Wohnsitzort eines der passiven Streitgenossen gemäß Art. 9 Abs. 2 Satz 1 türk. ZPO zuständig, sondern das Gericht am Deliktort. Dies ist im Abs. 2 Satz 2 des obengenannten Artikels ganz deutlich betont. In unserem Fall befindet sich das gemeinsam zuständige (Deliktorts-)Gericht in Hendek; rügt einer der passiven Streitgenossen die Unzuständigkeit mit der Begründung, dass die Klage bei diesem Gericht, nicht beim Wohnsitzgerichtsstand eines der Streitgenossen, zu erheben ist, so hat das Gericht seine Unzuständigkeit hinsichtlich aller Streitgenossen zu erklären." Yarg. HGK, E. 11/772-153, T. 24.2.1984, Yasa 1984/3, S. 451-454 = İBD 1984/7-9, S. 560-565 = İKİD 1984/284, S. 2804-2808.

251 S. etwa 4. HD., E. 2135, K. 4167, T. 26.4.1984, Yasa 1986/6, S. 841-842; 4. HD., E. 8174, K. 370, T. 22.1.1987, Yasa 1987/2, S. 298-299; 11. HD., E.4356, K. 4369, T. 3.11.1982, İBD 1984/7-9, S. 561 = Yasa 1984/3, S. 451; 11. HD., E. 6306, K. 3995, T. 30.6.1989, İBD 1989/7-9, S. 525-526 = İKİD 1989/345, S. 6704-6705; vgl. *Üstündağ*, S. 200, Fn. 104.

252 *Üstündağ* (S. 199-200) weist auf diese Problematik hin, allerdings ohne eigene Stellungnahme.

253 Oben Fn. 251.

254 *Kuru*, Bd. 1, S. 287-290.

255 Oben Fn. 250.

256 *Kuru*, Bd. 1, S. 1072/1-1072/2.

257 *Schumann*, FS Nagel (1987), S. 403 ff.

ge ist die Auffassung des Großen Zivilsenats des türk. Kassationshofes, also die Klage für alle Beteiligten an das zuständige (gemeinsame) Gericht zu verweisen, hinsichtlich der internationalen Zuständigkeit wie folgt zu verstehen: wird die Klage am Wohnsitzgerichtsstand eines der Passivstreitgenossen (in der Türkei) erhoben und trägt ein anderer Streitgenosse die Unzuständigkeit des Gerichts vor, so hat der Richter die Klage für alle Beteiligten wegen des Fehlens der internationalen Unzuständigkeit abzuweisen. Insoweit darf man nicht verlangen, dass für die Anwendbarkeit des Art. 9 Abs. 2 Satz 2 türk. ZPO (gemeinsamer Gerichtsstand) auf der internationalen Ebene alle passiven Streitgenossen die Unzuständigkeit des Wohnsitzgerichtsstands eines der Beklagten, an dem die Klage erhoben wurde, rügen müssen, damit das Gericht die Klage für alle Beteiligten wegen seiner Unzuständigkeit abweisen kann. Denn es ist kaum zu erwarten, dass auch derjenige Streitgenosse, bei dessen Wohnsitzgerichtsstand die Klage gegen ihn und alle anderen Streitgenossen anhängig gemacht wurde, der Unzuständigkeitseinrede zustimmt, wenn der gemeinsame Gerichtsstand im Ausland liegt, es sei denn, er beabsichtigt böswillig die Verschleppung des Verfahrens.

4. Böswillige Geltendmachung des Art. 9 Abs. 2. Satz 1 (und 2) türk. ZPO

Art. 9 Abs. 2 Satz 3 türk. ZPO sieht vor, dass der Richter mit einer Unzuständigkeitserklärung zur Trennung der Klage zu entscheiden hat, wenn aus den Indizien bzw. anderen Beweismitteln hervorgeht, dass die Klage am Wohnsitzgerichtsstand eines der Streitgenossen nur zu dem Zwekke erhoben wurde, die anderen Streitgenossen ihrem Wohnsitzgerichtsstand zu entziehen[258]. Da es nicht auszuschließen ist, dass der Kläger einen Scheinstreitgenossen herbeischaffen kann, um an dessen allgemeinen Gerichtsstand den woanders wohnhaften (wahren/beabsichtigten) Beklagten (mit)verklagen zu können, versucht die Vorschrift auf diese Weise den Missbrauch der oben dargelegten Möglichkeit zu verhindern.

Damit die Vorschrift in Anspruch genommen werden kann, muss es nicht unbedingt sein, dass die mitverklagte Person ein (Schein-)Streitgenosse ist. Es muss sich vielmehr um die böswillige Geltendmachung jeder Art von Art. 9 Abs. 2 Satz 1 (und m.E. auch Satz 2) türk. ZPO handeln[259].

Damit auf Trennung der Klage entschieden werden kann, muss der betroffene Streitgenosse die böswillige Geltendmachung des Art. 9 Abs. 2 Satz 1 türk. ZPO vorbringen; sonst darf der Richter diesen Punkt von Amts wegen nicht berücksichtigen[260].

---

[258] Vgl. Art. 6 Nr. 2 EuGVÜ.

[259] Vgl. Yarg. HGK, E. 11/1231, K. 2148, T. 19.9.1980, İKİD 1981/241, S. 36-37; Yarg. HGK, E. 11/865, K. 2167, T. 26.9.1980, YKD 1980, S. 1589-1590.

Das Nichtbestehen einer Verweisungsmöglichkeit der Klage an das zuständige Gericht im Bereich der internationalen Zuständigkeit ist hierbei ebenso im Auge zu behalten. Folglich erfolgt die Trennung der Klage nicht mit einem Verweisungsbeschluss, sondern mit einer Teilunzuständigkeitserklärung.

5. Vergleich des deutschen und des türkischen Zuständigkeitsrechts in bezug auf den Mehrparteiengerichtsstand

Bisher wurde dargestellt, wie der Gerichtsstand im Falle der passiven Streitgenossenschaft im türkischen Recht geregelt ist. Es wurde auch darauf hingewiesen, dass der gemeinsame Gerichtsstand (etwa bei einer unerlaubten Handlung mit mehreren Beteiligten) an Stelle des Wohnsitzgerichtsstands tritt, wenn der Kläger mehrere Personen zusammen verklagen will. All dies ist im türkischen Recht gesetzlich (Art. 9 Abs. 2 türk. ZPO) geregelt.

Das autonome deutsche Recht kennt dagegen den Gerichtsstand der Streitgenossenschaft nicht generell, sondern für bestimmte Sonderfälle[261].

Hiergegen regelt Art. 6 Nr. 1 EuGVÜ den Mehrparteiengerichtsstand generell. Demnach kann der Kläger mehrere Beklagten, die in verschiedenen Vertragsstaaten wohnen, vor einem Gericht verklagen, in dessen Bezirk einer von ihnen seinen Wohnsitz hat. Damit diese Vorschrift zur Anwendung kommen kann, ist es (nach ihrer klaren Wortlaut) eine Voraussetzung, dass alle Beklagten ihren Wohnsitz im geografischen Anwendungsbereich des Übereinkommens haben[262]. Folglich kann etwa ein Gläubiger mit Wohnsitz in der Türkei seine zwei Gesamtschuldner, von denen der eine in Regensburg und der andere in Rom wohnt, in Regensburg (zusammen) verklagen; dagegen kann jemand mit Wohnsitz in Deutschland seine zwei Gesamtschuldner, von denen einer in İstanbul und der andere in Regensburg wohnt, nicht in Regensburg zusammen verklagen. Es wird allerdings die Auffassung vertreten, das dieses Ergebnis nicht sachgerecht ist. Das EuGVÜ wollte nämlich die Personen mit Wohnsitz in einem der Vertragsstaaten privilegieren, aber nicht benachteiligen. Es gibt hier also eine Lücke, die mit Hilfe einer analogen Anwendung des Art. 6 Nr. 1 EuGVÜ zu füllen ist[263].

---

260 *Kuru*, Bd. 1, S. 291.

261 Etwa § 35 a ZPO (Unterhaltsklage des Kindes gegen die Eltern; §§ 603 Abs. 2, 605 a ZPO (Wechsel- und Scheckklagen); § 56 Abs. 2 Luftverkehrsgesetz (Klage gegen den Luftfrachtführer und den Dritten, der die Luftbeförderung ausgeführt hat).

262 *Kropholler*, EuZPR, Art. 6 EuGVÜ, Rdn. 2, 5; MünchKommZPO/*Gottwald*, Art. 6 EuGVÜ, Rdn. 3.

263 MünchKommZPO/*Gottwald*, Art. 6 EuGVÜ, Rdn. 3; *Kropholler*, EuZPR, Art. 6 EuGVÜ, Rdn. 5.

III. Der allgemeine Gerichtsstand der juristischen Personen im türkischen Recht

Der allgemeine Gerichtsstand der juristischen Personen im türkischen Recht befindet sich dort, wo sie ihren Sitz haben. Dies ergibt sich daraus, dass im türkischen Recht der Sitz juristischer Personen dem Wohnsitz natürlicher Personen gleichgestellt ist[264], und Art. 9 Abs. 1 Satz 1 türk. ZPO den allgemeinen Gerichtsstand an den Wohnsitz des Beklagten anknüpft, ohne zwischen den juristischen und den natürlichen Personen einen Unterschied zu machen[265].

Für die Beantwortung der Frage, nach welchem Recht zu bestimmen ist, wo sich der Sitz einer juristischen Person befindet, wird auch im türkischen Recht der Grundsatz der lex fori in Betracht gezogen[266]. Einschlägig ist also Art. 49 türk. ZGB. Gemäß Art. 49 türk. ZGB befindet sich der Sitz der juristischen Personen, wenn ihre Statuten es nicht anders bestimmen, an dem Ort, wo ihre Verwaltung geführt wird. Damit steht der durch die Statuten bestimmte Sitz im Vordergrund, und der tatsächliche erscheint subsidiär, was ebenso im autonomen deutschen Recht der Fall ist[267].

In bezug auf den Sitz und damit den allgemeinen Gerichtsstand der juristischen Personen kommt Art. 10 des türk. Übergangsgesetzes über die ausländischen Aktien-, Kommandit- und Versicherungsgesellschaften[268] eine erhebliche Bedeutung zu. Er sieht nämlich vor, dass die ausländischen Aktien- und Kommanditgesellschaften, die in der Türkei einen Handelsvertreter oder eine Zweigstelle besitzen, ihren (fiktiven/gesetzlichen) Sitz dort haben, wo sich ihr Handelsvertreter bzw. eine Zweigstelle in der Türkei befindet[269]. Damit wird für die betroffenen ausländischen Gesellschaften ein *allgemeiner* Gerichtsstand in der Türkei immer bereitgestellt, wo sie verklagt werden können. Dabei ist es ohne Belang, ob sich die Klage auf ein Rechtsgeschäft oder auf eine unerlaubte Handlung des inländischen Handelsvertreters bzw. der inländischen Zweigstelle bezieht[270].

Für die Klagen, die sich auf Rechtsgeschäfte, unerlaubte Handlungen, unlauteren Wettbewerb, ungerechtfertigte Bereicherung etc. der inländischen Zweigstelle einer ausländischen Aktien- oder Kommanditgesellschaft beziehen, ist die internationale Zuständigkeit der türkischen Ge-

---

264 *Nomer*, IPR, S. 357; Yarg. 9. HD., E. 11457, K. 12157, T. 9.10.1978, İBD 1978, S. 763.

265 Übrigens wird der Begriff des Wohnsitzes im türk. ZGB für juristische (Art. 49 türk. ZGB) und für natürliche Personen (Art. 19 ff. türk. ZGB) mit dem gleichen Wort „ikametgah" bezeichnet.

266 *Nomer*, IPR, S. 96 ff., 110; *Ekşi*, S. 80-81; vgl. *Pekcanıtez*, S. 46, 47.

267 Vgl. § 17 Abs. 1 ZPO.

268 Ecnebi Anonim ve Sermayesi Paylara Münkasem Sirketlerle Ecnebi Sigorta Sirketleri Hakkinda Kanun-u Muvakkat, abgekürzt: ESHK.

269 Vgl. § 13 KWG.

270 *Nomer*, IPR, S. 358; *Krüger/Nomer*, RIW 1989, S. 953, 956.

richte eigentlich ohnehin aufgrund Art. 17 Satz 1 türk. ZPO (Niederlassungsgerichtsstand) gegeben. Das ist aber offensichtlich ein besonderer Gerichtsstand[271].

Im übrigen weicht Art. 10 türk. ESHK von Art. 17 Satz 1 türk. ZPO in dreifacher Hinsicht ab: Zum einen beschränkt er sich im Gegensatz zu Art. 17 Satz 1 türk. ZPO auf die ausländischen Aktien- und Kommanditgesellschaften mit Niederlassung bzw. Handelsvertretung in der Türkei. Zum zweiten ist in Art. 17 Satz 1 türk. ZPO nur von *Niederlassung* (Şube), dagegen in Art. 10 türk. ESHK von *Niederlassung* und *Handelsvertretung* (acenta) die Rede. Des weiteren schließt Art. 10 türk. ESHK den Niederlassungsgerichtsstand für das Konkursverfahren nicht aus. Hiergegen klammert Art. 17 Satz 1 türk. ZPO das Insolvenzverfahren von seinem Anwendungsbereich ausdrücklich aus. Hinsichtlich dieser (dritten) Abweichung des Art. 10 türk. ESHK ist folgendes im Zusammenhang mit Art. 154 türk. SchKG hinzufügen:

Die (örtliche) Zuständigkeit für das Insolvenzverfahren wird hauptsächlich in Art. 154 türk. SchKG[272] geregelt, der wegen der Doppelfunktionalität grundsätzlich auch die internationale Zuständigkeit der türkischen Gerichte zu indizieren hat. Nach Art. 154 Abs. 1 türk. SchKG ist die Vollstreckungsbehörde an demjenigen Ort für den *Konkursantrag* zuständig, an dem der Schuldner den Verwaltungssitz für die Führung der Handelsbeziehungen (muamele merkezi[273]) hat. Art. 154 Abs. 2 türk. SchKG sieht vor, dass der *Konkursantrag* gegen *ausländische* Unternehmen mit inländischer Niederlassung am Ort der inländischen Niederlassung einzuleiten ist. Zu beachten ist jedoch, dass es bei diesen beiden Absätzen um die Zuständigkeit des *Vollstreckungsamtes* geht, das u.a. für die *Einleitung des Konkursantrags* zuständig ist. Wenn es dagegen so weit ist, dass das *Konkursverfahren* vor das *(Handels-)Gericht* getragen werden muss, kommt Abs. 3 Satz 2 des Artikels in Betracht. Abs. 3 Satz 2 stellt auf den Ort ab, wo der Schuldner seinen Verwaltungssitz für die Führung der Handelsbeziehungen (muamele merkezi) hat. Im Gegensatz zur Zuständigkeit des *Vollstreckungsamtes* (Abs. 1 und 2) ist jedoch die Zuständigkeit des Gerichts ausschließlich[274]. Das hat zur Folge, dass die internationale Zuständigkeit der türkischen Gerichte für das *Konkursverfahren* gegen diejenigen Personen aus der Sicht des Art. 154 Abs. 3 Satz 2 türk. SchKG fehlt, die in der Türkei zwar eine bzw. mehrere Niederlassungen führen, aber den Verwaltungssitz des Unternehmens (muamele merkezi) im Ausland haben, auch wenn die Zu-

---

[271] Unten S. 73.

[272] Gesetz über Schuldbetreibung und Konkurs.

[273] Zum Begriff „muamele merkezi (Verwaltungssitz für die Führung der Handelsbeziehungen)" im türkischen IPR und Konkursrecht, s. *Güneysu-Güngör*, S. 124 ff.

[274] So die einhellige Auffassung, statt aller s. *Kuru*, Iflas ve Konkordato, S. 542; *Pekcanitez*, S. 91; aus der Sicht der internationalen Zuständigkeit *Güneysu-Güngör*, S. 130 ff.; näher unten S. 206.

ständigkeit des türkischen *Vollstreckungsamtes* für die Einleitung des Konkursantrags besteht[275]. Indessen kann jedoch Art. 10 türk. ESHK in Betracht gezogen werden, um mit ihm die internationale Zuständigkeit der türkischen Gerichte für das Konkursverfahren zu eröffnen. Denn er sieht vor, dass die ausländischen Aktien- und Kommanditgesellschaften, die in der Türkei einen Handelsvertreter oder eine Zweigstelle haben, ihren (fiktiven/gesetzlichen) Sitz an dem Ort haben, wo sich ihr Handelsvertreter bzw. Zweigstelle in der Türkei befindet. Im Falle des Bestehens der in der Vorschrift (Art. 10 türk. ESHK) vorgesehenen Voraussetzungen ist also die internationale Zuständigkeit der türkischen Gerichte für das einschlägige Konkursverfahren aufgrund Art. 10 türk. ESHK gegeben[276].

E. Fazit

Das türkische Recht stellt den allgemeinen Gerichtsstand auf den Wohnsitz des Beklagten ab, was auch im autonomen deutschen Recht und im EuGVÜ der Fall ist. Im türkischen Recht kommt Art. 9 Abs. 1 Satz 1 türk. ZPO im Hinblick auf die Verweisung des Art. 27 türk. IPRG auf die Regeln des inneren Rechts über die örtliche Zuständigkeit zur Anwendung. Im deutschen Recht ist dagegen Art. 2 EuGVÜ anzuwenden, wenn sich der Wohnsitz des Beklagten in Deutschland befindet.

Obwohl der allgemeine Gerichtsstand im deutschen, wie im türkischen Recht, grundsätzlich der gleiche, also der Wohnsitzgerichtsstand, ist, erweisen sich die Unterschiede vor allem dann, wenn es darum geht, mit Hilfe der zur Anwendung kommenden Vorschriften des BGB bzw. IPR im deutschen, und derjenigen des türk. ZGB im türkischen Recht den Wohnsitzort im Einzelfall zu konkretisieren. Denn erstens bestehen u.a. im türk. ZGB einige vom BGB abweichende Vorschriften über den Wohnsitz. Zweitens legt das türkische Kassationsgericht die Vorschriften des inneren Rechts über den Wohnsitz für die Ausländer sehr restriktiv, dagegen hinsichtlich der Inländer extensiv aus.

---

[275] Die internationale Zuständigkeit der türkischen Gerichte für Konkursverfahren ist ein Thema für sich. An dieser Stelle ist sie aber nicht zu behandeln. Die hiesigen Erläuterungen beschränken sich darauf, die Rolle des Art. 10 türk. ESHK im Hinblick auf das Konkursverfahren darzustellen.

[276] So auch *Ekşi*, S. 94; a.A. *Güneysu-Güngör*, S. 133 ff.

Zweiter Abschnitt: Die Anknüpfung der besonderen Gerichtsstände

Im deutschen wie auch im türkischen Zuständigkeitsrecht gibt es zahlreiche besondere Gerichtsstände, die dem Kläger in der Regel für die vermögensrechtlichen Streitigkeiten neben dem allgemeinen Gerichtsstand zur Wahl stehen[277]. Dass für eine Streitigkeit ein besonderer (inländischer) Gerichtsstand zur Verfügung gestellt wird, ist allerdings nur dann von Bedeutung, wenn der Beklagte im Inland keinen Wohnsitz hat. Denn wenn der Beklagte einen inländischen Wohnsitz hat, ist die internationale Zuständigkeit der inländischen Gerichte ohnehin gegeben. Die besonderen Gerichtsstände sind also in diesem Fall bloß hinsichtlich der Bestimmung der örtlichen Zuständigkeit von Bedeutung. Wenn der Beklagte keinen inländischen Wohnsitz hat, dann kommen die besonderen Gerichtsstände zur Hilfe, die internationale Zuständigkeit der inländischen Gerichte für bestimmte (vermögensrechtliche) Streitigkeiten zu begründen.

Im folgenden sind die wichtigsten besonderen Gerichtsstände zusammengestellt, die im deutsch-türkischen Rechtsverkehr öfters in Anspruch genommen werden.

---

[277] *Rosenberg/Schwab/Gottwald*, S. 171; *Kropholler*, Hdb. IZVR I, Kap. III, Rdn. 260.

§ 5 Der Gerichtsstand des dauernden Aufenthalts

Der dauernde Aufenthalt begründet im deutschen wie auch im türkischen Recht einen besonderen Gerichtsstand am Aufenthaltsort. Im folgenden wird zuerst der Aufenthaltsortsgerichtsstand im deutschen Recht erörtert, anschließend wird derjenige hinsichtlich der hervorstehenden Unterschiede seitens des türkischen Rechts behandelt.

A. Die Rechtslage im deutschen Recht

I. Der Aufenthaltsortsgerichtsstand im autonomen deutschen Recht

Im autonomen deutschen Recht sieht § 20 ZPO am gewöhnlichen Aufenthaltsort eine sehr weite, nämlich alle vermögensrechtlichen Ansprüche erfassende Aufenthaltszuständigkeit vor. Dabei spielt es keine Rolle, wo der Klage zugrundeliegende Anspruch entstanden ist. Ebenso ohne Bedeutung ist die Grundlage des Anspruchs[278]. Auch ist die Aufzählung der Vorschrift, also Saisonarbeiter, Studenten und Praktikanten nicht enumerativ, sondern exemplarisch[279]. Ausschlaggebend ist vielmehr der Aufenthalt an einem Ort unter Verhältnissen, die ihrer Natur nach auf einen Aufenthalt von längerer Dauer hinweisen[280].

Im Gegensatz zu § 16 ZPO, der ebenfalls auf den inländischen (aber schlichten) Aufenthalt des Beklagten abstellt[281], ist es bei § 20 ZPO nicht erheblich, ob der Beklagte einen Wohnsitz im Ausland hat[282].

II. Das EuGVÜ und die Aufenthaltszuständigkeit

Das EuGVÜ stellt grundsätzlich auf den Wohnsitz des Beklagten ab (Art. 2 EuGVÜ). Als ein Anknüpfungsmerkmal kommt der Aufenthaltsort lediglich in Art. 5 Nr. 2 EuGVÜ für Unterhaltssachen in Betracht[283]. Ansonsten kann der Aufenthaltsgerichtsstand in Deutschland nicht in An-

---

278 Stein/Jonas-*Schumann*, § 20 ZPO, Rdn. 3; Zöller/*Vollkommer*, § 20 ZPO, Rdn. 5; *Schack*, IZVR, Rdn. 248.

279 Stein/Jonas-*Schumann*, § 20 ZPO, Rdn. 4; Zöller/*Vollkommer*, § 20 ZPO, Rdn. 5.

280 BHG, NJW 1997, S. 1154 = JZ 1997, S. 316 = VersR 1997, S. 900.

281 S. oben S. 42.

282 *Nagel/Gottwald*, § 3, Rdn. 23; *Schack*, IZVR, Rdn. 285.

283 S. unten S. 104.

spruch genommen werden, wenn der Beklagte in einem anderen Vertragsstaat einen Wohnsitz hat[284].

B. Gerichtsstand des dauernden Aufenthaltes im türkischen Recht

Was § 20 ZPO beinhaltet, ist im türkischen Recht in zwei Artikeln, nämlich in den Art. 16 und 20 türk. ZPO geregelt. Art. 16 Alt. 1 türk. ZPO stellt auf den inländischen Aufenthaltsort (sakin olunan yer) des Beklagten, der keinen inländischen Wohnsitz hat, ab. Demzufolge sind Klagen aus *vermögensrechtlichen Ansprüchen* gegen Personen, die in der Türkei keinen Wohnsitz haben, dort zu erheben, wo sie sich in der Türkei aufhalten.

Art. 20 türk. ZPO enthält hiergegen eine Aufzählung der Personen, die sich an einem Ort vorübergehend aber relativ lange Zeit aufhalten, etwa Beamten, Soldaten, Studenten, Lehrlinge oder Diener etc., und sieht vor, dass *Klagen aus einem Forderungsrecht sowie aus einem Anspruch an beweglichen Sachen* gegen diese Personen an ihrem Aufenthaltsort erhoben werden können.

C. Fazit

§ 20 ZPO, dem Art. 16 Alt. 1, und Art. 20 türk. ZPO entsprechen, begründet einen besonderen Gerichtsstand für vermögensrechtliche Streitigkeiten aufgrund dauernden Aufenthalts.

Zur Begründung der internationalen Zuständigkeit der türkischen Gerichte ist Art. 20 türk. ZPO eigentlich nicht notwendig. Denn sie ist ohnehin aufgrund Art. 16 Alt. 1 türk. ZPO eröffnet, wenn sich der Beklagte in der Türkei aufhält.

---

[284] Dazu MünchKommZPO/*Gottwald*, Art. 2 EuGVÜ, Rdn. 15.

§ 6 Der Gerichtsstand der Niederlassung

A. Im allgemeinen

Soweit für die Streitigkeiten, die sich auf die inländische Niederlassung einer ausländischen Person beziehen, ein örtlich zuständiger Gerichtsstand besteht, ist damit zugleich die internationale Zuständigkeit der Gerichte des Staates, in dem sich die Niederlassung befindet, aufgrund des Doppelfunktionalitätsprinzips eröffnet[285]. Die Eröffnung des Niederlassungsgerichtsstands auf der internationalen Ebene lässt sich mit dem folgenden Grundsatz erklären: Jeder, der *im Ausland* domiziliert ist, ist *im Inland* gerichtspflichtig, solange er am inländischen Wirtschaftsverkehr von einem inländischen Stützpunkt aus teilnimmt[286], unabhängig davon, ob der Inhaber der inländischen Niederlassung eine natürliche oder eine juristische Person ist[287].

Der Niederlassungsgerichtsstand ist ein Passivgerichtsstand[288]. Er ist also für diejenige Klagen eröffnet, die gegen den Inhaber der inländischen Zweigniederlassung zu erheben sind.

B. Der Niederlassungsgerichtsstand im deutschen Recht

I. Das autonomen Recht

Im autonomen deutschen Recht ist der Niederlassungsgerichtsstand in § 21 ZPO geregelt. Nach dieser Vorschrift können all diejenigen Klagen gegen den Inhaber einer Niederlassung an deren Ort erhoben werden, die sich auf den Geschäftsbetrieb der Niederlassung beziehen. Die Vorschrift setzt allerdings zwei konstitutive Elemente voraus, damit dieser Gerichtsstand in Anspruch genommen werden kann: Das erste Element ist eine Niederlassung, von der aus unmittelbar Geschäfte geschlossen werden; das zweite ist der Bezug der Klage auf den Geschäftsbetrieb der Niederlassung.

---

285 *Geimer*, IZPR, Rdn. 1443.

286 *Schröder*, S. 339; vgl. *Geimer*, WM 1976, S. 146; *Schack*, IZVR, Rdn. 318.

287 *Kropholler*, Hdb. IZVR I, Kap. III, Rdn. 288.

288 *Geimer*, IZPR, Rdn. 1448.

1. Niederlassung i.S.v. § 21 ZPO

Damit von einer Niederlassung i.S.v. § 21 ZPO die Rede sein kann, genügt es, dass sie von sich aus unmittelbar Geschäfte schließen kann, ohne dass es darauf ankommt, ob sie eine behördliche Genehmigung hat oder eingetragen ist. Es spielt auch keine Rolle, ob die Tätigkeiten der Niederlassung aus der Sicht des deutschen Rechts überhaupt erlaubt sind[289]. Denn der Anwendungsbereich des § 21 ZPO ist nicht auf die Gewerbetreibende im Sinne der GewO beschränkt[290].

Insoweit stellen Agenturen, Stände bei Verkaufsausstellungen oder Messen, Annahmestellen, Repräsentanzen, Büros zur Kontaktpflege und Vermittlung von Vertragsofferten[291], eine Fabrik oder ein Warenlager ohne Verkaufsorganisation[292] keine Niederlassung i.S.v. § 21 ZPO dar. Denn es fehlt ihnen die Selbständigkeit[293]. Ebenso wenig trifft § 21 ZPO auf Filialen und gewöhnliche Agenturen, die ihre Weisungen vom Hauptgeschäft empfangen und i.d.R. Geschäftsabschlüsse nicht selbst tätigen, sondern lediglich Vertragsangebote weiterleiten oder Verträge vermitteln[294]. Denn bei diesen Filialen und Agenten geht es nicht um eine Niederlassung, deren Leitung das Recht hat, aus eigener Entscheidung Geschäfte abzuschließen[295].

Dass eine Geschäftsstelle von einem Hauptunternehmen als seine Niederlassung bezeichnet wird, oder sie sich selbst als solche bezeichnet, ist grundsätzlich unbeachtlich. Wird diese Stelle außerhalb des Hauptsitzes betrieben, so dass sie alle üblichen Geschäfte selbständig abschließen kann, so besteht eine Niederlassung im Sinne von § 21 ZPO[296]. Demgegenüber kann der Name eines Betriebs oder der Anschein als eine Zweigstelle[297] oder als eine Niederlassung zum Schutze des

---

289 *Rosenberg/Schwab/Gottwald*, S. 174; Stein/Jonas-*Schumann*, § 21 ZPO, Rdn. 13; *Geimer*, RIW 1988, S. 223.

290 Stein/Jonas-*Schumann*, § 21 ZPO, Rdn. 12; *Geimer*, RIW 1988, S. 222. Ob weitgehend die nationale Sportverbände als Niederlassung der internationalen Dachverbände i.S.v. § 21 ZPO anzusehen sind, ist umstritten, bejahend LG München I, SpuRt 1995, S. 161-168; krit. dazu s. *Reuter*, DZWir 1996, S. 1 ff.

291 *Bendref* untersucht die Rechtsnatur der „Deutschland-Büros" saudi-arabischer Firmen und ausgehend von ihren Aufgaben und Aktivitäten kommt zu Recht zum Ergebnis, dass sie nach außen hin den Anschein einer selbständigen Niederlassung erwecken. Von daher begründet § 21 ZPO für die Geschäfte, die sich auf diese Büros beziehen, internationale Zuständigkeit der deutschen Gerichte, *Bendref*, RIW 1986, S. 186 ff. Diese Auffassung bedeckt sich mit der Ansicht des BGH im Urteil vom 13.7.1987, RIW 1987, S. 790 ff. = NJW 87, S. 3082 ff.

292 *Rosenberg/Schwab/Gottwald*, S. 174.

293 *Nagel/Gottwald*, § 3, Rdn. 25; *Kropholler*, Hdb. IZVR I, Kap. III, Rdn. 291 ff.; vgl. *Geimer*, RIW 1988, S. 223; krit. *Schack*, IZVR, Rdn. 318.

294 Zöller/*Vollkommer*, § 21 ZPO, Rdn. 9.

295 BGH, RIW 1987, S. 790 ff.

296 *Nagel/Gottwald*, § 3, Rdn. 25; vgl. BAG, DZWir 1997, S 235 ff. = IPRax 1997, S. 335 ff. = BB 1997, 1642 ff.

297 BGH, RIW 1987, S. 790 ff. = NJW 1987, S. 3081-3082; BayObLG, MDR 1989, S. 459; OLG Düsseldorf, NJW-RR 1989, S. 432-433; OLG Düsseldorf, RIW 1996, S. 776-777 = Rpfleger 1997, S. 32.

Klägers einen Gerichtsstand eröffnen, wenn vom Kläger (Vertragspartner) u.U. nicht zu erwarten ist, den tatsächlichen Rechtsstatus der Geschäftsstelle zu wissen[298].

2. Geschäfte mit Bezug auf die Niederlassung

Damit der Niederlassungsgerichtsstand in Anspruch genommen werden kann, müssen sich die Geschäfte, die den Gegenstand der Klage bilden, unmittelbar auf der Geschäftsbetrieb beziehen[299]. Die Klage muss jedoch nicht unbedingt aus dem Geschäftsbetrieb der Niederlassung selbst unmittelbar hervorgegangen sein. Ebenso wenig braucht das Geschäft an dem Ort der Niederlassung selbst oder von diesem Ort aus abgeschlossen worden zu sein. Entscheidend für das in § 21 ZPO aufgestellte Erfordernis ist, dass die Klage eine Beziehung zum Geschäftsbetrieb der Niederlassung hat[300]. Folglich gilt die auf § 21 ZPO gestützte internationale Zuständigkeit nicht nur für Klagen aus Rechtsgeschäften, sondern auch für Klagen aus Delikten und Quasidelikten, aus ungerechtfertigter Bereicherung und unerlaubter Handlung, aus Eigentum und Besitz, sowie aus unlauterem Wettbewerb, soweit sie sich auf die in Anspruch genommene Niederlassung beziehen[301].

3. Filiale und Repräsentanten der türkischen Banken in Deutschland

Die inländischen Filialen der türkischen Banken gelten als Niederlassung i.S.v. § 21 ZPO. Hinsichtlich dieser Filialen kommt neben § 21 ZPO auch § 53 Abs. 1 KWG zur Anwendung, welcher eine Sonderbestimmung im bezug auf die inländischen Filialen der ausländischen Banken darstellt[302]. Demzufolge stehen inländische Zweigstellen eines ausländischen Kreditinstituts selbständigen inländischen Kreditinstituten gleich. § 53 Abs. 3 KWG sieht vor, dass der Gerichtsstand der inländischen Niederlassung für diejenige Klagen, die sich auf den Geschäftsbetrieb der

---

[298] *Geimer*, RIW 1988, S. 222-223; Stein/Jonas-*Schumann*, § 21 ZPO, Rdn. 14.

[299] *Rosenberg/Schwab/Gottwald*, S. 174.

[300] BGH, NJW 1975, S. 2142 = WM 1975, S. 1056-1057.

[301] *Rosenberg/Schwab/Gottwald*, S. 174; *Kropholler*, Hdb. IZVR I, Kap. III, Rdn. 288; Nach der Entscheidung des LG Zwickau ist die Anwendung des § 21 ZPO analog auch für das Offenbarungsverfahren (§§ 807, 899 ff. ZPO) möglich. Habe die schuldnerische Gesellschaft im Inland keinen Hauptsitz, jedoch eine Niederlassung, dann sei das Amtsgericht der Niederlassung jedenfalls dann für die Abnahme der eidesstattlichen Versicherung zuständig, wenn im Staat des Gesellschaftssitzes die Anerkennung und Vollstreckbarkeit deutscher Vollstreckungstitel nicht gesichert sei, IPRax 1996, S. 193=Rpfleger 1995, S. 371; mit einigen ergänzenden Bemerkungen für diese Entscheidung, *Mankowski*, EWiR 1995, S. 935-936; krit. *Rauscher*, IPRax 1996, S. 179 ff.; vgl. *Heß*, Rpfleger 1996, S. 89 ff.

[302] Im Hinblick auf § 53 BörsG s. *Seeberg*, ZIP 1992, S. 604 ff.

Niederlassung eines ausländischen Kreditinstituts i.S.v. § 53 Abs. 1 KWG beziehen[303], vertraglich nicht ausgeschlossen werden kann; der Gerichtsstand der Niederlassung auf Grund § 21 ZPO ist also im Hinblick auf betroffene Streitigkeiten nicht abdingbar[304].

Einige türkische Banken haben in Deutschland Repräsentanzen. Ob diese Repräsentanzen als Niederlassung i.S.v. § 21 ZPO anzusehen sind, ist unter Berücksichtigung ihrer Aktivitäten und Aufgaben zu beurteilen. Dabei muss besonders die Entscheidung des BGH von 13.7.1987[305] berücksichtigt werden. Nach Auffassung des BGH begründen die inländischen Repräsentanzen einer ausländischen Bank in Deutschland grundsätzlich keine Zuständigkeit: Unterhalte die Beklagte eine Repräsentanz, bestehe nur eine Anzeigepflicht gemäß § 53a KWG. Eine Repräsentanz sei eine in Deutschland belegene Vertretung einer Bank mit Sitz in einem anderen Land, die keine bankgeschäftliche Tätigkeit ausübe. Eine Tätigkeit als Repräsentanz liege nach ständiger Verwaltungspraxis des Bundesaufsichtsamts für das Kreditwesen dann vor, wenn sich eine Stelle auf die Werbung für eine ausländische Bank und die Kontaktpflege mit ihr beschränke, rechtsgeschäftliche Willenserklärungen jedoch nicht im Namen der Bank abgebe und nicht als Stellvertreter für sie entgegennehme sowie Kundenanträge lediglich als Bote an die Bank weiterleite[306].

Von Repräsentanzen einer Bank hat man diejenigen einer ausländischen Investmentgesellschaft zu unterscheiden. Gemäß § 6 AuslInvestmG eröffnet nämlich der inländische Wohnsitz bzw. der Sitz des Repräsentanten für die ausländische Investmentgesellschaft einen unabdingbaren Gerichtsstand im Inland.

---

[303] Der Kreis der Klagen, die auf den Geschäftsbetrieb Bezug haben, ist weit zu fassen. Er erstreckt sich nicht nur auf den Bereich der eigentlichen Bankgeschäfte, sondern umfasst z.B. auch Klagen aus Miet- oder Dienstverhältnissen der Zweigstellen, *Bähre/Schneider*, KWG-Kommentar, § 53, S. 514.

[304] Eine ähnliche Regelung wie § 53 KWG war in § 109 VAG hinsichtlich der inländischen Zweigniederlassung eines Versicherungsunternehmen mit Sitz außerhalb der Mitgliedstaaten der EWG vorgesehen. Die Vorschrift wurde jedoch mit der folgenden Begründung (s. Art. 1 Nr. 59 des E BT-Drucks. 12/6959) aufgehoben: „§ 109, der die internationale Zuständigkeit für Klagen gegen Unternehmen mit Sitz im Ausland betrifft, ist aufzuheben, weil sein Inhalt vollständig durch das EuGVÜ i.d.F. des Übereinkommens über den Beitritt des Königreichs Dänemark, Irland, ... (BGBl 1983 II S. 803) verdrängt wird. Dieses enthält in den Artikeln 7 bis 12 einen besonderen Abschnitt für die internationale Zuständigkeit für Versicherungssachen, der die Zuständigkeit abschließend regelt. ... Insbesondere kann der Versicherer nach Artikel 8 Satz 1 Nr. 2 auch vor dem Gericht verklagt werden, in dem der Versicherungsnehmer seinen Wohnsitz hat; ... Art. 12 kann entgegen § 109 Satz 2 ein Gerichtsstand nach entstehen der Streitigkeit durch Vereinbarung begründet werden. *Das Abkommen gilt nach seinem Art. 8 Satz 2 auch für Versicherer aus Staaten, die keine Vertragsstaaten sind, bei Streitigkeiten aus dem Betrieb einer Niederlassung im Inland*"; näher Prölss-*Schmidt*, Kommentar zum VAG, § 109. An dieser Stelle zu erwähnen ist auch § 48 VVG. Er enthält für die gegen den Versicherer zu erhebenden Klagen einen *unabdingbaren* besonderen Gerichtsstand an dem Ort, an dem der Agent zur Zeit der Vermittlung oder Schließung seine gewerbliche Niederlassung oder in Ermangelung einer gewerblichen Niederlassung seinen Wohnsitz hatte (mehr dazu und für die Stellung dieser Vorschrift gegenüber Art. 8 EuGVÜ, sowie hinsichtlich ihrer Anwendbarkeit auf Klagen gegen Versicherer aus Drittstaaten s. *Looschelders*, IPRax 1998, S. 86-90; Prölss-*Schmidt*, Kommentar zum VVG, § 48.

[305] BGH, RIW 1987, S. 790 ff.

4. Reisebüros als Niederlassung?

Im Zusammenhang mit dem Niederlassungsgerichtsstand stellt sich auch die Frage, ob Reisebüros einen Gerichtsstand i.S.v. § 21 ZPO begründen. Diese sind nämlich im deutsch-türkischen Tourismusverkehr von großer Bedeutung.

Reisebüros üben, wenn sie von einem Reiseveranstalter mit der Vermittlung von Vertragsabschlüssen ständig betraut sind, eine Handelsvertretertätigkeit i.S.v. §§ 84 HGB aus. Folglich werden sie von der h.M. als Handelsvertreter qualifiziert[307]. Daraus lässt sich folgern, dass sie nicht als eine (zuständigkeitsbegründende) Niederlassung i.S.v. § 21 ZPO anzusehen sind[308].

Diese Folgerung wird in der Begründung einer Entscheidung des OLG München[309], in der sich das Gericht direkt mit dem zuständigkeitsrechtlichen Aspekt der Rechtstellung von Reisebüros zu befassen hatte, näher erläutert: In der Sache ging es um ein Reisebüro, das nach der Behauptung der Kl. als eine Niederlassung i.S.v. § 21 ZPO angesehen werden sollte. Nachdem das Gericht festgestellt hatte, dass das Warschauer Abkommen[310] sachlich und das EuGVÜ zuständigkeitsrechtlich nicht anzuwenden waren, bestritt es die internationale Zuständigkeit der deutschen Gerichte, die gemäß § 21 ZPO begründet sein sollte. Das Gericht kam mit folgender Begründung zum Ergebnis, dass ein Reisebüro i.S.v. § 21 ZPO keine Niederlassung darstellt: „Solange es keine wirtschaftlich-organisatorische und namensmäßige Verbindung zum Hauptunternehmen (im vorliegenden Fall eine ausländische Luftverkehrsgesellschaft als Bekl.) bestehe, fehle im Hinblick auf ein Reisebüro im wesentlichen die selbständige Leitung mit dem Recht, aus eigener Entschließung Geschäfte abzuschließen, deren Abschluss der Niederlassung auch übertragen sei. Allerdings würde für eine Niederlassung i.S.v. § 21 ZPO auch genügen, wenn die Bekl. nach außen hin den Anschein einer selbständigen Niederlassung erweckt hätte[311]. Aber dafür genüge nicht, dass am Haus- und Büroeingang sowie bei der Klingel die Schilder und der Name des

---

306 BGH, RIW 1987, S. 792.

307 BGHZ 62, S. 71, 73 = NJW 1974, S. 852; BGH, NJW 1974, S. 1242; BGHZ 82, S. 219 = NJW 1982, S. 377; vgl. auch BGH, RIW 1987, S. 790 ff. (oben Fn. 291, 297, 305); LG Konstanz, NJW-RR 1992, S. 691; BGH, NJW 1983, S. 528; BGH, BGHZ 61, S. 276 ff.; *Dewenter*, S. 29 ff.

308 Zöller/*Vollkommer*, § 21 ZPO, Rdn. 8 und 9.

309 OLG München, RIW/AWD 1983, S. 127-128.

310 Im Anwendungsbereich des WA sind nämlich Reisebüros als zuständigkeitsbegründende Geschäftsstelle anzusehen; vgl. BGH, NJW 1983, S. 518; Fremuth/Thume-*Müller-Rostin*, Art. 28 WA, Rdn. 4, 5; ausführlich *Giemulla/Mölls*, NJW 1983, S. 1953-1954.

311 Vgl. BGH, RIW/AWD 1987, S. 790-793 = NJW 1987, S. 3081-3083 = ZIP 1987, S. 1167-1170 = IPRax 1989, S. 166-169 = WuB VII A ZPO § 21 1.88; dazu Anm. *Rössner*, WuB VII A ZPO § 21 1.88; *Samtleben*, IPRax 1989, S. 148-155; *Geimer*, RIW/AWD 1988, S. 220-225.

Hauptunternehmens (Bekl.) vorlägen[312]. Solche Schilder hätten üblicherweise auch Filialen und Agenturen, die ihre Weisungen vom Hauptgeschäft empfangen würden; gerade solche Geschäftsbetriebe seien aber keine Niederlassung i.S.v. § 21 ZPO. Die für den Begriff der „Geschäftsstelle" i.S.v. Art. 28 Abs. 1 WA entwickelten Grundsätze könnten kaum zur Auslegung des Begriffs „Niederlassung" i.S.v. § 21 ZPO herangezogen werden[313]. Schließlich geböten Sinn und Zweck der Gerichtsstandsregelung des § 21 ZPO – auch soweit es den internationalen Bereich betrifft – keine Ausdehnung auf Verkaufsstellen, wie Reisebüros".

Damit bleibt im Ergebnis daran festzuhalten, dass die Reisebüros keinen Gerichtsstand i.S.v. § 21 ZPO begründen, es sei denn, dass mit dem Reisebüro nach außen hin der Anschein einer selbständigen Niederlassung erweckt wird oder Art. 28 Abs. 1 WA in Betracht kommt.

II. Niederlassungsgerichtsstand in internationalen Verträgen

1. Niederlassungsgerichtsstand im WA und in der CMR

Wenn es sich um den Niederlassungsgerichtsstand in internationalen Verträgen handelt, kommen insbesondere zwei internationale Verträge in Betracht, nämlich das WA und die CMR, denen die Türkei[314] und Deutschland[315] beigetreten sind.

Gemäß Art. 28 Abs. 1 WA ist das Gericht an dem Ort, wo sich die Geschäftsstelle des Luftfrachtführers befindet, durch die der Vertrag abgeschlossen worden ist, für die Schadensersatzklagen, die sich auf dieses Abkommen beziehen, (international[316]) zuständig. Im Sinne von Art. 28 Abs.

---

312 In einer Entscheidung, in der es um die türkische Parteien gingen, hat BAG hat entschieden, dass der vom inländischen Büro des im Ausland sich befindenden Hauptunternehmens verwendete Briefkopf nicht erkennen lässt, dass dieses Büro eine Niederlassung i.S.v. § 21 ZPO ist, NJW 1997, S. 3462 ff. = BB 1997, S. 2116 ff.

313 Über den Umfang der „Geschäftsstelle" (insoweit auch Reisebüro) i.S.v. Art. 28 Abs. 1 WA mit Berücksichtigung der Entstehungsgeschichte des Abkommens und der einschlägigen ausländischen Rechtsprechung s. BGH, RIW/AWD 1976, S. 376-378; NJW 1983, S. 518 (dazu *Giemulla/Mölls*, aaO, S. 1953-1954); OLG Hamburg, TranspR 1985, S. 351-352; LG Stuttgart, IPRax 1991, S. 109.

314 Zu WA, RG, T. 3.12.1977, Nr. 16128 (mit Haager Protokoll), allerdings mit Montrealer Protokoll, RG, 7.9.1995, Nr. 22397; zu CMR, RG, T. 4.1.1995, Nr. 22161 (für die Vorbehaltsklausel der Türkei s. RG, T. 28.7.1995, Nr. 22357).

315 Zu WA, BGBl. 1933 II, 1039 und für Haager Protokoll von 28.9.1955 BGBl. 1958 II, 312; zu CMR, BGBl. 1961 II S 1120.

316 *Nagel/Gottwald*, § 3, Rdn. 27; *Koller*, Art. 28 WA, Rdn. 1.

1 WA wird der Begriff der Geschäftsstelle vertragsautonom und weiter als der Niederlassung i.S.v. § 21 ZPO ausgelegt[317].

Ebenso wie Art. 28 Abs. 1 WA sieht auch Art. 31 Abs. 1 Genfer Übereinkommen über den Beförderungsvertrag im internationalen Straßengüterverkehr vom 19.5.1956 (CMR) einen unabdingbaren Gerichtsstand für Streitigkeiten aus grenzüberschreitenden Speditions- und Landfrachtverträgen an dem Ort vor, wo sich Haupt-, Zweigniederlassung oder Geschäftsstelle befindet, durch deren Vermittlung der Beförderungsvertrag geschlossen worden ist. Der Begriff der Geschäftsstelle ist weit auszulegen[318].

2. Der Niederlassungsgerichtsstand im EuGVÜ und seine Anwendbarkeit im deutsch-türkischen Rechtsverkehr

Der Niederlassungsgerichtsstand ist in Art. 5 Nr. 5 EuGVÜ geregelt und er verdrängt § 21 ZPO dann, wenn sich die Niederlassung in Deutschland, und das Hauptunternehmen in einem der anderen Vertragsstaaten befinden[319]. Da dies im deutsch-türkischen Rechtsverkehr nicht der Fall sein kann, ist im deutsch-türkischen Rechtsverkehr nicht Art. 5 Nr. 5 EuGVÜ, die abweichend von § 21 ZPO auch Agenturen und sonstige Niederlassungen umfasst, sondern § 21 ZPO anzuwenden, wenn die inländische Niederlassung eines türkischen Hauptunternehmens mit (Wohn-)Sitz in der Türkei betroffen ist.

Eine Ausnahme von dieser Regel besteht allerdings in Versicherungs- und Verbrauchersachen (Art. 8 Abs. 2 bzw. 13 Abs. 2 EuGVÜ). Hat ein Versicherer bzw. ein Vertragspartner eines Verbrauchers seinen Sitz bzw. Wohnsitz in der Türkei, besitzt er aber in Deutschland eine Zweigniederlassung, Agentur oder sonstige Niederlassung, so wird er für Streitigkeiten aus ihrem Betrieb gemäß Art. 8 Abs. 2 bzw. Art. 13 Abs. 2 EuGVÜ so behandelt, wie wenn er seinen Wohnsitz bzw. Sitz in Deutschland hätte. Damit wird internationale Zuständigkeit der deutschen Gerichte nach diesen Vorschriften begründet und nicht nach § 21 ZPO[320].

---

[317] BGH, RIW/AWD 1976, S. 376-378; BGH, IPRax 1984, S. 27-29 (zum Begriff „Agentur" i.S.v. Art. 28 Abs. 1 WA); dazu *Nagel*, IPRax 1984, S. 13-14; vgl. OLG München, RIW/AWD 1983, 127-128 = ZLW 1983, 60-63.

[318] *Demuth*, in: Thume Kommentar zur CMR, Art. 31, Rdn. 21; Fremuth/Thume-*Thume*, Art. 31 CMR, Rdn. 8; *Herber/Piper*, Art. 31 CMR, Rdn. 7 ff; *Haubold*, IPRax 2000, S. 92 ff.

[319] MünchKommZPO/*Gottwald*, Art. 3 EuGVÜ, Rdn. 23.

[320] Hinsichtlich § 48 VVG und § 109 VAG s. oben Fn. 304.

C. Der Gerichtsstand der Niederlassung im türkischen Recht

Der Niederlassungsgerichtsstand ist im türkischen Recht hauptsächlich in Art. 17 Satz 1 türk. ZPO geregelt. Was oben hinsichtlich der Selbständigkeit der Stelle sowie des Bezugs der Klage zum Geschäftsbetrieb der Niederlassung gesagt wurde, gilt im Prinzip auch für Art. 17 Satz 1 türk. ZPO[321]. Ebenso begründen Art. 28 Abs. 1 WA und Art. 31 Abs. 1 CMR den Niederlassungsgerichtsstand in der Türkei, indem sie Art. 17 Satz 1 türk. ZPO vorgehen [322].

Neben Art. 17 Satz 1 türk. ZPO und Art. 28 Abs. 1 WA und Art. 31 Abs. 1 CMR bestehen im autonomen türkischen Recht zwei Regelungen, die im Zusammenhang mit dem Niederlassungsgerichtsstand in Betracht zu ziehen sind. Es handelt sich um Art. 10 türk. ESHK und Art. 119 Abs. 2 i.V.m. 117 Nr. 3 türk. HGB.

Die Bedeutung des Art. 10 türk. ESHK aus der Sicht des Niederlassungsgerichtsstands wurde oben im Zusammenhang mit dem allgemeinen Gerichtsstand juristischer Personen erläutert[323]. Obwohl dieser Artikel im ersten Blick den Eindruck erweckt, einen besonderen Gerichtsstand, und zwar den Niederlassungsgerichtsstand, zu begründen, wirkt er im Endeffekt so, dass er für ausländische Aktien- und Kommanditgesellschaften mit inländischer Zweigniederlassung einen *(fiktiven) allgemeinen* Gerichtsstand in der Türkei eröffnet.

Art. 119 Abs. 2 i.V.m. 117 Nr. 3 türk. HGB ist für den Niederlassungsgerichtsstand in dem Sinne von Bedeutung, dass er für ausländische Unternehmen ohne inländische Niederlassung (şube) dann einen inländischen Niederlassungsgerichtsstand begründet, wenn sie in der Türkei einen Handelsvertreter (acenta)[324] haben. Es wird also über Handelsvertreter ein Niederlassungsgerichtsstand eröffnet. Gemäß Art. 119 Abs. 2 türk. HGB kann der Handelsvertreter eines Unternehmens, sei es ein vertragsabschließender oder aber ein Vermittlungsvertreter, im Namen seines Auftraggebers Klage erheben und verklagt werden, wenn es bei der Klage um die Verträge geht, die der Handelsvertreter abgeschlossen bzw. vermittelt hat. Nach Art. 117 Nr. 3 türk. HGB gelten die Bestimmungen dieses Abschnitts (über den Handelsvertreter) auch für die im Inland in sei-

---

[321] Ausführlich *Kuru*, Bd. 1, S. 311-312; s. auch *Nomer*, IPR, S. 358, *Çelikel*, S. 301. Ein formeller Unterschied liegt jedoch darin, dass in Art. 17 türk. ZPO – im Gegensatz zu § 21 ZPO – die Gestaltung der Niederlassung nicht definiert wird. Der Begriff der Niederlassung i.S.v. Art. 17 Satz 1 türk. ZPO soll vor allem derjenige sein, von dem im türkischen Handelsgesetzbuch (Art. 42, 50, 117, 300, 321) die Rede ist *Kuru/Arslan/Yilmaz*, HUMK, S. 29, Fn. 19). Außerdem schließt Art. 17 türk. ZPO den Gerichtsstand der Niederlassung für das Konkursverfahren ausdrücklich aus.

[322] S. *Nomer*, IPR, S. 269, 358 Fn. 173 (zu CMR), S. 279 (zu WA).

[323] S. oben S. 60.

[324] Vgl. §§ 84 ff. HGB.

nem Namen und für seine Rechnung vertragsabschließenden inländischen Handelsvertreter eines ausländischen Unternehmens, das weder seinen Verwaltungssitz noch eine Niederlassung im Inland hat[325]. Die hier genannten Vorschriften beinhalten eigentlich kein Merkmal, das einen Niederlassungsgerichtsstand unmittelbar begründet. Es geht hierbei vielmehr um seine mittelbare Eröffnung, und zwar wie folgt: Bezüglich des inländischen Handelsvertreters des ausländischen Unternehmens für Streitigkeiten aus Verträgen, die er vermittelt oder im Namen des Auftraggebers abgeschlossen hat, begründet sein inländischer (Wohn-)Sitz bzw. Aufenthaltsort (Art. 9 Abs. 1, Art. 16 Alt. 1 türk. ZPO) praktisch einen inländischen Gerichtsstand, wo er klagen und verklagt werden kann.[326]

D. Zusammenfassung

Als besonderer Gerichtsstand erleichtert der Niederlassungsgerichtsstand dem Kläger die Rechtsverfolgung in vermögensrechtlichen Angelegenheiten vor allem gegen denjenigen Beklagten, der im Inland keinen allgemeinen Gerichtsstand hat. Im deutschen als auch im türkischen Recht steht der Niederlassungsgerichtsstand für diejenigen Klagen zur Verfügung, die einen Bezug auf den *Geschäftsbetrieb* haben. Dabei spielt es keine Rolle, ob sich der Gegenstand der Klage auf ein Rechtsgeschäft oder aber auf ein Delikt bezieht. Die völkerrechtliche Bestimmungen wie Art. 28 Abs. 1 WA und Art. 31 Abs. 1 CMR verdrängen die autonomen. Art. 5 Nr. 5 EuGVÜ kommt im

---

[325] Hat das ausländische Hauptunternehmen eine inländische Niederlassung, so kann es aufgrund Art. 17 türk. ZPO in der Türkei verklagt werden. Ist das ausländische Hauptunternehmen in der Form einer Aktien- oder Kommanditgesellschaft gestaltet, kann es am Ort der Niederlassung bzw. des Agenten aufgrund Art. 10 türk. ESHK in der Türkei verklagt werden.

[326] *Ekşi*, S. 98-99. In bezug auf die Rolle des Handelsvertreters bei der einschlägigen Klage wird die Auffassung vertreten, es gehe hier um die *Prozessführungsbefugnis* (husumet), so *Krüger/Nomer*, RIW 1989, S. 953, 956;ausführlich bei *Ekşi*, S. 94 ff. Diesbezügliche Diskussionen können für hier interessierenden Fall dahingestellt bleiben. Denn es liegt in der Hand, dass das ausländische Unternehmen ohne inländische Niederlassung für die betroffenen Streitigkeiten über den inländischen Vertreter an seinem Gerichtsstand in der Türkei klagen und verklagt werden; so in der Rechtsprechung des türk. Kassationshofs, s. *Ekşi*, S. 97-99, Fn. 444, 445.

deutsch-türkischen Rechtsverkehr selten zur Anwendung, die Art. 8 Abs. 2 bzw. Art. 13 Abs. 2 EuGVÜ (in Versicherungs- und Verbrauchersachen) können dagegen öfters Geltung erlangen.

Obwohl § 21 ZPO und Art. 17 Satz 1 türk ZPO inhaltlich ähnlich gestaltet sind, erweitern Art. 10 türk. ESHK und Art. 119 Abs. 2 i.V.m. 117 Nr. 3 türk. HGB im türkischen Recht den Niederlassungsgerichtsstand zugunsten des Klägers.

§ 7 Gerichtsstand des Vermögens

A. Allgemeines

Der Gerichtsstand des Vermögens im engeren Sinne, soweit er also von einem mit dem Gegenstand der Klage nicht zusammenhängenden Vermögensstück begründet wird, ist im Hinblick auf seinen als exorbitant bezeichneten Charakter eines der heftig umstrittenen Themen des internationalen Zuständigkeitsrechts. In diesem Zusammenhang wurde er oben bereits dargelegt[327]. An dieser Stelle wird erörtert, unter welchen Voraussetzungen er im deutschen und im türkischen Recht in Anspruch genommen werden kann. Im wesentlichen zeigt sich seine Bedeutung bei der Begründung der internationalen Zuständigkeit gegen Ausländer ohne inländischen Wohnsitz[328].

Allerdings ist der Gerichtsstand des Vermögens i.e.S. von demjenigen des Streitgegenstandes i.w.S. zu unterscheiden. Die beiden sind zwar im deutschen (§ 23 ZPO) und im türkischen Recht (Art. 16 Alt. 2 türk. ZPO) jeweils in der gleichen Vorschrift geregelt; jedoch handelt es sich um zwei unterschiedliche und zueinander alternativ stehende Merkmale. Beim Gerichtsstand des Streitgegenstands wird der mit der Klage in Anspruch genommene Gegenstand zum Merkmal der Zuständigkeit gemacht. Hiergegen geht es beim Vermögensgerichtsstand entweder um ein Vermögensstück des Beklagten, das keinerlei Bezug zum Gegenstand der Klage hat, an einem Ort, wo er verklagt werden soll; oder eben um eine Sache, die für die der Klage zugrunde liegende Forderung zur Sicherung haftet (Art. 16 Alt. 2 türk. ZPO).

Im Hinblick darauf, dass zwischen dem deutschen und dem türkischen Recht in bezug auf den Vermögensgerichtsstand kaum Unterschiede bestehen, wird die Sache hier zuerst für das deutsche Recht behandelt, anschließend wird auf die bestehenden Unterschiede im türkischen Recht hingewiesen.

B. Vermögensgerichtsstand i.S.v. § 23 ZPO

Damit der Vermögensgerichtsstand des § 23 ZPO auf der internationalen Ebene in Anspruch genommen werden kann, müssen folgende *gesetzliche* Voraussetzungen erfüllt sein:

---

327 S. oben S. 14.

328 OLG Saarbrücken, NJW 2000, S.671.

(1) vermögensrechtlicher Charakter des Gegenstands der Klage,
(2) das Nichtvorliegen eines ausschließlichen Gerichtsstandes im Ausland für die selbe Klage,
(3) das Vorliegen des Vermögens des Beklagten im Inland.

Unter diesen Voraussetzungen ist insbesondere die dritte, also „*das Vorliegen des Vermögens des Beklagten im Inland*", problematisch, weil man vor allem den Begriff des Vermögens i.S.v. § 23 ZPO klarstellen muss, das in der Vorschrift nicht näher definiert wird. Es stellt sich die Frage, ob der Begriff des Vermögens sachenrechtlich oder aber im wirtschaftlichen Sinne zu verstehen ist, und ob dabei der Wert des Vermögensstücks sowie seine Pfändbarkeit eine Rolle spielen[329].

Nach der in der Lehre und in der Rechtsprechung h.M. ist der Begriff des Vermögens i.S.v. § 23 ZPO abstrakt-juristisch und nicht konkret-wirtschaftlich zu verstehen[330]. Jede Art des Vermögens reiche für die Begründung des Vermögensgerichtsstands aus; es komme nicht darauf an, ob das Vermögensstück pfändbar sei oder die Befriedigung ermögliche; auch die Relation zwischen Vermögens- und Streitwert sei nicht zu prüfen[331]. Trotzdem dürften aber etwa die Kleidungsstükke, die eine Person an sich oder bei sich trägt, den Gerichtsstand des Vermögens nicht begründen[332].

Im Lichte dieser h.M. wurden folgende Vermögensstücke in der deutschen Rechtsprechung für die Begründung des Vermögensgerichtsstands für ausreichend gehalten:

- ein Büro des Beklagten, das über eine Ausstattung an Mobiliar, Schreibmaschinen und ähnlichen Gegenständen verfügt[333],
- eine Grundschuld, selbst wenn sie nicht valutiert ist[334],
- Forderungen auf Anpassungsgeld und Aufstockung[335], Forderung gegen eine Lebensversicherungsgesellschaft[336],

---

[329] Über die Problematik in ihrer Gesamtheit und mit geschichtlicher Entwicklung s. u.a. *Kropholler*, Hdb. IZVR I, Kap. III, Rdn. 311; Stein/Jonas-Schumann, § 23 ZPO, Rdn. 11; *Schack*, ZZP 97 (1984), S. 56 ff.

[330] *Kropholler*, Hdb. IZVR I, Kap. III, Rdn. 311.

[331] *Schack*, IZVR, Rdn. 327; *ders.*, ZZP 97 (1984), S. 56 ff.; Baumbach/Lauterbach/*Hartmann*, § 23 ZPO, Rdn. 8 ff.; BGH, NJW-RR 1991, S. 423-425; vgl. RGZ 4, S. 408; 75 S. 147, 152, 414, 416; BGH, DB 1977, S. 718, 720; BGH, WM IV 1980, S. 410, 412.

[332] *Kropholler*, Hdb. IZVR I, Kap. III, Rdn. 311; Stein/Jonas-Schumann, § 23 ZPO, Rdn. 11; vgl. *Schack*, ZZP 97 (1984), S. 56 ff.

[333] BGH, NJW-RR 1991, S. 423-425; vgl. BAG, NJW 1985, S 2910-2911.

[334] BGH, WM IV 1989, S. 238-240.

[335] OLG Saarbrücken, FamRZ 1994, S. 579-581; der Entscheidung lag eine gegen eine in der Türkei wohnhafte Person erhobene Unterhaltsklage zugrunde, und diese Person hatte in Deutschland Forderungen auf Anpassungsgeld und Aufstockung. Die internationale Zuständigkeit der deutschen Gerichte hat das OLG auf § 23 ZPO gestützt.

- ein dem Beklagten gegen den Kläger aus einem Vorprozess zustehenden Kostenerstattungsanspruch, selbst wenn er zum Ausgleich der Klageforderung nicht ausreicht[337],
- ein Anspruch auf Rückgewähr der empfangenen Leistung[338],
- ein Wohnungsrecht nach § 1093 BGB[339],
- die Vollziehung eines dinglichen Arrestes durch Pfändung eines Vermögensgegenstandes oder durch eine an seine Stelle erbrachte Arrestsicherheit[340],
- Wertpapierbesitz in Form von Inhaberaktien[341],
- die Unterhaltung eines Bankkontos, vorausgesetzt, dass es einen positiven Saldo hat[342]. Für diesen Fall, also bei Forderungen gegen Banken aus Bankguthaben, ist der Sitz der Bank maßgeblich (§ 23 Satz 2 ZPO). § 23 Satz 2 ZPO fingiert die Forderungen als am Wohnsitz des (Dritt)Schuldners belegen[343]. Hat eine Person bei der inländischen Filiale einer ausländischen Bank (etwa T.C. Ziraat Bankası mit Sitz in Ankara) ein Bankkonto mit Guthaben, so wird angenommen, dass diese Person im Inland ein Vermögen (eine Forderung) i.S.v. § 23 ZPO besitzt. Ebenso muss im umgekehrten Fall, in dem also eine Person bei einer ausländischen Filiale einer inländischen Bank ein Bankkonto mit positivem Saldo hat, angenommen werden, dass der Bankkontoinhaber ein Vermögen in Deutschland hat. Bei einer neuen Entscheidung hat sich der BGH zu diesem Thema folgendermaßen geäußert: „Als Ort, an dem sich das Vermögen befindet, gilt bei Forderungen der Wohnsitz des Schuldners, bei juristischen Personen deren Sitz (§ 23 Satz 2, § 17 Abs. 1 ZPO) oder der Ort, an dem sich eine Niederlassung befindet (§ 21 Abs. 1

---

336 BGH, IPRax 1998, S. 211. Hierzu beachtlich ist eine Entscheidung des OLG Saarbrücken (NJW 2000, S. 670-671), wo es heißt: „Jedoch greift der Gerichtsstand des § 23 ZPO nicht Platz, wenn der Kläger die Forderung der Beklagten bestreitet oder sich der Anspruch des Klägers und die Forderung der Beklagten gegenseitig ausschließen", in Anlehnung an Baumbach/Lauterbach/*Hartmann*, 57. Aufl., § 23 ZPO, Rdn. 13.

337 Hanseatisches OLG Hamburg, IPRspr 1991, Nr. 175, S. 359-361.

338 OLG Hamm, IPRspr 1985, Nr. 143, S. 390-394.

339 OLG Celle, IPRspr 1989, Nr. 196, S. 444-449.

340 OLG Frankfurt, ZIP 1982, S. 1490-1493.

341 OLG Frankfurt, IPRax 1997, S. 171-173, in dieser Entscheidung wird auch betont, dass der Sitz der Aktiengesellschaft keine Rolle spielt. Wenn sich der Wertpapierbesitzer im Ausland befindet und die ausländische Aktiengesellschaft im Inland Vermögen hat, stellt dieses Vermögen für den Wertpapierbesitzer keinen Gerichtsstand i.S.v. § 23 ZPO dar, vgl. BGH, NJW 1993, S. 2683-2684.

342 Hanseatisches OLG Hamburg, VersR 1994, S. 746-748; anders BAG, IPRax 1985, S. 278, krit. *Nagel/Gottwald*, § 3, Rdn. 35.

343 BGH, NJW-RR 1988, S. 172-173 = IPRax 1989, S. 169-170.

ZPO)"[344]. Diese Niederlassung muss m.E. als diejenige verstanden werden, bei der das Konto geführt wird. Sonst könnte jeder, der in der Türkei wohnt und bei einer der dortigen *Filiale* von T.C. *Ziraat Bankası* ein *Bankkonto mit positivem Saldo* hat, in *Deutschland* aufgrund § 23 ZPO verklagt werden, weil diese Bank in Deutschland eine Filiale, und damit auch der Kontoinhaber, der sein Konto eigentlich bei einer der in der Türkei belegenen Filiale hat, Vermögen in Deutschland besitzt. Dieses Ergebnis kann m.E. weder aus § 23 Satz 2 ZPO, noch sonst irgendwie gerechtfertigt werden.

Das waren die im Wortlaut der Vorschrift (§ 23 ZPO) ausdrücklich vorgesehenen Voraussetzungen für die Eröffnung des Vermögensgerichtsstands im Inland. Bei ihrer Erfüllung sollte er also eröffnet sein. Der BGH[345] hat jedoch hierzu eine ungeschriebene Voraussetzung, nämlich das Vorliegen eines hinreichenden Inlandsbezugs des Rechtsstreits, hinzugefügt. Die Absicht des BGH war es, die Inanspruchnahme dieses besonderen Gerichtsstandes, der im Bereich der internationalen Zuständigkeit eben als unerwünscht gilt[346], einzuschränken. Als geeignet für die Verwirklichung dieses Zieles wurde etwa „eine enge Definition des Begriffs des Vermögens", was m.E. konkreter als völlig abstrakter „(Inlandsbezugs)begriff" wäre, vom BGH nicht gewürdigt[347].

In Anbetracht ihrer praktischen Bedeutung wird an dieser Stelle auf die Entscheidung des BGH näher eingegangen:

C. Hinreichender Inlandsbezug des Rechtsstreits als ungeschriebene Voraussetzung des Vermögensgerichtsstands

Die internationale Zuständigkeit der deutschen Gerichte aufgrund des Vermögens wurde im autonomen deutschen Recht durch die Entscheidung des BGH v. 2.7.1991, die in der Lehre ein großes Echo hervorrief[348], ziemlich eingeschränkt. Der BGH hat nämlich entschieden, dass der hinreichende Inlandsbezug des Rechtsstreits für die Annahme der internationalen Zuständigkeit ge-

---

[344] BGH, IPRax 1998, S. 211.

[345] S. unten Fn. 350.

[346] S. oben S. 14.

[347] Die Einschränkung der Anwendung des § 23 ZPO für Auslandsfälle war schon vorher in der Lehre diskutiert worden; s. für die Einschränkung *Schumann*, ZZP 93 (1980), S. 408 ff.; *ders.*, FS Liebmann, Bd. 2, S. 839 ff.; *ders.* IPRax 1988, S. 13-15; *Kropholler*, ZfRV 1982, S. 1 ff.; *ders.* Hdb. IZVR I, Kap. III, Rdn. 334 ff.; vgl. auch *Pfeiffer*, S. 525 ff.; *Schröder*, S. 374 ff.; gegen Einschränkung *Geimer*, JZ 1984, S. 979 ff.

[348] Zustimmend u.a. *Schlosser*, IPRax 1992, S. 140-143; *Fricke*, NJW 1992, S. 3066-2069; *Mark/Ziegenhain*, NJW 1992, S. 3062-3066; ablehnend u.a. *Geimer*, NJW 1991, S. 3072-3074; *Schack*, JZ 1992, S. 54-56; *ders.* FS Nakamura, S. 493 ff.; *Thode*, WuB VII A § 23 ZPO 2.91; *Schütze*, DZWir 1991, S. 239-243; *Lüke*, ZZP 105 (1992),

mäß § 23 ZPO im Entscheidungsverfahren – im Gegensatz zum Anerkennungsverfahren[349] – neben der Vermögensbelegenheit des Beklagten eine ungeschriebene Voraussetzung ist[350].

Dieser Entscheidung lag eine Zahlungsklage einer britischen Staatsangehörigen gegen eine türkische Bank mit Sitz in Ankara, nämlich T.C. Ziraat Bankası, zugrunde. Die Bank hatte Niederlassungen und Repräsentanzen, also im Sinne von § 23 ZPO genügend Vermögen, in Deutschland. Die Abweisung der Klage durch das OLG Stuttgart[351] aufgrund des Fehlens der internationalen Zuständigkeit der deutschen Gerichte – trotz des Vorliegens des Vermögens der Beklagten in Deutschland – wurde vom BGH mit der folgenden Begründung, die auf die rechtshistorischen[352] und völkerrechtlichen[353] Überlegungen verweist, bestätigt: § 23 ZPO solle nicht dazu dienen, Ausländern einen Gerichtsstand zur Austragung derjenigen Streitigkeiten zu verschaffen, die ihren Ursprung ausschließlich im Ausland hätten und nach ausländischem Recht zu entscheiden seien. Nur eine auf den hinreichenden Inlandsbezug abstellende Auslegung des § 23 ZPO begrenze in sachbezogener und völkerrechtskonformer Weise die mit dem Vermögensgerichtsstand verbundene Beeinträchtigung der Verteidigungsmöglichkeiten des ausländischen Beklagten, der es hinzunehmen habe, sich vor ausländischen Gerichten in einer fremden Sprache durch ihm unbekannte Anwälte verteidigen zu müssen.

Weil der BGH jedoch offengelassen hat, was ein hinreichender Inlandsbezug sein könnte, hat man jetzt einen neuen Begriff, der ebenso wie der Begriff des Vermögens, definiert und konkretisiert werden muss. Hierbei können m.E. nur die praktischen Fälle, die bis jetzt zur Entscheidung kamen, eine Hilfe leisten. Mit einem solchen Fall hatte sich das BAG zu befassen, in dem beide Parteien türkische Staatsangehörigkeit besaßen und ihren Wohnsitz in der Türkei hatten. Das BAG verneinte in diesem Fall die internationale Zuständigkeit der deutschen Gerichte (unter Bezugnahme auf o.g. Urteil des BGH) wegen des Fehlens des hinreichenden Inlandsbezugs; die Begründung lautete: „Ein für die Zuständigkeit deutscher Gerichte *hinreichender Inlandsbezug* ist jedenfalls dann *nicht gegeben*, *wenn beide Parteien des Rechtsstreits den Wohnsitz oder Sitz*

S. 321-329; *Pfeiffer*, LM ZPO § 23 Nr. 7 (1991/1); krit. auch (im Hinblick auf das EuGVÜ und auf das Gemeinschaftsrecht) *Koch*, IPRax 1997, S. 229 ff.

349 Für Verfahren auf Anerkennung der Vollstreckbarkeit einer ausländischen Entscheidung ist der BGH der Meinung, dass der Gerichtsstand des § 23 ZPO eröffnet sei, auch wenn es keinen über das Vorhandensein des Vermögens hinausgehenden Inlandsbezug gebe, vorausgesetzt, dass kein anderer Gerichtsstand im Inland zur Verfügung stehe; BGH, NJW 1997, S. 325-327 = JZ 1997, S. 362-364 = RIW/AWD 1997, S.238-240.

350 BGHZ 115, S. 90-99 = NJW 1991, S. 3093-3095 = MDR 1991, S. 988 ff. = RIW/AWD 1991, S. 856-859 = WuB VII A § 23 ZPO 2.91 = JZ 1992, S. 51-54 = IPRax 1992, S. 160-164 = ZZP 105 (1992), S. 314-321.

351 OLG Stuttgart, IPRax 1991, S. 179-182.

352 Vgl. *Schröder*, S. 388 ff.; *Schumann*, ZZP 93 (1980), S. 417, Fn. 24.

353 Vgl. *Schumann*, ZZP 93 (1980), S. 420 f.; *Bittighofer*, S. 74 ff.; krit. *Schack*, IZVR, Rdn 330; *ders.*, FS Nakamura, S. 505-506.

im Ausland haben, sich dort auch gewöhnlich aufhalten, fremde Staatsangehörigkeit besitzen, ihr streitiges Rechtsverhältnis materiell nach dem Recht des gemeinsamen Heimatstaates beurteilt werden muss, dort seine Wurzel hat und zu erfüllen ist, keine Partei sich in Deutschland aufhält und die Belegenheit von Vermögen in Deutschland keine erkennbare Bedeutung für die Führung des Rechtsstreits hat“[354]. Aus dieser Entscheidung (mit Hilfe des Grundsatzes „argumentum e contrario“) ergibt sich, dass der hinreichende Inlandsbezug und damit die internationale Zuständigkeit der deutschen Gerichte dann zu bejahen ist, wenn einer der vom Gericht angesprochenen Punkte vorliegt. Die in der Entscheidung des BAG *fiktiv* und *konditional* angesprochenen Inlandsbezüge sind also ausreichend, die vom BGH hinzugefügte ungeschriebene Voraussetzung zu erfüllen.

Insoweit wurden folgende Merkmale in der berufungs- bzw. revisionsinstanzlichen Gerichtspraxis als hinreichende Inlandsbezüge betrachtet:

- die deutsche Staatsangehörigkeit des Beklagten[355] oder des Klägers[356],
- die Anwendbarkeit des deutschen Rechts[357],
- das Vorhandensein des Wohnsitzes bzw. Sitzes oder des Aufenthaltes des Klägers[358],
- eine besondere Rechts- oder Beweisnähe deutscher Gerichte[359],
- das besondere Interesse an einer deutschen Entscheidung[360],
- der Schwerpunkt des Sachverhaltes in Deutschland[361],
- der Ursprung der Rechtsbeziehungen der Parteien in Deutschland[362].

Wenn auch diese Bezüge bis jetzt in der Rechtsprechung für hinreichend gehalten wurden, sind sie doch nur Beispiele. Ob irgendein anderer Bezug zum Inland für hinreichend gehalten werden

---

354 BAG, NJW 1997, S. 3462.

355 BGH, FamRZ 1992, S.1061 = NJW-RR 1993, S. 5.

356 OLG Frankfurt, NJW-RR 1993, S. 305-307; vgl. BGH, IPRax 1998, S. 470, 472, dazu *Gottwald/Baumann*, IPRax 1998, S. 445 ff.

357 OLG Stuttgart, IPRax 1991, S 181.

358 OLG Frankfurt, NJW-RR 1993, S. 305-307. Der BGH hatte in seiner Entscheidung vom 2.7.1991 (unten Fn. 350) offengelassen, ob einen inländischen Wohnsitz oder einen gewöhnlichen Aufenthalt des Klägers im Inland allein als erforderlicher Inlandsbezug sein konnte; dagegen hatte OLG Stuttgart den dauernden Aufenthalt oder Wohnsitz des Klägers im Inland (fiktiv) für hinreichend gehalten, IPRax 1991, S 181.

359 OLG Stuttgart, IPRax 1991, S. 179-182 = IPRspr 1991, Nr. 166a, S. 322-326; vgl. OLG München, WM 1992, S. 2115 ff.

360 OLG Stuttgart, IPRax 1991, S 181.

361 OLG Stuttgart, IPRax 1991, S 181.

kann, ist im jeden konkreten Fall selbständig zu bewerten, was letzten Endes eine Ermessensache des Gerichts ist.

D. Der Ausfall des § 23 ZPO im Anwendungsbereich des EuGVÜ

Im Hinblick darauf, dass der Vermögensgerichtsstand im Bereich der internationalen Zuständigkeit als exorbitant und unerwünscht betrachtet wird[363], wurde mit internationalen Verträgen, seien sie bilateral[364] oder multilateral (vor allem das EuGVÜ), versucht, seine Anwendbarkeit einzuschränken bzw. völlig preiszugeben. Es besteht zwischen Deutschland und der Türkei aber weder ein solches bilaterales Abkommen, noch sind die beiden Staaten einem solchen multilateralen Übereinkommen gemeinsam beigetreten. Dennoch ist das EuGVÜ, dessen Art. 3 Abs. 2 die Inanspruchnahme der exorbitanten Gerichtsstände – unter ihnen auch § 23 ZPO gänzlich[365] – im Anwendungsbereich des Übereinkommens ächtet, im Rahmen des deutsch-türkischen Rechtsverkehr – wenn auch begrenzt – in Betracht zu ziehen.

Gemäß Art. 3 Abs. 2 EuGVÜ kann § 23 ZPO nicht gegen diejenigen Personen geltend gemacht werden, die ihren Wohnsitz im Hoheitsgebiet eines der EuGVÜ-Staaten haben. Dabei kommt es nicht darauf an, ob der Beklagte einem dieser Staaten angehört; von Bedeutung ist nur das Vorliegen des (Wohn-)Sitzes des Beklagten in einem der Vertragsstaaten. Folglich kann der Gerichtsstand des Vermögens, also § 23 ZPO, auch nicht gegen diejenigen Angehörigen der Türkei geltend gemacht werden, die zwar keinen (Wohn-)Sitz in Deutschland, aber einen solchen in einem der anderen EuGVÜ/LugÜ-Staaten haben[366].

---

362 BGH, IPRax 1998, S. 211.

363 *Kropholler*, Hdb. IZVR I, Kap. III, Rdn. 334 ff.; BGHZ 42, 194, 199 f; 52, 251, 256.

364 Hierzu Stein/Jonas-*Schumann*, § 23 ZPO, Rdn. 34.

365 Obwohl § 23 Satz 1 Alt. 2 ZPO, also der Gerichtsstand des Streitgegenstandes nicht zu den exorbitanten Gerichtsständen zählt, kann auch diese Vorschrift im Geltungsbereich des EuGVÜ nicht in Anspruch genommen werden. Denn in Art. 3 Abs. 2 EuGVÜ wird der ganze Paragraph (§ 23 ZPO) – ohne Unterscheidung zwischen dem Vermögens- und dem Streitgegenstandgerichtsstand – als unanwendbar bezeichnet, dazu *Kropholler*, EuZPR, Art. 3 EuGVÜ, Rdn. 4.

366 Dies gilt genauso auch für die Staatsbürger der EuGVÜ-Staaten. Demzufolge kann etwa die internationale Zuständigkeit der deutschen Gerichte gegen einen Deutschen, der weder in Deutschland noch in einem der anderen EuGVÜ-Staaten einen Wohnsitz hat, aufgrund § 23 ZPO in Anspruch genommen werden, vorausgesetzt, dass sich ein Vermögensstück von ihm in seinem Heimat befindet, (*Kropholler*, Hdb. IZVR I, Kap. III, Rdn. 303; *Nagel/Gottwald*, § 3, Rdn. 33; BGH, FamRZ 1992, S.1061 = NJW-RR 1993, S. 5). Demzufolge ist der Meinung, § 23 ZPO sei ausländerfeindlich, nicht zuzustimmen, hierzu ausführlich *Geimer*, JZ 1984, S. 979 ff.; *Schumann*, ZZP 93 (1980), S. 408 ff.; *Schack*, ZZP 97 (1984), S. 56 ff.

E. Zwischenergebnis und Stellungnahme

Der Vermögensgerichtsstand stellt auf das inländische Vermögen des Beklagten ab, und ihm wird im Bereich des internationalen Zuständigkeitsrechts keine allgemeine Anerkennung zugeteilt. Ganz im Gegenteil wird versucht, ihn entweder ganz zu streichen, was auf der internationalen Ebene immer eines Abkommens bedarf, oder dessen Voraussetzungen so auszulegen, dass seine Inanspruchnahme mit den völkerrechtlichen Prinzipien über Rechtsverfolgung in Übereinstimmung steht, wie es der BGH getan hat.

Da die Türkei kein Vertragsstaat des EuGVÜ ist, kommt Art. 3 Abs. 2 EuGVÜ im deutsch-türkischen Rechtsverkehr eine geringe praktische Bedeutung zu, was darauf beruht, dass der Vermögensgerichtsstand gegen einen türkischen Staatsangehörigen dann nicht in Anspruch genommen werden kann, wenn dieser in einem der Vertragsstaaten einen Wohnsitz hat.

Vom Standpunkt des künftigen Rechts ist zu empfehlen, den Anwendungsbereich des Art. 3 Abs. 2 EuGVÜ so zu erweitern (mit anderen Worten: die Inanspruchnahme des § 23 ZPO so einzuschränken), dass auch diejenigen Staaten (darunter die Türkei) umfasst werden, in denen erlassene Gerichtsentscheidungen in EuGVÜ-Staaten prinzipiell anzuerkennen sind.

F. Gerichtsstand des Vermögens im türkischen Recht

Inhaltlich entsprechen § 23 ZPO und Art. 16 Alt. 2 türk. ZPO zueinander im größten Teil. Die Ähnlichkeiten bestehen insbesondere darin, dass man den Begriff des Vermögens i.S.v. Art. 16 Alt. 2 türk. ZPO im türkischen Recht genauso versteht, wie er im deutschen Recht verstanden wird[367]. Dasselbe gilt auch bezüglich der Relevanz der Höhe des Wertes des Vermögens[368] sowie auf dessen Pfändbarkeit[369]. Es ist also festzuhalten, dass die obigen Erläuterungen und die Kritik hinsichtlich des Vermögensgerichtsstandes im deutschen Recht auch für das türkische Recht entsprechend gelten. Die Entscheidung des BGH v. 2.7.1991 sowie die Kritik über sie gilt jedoch nur für das deutsche Recht. Eine Bestimmung wie Art. 3 Abs. 2 EuGVÜ, der die Inanspruchnahme des Vermögensgerichtsstandes gegen in EuGVÜ-Staaten wohnhafte Personen ausschließt,

---

[367] Vgl. etwa *Kuru*, Bd. 1, S. 277 (im Anschluss an Rosenberg/Schwab, 14. Aufl., München 1986, S. 165, [Rosenberg/Schwab/Gottwald, 15. Aufl., S. 174-175]); *Ekşi*, S. 122.

[368] *Kuru* (Bd. 1, S. 277) erklärt dies am folgenden Beispiel: Die Klamotten eines Touristen könnten nicht ausreichen, den Vermögensgerichtsstand zu eröffnen, aber wohl sein privater PKW, womit er in die Türkei seine Reise macht.

[369] Vgl. Yarg. HGK, E. 1977/2-587, K. 1978/308, T: 7.4.1978 (*Ekşi*, S. 122, Fn. 546).

existiert im türkischen Recht nicht. Darauf, dass der Vermögensgerichtsstand auch im türkischen Recht als exorbitant betrachtet wird, wurde oben bereits hingewiesen[370].

370 S. oben S. 15.

§ 8 Besondere Gerichtsstände für Streitigkeiten aus Vertragsverhältnissen

A. Im allgemeinen

Einer der auf der internationalen Ebene öfters in Anspruch genommenen besonderen Gerichtsstände ist derjenige des Erfüllungs- bzw. Vertragsabschlussortes. Wegen des immer mehr wachsenden Handelsverkehrs und der arbeitsrechtlichen Verhältnisse ist dieser Gerichtsstand auch im deutsch-türkischen Rechtsverkehr von großer Bedeutung.

Im folgenden wird zuerst der Erfüllungsortsgerichtsstand im deutschen Recht erörtert, wobei die Ausführungen im wesentlichen auch für das türkische Recht gelten. Danach wird der Vertragsabschlussortsgerichtsstand explizit für das türkische Recht behandelt.

Schon vorher ist aber Art. 5 Nr. 1 EuGVÜ zu erörtern, der im deutschen Recht den autonomen Bestimmungen vorgeht.

B. Art. 5 Nr. 1 EuGVÜ im deutsch-türkischen Rechtsverkehr

Art. 5 Nr. 1 EuGVÜ enthält eine § 29 ZPO äquivalente Regelung. Da jedoch für die Anwendbarkeit des Artikels Berührungspunkte zu zwei Vertragsstaaten vorausgesetzt werden[371], kann Art. 5 Nr. 1 EuGVÜ kaum zur Anwendung kommen. Die Voraussetzung, die Belegenheit des Wohnsitzes des Beklagten in einem Vertragsstaat und das Vorliegen des Erfüllungsortes[372] in einem der anderen Vertragsstaaten, ist nur dann erfüllt, wenn der in der Türkei wohnhafte Beklagte seinen (zweiten) Wohnsitz in einem der Vertragsstaaten hat, und der Erfüllungsort der streitigen Verpflichtung in Deutschland liegt[373].

Weil diese oben geschilderte Fallkonstellation im deutsch-türkischen Rechtsverkehr kaum vorkommt, bewahrt § 29 ZPO seine Bedeutung im deutsch-türkischen Rechtsverkehr.

---

371 MünchKommZPO/*Gottwald*, Art. 2, Rdn. 23.

372 Der Ort, an dem die Verpflichtung i.S.v. Art. 5 Nr. 1 EuGVÜ erfüllt worden ist oder zu erfüllen wäre, ist nach dem Recht zu bestimmen, das nach den Kollisionsnormen des mit dem Rechtsstreit befassten Gerichts für die streitige Verpflichtung maßgebend ist, EuGH, Urt. v. 28.9.1999 – Rs. C-440/97, NJW 2000, S. 719 ff.; EuGH, Urt. v. 05.10.1999 – Rs. C-420/97, NJW 2000, S. 721 ff.; ausführlich zum Thema sowie für die Rechtsprechung des EuGH und ihre Kritik s. *Kropholler/von Hinden*, GS für A. Lüderitz, S. 401 ff.

373 Vgl. *Coester-Waltjen*, FS Nakamura, S. 111.

C. Der Gerichtsstand des Erfüllungsortes im autonomen deutschen Recht

I. Der Begriff der vertraglichen Streitigkeit

Der Erfüllungsortsgerichtsstand ist im autonomen deutschen Recht vor allem in § 29 ZPO geregelt. Er eröffnet einen besonderen, aber nicht ausschließlichen[374] Gerichtsstand für die Streitigkeiten, denen ein schuldrechtliches Vertragsverhältnis zugrunde liegt; und zwar unabhängig davon, was das konkrete Begehren des Klägers auf dieser Basis ist[375]. Maßgebend ist hierzu also das Wort „*Vertragsverhältnis*", das die Vorschrift ganz präzise enthält.

Ob das dem Rechtsstreit zugrunde liegende Rechtsverhältnis ein schuldrechtlicher Vertrag ist, ist vor allem eine Frage der Qualifikation. Ob diese Qualifikation nach der lex fori oder aber nach der lex causae erfolgen soll, ist umstritten. Nach der wohl h.M. entscheidet die lex fori, ob der vorliegenden Streitigkeit ein schuldrechtlicher Vertrag zugrunde liegt[376]. Das auf die Sache anwendbare Recht spielt dabei keine Rollet[377]. Auch der BGH hat dies in seiner relativ neuen Entscheidung genauso gesehen: Im entschiedenen Fall handelte es sich um die Ansprüche aus der Auflösung eines Verlöbnisses. Der BGH erörterte zuerst nach dem deutschen materiellen Recht, ob das Rechtsverhältnis des Verlöbnisses ein vertragliches Rechtsverhältnis i.S.v. § 29 ZPO ist. Nachdem er dies – nach deutschem Recht – verneint hatte, kam er folgerichtig zum Ergebnis, dass die internationale Zuständigkeit der deutschen Gerichte im konkreten Fall – im Hinblick auf § 29 ZPO – nicht existierte. Denn § 29 ZPO sei nach seinem Sinngehalt nur auf diejenigen vertraglichen Verpflichtungen ausgerichtet, auf deren Erfüllung geklagt werden könne[378]. Dabei ging das Gericht von dem Grundprinzip aus, wonach sich die Auslegung der prozessrechtlichen Regeln nach der lex fori richtet.

---

[374] *Kropholler*, Hdb. IZVR I, Kap. III, Rdn. 344.

[375] *Rosenberg/Schwab/Gottwald*, S. 175.

[376] So *Kropholler*, Hdb. IZVR I, Kap. III, Rdn. 352, 81; vgl. *Schack*, Erfüllungsort, Rdn. 223, 154 ff.; *ders.* IZVR, Rdn. 261; *Linke*, IZPR, Rdn. 154; so auch BAG, NJW 1997, S. 3462 f (im Anschluss an *Linke* aaO.); a.A. *Geimer*, IZPR, Rdn. 1481.

[377] Der EuGH ist dagegen im Anwendungsbereich des EuGVÜ für eine vertragsautonome Qualifikation der Begriffe wie „Vertrag" oder „Ansprüche aus Vertrag", s. *Nagel/Gottwald*, § 3, Rdn. 177.

[378] BGHZ 132, S. 105-119 = NJW 1996, S. 1411-1414 = FamRZ 1996, S. 601-605 = JZ 1997, S. 88-91 = IPRax 1997, S. 187-191; krit. Anm. *Gottwald*, JZ 1997, S. 94; *Mankowski*, IPRax 1997, S. 173-182 (Entscheidungsbesprechung). Über die Rechtsnatur des Verlöbnisses und über die Grundlage der Folgen seiner Auflösung im türkischen Recht s. *Köksal*, Das Verlöbnis und seine Auflösung im deutschen und türkischen Recht, Diss., Köln 1995, S. 57 ff., 101 ff.

II. Bestimmung des Erfüllungsorts

1. Maßgebliche Rechtsordnung

Der Ort, wo die konkrete Leistungspflicht[379] zu erfüllen ist bzw. gewesen wäre, spielt die entscheidende Rolle im Rahmen des Erfüllungsortsgerichtsstandes. Deshalb hat man vor allem zu bestimmen, wo der Erfüllungsort der konkreten Leistung liegt. Hierbei stellt sich aber die (vorhergehende) Frage, nach welcher Rechtsordnung der Erfüllungsort zu bestimmen ist. Diese Frage wird von der h.M. zugunsten der lex causae beantwortet. Wo also die konkrete Leistungspflicht zu erfüllen ist, ist nach der jeweiligen lex causae, dem von dem IPR des erkennenden Gerichts berufenen Vertragsstatut, zu bestimmen[380].

Infolgedessen hat der deutsche Richter bei einer in Deutschland erhobenen Klage zuerst nach deutschem Recht zu prüfen, ob es sich um einen vertraglichen Anspruch handelt; wenn ja, dann nach dem deutschen IPR (Art. 27 EGBGB) das anzuwendende Sachrecht (Vertragsstatut) zu ermitteln, und anschließend nach diesem materiellen Recht den Erfüllungsort zu bestimmen[381]. Liegt der Erfüllungsort der konkreten Leistungspflicht nach dem Vertragsstatut in Deutschland, so ist die internationale Zuständigkeit der deutschen Gerichte aufgrund § 29 ZPO zu bejahen.

Da die im deutsch-türkischen Rechtsverkehr für die Bestimmung des Erfüllungsortes zur Anwendung kommenden Sachnormen, nämlich entweder §§ 269, 270 BGB oder Art. 73 türk. OG, in erster Linie auf die Vereinbarung der Vertragsparteien über den Erfüllungsort verweisen, muss an dieser Stelle auch die Rolle der Erfüllungsortsvereinbarung im Zusammenhang mit der Eröffnung des Erfüllungsortsgerichtsstands erörtert werden.

---

379 Die maßgebliche Leistungspflicht ist nicht die eingeklagte (streitgegenständliche), sondern diejenige, die dem vertraglichen Anspruch, auf den der Kläger seine Klage stützt, entspricht (*Schack*, IZVR, Rdn. 265-266, in Anlehnung an EuGHE 1976, S. 1479 Rdn. 13 – de Bloos/Bouyer).

380 So die h.M., s. etwa *Schröder*, S. 325; *Geimer*, IZPR, Rdn. 1482; *ders.*, WM 1976, S. 839; *Nagel/Gottwald*, § 3, Rdn. 42; *Rosenberg/Schwab/Gottwald*, S. 175; *Linke*, IZPR, Rdn. 155; Stein/Jonas-*Schumann*, § 29 ZPO, Rdn. 43; MünchKommZPO/*Patzina*, § 29 ZPO, Rdn. 67; *Kropholler*, Hdb. IZVR I, Kap. III, Rdn. 355; BAG, NJW 1997, S. 3462 f; offengelassen BGHZ 120, S. 347; dagegen für eine Qualifikation nach der lex fori *Bernstein*, RabelsZ 41 (1977), S. 289 f; *ders.*, FS Ferid (1978), S. 91 ff.; für eine prozessrechtliche Auslegung, also einen prozessualen Erfüllungsortbegriff *Schack*, Erfüllungsort, Rdn. 227 ff., 207-220; *ders.*, IZVR, Rdn. 271; vgl. auch *Lüderitz*, FS Zweigert, S. 232-250.

381 Wenn sich aus Art. 27 EGBGB ergibt, dass das anzuwendende Sachrecht das deutsche ist, sind die einschlägige Vorschriften für die Erfüllungsortsbestimmung grundsätzlich §§ 269, 270 BGB; wenn dagegen das türkische Recht hierzu zur Anwendung kommt, ist die betreffende Vorschrift, nach der der deutsche Richter den Erfüllungsort zu bestimmen hat, Art. 73 türk. OG.

2. Die Auswirkung einer Erfüllungsortsvereinbarung auf die internationale Zuständigkeit

Die den Vertragsparteien im deutschen sowie im türkischen Recht zustehende Befugnis, den Erfüllungsort der Leistung im Hauptvertrag in einer Klausel oder in einem selbständigen Vertrag zu bestimmen, betrifft zugleich die internationale Zuständigkeit. Es geht darum, dass die Vertragsparteien durch die Bestimmung des Erfüllungsortes mittelbar einen besonderen Gerichtsstand, nämlich den Gerichtsstand des Erfüllungsorts, begründen, auch wenn sie dies von vornherein nicht beabsichtigt haben.

Obwohl die maßgebende Regelung für die Erfüllungsortsvereinbarung (im materiell-rechtlichen Sinne) im deutschen Recht § 269 BGB ist, kommt auch § 29 Abs. 2 ZPO dann zum Zuge, wenn die Erfüllungsortsvereinbarung zugleich die örtliche (und damit die internationale) Zuständigkeit begründet[382]. Gemäß § 29 Abs. 2 ZPO kann nämlich die Zuständigkeit durch eine Vereinbarung über den Erfüllungsort nur dann begründet werden, wenn die Vertragsparteien Vollkaufleute oder juristische Personen des öffentlichen Rechts sind, oder öffentlich-rechtliches Sondervermögen betroffen ist.

Hierbei stellt sich die Frage, nach welchem Recht die Kaufmannseigenschaft zu bestimmen ist, wenn der Vertrag Berührungspunkte zum Ausland hat, vor allem, wenn eine der Parteien ein Ausländer ist. Nach der Meinung von *Nagel/Gottwald*[383] verträgt es sich nicht mit den Belangen des internationalen Handels, die Kaufmannseigenschaft eines Ausländers oder eines ausländischen Unternehmens nach den einschlägigen Vorschriften des HGB zu bestimmen; deshalb müsse sie in solchen Fällen nach den entsprechenden ausländischen materiellen Recht qualifiziert werden. *Schack*[384] ist der Meinung, dass die Kaufmannseigenschaft von Ausländern nach der deutschen lex fori bestimmt werden solle[385]. Dagegen richtet sich das Zustandekommen der Erfüllungsortsvereinbarung immer nach dem Vertragsstatut; also nach deutschem oder ausländischem Sachrecht, je nachdem, welche der beiden Rechtsordnungen *nach deutschem IPR anwendbares materielles Recht* ist[386].

---

382 Über den anscheinenden Widerspruch von § 269 BGB zu § 29 Abs. 2 ZPO, und wie sie miteinander zu vereinbaren sind, s. Stein/Jonas-*Schumann*, § 29 ZPO, Rdn. 23a.

383 *Nagel/Gottwald*, § 3, Rdn. 45.

384 *Schack*, Erfüllungsort, Rdn. 229; *ders.*, IZVR, Rdn. 276, 439.

385 Im türkischen Recht herrscht die Auffassung, dass der Begriff des Kaufmanns dann nach der lex fori zu qualifizieren ist, wenn er eine Rolle im Zivilprozessrecht spielt, etwa zuständigkeitsrechtlich oder bezüglich der Art des Verfahrens, hierzu *Nomer*, IPR, S. 325.

386 *Nagel/Gottwald*, § 3, Rdn. 45; BGH, NJW-RR 1988, S. 755 (betrifft Art. 5 Nr. 1 EuGVÜ).

3. Stellungnahme

Im Zusammenhang mit der Wirkung der Erfüllungsortsvereinbarung auf die Bestimmung des Erfüllungsortsgerichtsstands (§ 29 ZPO) ist es von großer Bedeutung, nach welchem Recht zu bestimmen ist, ob die Vertragspartner Kaufleute sind. Dies sollte sich nach den Sachnormen bestimmen, die das Schuldverhältnis beherrschen, ebenso wie das Zustandekommen und die Wirkungen der Erfüllungsortsvereinbarungen.

Für die Bestimmung der Kaufmannseigenschaft ist m.E. auch denkbar, sowohl die lex fori als auch das ausländische Recht heranzuziehen. In diesem Fall wäre etwa ein ausländischer Vertragspartner dann als Kaufmann anzusehen, wenn er nach einer der beiden Rechtsordnungen die dafür erforderlichen Voraussetzungen erfüllt. Eine solche Qualifizierung ist dem deutschen Recht nicht fremd. Das ist nämlich bei der Bestimmung der Prozessfähigkeit der Fall. Gemäß § 55 ZPO gilt ein Ausländer, dem nach dem Recht seines Landes die Prozessfähigkeit fehlt, als prozessfähig, wenn ihm nach dem Recht des Prozessgerichts die Prozessfähigkeit zusteht[387]. Eine solche Lösung sollte m.E. auch für die Bestimmung der Kaufmannseigenschaft gelten.

III. Einzelbestimmungen über den Erfüllungsortsgerichtsstand

Durch einige gesetzliche Bestimmungen wird im deutschen Recht der Gerichtsstand des Erfüllungsorts ausgeschlossen. Davon sind vor allem folgende erwähnenswert:

(1) Für Klagen aus Geschäften im Sinne des § 1 HWiG ist das Gericht – gemäß § 7 HWiG – *ausschließlich* zuständig, in dessen Bezirk der Kunde z.Z. *der Klageerhebung* seinen Wohnsitz, in Ermangelung eines solchen seinen gewöhnlichen Aufenthaltsort hat. Eine von dieser Vorschrift abweichende Vereinbarung lässt das Gesetz nur für den Fall zu, dass der Kunde nach Vertragsschluss seinen Wohnsitz oder gewöhnlichen Aufenthalt aus dem Geltungsbereich dieses Gesetzes verlegt oder sein Wohnsitz oder gewöhnlicher Aufenthaltsort im Zeitpunkt der Klageerhebung nicht bekannt ist[388].

(2) Für Klagen gegen eine ausländische Investmentgesellschaft ist das Gericht gemäß § 6 Abs. 2 AuslInvestmG *ausschließlich* an dem Ort zuständig, wo der Repräsentant seinen Wohnsitz oder Sitz hat.

---

[387] Hierzu *Gottwald*, in: Habscheid/Beys, S. 73 ff.; Stein/Jonas-*Bork*, § 55 ZPO, Rdn. 1 ff.; *Nagel/Gottwald*, § 4, Rdn. 32 ff.; *Geimer*, IZPR, Rdn. 2217 ff.; *Schack*, IZVR, Rdn. 535 ff.; Cebecioğlu, S. 75-76.

[388] M.w.N. und besonders aus der Sicht des EuGVÜ bei *Jayme*, FS Nagel (1987), S. 123 ff.

D. Erfüllungsortsgerichtsstands in CMR und WA

Wenn es um den Erfüllungsortsgerichtsstands geht, kommen im deutsch-türkischen Rechtsverkehr vor allem zwei Staatsverträge, nämlich CMR und WA, in Betracht, die in ihren Anwendungsbereichen vor autonomen Bestimmungen Vorrang haben. Angesprochen sind die folgenden Bestimmungen der erwähnten Abkommen:

(1) Gemäß Art. 31 Abs. 1 Alt. b CMR kann der Frachtführer oder Spediteur auch am Ort der tatsächlichen Übernahme des Frachtgutes oder am *vertraglich vereinbarten Ablieferungsort* verklagt werden[389]. Dieser Gerichtsstand kann nicht abbedungen werden[390].

(2) Aufgrund Art. 28 Abs. 1 WA kann die Klage auf Schadensersatz – wegen der Haftung aus dem luftrechtlichen Beförderungsvertrag – nach der Wahl des Klägers auch bei dem *Gericht des Bestimmungsortes* erhoben werden[391]. Unter *Bestimmungsort* versteht man in Anlehnung an Art. 1 Abs. 2 des WA den Ort der vertraglich vereinbarten letzten Landung, an dem der Fluggast nach dem Beförderungsvertrag das Luftfahrzeug endgültig verlässt[392].

E. Erfüllungs- und Vertragsabschlussortsgerichtsstand im türkischen Recht

I. Die Gemeinsamkeiten und die Unterschiede mit/von dem deutschen Recht

Als erste Gemeinsamkeit mit dem deutschen Recht ist zunächst festzustellen, dass auch im türkischen Recht der Grundsatz lex fori zur Bestimmung heranzuziehen ist, ob ein Rechtsverhältnis als ein obligationsrechtlicher Vertrag zu qualifizieren ist und somit welche Klage aus schuldrechtlichen Streitigkeiten am Gerichtsstand des Erfüllungs- bzw. Vertragsabschlussortes zu erhe-

---

389 Gemäß Art. 1 a des deutschen Ratifizierungsgesetzes vom 16.8.1961 (BGBl. 1961 II S. 1119), der durch das deutsche Gesetz vom 5.7.1989 (BGBl. 1989 II S. 586) nachträglich eingefügt ist und öfters als Art. 1 a CMR bezeichnet wird, ist für Rechtsstreitigkeiten aus einer dem Übereinkommen unterliegenden Beförderung auch das Gericht zuständig, in dessen Bezirk der Ort der Übernahme des Gutes oder der für die Ablieferung des Gutes vorgesehene Ort liegt. Da jedoch die Vorschrift Bestandteil des deutschen Ratifizierungsgesetzes, und nicht der CMR ist, begründet sie einen Gerichtsstand nur vor deutschen Gerichten; insoweit gilt aber zugunsten und zu Lasten sowohl inländischer als auch ausländischer Frachtführer; s. *Koller*, Art. 1 a CMR, Rdn. 1; Fremuth/Thume-*Thume*, Art. 31 CMR, Rdn. 6; *de la Motte*, in: Thume Kommentar zur CMR, Art. 1 a, Rdn. 1.

390 *Koller*, Art. 31 CMR, Rdn. 4; *Demuth/Seltmann*, in: Thume Kommentar zur CMR, Art. 31, Rdn. 17 ff.; Fremuth/Thume-*Thume*, Art. 31 CMR, Rdn. 2 ff.; *Herber/Piper*, Art. 31 CMR, Rdn. 7 ff.; *Haubold*, IPRax 2000, S. 92.

391 Vgl. § 56 Abs. 2 Satz 1 LuftVG.

392 M.w.N. *Ott*, S. 13-15.

ben ist[393]. Folglich gelten die obigen Darlegungen, welche die Thematik bezüglich des deutschen Rechts betreffen, auch für das türkische Recht.

Das türkische Recht sieht aber für Streitigkeiten aus Vertragsverhältnissen noch einen besonderen Gerichtsstand vor, nämlich den Gerichtsstand am Ort des Vertragsabschlusses (Art. 10 türk. ZPO), der dem Kläger – wie der Gerichtsstand am Erfüllungsort – u.U. zur Wahl steht[394]. Die Formulierung der einschlägigen Vorschrift, des Art. 10 türk. ZPO, lautet: „Zu erheben ist die Klage auch beim Gericht an dem Ort, wo der Vertrag (mukavele/sözleşme) zu erfüllen ist, oder an dem Ort, wo der Vertrag abgeschlossen wurde, vorausgesetzt, dass sich der Beklagte oder sein Bevollmächtigter zur Zeit der Klageerhebung an diesem Ort befindet." Aus dieser im Vergleich zu § 29 ZPO kurz gefassten Formulierung der Vorschrift lässt sich nicht ohne weiteres entnehmen, welche Verträge gemeint sind. Da hierbei der Begriff der vertraglichen Streitigkeit eine entscheidende Rolle spielt, ist er näher zu behandeln:

1. Klagen aus vertraglichen Streitigkeiten im Sinne des Art. 10 türk. ZPO

Obwohl der Wortlaut des Art. 10 türk. ZPO nicht präzise beschreibt, was das Wort „Vertrag" bedeuten soll, hat die einhellige Meinung keinen Zweifel daran, dass die Vorschrift nur die Streitigkeiten aus denjenigen Vertragsverhältnissen umfasst, die obligationsrechtlichen Charakter besitzen[395]. Folglich fallen familien- und erbrechtliche Vertragsverhältnisse nicht in den Anwendungsbereich der Vorschrift[396]. Ebenso wie im deutschen Recht sind die folgenden Rechtsverhältnisse von der Vorschrift nicht erfasst: Gesetzliche Schuldverhältnisse, einseitige Rechtsgeschäfte, Streitigkeiten aufgrund ungerechtfertigter Bereicherung[397].

Auch wenn der Wortlaut der Vorschrift – im Gegensatz zu § 29 ZPO – nicht präzise ist, wird in der Lehre die Auffassung vertreten, dass auch die Klagen auf das Bestehen und auf die Feststellung der Gültigkeit eines schuldrechtlichen Vertrags am Gerichtsstand des (angeblichen) Erfüllungs- bzw. Vertragsabschlussortes zu erheben sind[398]. Insoweit taucht jedoch die Frage auf, welche konkrete Verpflichtung aus dem Vertragsverhältnis maßgebend sein soll, deren Erfüllungsort

---

[393] *Eksi*, S. 101.

[394] *Kuru*, Bd. 1, S. 301.

[395] *Kuru*, Bd. 1, S. 293; *Üstündag*, S. 223-224; Yarg. HGK, E. 66/302, K. 279, T. 26.10.1966, RKD 1967/1, S. 8; Yarg. HGK, E. 67/3-826, K. 159, T. 1.4.1970, ABD 1970/4, S. 656.

[396] Ausführlich und mit weiteren Literaturhinweisen *Kuru*, Bd. 1, S. 293 ff.; *Üstündag*, S. 226.

[397] Zum Charakter der von der Vorschrift umgefassten Verträge s. *Eksi*, S. 104; zu einer detaillierten Aufzählung *Kuru*, Bd. 1, S. 293 ff.

[398] *Eksi* S. 102.

die Zuständigkeit begründen soll. Es kann nämlich bei einem Vertragsverhältnis mehrere einzelne Verpflichtungen geben, die an unterschiedlichen Orten zu erfüllen sind; und wenn das Bestehen bzw. die Gültigkeit eines Vertragsverhältnisses streitig ist, sind alle aus diesem Verhältnis herzuleitenden Einzelverpflichtungen in Frage zu stellen.

Der hierzu in der Lehre[399] überwiegend vertretenen Ansicht, die Klage könne bei den Gerichten an den Erfüllungsorten der einzelnen Verpflichtungen erhoben werden, wird auch von der Rechtsprechung[400] gefolgt. Dieser Ansicht ist m.E. insoweit zuzustimmen, als mit der Klage eine Einzelverpflichtung verklagt wird. Wird mit der Klage dagegen das Bestehen sowie die Gültigkeit eines Vertrags mit einer Feststellungsklage in Frage gestellt, so ist m.E. auf den Ort abzustellen, wo die Hauptverpflichtung zu erfüllen ist.

Allerdings ist im Text der Vorschrift nicht vom Erfüllungsort *der Verpflichtung* die Rede, sondern von demjenigen des *Vertrags*, was m.E. eine fehlerhafte Formulierung darstellt. Denn das Erfüllen bezieht sich ja bei einem Vertragsverhältnis immer auf die konkreten (einzelnen) Verpflichtungen – was im deutschen Text (§ 29 Abs. 1 ZPO) richtigerweise formuliert ist –, nicht aber auf den Vertrag in seiner Gesamtheit. Diese (m.E. fehlerhafte) Formulierung des Art. 10 türk. ZPO kann mit Hilfe der Auslegung, „*gemeint sei damit der Vertrag im engeren Sinne*“, mit hier vertretener Ansicht in Einklang gebracht werden[401]. Dies steht auch mit der oben hinsichtlich der maßgeblichen Verpflichtung zur Bestimmung des Erfüllungsorts bei der Feststellungsklage auf die Nichtigkeit des Vertrags geäußerten Ansicht in Übereinstimmung.

2. Die Zuständigkeitsbegründungsfunktion der Erfüllungsortsvereinbarung bzw. des gesetzlichen Erfüllungsorts

Da der Wortlaut des Art. 10 türk. ZPO nicht präzise darlegt, ob der Erfüllungsort nur dann die Zuständigkeit begründen kann, wenn dieser nicht vom Gesetz sondern von den Parteien bestimmt worden ist, und ob die Zuständigkeitsbegründungswirkung der Erfüllungsortsvereinbarung nur auf eine bestimmte Gruppe (etwa auf Kaufleute) zu beschränken ist, werden unterschiedliche Auffassungen vertreten.

Nach einer Auffassung kann der Erfüllungsort die Zuständigkeit nur dann begründen, wenn er von den Vertragsparteien vereinbart wurde. Denn mit dem gesetzlichen Erfüllungsort rechnen die

---

399 So etwa *Ekşi*, S. 102 (im Anschluss an *Aybay*).

400 Yarg. 13. HD., E. 6502, K. 7308, T. 16.11.1981, YKD 1982, S. 226.

401 *Ekşi*, S. 102.

Parteien zumeist nicht[402]. Die h.M. sieht hiergegen keinen Unterschied zwischen dem gesetzlichen und dem vereinbarten Erfüllungsort; die beiden seien für die Eröffnung des Erfüllungsortsgerichtsstands gleichwertig[403].

Der h.M. ist m.E. zuzustimmen. Denn ausgehend von der Hypothese, „die Vertragsparteien rechnen zumeist nicht mit dem gesetzlichen Erfüllungsort", sollte man nicht die Anwendung einer Vorschrift beschränken dürfen.

Im Gegensatz zum deutschen Recht (§ 29 Abs. 2 ZPO) ist die Zuständigkeitsbegründungsfunktion der Erfüllungsortsvereinbarungen nicht auf diejenigen beschränkt, deren Vertragsparteien Kaufleute sind. Vielmehr begründet jede Erfüllungsortvereinbarung zugleich einen Gerichtsstand an dem Ort, an dem nach der Vereinbarung der Parteien die vertragliche Verpflichtung zu erfüllen ist, ohne dass es darauf ankommt, ob die Vertragsparteien Kaufleute oder juristische Personen des öffentlichen Rechts etc. sind. Dies ergibt sich daraus, dass den einschlägigen Vorschriften, nämlich Art. 10 türk. ZPO, der am Ort der Erfüllung einen Gerichtsstand begründet, und Art. 73 türk. OG[404], der bestimmt, an welchem Ort eine vertragliche Verpflichtung zu erfüllen ist, eine etwaige Beschränkung der Zuständigkeitsbegründungsfunktion der Erfüllungsortsvereinbarungen nicht zu entnehmen ist. Daraus folgt, dass jeder, der einen Vertrag abschließen darf, in einer Klausel bzw. einer selbständigen Vereinbarung den Erfüllungsort und dadurch einen (Erfüllungsorts-)Gerichtsstand bestimmen kann.

II. Der Gerichtsstand am Vertragsabschlussort

Gemäß Art. 10 Alt. 2 türk. ZPO können die Klagen aus vertraglichen Streitigkeiten auch beim Gericht an dem Ort erhoben werden, wo der Vertrag abgeschlossen wurde[405], vorausgesetzt, dass

---

402 *Postacıoğlu*, S. 151.

403 *Kuru*, Bd. 1, S. 294 ff.; vgl. *Üstündağ*, S. 224-226 (allerdings ohne Stellungnahme); Yarg. 3. HD., YKD 1993/5, S. 695; Yarg. 13. HD., YKD 1992/1, S. 79.

404 Art. 73 türk. OG lautet: „Der Ort, wo die Obligation zu erfüllen ist, wird durch den ausdrücklichen oder aus den Umständen zu schließenden Willen der Parteien bestimmt. Wenn es nicht anders vereinbart ist, gelten folgende Grundsätze:
1- Geldschulden sind an dem Ort zu zahlen, wo der Gläubiger zur Zeit der Erfüllung wohnhaft ist,
2- wird eine bestimmte Sache geschuldet, so ist diese dort zu übergeben, wo sie sich zur Zeit des Vertragsabschlusses befand,
3- alle andere Verbindlichkeiten sind an dem Ort zu erfüllen, wo der Schuldner zur Zeit ihrer Entstehung seinen Wohnsitz hatte. Wenn der Gläubiger seinen Wohnsitz, an dem die Erfüllung zu erfolgen ist, nach der Entstehung der Verpflichtung ändert, wodurch sich die Erfüllung erheblich erschwert, kann der Schuld am ursprünglichem Wohnsitz des Gläubigers erfüllt werden"; vgl. Art. 74 schweiz. OG; §§ 269, 270 BGB.

405 Der Vertragsabschlussort ist im türkischen IPR für das auf die Form der Rechtsgeschäfte herrschende Recht als Anknüpfungsmerkmal vorgesehen (Art. 6 Alt. 1 türk. IPRG).

sich der Beklagte oder sein Bevollmächtigter z.Z. der Klageerhebung an diesem Ort befindet. Die Voraussetzung dient zur Rechtfertigung des Gerichtsstandes[406]. Sonst ist der Vertragsabschlussort selbst eher flüchtig und häufig rein zufällig[407].

Bei der Inanspruchnahme des Vertragsabschlussortsgerichtsstandes ergeben sich zwei Probleme:

(1) Das erste Problem bezieht sich auf das Sichbefinden des Beklagten oder seines Bevollmächtigten z.Z. der Klageerhebung am Vertragsabschlussort. Hierbei sind zwei Aspekte zu berücksichtigen:

(a) Wichtig ist vor allem, welcher Zeitpunkt für die Annahme des Sichbefindens des Beklagten bzw. seines Bevollmächtigten maßgebend sein soll, und wie dies festzustellen bzw. zu beweisen ist. Die Vorschrift gibt nämlich keine weiteren Anhaltspunkte; es ist nur von „Zeit der Klage (dava zamanı)" die Rede. Dieser Ausdruck ist nach einhelliger Auffassung als „z.Z. der Klageerhebung (davanın açıldığı zaman) zu verstehen[408]. In bezug auf das Beweisen des Sichbefindens des Beklagten bzw. seines Bevollmächtigten wird in der Lehre die Auffassung vertreten, die Zustellung der Klageschrift an einem der beiden am Vertragsabschlussort für maßgebend zu halten[409]. Allerdings hat der türk. Kassationsgericht in einer Entscheidung unter dem Ausdruck „Sichbefinden des Beklagten (davalının orada bulunması)" das „Sichbefinden des Wohnsitzes des Beklagten (davalının ikametgahının orada bulunması)" verstanden[410].

(b) Daraus, dass die Formulierung der Vorschrift dafür keinen Anhaltspunkt gibt, was unter *Bevollmächtigten* zu verstehen ist, ob er also unbedingt ein Anwalt sein soll, ergibt sich eine andere Unklarheit. Die wohl einhellige Meinung vertritt hierzu die Auffassung, dass es genügt, dass der Bevollmächtigte den Beklagten beim Verfahren vertreten darf, wobei gleichgültig ist, welches Rechtsgeschäft der Vertretungsbefugnis zugrunde liegt[411].

---

[406] Vgl. *Çelikel*, S. 169. Folgendes ist m.E. ein Beispiel für seine Unzuverlässigkeit: Zwei Fluggäste in einem Flugzeug über Atlantik einen Vertrag abschließen. Die Unzuverlässigkeit ergibt sich aus zweifacher Hinsicht: Erstens ist es nicht möglich, diesen Ort zu einem Land zuzuordnen. Zweitens stellt sich die Frage, von welcher Bedeutung ist dieser Ort für das Rechtsgeschäft überhaupt.

[407] So etwa *Kegel*, S. 478; MünchKommBGB/*Martiny*, Vor Art. 12 EGBGB, Rdn. 58.

[408] *Kuru*, Bd. 1, S. 300.

[409] *Kuru*, Bd. 1, S. 300, s. auch dort in Fn. 146 zitierte Entscheidung des türk. Kassationshofes v. 10.07.1930.

[410] Yarg. 11 HD., 22.6.1992, YKD 1992/9, S. 1379-1380.

[411] Dabei hat man die Rechtslage im Auge behalten, dass ein Rechtsanwalt, der anlässlich einer vorherigen Klage o.ä. des Beklagten die Vollmacht bekommen hatte, die immer noch gilt, die Zustellung der Klageschrift einer gegen seinen Mandanten neu erhoben Klage im Namen seines Mandanten nicht empfangen muss. Denn der Anwalt muss nicht bei jeder späteren Klage seinen Mandanten vertreten. In dem Fall, in dem der bevollmächtigte Anwalt die Klageschrift mit eigenem Willen empfängt, oder der Bevollmächtigte seinen Auftraggeber in allen Fällen zu vertreten hat, kann die Klageschrift dem Anwalt bzw. dem Bevollmächtigten zugestellt, und damit die Voraussetzung der Vorschrift erfüllt werden; *Kuru*, Bd. 1, S. 300, ausführlich S. 570 ff., 812 ff.

(2) Das zweite Problem bezieht sich auf die Frage, welcher Ort als Vertragsabschlussort gilt. Wenn der Vertrag unter Anwesenden abgeschlossen wurde, ist die Sache – abgesehen von Beweisschwierigkeiten – nicht problematisch. Wenn der Vertrag hiergegen unter Abwesenden abgeschlossen wurde, ist die Bestimmung des Ortes, der als Abschlussort gelten soll, eine Frage für sich. Im türk. Obligationengesetz (Borçlar Kanunu) findet sich hierfür keine Regelung. Nach der Auffassung von *Çelikel* sind die beiden Orte, wo sich jede der Vertragsparteien z.Z. des Zustandekommens des Vertrags befanden, maßgeblich[412]. Dieser Ansicht ist m.E. nicht zuzustimmen. Denn sonst wird nicht mehr der Abschlussort des Vertrags, sondern die Orte, wo sich die Vertragsparteien während des Abschlusses befanden, zum Anknüpfungspunkt gemacht, und dadurch zwei Vertragsabschlussortsgerichtsstände, womöglich in verschiedenen Staaten eröffnet.

Ausschlaggebend ist m.E. vielmehr Art. 10 türk. OG[413]. Nach dieser Vorschrift beginnen die Wirkungen eines Vertrags unter Abwesenden mit dem Zeitpunkt, wo die Erklärung der Annahme (kabul beyanı) zur Absendung abgegeben wurde (irsal olunduğu anda)[414]. Der Ort, an dem die Annahmeerklärung ihrem Empfänger zugehen soll, soll m.E. als Vertragsabschlussort gelten, ebenso wie der Zeitpunkt der Absendung für die Wirkungen des Vertrags maßgeblich ist. Denn erstens ist dieser Ort den beiden Vertragsparteien von vornherein klar, möglicherweise beidseitig anfangs bestimmt, und zweitens ist nicht so zufällig, wie etwa der Ort, wo die Annahmeerklärung zur Absendung abgegeben wurde, oder wo sich der Empfänger in diesem Zeitpunkt befand.

III. Die einzelnen gesetzlichen Sonderbestimmungen über Streitigkeiten aus Vertragsverhältnissen

Es bestehen einige Sonderregelungen, die sich auf den Erfüllungs- bzw. Vertragsabschlussortsgerichtsstand beziehen. Die Bedeutung dieser Regelungen ergibt sich vor allem daraus, dass die bei ihnen vorgesehenen Erfüllungs- bzw. Vertragsabschlussortsgerichtsstände im Gegensatz zu Art. 10 türk. ZPO unabdingbar sind. Hierunter fällt einerseits Art. 19 türk. ZPO, der für Klagen aus versicherungsrechtlichen Streitigkeiten Sondergerichtsstände vorsieht[415], andererseits ist Art. 5 türk. Arbeitsgerichtsgesetz zu nennen, weil dieser für die Streitigkeiten aus den arbeitsrechtlichen Angelegenheiten einen unabdingbaren Gerichtsstand am Erfüllungsort der Arbeit (oder am Wohnsitzort des Beklagten) vorsieht. Des weiteren sind die Klagen auf die zivilrechtliche Haftung des Versicherers gemäß Art. 110 türk. Straßenverkehrsgesetz u.a. auch an dem Ort zu erhe-

---

412 *Çelikel*, S. 169.

413 Vgl. §§ 130, 151 BGB.

414 *Oguzman/Öz*, S. 65-66. Das Zustandekommen des Vertrags erfolgt jedoch gemäß Art. 5 türk. OG in einem anderen Zeitpunkt, nämlich sobald die Erklärung der Annahme dem anderen zugeht. Damit hat das Zustandekommen des Vertrags eine Rückwirkung bis zur Abgabe der Annahmeerklärung zur Absendung.

415 S. unten S. 204.

ben, wo sich der Handelsvertreter (acenta), mit dem der Versicherungsvertrag abgeschlossen wurde, befindet[416].

F. Zusammenfassung

Der besondere Gerichtsstand für Streitigkeiten aus Vertragsverhältnissen ist im autonomen deutschen Recht derjenige des Erfüllungsortes. Dagegen steht im türkischen Recht noch der Gerichtsstand des Vertragsabschlussortes dem Kläger u.U. zur Wahl.

Die gerichtsstandsbegründende Funktion der Erfüllungsortsvereinbarungen wird im deutschen Recht gemäß § 29 Abs. 2 ZPO auf eine begrenzte Gruppe herabgesetzt, was im türkischen Recht nicht der Fall ist, aber m.E. eingeführt werden soll.

---

416 S. oben S. 73.

§ 9 Der Gerichtsstand der unerlaubten Handlung

A. Im allgemeinen

Einer der klassischen Gerichtsstände ist der derjenige des Deliktortes[417]. Auch im deutsch-türkischen Rechtsverkehr ist er von großer Bedeutung. Denn es ist nicht selten der Fall, dass türkische Gastarbeiter aus Deutschland während ihres Heimaturlaubs oder deutsche Touristen in der Türkei einen Verkehrsunfall haben, wobei sie entweder bei einer deutschen Haftpflichtversicherungsfirma versichert sind, oder einfach die Beteiligten ihren Wohnsitz in Deutschland haben.

Unter den Begriff der unerlaubten Handlung fallen aber neben klassischen Delikten auch Klagen aus unlauterem Wettbewerb, Umweltbeeinträchtigungen, Kartellrechtsverstößen, Verletzung von Immaterialgüterrechten, Schädigungen durch fehlerhafte Produkte, sowie die Gefährdungshaftung und die Rückerstattung wegen Vollstreckung von später aufgehobenen gerichtlichen Urteilen und Beschlüssen[418]. Alle diese unerlaubten Handlungen können in Anbetracht der engen wirtschaftlichen und sozialen Beziehungen zwischen der Türkei und Deutschland einer Klage zugrunde liegen, wobei der zuständige Gerichtsstand in Frage kommt.

Die zentrale Zuständigkeitsnorm des autonomen deutschen Zivilprozessrechts für die Streitigkeiten aus unerlaubter Handlung ist § 32 ZPO, der wegen der Doppelfunktionalität auch die internationale Zuständigkeit der deutschen Gerichte anordnet[419]. Neben § 32 ZPO betreffen auch einige andere Sonderbestimmungen den Gerichtsstand der unerlaubten Handlung auf besonderer Art. Hierunter fallen etwa § 32a ZPO, § 24 UWG, § 20 StVG, und § 56 I LuftVG. Diese Bestimmungen konkurrieren insoweit mit § 32 ZPO, als sie die örtliche und (damit) internationale Zuständigkeit der deutschen Gerichte in den Sonderbereichen der unerlaubten Handlung mit Auslandsbezug zu bestimmen verlangen[420].

Die einschlägige allgemeine Regelung über die (örtliche und damit internationale) Zuständigkeit für Deliktsachen im türkischen Recht ist Art. 21 türk. ZPO. Der Wortlaut dieses Artikels ist mit demjenigen des § 32 ZPO äquivalent und beinhaltet somit kein zusätzliches bzw. abweichendes

---

[417] Zur rechtspolitischen Rechtsfertigung des Deliktortsgerichtsstands s. *Schröder*, S. 269.

[418] *Nagel/Gottwald*, § 3, Rdn. 54; *Kropholler*, Hdb. IZVR I, Kap. III, Rdn. 373; *Schack*, IZVR, Rdn. 290; BGHZ 80, S. 1; BGH, NJW 1994, S. 223.

[419] *Kropholler*, Hdb. IZVR I, Kap. III, Rdn. 367.

[420] Stein/Jonas-*Schumann*, § 32 ZPO, Rdn. 9 ff.

Merkmal[421]. Folglich sind die den Deliktortsgerichtsstand betreffenden Probleme und deren Lösungsvorschläge im deutschen wie im türkischen Recht sehr ähnlich.

B. Staatsvertragliche Bestimmungen über den Deliktortsgerichtsstand im deutsch-türkischen Rechtsverkehr

Wenn es um die staatsvertraglichen Bestimmungen über den Deliktortsgerichtsstand geht, kommt in erster Linie das EuGVÜ in Betracht. Da die einschlägige Bestimmung des EuGVÜ, nämlich dessen Art. 5 Nr. 3, den Auslandsbezug zu zwei Vertragsstaaten ausdrücklich voraussetzt, kommt sie im deutsch-türkischen Rechtsverkehr nur dann zur Anwendung, wenn etwa eine in der Türkei wohnhafte Person eine in einem der Vertragsstaaten wohnhafte Person aufgrund einer in Deutschland begangenen unerlaubten Handlung in Deutschland verklagen will[422]. Weil dies selten der Fall ist, braucht man hier die Vorschrift nicht näher zu behandeln.

Erwähnenswert ist weiter das Pariser Übereinkommen über die Haftung gegenüber Dritten auf dem Gebiet der Kernenergie v. 29.7.1960, dem die Türkei und Deutschland beigetreten sind[423]. Nach Art. 13 (a), (b) dieses Übereinkommens sind für Klagen gemäß den Art. 3, 4, 6 (a) und 6 (e) die Gerichte des Staates zuständig, in dem das nukleare Ereignis eingetreten ist, hilfsweiße des Staates, in dem die Kernanlage gelegen ist[424].

C. Deliktortsgerichtsstand im autonomen deutschen Recht

I. Grundnorm: § 32 ZPO

Im Mittelpunkt der autonomen Regelungen über den Deliktortsgerichtsstand steht § 32 ZPO, der auf den Begehungsort der unerlaubten Handlung abstellt. Entscheidend für die Begründung des Deliktortsgerichtsstands auf der internationalen Ebene ist es, dass es sich vor allem um eine unerlaubte Handlung handelt, deren Begehungsort im Inland liegt.

Wenn es um einen Fall mit Auslandsberührung geht, hat man zunächst einmal die Frage zu beantworten, nach welcher Rechtsordnung die Merkmale des Deliktortsgerichtsstands zu qualifizie-

---

421 Art. 21 türk. ZPO lautet: „Die Klage aus einer unerlaubten Handlung kann auch beim Gericht an demjenigen Ort erhoben werden, wo die unerlaubte Handlung begangen ist."

422 *Coester-Waltjen*, FS Nakamura, S. 111; *Kropholler*, Hdb. IZVR I, Kap. III, Rdn. 372.

423 S. *Jayme/Hausmann*, Nr. 164, S. 368, Fn. 1, 2, 3.

424 Näher *Kropholler*, Hdb. IZVR I, Kap. III, Rdn. 370.

ren sind, und erst dann festzustellen, wie die einschlägigen Begriffe in der betreffenden Rechtsordnung verstanden werden.

Im deutschen sowie im türkischen Recht herrscht die Einigkeit darüber, dass nach der lex fori zu bestimmen ist, ob ein Geschehen/Verhalten als eine unerlaubte Handlung zu qualifizieren ist. Das gleiche gilt für die Frage, welcher Ort als Begehungsort anzunehmen ist[425].

Einschlägige Sachnormen über unerlaubte Handlung im deutschen Recht sind hauptsächlich §§ 823 ff. BGB. Es sind daneben zahlreiche Sonderbestimmungen gegeben, wie etwa über die Gefährdungshaftung in § 833 Satz 1 BGB, § 7 StVG, §§ 1, 2 UmwHG, § 1 ProdHaftG. Die einschlägigen Sachnormen geben jedoch keine Anhaltspunkte dafür, welcher Ort als Begehungsort gelten soll[426], worauf § 32 ZPO abstellt. Trotz dieser gesetzlichen Regelungslücke ist man im deutschen Recht darüber einig, dass unter dem Begriff des Begehungsort der Ort zu verstehen ist, an dem der Täter gehandelt hat (Handlungsort) oder an dem der schädigende Erfolg eingetreten ist (Erfolgsort)[427]. Soweit die internationale Zuständigkeit hinsichtlich der klassischen Delikten in Rede steht, genügt es, dass ein Teilstück der einheitlichen unerlaubten Handlung im Inland verwirklicht wurde[428]. Jedenfalls hat der Kläger die Wahl zwischen Handlungsort und Erfolgsort, wenn beide nicht identisch sind – also bei den sog. Distanzdelikten – (§ 35 ZPO)[429].

II. Sonderbestimmungen über Deliktortsgerichtsstand

Einige Sonderbestimmungen des autonomen deutschen Rechts enthalten Vorschriften über die unerlaubte Handlung besonderer Art, und damit über den Deliktortsgerichtsstand.

Hierzu zählt vor allem § 32a ZPO, der zuständigkeitsrechtlich als „Störfall" bezeichnet wird[430]. Auch wenn die Anwendung dieser Vorschrift auf der internationalen Ebene umstritten und problematisch ist, kommt sie doch noch zur Anwendung, zumal ihre Geltung gerade auch für die

---

425 *Nagel/Gottwald*, § 3, Rdn. 54; *Kropholler*, Hdb. IZVR I, Kap. III, Rdn. 373; Stein/Jonas-*Schumann*, § 32 ZPO, Rdn. 18; *Linke*, IZPR, Rdn. 161; BGHZ 14, S. 286 ff.; BGHZ 23, S. 65 ff.; hinsichtlich der Verkehrsunfälle vgl. *Schack*, IZVR, Rdn. 302; ausführlich *Stoll*, GS für Lüderitz, S. 733 ff.; für den Meinungsstand im türkischen Recht s. *Ekşi*, S. 89.

426 *Kropholler*, Hdb. IZVR I, Kap. III, Rdn. 376; *Nagel/Gottwald*, § 3, Rdn. 54; *Schack*, IZVR, Rdn. 296; *Linke*, IZPR, Rdn. 158; *Würthwein*, ZZP 106 (1993), S. 72-73. Zu beachten hat man hier allerdings die Rechtslage, dass der Erfolgsort anders als Schadensort ist, und es auf den Schadensort, wo also ein über den Verletzungserfolg hinausreichender Schaden eingetreten ist, nicht ankommt (*Geimer*, IZPR, Rdn. 1501; *Schack*, IZVR, Rdn. 304 ff.; *Schröder*, S. 271, 274 ff.; *Thomas/Putzo*, § 32 ZPO, Rdn. 5; BGH, NJW 1977, S. 1950; BGHZ 98; S. 275).

427 Die Konkretisierung des Handlungs- bzw. Erfolgsorts erfolgt nach der Natur der jeweiligen Deliktstypen; eine für alle Deliktssorten geltende Beschreibung lässt sich nicht pauschal treffen (ausführlich bei *Kropholler*, Hdb. IZVR I, Kap. III, Rdn. 378); *Spickhoff*, IPRax 2000, S. 1 ff.

428 *Rosenberg/Schwab/Gottwald*, S. 177; *Kropholler*, Hdb. IZVR I, Kap. III, Rdn. 376.

429 *Kropholler*, Hdb. IZVR I, Kap. III, Rdn. 376; *Geimer*, IZPR, Rdn. 1500.

430 *Pfeiffer*, ZZP 106 (1993), S. 179.

internationale Zuständigkeit nicht nur ihrem Wortlaut sondern auch der Systematik und dem Zweck der Vorschrift entspricht[431]. Demzufolge kann der im Ausland ansässige Inhaber einer Anlage gleichwohl im Inland verklagt werden[432].

Hinsichtlich der Wettbewerbsverstöße sieht § 24 Abs. 2 UWG u.a. einen subsidiären Gerichtsstand an dem Ort vor, an dem die Handlung begangen wurde. Die obigen Ausführungen über § 32 ZPO gelten für § 24 Abs. 2 UWG entsprechend[433].

Gemäß § 20 StVG ist für Klagen, die auf Grund dieses Gesetzes zu erheben sind, das Gericht an dem Ort zuständig, an dem das schädigende Ereignis eingetreten ist. Der besondere (aber nicht ausschließliche) Gerichtsstand des § 20 StVG bzw. § 32 ZPO ist auch dann gegeben, wenn der Geschädigte den Versicherer gemäß § 3 Nr. 1 PflVG in Anspruch nimmt[434].

§ 56 Abs. 1 LuftVG für Ansprüche aus dem Luftverkehrsgesetz, § 738 HGB aus Schiffzusammenstössen[435], § 25a Abs. 1 Nr. 5 AtomG für Reaktorschiffe, § 14 Haftpflichtgesetz für alle Arten von Ansprüchen auf Grund dieses Gesetzes, sowie § 17 WahrnG für Rechtsstreitigkeiten aus

---

431 Ausführlich bei *Pfeiffer*, ZZP 106 (1993), S. 159 ff.

432 *Nagel/Gottwald*, § 3, Rdn. 57.

433 Ausführlich bei *Nagel/Gottwald*, § 3, Rdn. 56; *Lindacher*, FS Nakamura, S. 323-337.

434 *Rosenberg/Schwab/Gottwald*, S. 177; MünchKommZPO/*Patzina*, § 32 ZPO, Rdn. 11, (beide im Anschluss an BGH, NJW 1983, S. 1799); vgl. *Mansel*, S. 55. Wenn ein türkischer Staatsangehöriger, der seinen gewöhnlichen Aufenthalt in Deutschland hat, mit seinem in Deutschland zugelassenen und versicherten Kraftfahrzeug in der Türkei oder auf dem Weg dorthin einen Verkehrsunfall verursacht, oder ein deutscher Urlauber in der Türkei einen Verkehrsunfall verursacht, richtet sich die internationale Zuständigkeit der deutschen Gerichte für Direktklagen des Geschädigten gegen den Versicherer des Schädigers nach der Auffassung von *Lorenz* (DAR, 1991/4, S. 126) im Hinblick auf Art. 10 EuGVÜ nach Art. 7 bis 9 EuGVÜ. Da aber in diesen Fallkonstellationen weder zwei Berührungspunkte zu verschiedenen Vertragsstaaten vorliegen noch Art. 8 Abs. 2 EuGVÜ (vgl. *Looschelders*, IPRax 1998, S. 90) greift, ist die Meinung von *Lorenz* m.E. bedenklich. Denn nach der wohl h.M. (s. MünchKommZPO/*Gottwald*, Art. 2 EuGVÜ, Rdn. 23; vgl. *Mansel*, S. 52 ff.) kommen Art. 7 ff. EuGVÜ nur dann zur Anwendung, wenn es sich um eine Klage in einem Vertragsstaat gegen eine Person mit Wohnsitz in einem anderen Vertragsstaat handelt. In einem anderen Fall, in dem es sich um eine Klage aufgrund eines in der Türkei begangenen Verkehrsunfalls handelte, hatte der in Deutschland wohnhafte Kläger die deutsche Haftpflichtversicherungsfirma verklagt, und das OLG Köln hatte die internationale Zuständigkeit der deutschen Gerichte auf Art. 2 Abs. 1 i.V.m. Art. 53 EuGVÜ gestützt (OLG Köln, IPRspr. 1991, S. 99). Beachtlich ist auch, dass das OLG die internationale Zuständigkeit auf Art. 2 i.V.m. Art. 53, und nicht auf die besonderen Zuständigkeitsregelungen des EuGVÜ für Versicherungssachen (also nicht auf Art. 7 ff.) gestützt hat. Im übrigen lässt sich hinfügen, dass es im deutschen autonomen Zuständigkeitsrecht für die Versicherungssachen (abgesehen von § 48 VVG – Gerichtsstand der Agentur –) keine besondere Gerichtsstände gibt, die den Art. 7 ff. EuGVÜ entsprechen würden, also keinen sog. Klägergerichtsstand für Versicherungssachen. Deswegen muss auch für die Versicherungssachen im deutschen autonomen Recht auf die allgemeinen und besonderen Zuständigkeitsvorschriften (beispielweise §§ 13, 29, 32 ZPO, § 48 VVG) abgestellt werden; ausführlich *Hofmann*, Privatversicherungsrecht, 1991, § 12, Rdn. 31; *Looschelders*, IPRax 1998, S. 86 ff.

435 Für Streitigkeiten aus Schiffzusammenstössen gibt es auch völkerrechtliche Verträge, denen Deutschland beigetreten ist. Hierzu zählen vor allem das Brüsseler Übereinkommen zur Vereinheitlichung von Regeln über die zivilgerichtliche Zuständigkeit bei Schiffzusammenstössen v. 10.5.1952 (BGBl. 1972 II, S. 663) und Rheinschifffahrtsakte i.d.F. von 11.3.1969 (BGBl. 1969 II, S. 597). Da die Türkei jedoch diesen Verträgen nicht beigetreten ist, bleiben ihre Vorschriften für den deutsch-türkischen Rechtsverkehr außer Betracht.

diesem Gesetz begründen einen dem § 32 ZPO entsprechenden und auch die internationale Zuständigkeit indizierenden Gerichtsstand an dem Ort, wo die einschlägigen Handlungen begangen wurden[436].

D. Deliktortsgerichtsstand im türkischen Recht

I. Deliktortsgerichtsstand im allgemeinen

Der besondere Gerichtsstand am Deliktort ist im türkischen Recht in Art 21 türk. ZPO dem § 32 ZPO inhaltsähnlich geregelt. Insoweit ist folgendes festzustellen:

(1) Die Qualifikationsfragen der Merkmale des Deliktortsgerichtsstands werden auch im türkischen Recht nach dem Grundsatz lex fori beantwortet[437]. Für die Qualifikation einer Handlung als unerlaubte Handlung sind im türkischen Recht grundsätzlich Art. 41 ff. türk. OG[438] maßgeblich.

(2) Hinsichtlich des Begehungsortes vertreten der türk. Kassationshof und die Mindermeinung in der Lehre die Auffassung, dass nur derjenige Ort maßgebend ist, wo der schädigende Erfolg eingetreten ist[439]. Nach der in der Lehre herrschenden Meinung sind dagegen sowohl der Handlungsort, wie auch der Erfolgsort als Begehungsort der unerlaubten Handlung zu betrachten und die Klage ist nach der Wahl des Klägers an einem der beiden Orte zu erheben[440].

II. Sonderbestimmungen über den Deliktortsgerichtsstand im türkischen Recht

Aus den Sonderbestimmungen des türkischen Rechts, die den Deliktortsgerichtsstand betreffen, sind vor allem folgende zu erwähnen:

---

436 Im einzelnen bei Stein/Jonas-*Schumann*, § 32 ZPO, Rdn. 9 ff.

437 *Ekşi*, S. 89.

438 Gemäß Art. 41 türk. OG ist die Person, die einem anderen widerrechtlich Schaden zufügt, sei es mit Absicht, sei es aus Fahrlässigkeit, ihm zum Ersatze verpflichtet. Das gilt auch für die Person, die einem anderen in sittenwidriger Weise absichtlich Schaden zufügt.

439 *Erdemir*, S. 135; Yarg. 11. HD., E. 2182, K. 2207, T. 10.5.1982 (*Eriş*, S. 277).

440 *Kuru*, Bd. 1, S. 319; *Ekşi*, S. 90, 91, s. auch dort Fn. 420; nach der Auffassung von *Üstündağ* (S. 227, allerdings im Anschluss an Thomas/Putzo, 7. Aufl. § 32 ZPO, Rdn. 2) ist jeder Ort als Begehungsort anzunehmen, wo einer der wesensnotwendige Bestandteile der unerlaubten Handlung verwirklicht wurde.

- Art. 110 türk. Straßenverkehrsgesetz: Nach dieser Vorschrift können die Schadensersatzklagen aufgrund Kraftfahrzeugsunfälle u.a. auch beim Gericht an demjenigen Ort erhoben werden, wo der Unfall geschehen ist.

- Artt. 56, 65 türk. HGB bzw. Art. 48 türk. OG (unlauterer Wettbewerb), Art. 1216-1221 türk. HGB (Schiffzusammenstösse): Diese Vorschriften sind nur dann in Betracht zu ziehen, wenn es sich um die Qualifikation einer Handlung geht. Sie beinhalten aber keine Regelung über den Deliktortsgerichtsstand. Für die Bestimmung der örtlichen und damit internationalen Zuständigkeit gilt also Art. 21 türk. ZPO.

III. Deliktortsgerichtsstand als gemeinsamer Gerichtsstand

Art. 9 Abs. 2 Satz 2 türk. ZPO, der eigentlich keinen *neuen* besonderen Gerichtsstand begründet, beinhaltet eine Vorschrift, die einen mit einer anderen Vorschrift begründeten besonderen Gerichtsstand, nämlich den gemeinsamen Gerichtsstand im Falle der passiven Streitgenossenschaft (Art. 43 türk. ZPO), zum *bedingten ausschließlichen*[441] Gerichtsstand aller passiven Streitgenossen macht; allerdings unter der Voraussetzung, dass mindestens einer der Passivstreitgenossen diesen Gerichtsstand in Anspruch nimmt. Dieses Thema wurde bereits erläutert[442]. An dieser Stelle ist darauf hinzuweisen, dass der Deliktortsgerichtsstand der häufigst in Betracht kommende gemeinsame Gerichtsstand ist, falls die unerlaubte Handlung von mehreren Personen begangen wurde und diese Personen ihren allgemeinen Gerichtsstand an unterschiedlichen Orten haben.

E. Zusammenfassung

Der besondere Gerichtsstand wird im deutschen wie im türkischen Recht unter ähnlichen Vorschriften (§ 32 ZPO, Art. 21 türk. ZPO) geregelt. Die gesetzlichen Merkmale des Gerichtsstandes, sowie die Geltung des Grundsatzes der lex fori über deren Qualifikation zeigen die Gemeinsamkeiten in den beiden Rechtsordnungen. Ein wesentlicher Unterschied taucht jedoch im Rahmen der Bestimmung des Begehungsortes auf. Der türk. Kassationshof hält nämlich indessen den Erfolgsort für maßgebend, im Gegensatz zum deutschen Recht, in dem sowohl der Erfolgsort wie auch Begehungsort als maßgeblich angenommen werden.

---

441 *Bedingt* ausschließlich ist dieser Gerichtsstand deswegen, weil der Richter in diesem Fall seine Unzuständigkeit nicht von Amts wegen, sondern nur auf diesbezügliche Einrede zu berücksichtigen hat; hierzu näher oben S. 56.

442 S. oben S. 56.

§ 10 Der besondere Gerichtsstand für Unterhaltssachen

A. Allgemeines

Im Hinblick auf die in Deutschland lebenden zahlreichen türkischen Staatsangehörigen mit hiesigen oder in der Türkei verbliebenen Familienangehörigen, ist es nicht selten der Fall ist, dass es unter ihnen zu unterhaltsrechtlichen Streitigkeiten kommt, sei es anlässlich der Trennung bzw. der Scheidung, sei es einzig und allein auf Grund der Verwandtschaft. Dies zeigt alleine die hohe Anzahl der Entscheidungen der deutschen Gerichte, bei denen es um die unterhaltsrechtlichen Angelegenheiten unter türkischen Staatsangehörigen geht[443].

Unterhaltssachen sind im Grunde ganz normale Zivilsachen. Von daher gilt die allgemeine Regel, also der Wohnsitzgerichtsstand des Beklagten, auch für sie. Hinsichtlich der sozialen Funktion des Unterhalts sowie der wirtschaftlichen Schwäche des Unterhaltsberechtigten lässt es sich jedoch in vielen Fällen mit Auslandberührung mit dem Billigkeitsgefühl nicht vereinbaren, den Berechtigten auf den im Ausland liegenden Wohnsitzgerichtsstand des Beklagten/Verpflichteten aufzuweisen. Denn der Berechtigte braucht den Unterhalt meistens dringend und so schnell wie möglich[444].

B. Staatsvertragliche Bestimmungen über Unterhaltssachen

Es ist gleich zu Anfang festzustellen, dass unter Staatsverträgen im Bereich der Unterhaltssachen weder das Haager Übereinkommen über das auf Unterhaltsverpflichtungen gegenüber Kindern anzuwendende Recht v. 24.10.1956, noch dasselbe v. 2.10.1973, dem die Türkei[445] und Deutschland[446] beigetreten sind, Regelungen über die Entscheidungszuständigkeit enthalten. Auch im New Yorker UN-Übereinkommen über die Geltendmachung von Unterhaltssachen im Ausland v. 20.7.1956, bei dem die Türkei[447] und Deutschland[448] Vertragsstaaten sind, geht es nicht um die Entscheidungszuständigkeit, sondern um die Rechtshilfe in Unterhaltssachen. Eben-

---

443 S. unten etwa in Fn. 456, 466 und 467 erwähnte Entscheidungen.

444 *Schack*, IZVR, Rdn. 379.

445 RG, T. 6.2.1983, Nr. 17951, (mit Vorbehalt an Art. 14 und 15).

446 BGBl. 1986 II, S. 837.

447 RG, T. 18.3.1971, Nr. 13782.

so findet sich keine Regelung über die direkte internationale Zuständigkeit im Haager Übereinkommen über die Anerkennung und Vollstreckung von Unterhaltsentscheidungen v. 2.10.1973, dem die Türkei[449] und Deutschland[450] beigetreten sind. Das Haager Übereinkommen über die Anerkennung und Vollstreckung von Unterhaltsentscheidungen v. 02.10.1973, bei dem die Türkei[451] und Deutschland[452] Vertragsstaaten sind, beinhaltet keine Bestimmung über die direkte Zuständigkeit; geregelt ist vielmehr die indirekte Zuständigkeit (Anerkennungszuständigkeit).

Damit bleibt nur das EuGVÜ, nämlich dessen Art. 5 Nr. 2[453]. Da jedoch die Eingangsworte des Art. 5 EuGVÜ für seine Anwendbarkeit den Wohnsitz des Beklagten (des Unterhaltsverpflichteten) im Hoheitsgebiet eines Vertragsstaats voraussetzt[454], ist diese Vorschrift im deutsch-türkischen Rechtsverkehr von geringer Bedeutung. Ein Unterhaltsberechtigter kann etwa Art. 5 Nr. 2 EuGVÜ in Deutschland nicht in Anspruch nehmen, wenn der Unterhaltsverpflichtete seinen Wohnsitz in der Türkei hat[455]. Anders ist es jedoch, wenn der Verpflichtete seinen Wohnsitz in der Türkei aber den Aufenthaltsort in Deutschland hat. Da die letztere Fallkonstellation selten zutrifft, bewahrt die autonome Zuständigkeitsordnung im deutsch-türkischen Rechtsverkehr ihre Bedeutung.

C. Der besondere Gerichtsstand in Unterhaltssachen im autonomen deutschen Recht

Wie bereits angedeutet, sind die Unterhaltssachen im Grunde ganz normale Zivilsachen, und von daher gilt der Grundsatz „actor sequitur forum rei" im Bereich der internationalen Zuständigkeit auch für sie. Die internationale Zuständigkeit der deutschen Gerichte für unterhaltsrechtliche An-

---

448 BGBl. 1959 II, S. 150.

449 RG, T. 16.2.1983, Nr. 17961.

450 BGBl. 1986 II, S. 825.

451 RG, T. 16.2.1983, Nr. 17961.

452 BGBl. 1986 II, S. 826.

453 Die Anwendbarkeit des Art. 2 EuGVÜ bleibt an dieser Stelle dahingestellt. Denn hier geht es um den besonderen Gerichtsstand in Unterhaltssachen. Ob und wann Art. 2 EuGVÜ die internationale Zuständigkeit im deutsch-türkischen Rechtsverkehr in Unterhaltssachen begründen kann, richtet sich nach dem allgemeinen Geltungsanspruch des EuGVÜ in Fällen mit Drittstaatenbezug; dazu oben S. 30.

454 *Kropholler*, EuZPR, vor Art. 2 EuGVÜ, Rdn. 8; Stein/Jonas-*Schumann*, § 23a ZPO, Rdn. 3.

455 Vgl. OLG Karlsruhe, FamRZ 1986, S.1227, das OLG hat die internationale Zuständigkeit der deutschen Gerichte in einem Fall, wo die beiden Parteien türkische Staatsangehörigkeit besaßen, und ihre Wohnsitze in Deutschland hatten, auf Art. 5 Nr. 2 EuGVÜ abgestellt. Die Problematik, mit der das Gericht sich zu befassen hatte, bezog sich jedoch nicht direkt auf die Anwendbarkeit des Art. 5 Nr. 2 EuGVÜ auf die Fälle mit Drittstaatenbezug, sondern es ging vielmehr darum, ob die konkrete Fallkonstellation als ein rein binnenstaatlicher Fall anzusehen war, und wenn ja, ob das EuGVÜ auf die rein binnenstaatlichen Fälle anzuwenden wäre.

gelegenheiten richtet sich also grundsätzlich nach §§ 12, 13, 16 ZPO (bzw. Art. 2, 52 EuGVÜ)[456]. Für den Fall, dass der Beklagte im Inland keinen allgemeinen Gerichtsstand hat, bietet § 23a ZPO dem Kläger – zum Zwecke der Erleichterung der Rechtsverfolgung[457] – die Möglichkeit, bei seinem eigenen Gerichtsstand klagen zu können[458].

Damit der Kläger diese Vorschrift in Anspruch nehmen kann, muss er nicht unbedingt unterhaltsberechtigter sein[459]. Ebenso wenig kommt es darauf an, ob die klagende oder die beklagte Partei in der Sache als Rechtsnachfolger handelt[460].

I. Die Anwendungsvoraussetzungen des § 23a ZPO

1. Eine Unterhaltssache i.S.v. § 23a ZPO

Der Begriff der Unterhaltssache[461] wird im autonomen deutschen Recht im weitesten Sinne verstanden, und zwar so, dass alles, was unter diesen Begriff zu subsumieren ist, sei es gesetzlicher, sei es vertraglicher oder aber deliktischer Herkunft, aufgrund § 23a ZPO im Klägergerichtsstand geltend gemacht werden kann, vorausgesetzt, dass ein Unterhaltsanspruch Streitgegenstand ist[462]. Hierunter fallen etwa vertragliche Freistellungsansprüche zwischen Eltern[463] und familienrechtli-

---

[456] KG, FamRZ 1993, S. 1993 = IPRax 1994, S. 456 und dazu *Baumann*, IPRax 1994, S. 435-436; OLG Karlsruhe, FamRZ 1986, S. 1227; OLG Frankfurt, FamRZ 1982, S. 528; OLG Hamm, IPRax 1988, S. 307; die Anm. von *Henrich* zum Urteil des OLG Köln v. 22.6.1988-27 UF 14/88, IPRax 1989, S. 53.

[457] *Coester-Waltjen*, IPRax 1990, S. 27; MünchKommZPO/*Patzina*, § 23a ZPO, Rdn. 1; Stein/Jonas-*Schumann*, § 23a ZPO, Rdn. 2.

[458] § 23a ZPO wurde zwar in Anlehnung an das Haager Übereinkommen über die Anerkennung und Vollstreckung von Entscheidungen auf dem Gebiet der Unterhaltspflicht gegenüber Kindern geschaffen, aber sein Anwendungsbereich geht über dieses Abkommen hinaus, dazu *Coester-Waltjen*, IPRax 1990, S. 27, Fn. 10; zur Entstehungsgeschichte Stein/Jonas-*Schumann*, unter § 23a ZPO.

[459] An dieser Stelle ist darauf hinzuweisen, dass Art. 5 Nr. 2 EuGVÜ und § 23a ZPO vor allem in bezug auf das Anknüpfungsmerkmal auseinanderfallen, und zwar wie folgt: § 23a stellt auf den inländischen Wohnsitz des *Klägers*, dagegen Art. 5 Nr. 2 EuGVÜ auf den inländischen Wohnsitz oder – subsidiär – inländischen gewöhnlichen Aufenthalt des *Unterhaltsberechtigten* ab, hierzu MünchKommZPO/*Gottwald*, Art. 5 EuGVÜ, Rdn. 19; *Kropholler*, Hdb. IZVR I, Kap. III, Rdn. 416. Zum Begriff „Unterhaltsberechtigter“ im Sinne von Art. 5 Nr. 2 EuGVÜ s. EuGH Urteil von 20.3.1997 (Farrell/Long), IPRax 1998, S. 354 ff.; dazu *Fuchs*, IPRax, 1998, S. 327 ff.

[460] Vgl. Stein/Jonas-*Schumann*, § 23a ZPO, Rdn. 6.

[461] Der Begriff der Unterhaltssache im Sinne von § 23a ist nach der lex fori zu qualifizieren. Denn hier geht es um einen der Sammelbegriffe des Zuständigkeitsrechts; *Kropholler*, Hdb. IZVR I, Kap. III, Rdn. 417.

[462] Zöller/*Vollkommer*, § 23a ZPO, Rdn. 4; Stein/Jonas-*Schumann*, § 23a ZPO, Rdn. 5; MünchKommZPO/*Patzina*, § 23a ZPO, Rdn. 5; Baumbach/Lauterbach/*Hartmann*, § 23a ZPO, Rdn. 1-2; BGHZ 106, S. 300 ff. = IPRax 1990, S. 47-49, dazu krit. Anm. von *Coester-Waltjen*, IPRax 1990, S. 26 ff.

[463] So der BGH, s. vorige Fn.; gegen eine so weite Ausdehnung *Schack*, IZVR, Rdn. 380.

che Ausgleichsansprüche[464]. Dabei ist es unerheblich, ob der Unterhaltsanspruch auf einen inländischen oder ausländischen Rechtsgrund gestützt wird[465].

Unter dem Begriff der Unterhaltssache zu subsumieren ist auch die Abänderungsklage (§ 323 ZPO) in Unterhaltssachen, für die keine besondere Zuständigkeitsnorm besteht. Damit gelten für sie also neben §§ 12, 13 ZPO auch § 23a ZPO[466].

2. Das Nichtvorliegen der inländischen Gerichtsstände des Beklagten

Bezüglich der Inanspruchnahme des Klägergerichtsstandes für eine Unterhaltssache setzt § 23 a ZPO voraus, dass weder der Beklagte im Inland seinen allgemeinen Wohnsitz hat noch ein besonderer Gerichtsstand zur Verfügung steht. Damit gilt der Grundsatz „actor sequitur forum rei" ebenso für Unterhaltssachen[467]. Auch das Fehlen des inländischen allgemeinen Gerichtsstands des Beklagten reicht für die Inanspruchnahme des § 23a ZPO nicht aus; vielmehr muss auch keiner der *besonderen* Gerichtsstände, an dem die Klage in der Unterhaltssache erhoben werden könnte, im Inland liegen. Mit anderen Worten: Der Kläger kann § 23a ZPO nur dann in Anspruch nehmen, wenn die Klage sonst im Ausland erhoben werden müsste. Insoweit können etwa § 23 ZPO, § 29 ZPO[468], § 32 ZPO[469], § 621 Abs. 2 ZPO und § 38 ZPO[470] der Geltendmachung des § 23a ZPO im Wege stehen.

3. Das Bestehen des inländischen *allgemeinen* Gerichtsstandes des Klägers

Das Bestehen des inländischen *allgemeinen* Gerichtsstandes des Klägers stellt die dritte Voraussetzung des § 23a ZPO dar. Das bestimmt sich nach §§ 12, 13 bzw. 16 ZPO. Wenn aber er keinen allgemeinen, sondern irgend einen besonderen Gerichtsstand im Inland hat, kann die Klage auf Unterhalt an diesem besonderen Gerichtsstand (also im Inland) nicht erhoben werden[471]. Erhebt

---

464 S. unten S. 152.

465 Stein/Jonas-*Schumann*, § 23a ZPO, Rdn. 5.

466 *Kropholler*, Hdb. IZVR I, Kap. III, Rdn. 440; *Schack*, IZVR, Rdn. 346; *Linke*, IZPR, Rdn. 176; *Geimer*, IZPR, Rdn. 955; *Baumann*, IPRax 1990, S. 30-31; ausführlich *Schröder*, S. 607 ff.; BGH, FamRZ 1992, S. 1060-1061; für die Anwendbarkeit des § 23a ZPO oder aber des Art. 5 Nr. 2 EuGVÜ s. die Anm. von Dieter *Henrich* zu OLG Hamm, Urteil v. 18.1.1988 – 10 WF 591/87, IPRax 1988, 307-308; vgl. OLG Frankfurt, FamRZ 1990, S. 748; OLG Saarbrücken, FamRZ 1994, S. 579; OLG Köln, Urteil v. 22.6.1988 – 27 UF 14/88 (dazu krit. Anm. von *Henrich*, IPRax 1989, S. 53).

467 OLG Karlsruhe, FamRZ 1986, S. 1227; OLG Frankfurt, FamRZ 1982, S. 528; OLG Hamm, IPRax 1988, S. 307; KG, FamRZ 1993, S. 1993 = IPRax 1994, S. 456 und dazu *Baumann*, IPRax 1994, S. 435-436.

468 Vgl. BGH, IPRax 1990, S. 47 ff.

469 Ausführlich *Coester-Waltjen*, IPRax 1990, S. 26 ff.

470 Stein/Jonas-*Schumann*, § 23a ZPO, Rdn. 18.

471 Stein/Jonas-*Schumann*, § 23a ZPO, Rdn. 11.

der Kläger die Klage als Rechtsnachfolger, so ist der allgemeine (inländische) Wohnsitz des Vorgängers nicht ausreichend und der Kläger muss selbst seinen allgemeinen Wohnsitz im Inland haben[472].

II. Verbundzuständigkeit für Unterhaltssachen während der Anhängigkeit einer Ehesache

§§ 621 Abs. 2 i.V.m. 623 ZPO regeln die internationale (Verbund-)Zuständigkeit für die in § 621 Abs. 1 ZPO aufgezählten Familiensachen im Falle der Anhängigkeit einer Ehesache (die sog. internationale Verbundzuständigkeit[473]). Dabei ist die hier interessierende gesetzliche Unterhaltspflicht gegenüber einem ehelichen Kind und die durch die Ehe begründete Unterhaltspflicht (§ 621 Abs. 1 Nr. 4, 5 ZPO) erfasst[474]. Kommt jedoch das EuGVÜ, nämlich dessen Art. 2, bzw. 5 Nr. 2, zur Anwendung, so gibt es keine Verbundzuständigkeit[475]. Denn in diesem Fall wird die internationale Zuständigkeit für die Ehe- und Unterhaltssache durch unterschiedliche Zuständigkeitsordnungen begründet[476]. Dennoch ist ein *Entscheidungsverbund* für den Fall der Scheidung aufgrund § 623 Abs. 1 ZPO möglich[477].

III. Streitgenossenschaft der Eltern dem unterhaltsberechtigten Kind gegenüber

§ 35a ZPO gibt dem Kind die Möglichkeit, mit einer einzigen Klage beide Elternteile auf Erfüllung der Unterhaltspflicht in Anspruch zu nehmen. Eine etwaige Klage, bei der beide Elternteile Passivstreitgenossen sind, ist vor demjenigen Gericht zu erheben, bei dem der Vater oder die Mutter einen Gerichtsstand hat. Durch diese Regelung wird mittelbar ein Gerichtsstand zu Lasten desjenigen Elternteils eröffnet, der im Inland keinen Gerichtsstand hat[478]. Dabei ist es ohne Belang, ob der inländische Gerichtsstand eines der Elternteile der allgemeine oder ein besonderer (etwa § 23 ZPO) Gerichtsstand ist.

---

472 Stein/Jonas-*Schumann*, § 23a ZPO, Rdn. 12.

473 Staudinger-*Spellenberg*, §§ 606 ff. ZPO, Rdn. 340, 341; *Graf*, S. 20 ff.

474 AmtsG Würzburg, FamRZ 1998, S. 1592.

475 Vgl. *Gottwald*, FS Nakamura, S. 194; Johannsen/Henrich-*Sedemund-Treiber*, § 621 ZPO, Rdn. 22.

476 Staudinger-*Spellenberg*, §§ 606 ff. ZPO, Rdn. 323.

477 Johannsen/Henrich-*Sedemund-Treiber*, § 621 ZPO, Rdn. 22; ausführlich Staudinger-*Spellenberg*, §§ 606 ff. ZPO, Rdn. 323 ff.

478 *Schack*, IZPR, Rdn. 356; *Kropholler*, Hdb. IZVR I, Kap. III, Rdn. 419; Stein/Jonas-*Schumann*, § 35a ZPO, Rdn. 11. Über das Verhältnis von § 35a zu § 23a ZPO in bezug auf die internationale Zuständigkeit ausführlich bei *Schack*, IZPR, Rdn. 357; *Schröder*, S. 567; Stein/Jonas-*Schumann*, § 35a ZPO, Rdn. 11.

D. Internationale Zuständigkeit für Unterhaltssachen im türkischen Recht

Zu Anfang lässt sich feststellen, dass im türkischen Recht über die örtliche (und damit internationale) Zuständigkeit keine Sonderregelung zum Zwecke der Eröffnung eines besonderen Gerichtsstandes (wie § 23a ZPO) besteht. Abgesehen von einzelnen zerstreuten Vorschriften, die allerdings keine wichtige Abweichung von dem Grundsatz des Beklagtengerichtsstandes zeigen, wird das Ziel, den Kläger/Berechtigten im Falle des Fehlens des inländischen allgemeinen Gerichtsstandes des Beklagten/Verpflichteten im Bereich der internationalen Zuständigkeit mit Hilfe eines besonderen Gerichtsstandes zu schützen, im türkischen Recht nicht wahrgenommen. Insoweit ist folgendes zu berücksichtigen:

I. Unterhaltsansprüche während der Anhängigkeit einer Scheidungsklage

1. Vorsorgungsunterhalt (tedbir nafakası) als vorläufige Maßnahme

Art. 137 türk. ZGB, der im Grunde keine Zuständigkeitsnorm darstellt, gibt dem Richter der Scheidungsklage die Aufgabe, zum Schutze des Kindes und der Ehefrau alle nötigen vorsorglichen Maßnahmen u.a. in bezug auf den Unterhalt für die Dauer des Prozesses *von Amts wegen*[479] zu treffen. Es ergibt sich daraus, dass das Gericht der Scheidungsklage für die oben genannte Unterhaltssache örtlich und international zuständig ist[480]. Insoweit ist es jedoch strittig, ob diese Zuständigkeit ausschließlich ist. Die Frage wurde allerdings bezüglich der örtlichen Zuständigkeit diskutiert. Der türk. Kassationshof verneint die Ausschließlichkeit[481]; *Kuru* dagegen vertritt die Ansicht, dass es sich hier um eine vorläufige Maßnahme handelt, deswegen sei ab dem Zeitpunkt der Anhängigkeit der Hauptklage (gemäß Art. 104 Abs. 2 Satz 1 türk. ZPO) nur das Gericht zuständig, bei dem die Hauptklage anhängig sei[482].

---

[479] Yarg. 2. HD., E. 2691, K. 2641, T. 14.5.1996, YKD 1996, S. 1386; ausführlich bei *Zevkliler/Acabey/Gökyayla*, S. 915.

[480] *Kuru*, Bd. 1, S. 186; *Oğuzman/Dural*, S.135.

[481] So etwa in *Kuru*, Bd. 1, S. 187 Fn. 246 erwähnte Entscheidungen vom 2. Zivilsenat des türk. Kassationshofs.

[482] *Kuru*, Bd. 1, S. 187-188.

2. Stellungnahme

Der von *Kuru* vertretenen Meinung ist zwar auf der Ebene der örtlichen Zuständigkeit zuzustimmen, sie ist aber bezüglich der internationalen Zuständigkeit nicht durchzusetzen. Es ist nicht umstritten, dass es sich hier um eine vorläufige Maßnahme im Sinne von Art. 101 ff. türk. ZPO handelt; dies ergibt sich vor allem daraus, dass Art. 101 türk. ZPO mit dessen Nr. 3 und Nr. 4 die im türk. ZGB vorgesehenen Unterhaltsansprüche und sowie die zum Schutze der Kinder und Ehefrau gezielten Maßnahmen in den Umfang des Abschnitts einbezieht. Indessen hat man jedoch zu beachten, dass Art. 104 Abs. 2 Satz 2 türk. ZPO vorsieht, dass der Richter der Hauptklage in dem Fall, wo eine vorläufige Maßnahme nach dem Eingehen der Hauptklage in einem anderen Gerichtsbezirk schneller und billiger zu treffen und durchzuführen ist, das Gericht dieses Bezirks zur Rechtshilfe zu ersuchen hat, was im internationalen Rechtsverkehr offensichtlich zeitraubend und von daher mit der Dringlichkeit des Vorsorgeunterhaltes nicht zu vereinbaren ist[483]. Deswegen scheint es m.E. richtiger zu sein, die Zuständigkeit des Gerichts der Hauptklage (auf Scheidung bzw. Trennung von Tisch und Bett) bezüglich des Vorsorgeunterhaltes für nicht ausschließlich zu halten, und wenn die Hauptklage im Ausland anhängig ist, die internationale Zuständigkeit der türkischen Gerichte etwa auf Grund des inländischen Aufenthalts der Ehefrau zu bejahen.

3. Bedürftigkeits- und Kindesunterhalt (Yoksulluk ve İştirak Nafakası)

Den Bedürftigkeits- und Kindesunterhalt hat der Richter der Scheidungsklage auf Begehren des Berechtigten bzw. von Amts wegen (Kindesunterhalt) mit der Scheidungsentscheidung zu regeln (Art. 144, 148 türk. ZGB)[484]. Es ergibt sich hieraus, dass das Gericht, bei dem die Scheidungsklage durchgeführt wird, für diese Angelegenheiten örtlich und damit international zuständig ist.

II. Unterhaltsansprüche unter (Ex-)Ehegatten ohne Scheidungsklage

In bezug auf Unterhaltsansprüche unter (Ex-)Ehegatten ohne Scheidungsklage sind auch folgendes zu berücksichtigen:

---

483 Vgl. *Yarg.* İBK (Ple*narentscheidung des türk.* K*assationshofs*), 07.06.1935, 92/16, *in*: YİBK, B*d.* 1, S. 281.

484 Ausführlich *Oğuzman/Dural*, S. 141 ff.

(1) Gemäß Art. 162 Abs. 3 türk. ZGB kann jeder Ehegatte, der gemäß Art. 162 Abs. 1 türk. ZGB berechtigt ist, von dem anderen Gatten getrennt zu leben, auf Unterhalt klagen, ohne zuerst eine Scheidungsklage erheben zu müssen.

(2) Der Bedürftigkeitsunterhalt, der in Art. 144 türk. ZGB geregelt ist, kann auch nach dem rechtskräftigen Scheidungsurteil eingeklagt werden[485].

Für diese Unterhaltsansprüche ist jedoch kein besonderer Gerichtsstand vorgesehen. Es bleibt damit beim allgemeinen Gerichtsstand des Beklagten[486]. Dasselbe gilt auch für Klagen auf Erhöhung eines bestehenden Unterhalts[487].

III. Andere Unterhaltsansprüche

Die Klage auf Unterhalt unter Verwandten (Art. 315 türk. ZGB) ist gemäß Art. 316 Abs. 3 türk. ZGB beim Gerichtsstand des Verpflichteten zu erheben. Die Eltern können jedoch am Gerichtsstand eines ihrer Kinder auch die andere Kinder auf Verwandtenunterhalt verklagen (der gemeinsame Gerichtsstand der Streitgenossen gemäß Art. 9 Abs. 2 Satz 1 türk. ZPO)[488].

Wird mit der Vaterschaftsklage (Art. 295 ff. türk. ZGB) zugleich Unterhalt begehrt, so kann dies bei dem selben Gericht geltend gemacht werden[489]. Das zuständige Gericht befindet sich dort, wo die Mutter (bzw. das Kind) zur Zeit der Geburt in der Türkei ihren Wohnsitz hatten, oder dort, wo der Beklagte (der angebliche Vater bzw. dessen Erbe/n) zur Zeit der Klageerhebung seinen Wohnsitz hat (Art. 299 türk. ZGB). In diesem Fall kann also die Mutter des Kindes den angeblichen Vater ihres Kindes auf Kindesunterhalt praktisch an ihrem Wohnsitz, den sie während der Geburt hatte / eventuell immer noch hat, verklagen. Im letztgenannten Fall besteht eine Ausnahme von der Grundregel, dem Beklagtengerichtsstand.

In bezug auf den Kindesunterhalt ist ein anderer (inländischer) Gerichtsstand aus Art. 28 türk. IPRG herzuleiten, vorausgesetzt, dass er zusammen mit einer Vaterschaftsklage begehrt wird. Die Vaterschaftsklage zählt zu den Personalstatutsangelegenheiten, für die Art. 28 türk. IPRG die internationale Zuständigkeit der türkischen Gerichte immer bereitstellt[490].

---

485 So die h.M., s. unten Fn. 713.

486 Ausführlich *Kuru*, Bd. 1, S. 345.

487 *Kuru*, Bd. 1, S. 345.

488 *Kuru*, Bd. 1, S. 283; Yarg. HGK, E./K. 2/14-4, T. 16.1.1963, ABD 1963/6, S. 722-723; vgl. oben S. 55.

489 Hierbei geht es nicht um „Verbindung von Verfahren (davalarin birlestirilmesi) gemäß Art. 45 türk. ZPO“, sondern um eine einzige Klage. Von daher kann nicht die Einrede vorgebracht werden, dass die Voraussetzung, das Vorliegen der Zuständigkeit des Gerichts für beide Begehren, nicht erfüllt ist, damit der Kindesunterhalt mit der Vaterschaftsklage geltend gemacht werden kann.

490 *Kuru*, Bd. 1, S. 283; vgl. unten S. 171 ff.

E. Zusammenfassung

Für unterhaltsrechtliche Streitigkeiten gelten im Grunde allgemeine Regeln. Es kommen also im deutschen Recht §§ 12 ff. ZPO bzw. Art. 2 EuGVÜ, und im türkischen Recht Art. 9 türk. ZPO zur Anwendung. Dass der Kläger gemäß § 23a ZPO an seinem inländischen allgemeinen Gerichtsstand klagen kann, falls der Beklagte im Inland keinen solchen hat, stellt jedoch einen Unterschied zwischen beiden Rechtsordnungen dar. Eine solche Möglichkeit besteht nämlich im türkischen Recht grundsätzlich nicht. Abgesehen von Einzelbestimmungen, die etwa für Bedürftigkeits- und Kindesunterhalt bei der Anhängigkeit der Scheidungs- bzw. Vaterschaftsklage gelten, unterliegen alle Unterhaltssachen den allgemeinen Regeln. Insoweit lässt sich Art. 28 türk. IPRG nicht in Anspruch nehmen, es sei denn, dass eine andere Personalstatutsangelegenheit miteingeklagt wird. Denn eine isolierte Klage auf Unterhalt, gleichgültig welcher Art, ist unter dem Begriff der Personalstatutsangelegenheiten nicht zu subsumieren. De lege ferenda empfiehlt sich jedoch, am Aufenthaltsort des Berechtigten einen besonderen Gerichtsstand für Unterhaltssachen zu eröffnen, falls der Verpflichtete keinen inländischen Gerichtsstand hat.

§ 11 Ausschließliche Gerichtsstände im deutsch-türkischen Rechtsverkehr

Die Bedeutung der Ausschließlichkeit der Gerichtsstände im internationalen Zuständigkeitsrecht wurde bereits erörtert[491]. An dieser Stelle werden die einzelnen ausschließlichen Gerichtsstände im deutschen und im türkischen Recht behandelt.

A. Die ausschließlichen Gerichtsstände im deutschen Recht

I. Anwendbare Bestimmungen im Verhältnis zu Drittstaaten

Zu Anfang lässt sich feststellen, dass im deutschen Recht Art. 16 EuGVÜ die maßgebliche Regelung über die ausschließlichen Gerichtsstände auch im Verhältnis zu Drittstaaten ist. Denn die Eingangsworte dieses Artikels beinhalten ganz präzise, dass der Wohnsitz des Beklagten und Klägers für seine Anwendbarkeit ohne Belang ist, soweit seine eigenen Anknüpfungspunkte im konkreten Fall gegeben sind. Man braucht insoweit keine zusätzliche Voraussetzung für seine Inanspruchnahme[492]. Dabei werden die betroffenen Normen des autonomen Rechts verdrängt[493].

II. Überblick auf den Inhalt des Art. 16 EuGVÜ

1. Der Katalog des Art. 16 EuGVÜ

Art. 16 EuGVÜ sieht die ausschließliche Zuständigkeit des Vertragsstaats vor, in dem sich der einschlägige Anknüpfungspunkt befindet, für folgende Klagen:

(1) Klagen, welche die dinglichen Rechte an unbeweglichen Sachen zum Gegenstand haben, sowie Klagen aus Miete oder Pacht unbeweglicher Sachen, einschließlich auch wegen kurzfristig gemieteter Ferienhäuser bzw. -wohnungen.

(2) Klagen, welche die Gültigkeit, Nichtigkeit oder Auflösung einer Gesellschaft oder juristischen Person oder der Beschlüsse ihrer Organe zum Gegenstand haben.

---

[491] S. oben S. 5.

[492] So die h.M., *Kropholler*, EuZPR, Art. 16 EuGVÜ, Rdn. 6, s. auch dort Fn. 8 und 9; vgl. *Coester-Waltjen*, FS Nakamura, S. 103-104 und dort Fn. 38.

[493] MünchKommZPO/*Gottwald*, Art. 16 EuGVÜ, Rdn. 1 und 2.

(3) Klagen, welche die Gültigkeit von Eintragungen in öffentliche Register zum Gegenstand haben.

(4) Klagen, welche die Eintragung oder Gültigkeit von Patenten, Warenzeichen Mustern und Modellen sowie ähnlicher Rechte zum Gegenstand haben.

(5) Klagen, welche die Zwangsvollstreckung aus Entscheidungen zum Gegenstand haben.

2. Klagen auf dingliche Rechte an unbeweglichen Sachen (Art. 16 Nr. 1 EuGVÜ)

Der in Art. 16 Nr. 1 EuGVÜ geregelte Gerichtsstand ist im deutsch-türkischen Rechtsverkehr von größerer praktischer Bedeutung als alle anderen in demselben Artikel geregelten Gerichtsstände. Deshalb wird hier dieser Gerichtsstand näher behandelt. Hinsichtlich der anderen Gerichtsstände kann man es für vorliegende Arbeit mit ihrer obigen Aufzählung bewenden lassen.

In den Anwendungsbereich des Art. 16 Nr. 1 EuGVÜ fallen u.a. die Klagen, die die dinglichen Rechte an unbeweglichen Sachen zum Gegenstand haben. Genauer gesagt, die Klagen, die in den Anwendungsbereich des Übereinkommens fallen und darauf gerichtet sind, den Umfang bzw. den Bestand einer unbeweglichen Sache, das Eigentum, den Besitz oder das Bestehen anderer dinglicher Rechte hieran zu bestimmen und den Inhaber dieser Rechte den Schutz der mit ihrer Rechtsstellung verbundenen Vorrechte zu sichern[494].

Klagen auf persönliche Ansprüche sind aus dem Anwendungsbereich der Vorschrift ausgeschlossen. Zu dem Thema, was der Unterschied zwischen dem dinglichen Recht und dem persönlichen Anspruch ist, hat sich der EuGH in seinem Urteil von 9.6.1994 geäußert[495]: Der Unterschied zwischen beiden bestehe darin, dass das dingliche Recht an einer Sache zu Lasten von jedermann wirke, während der persönliche Anspruch nur gegen den Schuldner geltend gemacht werden könne[496].

Unter Klagen aus Miete und Pacht unbeweglicher Sache fallen nur die Klagen auf Zahlung von Miet- oder Pachtzins, auf Ersatz verursachter Schäden, auf Besitzverschaffung oder Räumung der Miet- oder Pachtsache, sowie Streitigkeiten aus dinglich oder schuldrechtlich ausgestalteten Timesharing-Verträgen (nicht umfasst sind jedoch vereins- oder gesellschaftsrechtliche Gestal-

---

[494] EuGH, Urteil von 10.1.1990 (Reichert/Dresdner Bank), Slg. 1990 I-27, Rdn. 11 = IPRax 1991, S. 45, dazu Anm. von *Schlosser*, IPRax 1991, S. 29-31.

[495] EuGHE, (Lieber/Göbel), Rdn. 14, unten Fn. 500.

[496] Ausführlich zu diesem Thema s. *Ulmer*, IPRax 1995, S. 72 ff.; *Schlosser*, EuGVÜ, Art. 16, Rdn. 4.

tungen oder durch Dienstleistungen wesentlich geprägte Modelle)[497]. Die nur mittelbar an die Sachnutzung anknüpfenden und aus Nutzungsentschädigung für eine unwirksam übertragene Eigentumswohnung herzuleitenden Ansprüche sind unter dem Begriff des Miet- und Pachtverhältnisses über eine unbewegliche Sache nicht zu subsumieren[498].

III. Die Auslegung der Merkmale des Art. 16 EuGVÜ

Nach einhelliger Auffassung sind die Anknüpfungsmerkmale des Art. 16 EuGVÜ vertragsautonom zu qualifizieren[499]. Im Zweifelfall ist jedoch eine restriktive Auslegung geboten, so dass Art. 16 EuGVÜ nicht weiter ausgelegt werden darf, als es sein Ziel erfordert. Denn sonst wird mit Art. 16 EuGVÜ den Parteien die ihnen zustehende Wahl des Gerichtsstandes weggenommen. Sie müssen möglicherweise vor einem Gericht prozessieren, das am Wohnsitz keiner der Parteien liegt[500].

Indessen hält die überwiegende Meinung in der Lehre die vertragsautonome Qualifikation des Begriffs der unbeweglichen Sache (in Art. 16 Nr. 1 EuGVÜ) für unangemessen; sie solle vielmehr nach der lex rei sitae qualifiziert werden[501] Hiergegen ist der EuGH für eine vertragsautonome Auslegung[502].

---

497 *Nagel/Gottwald*, § 3, Rdn. 261; vgl. OLG Karlsruhe, IPRax 2000, S. 30; LG Darmstadt, EWS 1996, S. 191 = RIW 1996, S. 422 = IPRax 1996, S. 121, mit krit. Anm. *Jayme*, IPRax 1996, S. 87 ff. In seiner Entscheidung von 19.3.1997 (IPRax 1998, S. 285 ff.) hat der BGH offengelassen, ob im konkreten Fall der Timesharing als Miete i.S.v. Art. 16 Nr. 1 a 2. Alt. EuGVÜ anzusehen war. Er ist davon ausgegangen, dass die Klage vor dem Inkrafttreten des EuGVÜ für Deutschland im Verhältnis zu Spanien (wo die Wohnanlage lag) anhängig war und demzufolge 16 Nr. 1 a 2. Alt. EuGVÜ nicht anzuwenden war; hierzu näher bei *Ebke*, IPRax 1988, S. 263-270.

498 EuGH, (Lieber/Göbel), unten Fn. 500; weitere Nachweise bei *Nagel/Gottwald*, § 3, Rdn. 261 ff.; *Kropholler*, EuZPR, Art. 16 EuGVÜ, Rdn. 23 ff.

499 *Kropholler*, EuZPR, Art. 16 EuGVÜ, Rdn. 9; *Schack*, IZVR, Rdn. 314; *Geimer/Schütze*, I/1, S. 662; *Geimer/Schütze*, EuZVR, Art. 16 EuGVÜ, Rdn. 25. Eine anderweitige Qualifikation ist in Art. 53 Abs. 1 Satz. 2 EuGVÜ in bezug auf die Bestimmung des Sitzes geboten. Nach dieser Vorschrift hat nämlich das Gericht bei der Entscheidung darüber, wo der Sitz sich befindet, die Vorschriften seines internationalen Privatrechts anzuwenden.

500 *Kropholler*, EuZPR, Art. 16 EuGVÜ, Rdn. 9; so auch die ständige Rechtsprechung des EuGH, s. etwa Urteil v. 9.6.1994 (Lieber/Göbel), Slg. 1994 I-2535 = NJW 1995, S. 37 = RIW 1995, S. 238 = IPRax 1995, S. 99, mit Anm. von *Ulmer*, aaO., S. 72 ff.

501 MünchKommZPO/*Gottwald*, Art. 16 EuGVÜ, Rdn. 7; *Schlosser*, GS Bruns (1980), S. 58 ff.; *ders.*, EuGVÜ, Art. 16, Rdn. 7 (in Anlehnung an EuGH, Urteil v. 14.12.1977, – Sanders/van der Putte – Slg. 1977, S. 2383 = RIW 1978, S. 336 = NJW 1978, S. 1107); *Kropholler*, EuZPR, Art. 16 EuGVÜ, Rdn. 12; dagegen für die vertragsautonome Qualifikation *Geimer/Schütze*, EuZVR, Art. 16 EuGVÜ, Rdn. 12, 42.

502 EuGH, Urteil von 10.1.1990 (Reichert/Dresdner Bank), oben Fn. 494.

IV. Die Reflexwirkung des Art. 16 EuGVÜ ?

In diesem Zusammenhang stellt sich die Frage, ob die ausschließliche Zuständigkeit ausländischer Gerichte im Inland aus der Sicht von Art. 16 EuGVÜ zu berücksichtigen ist. Mit anderen Worten: Ist die internationale Zuständigkeit der deutschen Gerichte etwa für eine Klage, der ein in der Türkei belegenes Grundstück zugrunde liegt[503], auf Grund des inländischen Wohnsitzes des Beklagten begründet, oder zeigt hierbei Art. 16 EuGVÜ spiegelbildlich eine Reflexwirkung, so dass Art. 2 EuGVÜ nicht mehr in Anspruch genommen werden kann?

Die h.M. erkennt dem Art. 16 EuGVÜ eine Reflexwirkung zu[504]. Eine gerechte Verteilung der Zuständigkeit auf internationaler Ebene, öffentliches Interesse, besondere Sachnähe des Gerichtes, Schutz der schwächeren Partei und vor allem die Effektivität der Entscheidung (das Bedürfnis nach Vermeidung hinkender Rechtsverhältnisse) sprechen hierfür[505].

V. Die Anwendbarkeit der autonomen Bestimmungen über die ausschließliche Zuständigkeit

Auch wenn Art. 16 EuGVÜ die ausschließliche Zuständigkeit der Vertragsstaaten zugleich im Verhältnis zu Drittstaaten bestimmt, gilt das nur hinsichtlich der Vertragsstaaten abschließend[506]. Hiergegen behalten die von Art. 16 EuGVÜ nicht verdrängten autonomen Bestimmungen des deutschen Rechts ihre Anwendbarkeit im Verhältnis zu Drittstaaten (darunter auch der Türkei). Hierzu zählen vor allem § 6 Abs. 2 AuslInvestmG, § 48 VVG, § 7 HWiG und .§ 24 Abs. 2 UWG[507].

VI. Zwischenergebnis

Die ausschließlichen Gerichtsstände des deutschen Rechts im Verhältnis zu Vertragsstaaten sind weitgehend in Art. 16 EuGVÜ abschließend geregelt. Obwohl diese Bestimmung auch im Ver-

---

[503] In diesem Fall beansprucht die Türkei aufgrund Art. 13 türk. ZPO die ausschließliche Zuständigkeit ihrer Gerichte.

[504] Ausführlich bei *Grundmann*, IPRax 1985, S. 249 ff.; *Kropholler*, EuZPR, Art. 16 EuGVÜ, Rdn. 8; *ders.*, FS Ferid (1988), S. 241-242; MünchKommZPO/*Gottwald*, Art. 16 EuGVÜ, Rdn. 5; *Coester-Waltjen*, FS Nakamura, S. 104-105; *Linke*, IZPR, Rdn. 109; differenzierend *Schack*, IZVR, Rdn. 316 und 237; andere Betrachtungsweise *Geimer/Schütze*, EuZVR, Art. 16 EuGVÜ, Rdn. 12 ff.; *Geimer/Schütze*, I/1, S. 648-649, Fn. 6.

[505] *Coester-Waltjen*, FS Nakamura, S. 105; *Kropholler*, Hdb. IZVR I, Kap. III, Rdn. 156.

[506] *Kropholler*, EuZPR, Art. 16 EuGVÜ, Rdn. 1.

[507] *Schack*, IZVR, Rdn. 291; *Geimer*, IZPR, Rdn. 1062; vgl. *Nagel/Gottwald*, § 3, Rdn. 56.

hältnis zu Drittstaaten gilt, kommen dabei für die von Art. 16 EuGVÜ nicht umfassten Bereiche auch autonome Normen zur Anwendung. Im übrigen entfaltet Art. 16 EuGVÜ eine spiegelbildliche Reflexwirkung, wenn es darum geht, dass die ausländischen Gerichte aus der Sicht dieser Vorschrift für das im Inland eingeleitete Verfahren ausschließlich zuständig sind.

Insoweit ist an dieser Stelle anzumerken, dass man im deutsch-türkischen Rechtsverkehr in bezug auf die Reflexwirkung der ausschließlichen Gerichtsstände immer im Auge zu behalten hat, dass die Entscheidungen, die die dinglichen Rechte an unbeweglichen Sachen betreffen, und bei denen die ausschließliche Zuständigkeit des anderen Staates missachtet worden ist, weder in Deutschland[508] noch in der Türkei[509] anzuerkennen sind. Daher hat es keinen Sinn, in Deutschland über ein dingliches Recht an einer in der Türkei belegenen unbeweglichen Sache zu prozessieren.

B. Ausschließliche Gerichtsstände im türkischen Recht

I. Die Normierung der ausschließlichen Gerichtsstände im türkischen Recht

Angesichts des Verweises des Art. 27 türk. IPRG auf die Regeln des inneren Rechts über die örtliche Zuständigkeit kommen bei der Feststellung der ausschließlichen Gerichtsstände im türkischen Recht zunächst diejenige Gerichtsstände in Betracht, welche im Sinne der örtlichen Zuständigkeit ausschließlich sind. Dabei besteht jedoch die Schwierigkeit, dass es im türkischen Recht keine Norm gibt, die ganz präzise formuliert, welche Gerichtsstände örtlich ausschließlich sind, oder einfach, was der Maßstab hierfür ist. Es herrscht nicht einmal Einigkeit über die Terminologie in einzelnen gesetzlichen Bestimmungen, die sich auf die Ausschließlichkeit beziehen[510]. In Art. 22 türk. ZPO, der die Zuständigkeitsvereinbarungen regelt, ist etwa von „*Fällen, für die die Zuständigkeit der Gerichte nicht im Hinblick auf die öffentliche Ordnung bestimmt ist (mahkemenin yetkisinin intizamı amme esasına binaen tayin edilmemiş olduğu haller)*", die Rede. In Art. 23 türk. ZPO, der die Begründung der Zuständigkeit durch rügelose Einlassung normiert, werden die *Angelegenheiten* angesprochen, „*welche ausschließlich dem Willen der Parteien nicht unterliegen (münhasıran iki tarafın arzularına tâbi olmayan mesail)*". Hiergegen verwendet das türk. IPRG (Art. 38 lit. B) den Begriff der *ausschließlichen Zuständigkeit (münhasır/kesin yetki)* ausdrücklich, allerdings im Zusammenhang mit dem Thema der Vollstreckung ausländischer

[508] Aufgrund Art. 16 Nr. 1 EuGVÜ i.V.m. Art. 28 Abs. 1 bzw. Art. 31 Abs. 1 EuGVÜ.

[509] Aufgrund Art. 13 türk. ZPO i.V.m. Art. 27, 42 Abs. 2, bzw. 38 Nr. (b) türk. IPRG.

[510] Hierzu *Ekşi*, S. 186 ff.

Entscheidungen und ohne Hinweis darauf, welche Gerichtsstände ausschließlich sind. Ausschlaggebend bleibt nur, wie die einschlägige Norm formuliert ist. Der Wortlaut der Vorschrift reicht jedoch zur Feststellung der Ausschließlichkeit nicht immer alleine aus. Daneben hat man auch die Reichweite der Norm im Bereich der internationalen Zuständigkeit in Betracht zu ziehen[511].

Im Hinblick auf die Ausschließlichkeit eines Gerichtsstandes, die ihre Hauptbedeutung u.a. bei ihrer Abdingbarkeit zeigt, werden einige Gerichtsstände unten im Zusammenhang mit Zuständigkeitsvereinbarungen erörtert[512]. An dieser Stelle wird nur der Gerichtsstand der unbeweglichen Sachen (Art. 13 türk. ZPO) behandelt. Er ist nämlich der einzige Gerichtsstand, dessen Ausschließlichkeit im türkischen Recht unstrittig ist, und dessen Missachtung im Ausland zur Nichtanerkennung der Entscheidung in der Türkei führt.

II. Gerichtsstand an unbeweglichen Sachen

Der Gerichtsstand der unbeweglichen Sache, die gemäß Art. 23 türk. IPRG nach der lex rei sitae zu qualifizieren ist[513], ist im türkischen Recht in Art. 13 türk. ZPO geregelt. Die Formulierung dieser Vorschrift ist jedoch nicht ganz klar. Im ersten Absatz ist von *„Klagen an unbeweglichen Sachen* (gayrimenkule müteallik davalar)" die Rede. Im zweiten Absatz wird versucht, zu erklären, was diese für welche Klagen sind. Die Formulierung lautet:

„Klagen an unbeweglichen Sachen sind diejenigen auf dingliche Rechte an Grundstücken, ohne Belang, was der Rechtsgrund ist, oder auf ein Recht am Grundstück, oder auf Besitz (Art. 887 ff. türk. ZGB) bzw. Retentionsrecht (Art. 864-867 türk. ZGB) an Grundstücken, wenn auch diese vorübergehend sind. Für die Ansprüche aus Dienstbarkeit ist das Gericht zuständig, in dessen Bezirk das durch die errichtete Dienstbarkeit belastete Grundstück gelegen ist".

Dem Wortlaut der Vorschrift ist nicht ohne weiteres zu entnehmen, wie die Formulierung *„ein Recht am Grundstück*" zu verstehen ist. Nach der h.M. sind damit – *allerdings bezüglich der örtlichen Zuständigkeit* – nur dingliche Rechte gemeint[514]. Nach der von *Üstündağ* vertretenen Meinung sind dagegen auch diejenigen Klagen umfasst, denen diejenigen persönlichen Ansprü-

---

511 *Nomer*, IPR, S. 391; vgl. oben S. 4.

512 S. unten S. 204 ff.

513 *Nomer*, IPR, S. 254; *Çelikel*, 81; *Ekşi*, S. 85.

514 Statt aller *Kuru*, Bd. 1, S. 328; *Pekcanıtez*, S. 90; so auch die ständige Rechtsprechung, s. *Kuru*, aaO., in Fn. 279 erwähnte Entscheidungen des türk. Kassationshofes.

che zugrunde liegen, die im Ergebnis den Übergang des Eigentums, oder die Errichtung einer Grunddienstbarkeit bzw. einer Grundlast herbeiführen können[515].

Der Auffassung von *Üstündağ* ist m.E. zuzustimmen. Denn die Norm bezweckt schließlich, die Klagen, die dingliche Rechte an Grundstücken betreffen, nur beim Gericht an dem Ort zuzulassen, wo das Grundstück liegt. Sollte damit der der Klage zugrunde liegende persönliche Anspruch im Ergebnis möglicherweise zur Änderung an einem dinglichen Recht am Grundstück führen, so ist eine solche Klage von Art. 13 türk. ZPO umfasst[516].

Insoweit ist unklar, ob die internationale Zuständigkeit der türkischen Gerichte für die Streitigkeiten aus Miet- und Pachtverhältnissen ausschließlich ist; und falls ja, ob Art. 13 türk. ZPO diese Ausschließlichkeit begründen kann[517]. In bezug auf die örtliche Zuständigkeit ist von keiner Ausschließlichkeit die Rede[518]. Für Mietfeststellungs- und Räumungsklagen hält die h.M. die internationale Zuständigkeit der türkischen Gerichte für ausschließlich[519]. Die internationale Zuständigkeit und das anzuwendende Sachrecht seien bei diesen Klagen sehr eng miteinander verbunden. Die gesetzlichen Begrenzungen des Mietpreises seien nach IPR zwingendes Recht, ebenso wie das Gesetz Nr. 6570 über Räumungsgründe[520] absolut zwingenden Charakter hat. Darüber hinaus sei die wirtschaftliche Lage des Landes bei der Feststellung der Miete von großer Bedeutung, wobei insbesondere die Inflationsrate eine entscheidende Rolle spiele. Die Sache hänge mit der Wohnungs- und Sozialpolitik des Staates zusammen. Sie betreffe also die öffentliche Ordnung.

Dieser Auffassung ist m.E. zuzustimmen. Die Ausschließlichkeit des Gerichts an dem Ort, wo der Mietgegenstand liegt, umfasst jedoch nicht die Klagen auf Zahlung von nach dem unstreitig vorliegenden Mietvertrag feststehenden Mietrückstand, solange mit der Klage das Fortbestehen des Mietverhältnisses sowie eine neue Feststellung des Mietpreises nicht bestritten wird. Denn das Argument, das der Ausschließlichkeit des Gerichtsstandes an dem Ort, an dem sich der Mietgegenstand befindet, zugrunde liegt, greift insoweit nicht mehr.

---

515 *Üstündağ*, S. 204-205; vgl. *Sargın*, S. 162; *Çelikel*, S. 296.

516 Diese von *Üstündağ* zitierte Meinung bezieht sich zwar auf die örtliche Zuständigkeit; sie ist aber trotzdem für die internationale Zuständigkeit insoweit von Bedeutung, als Art. 13 türk. ZPO die internatonale Zuständigkeit der türkischen Gerichte indiziert.

517 Vgl. Art. 16, Nr. 1 lit. b EuGVÜ bzw. § 29a ZPO.

518 *Kuru*, Bd. 1, S. 330 ff.; *Üstündağ*, S. 204; *Bilge/Önen*, S. 190; *Pekcanıtez*, S. 91.

519 *Nomer*, MHB 1981/2, S. 62; *Şanlı*, MHB 1986/1, S. 45; ausführlicher *Ekşi*, S. 86-87, 191 ff.; a.A. *Sargın*, S. 161-162, und dort Fn. 447, 448.

520 Gesetz über Mietangelegenheiten an unbeweglichen Sachen (Gayrimenkul Kiralari Hakkinda Kanun), RG, T. 27.5.1955, Nr. 9013.

Dasselbe gilt etwa für die Klage auf die Zahlung des Kaufpreises eines Grundstücks. Eine solche Klage kann auch beim allgemeinen Gerichtsstand des Schuldners, womöglich im Ausland, erhoben werden[521]. Denn hierbei wird kein dingliches Recht an einem Grundstück berührt. Wenn es sich dagegen um eine Stufenklage handelt, die darauf gezielt ist, den Kauf rückgängig machen oder den Kaufpreis herabsetzen bzw. erhöhen zu lassen, dann betrifft die Sache das dingliche Recht, nämlich das Eigentum an einem Grundstück und für sie ist die internationale Zuständigkeit der türkischen Gerichte auf Grund des Art. 13 türk. ZPO ausschließlich.

III. Die Ausschließlichkeit der internationalen Zuständigkeit der türkischen Gerichte für den Übergang eines dinglichen Rechtes mit einem Ehescheidungsurteil

Im Zusammenhang mit dem dinglichen Gerichtsstand stellt sich die Frage, ob die internationale Zuständigkeit der türkischen Gerichte auch dann im Hinblick auf Art. 13 türk. ZPO i.V.m. Art. 27 türk. IPRG als ausschließlich anzusehen ist, wenn ein dingliches Recht an einem Grundstück im Rahmen der Ehescheidung auf eine andere Person übergeht. Denkbar ist etwa der Fall, dass sich die Parteien bei der Scheidung im Ausland darüber einigen, dass das Eigentum eines in der Türkei gelegenen Grundstücks des Ehegatten nach der Scheidung (als Gewinnverteilung, Unterhalt oder was auch immer) auf den anderen Ehegatten übergeht; oder ein Ehegatte begehrt einen solchen Übergang, wobei der andere damit nicht einverstanden ist und der Richter dem Begehren trotzdem stattgibt. Es stellt sich nun die Frage, ob die internationale Zuständigkeit der türkischen Gerichte für die geschilderten Fallkonstellationen (aus türkischer Sicht) als ausschließlich anzusehen, und damit die Anerkennung oder die Vollstreckung einer solchen Entscheidung in der Türkei aufgrund Art. 38 lit. b türk. IPRG zu verneinen ist.

Zu dieser Frage vertritt *Şanlı* bei einer Entscheidungsrezension[522] die Meinung, dass die ausländischen Entscheidungen bezüglich eines Grundstücks in der Türkei nicht anerkannt werden können, auch wenn sie anlässlich einer Scheidungsklage getroffen worden sind; denn es handele sich um die ausschließliche Zuständigkeit der türkischen Gerichte[523]. Dagegen ist *Çelikel* in Anleh-

---

[521] So auch *Çelikel*, S. 296; ebenso hat der türk. Kassationshof die internationale Zuständigkeit der türkischen Gerichte für die Klage auf die Zahlung des Kaufpreises eines Grundstücks für nicht ausschließlich gehalten, Yarg. 13. HD., T. 29.1.1993, YKD 1993/5, S. 724 ff.

[522] Bodrum Asliye Hukuk Mahkemesi, E. 1984/267, K. 1985/109, T. 12.4.1985, MHB 1986/1, S. 40-41; das Gericht lehnte die Vollstreckung mit der Begründung ab, dass die Vollstreckungsklage nach Art. 35 türk. IPRG nicht in Bodrum, sondern in Ankara, Istanbul oder Izmir erhoben werden musste. In der Sache ging es darum, dass ein usamerikanisches Gericht bei einer Ehescheidungsentscheidung die Vereinbarung der Parteien, wonach das in Bodrum gelegene Grundstück des Ehemannes mit der Scheidung auf die Ehefrau übergehen sollte, genehmigt und seiner Scheidungsentscheidung als Anhang beigefügt hatte.

[523] *Şanlı*, MHB 1986/1, S. 45.

nung an eine spätere Entscheidung des türk. Kassationshofes[524] der Ansicht, dass die ausschließliche Zuständigkeit der türkischen Gerichte nicht berührt sei, wenn die Übergabe des Grundstücks nicht unmittelbar mit der ausländischen Entscheidung, sondern durch die der Entscheidung des Gerichts beigefügten Vereinbarung der Parteien herbeigeführt wurde[525].

Der Auffassung von Şanlı ist m.E. zuzustimmen. Denn die internationale Zuständigkeit der türkischen Gerichte für Streitigkeiten an unbeweglichen Sachen in der Türkei ist ausschließlich, ohne dass es darauf ankommt, ob mit der Klage auch andere Sachen zur Entscheidung kommen. Insoweit ist eine Vereinbarung der Parteien über die Übergabe eines dinglichen Rechtes an einem in der Türkei liegenden Grundstück, die der Entscheidung des Gerichts einfach beigefügt wird, ohnehin hinsichtlich der rechtmäßigen Übergabe unbeachtlich. Denn gemäß Art. 23 Abs. 4 türk. IPRG unterliegt die Form der Rechtsgeschäfte, die sich auf dingliche Rechte an unbeweglichen Sachen beziehen, dem Recht des Ortes, an dem sich die Sache befindet. Für die hier interessierenden Fälle sind also Art. 634 türk. ZGB i.V.m. Art. 26 türk. Grundbuchgesetz anwendbar. Demzufolge bedarf der Vertrag auf Eigentumsübertragung eines Grundstücks zu seiner Gültigkeit der öffentlichen Beurkundung beim Grundbuchamt. Es ist also festzuhalten, dass Art. 13 türk. ZPO, wonach die Zuständigkeit der türkischen Gerichte für die Streitigkeiten an unbeweglichen Sachen ausschließlich ist, auch dann zur Anwendung kommt, wenn es sich um eine Ehescheidungsklage handelt, bei der auch über eine Streitigkeit an einem Grundstück entschieden wird.

---

[524] Yarg. 2. HD., T. 6.12.1994, E. 9962, K. 12007.

[525] *Çelikel*, S. 298.

§ 12 Internationale Zuständigkeit für erbrechtliche Streitigkeiten im deutsch-türkischen Rechtsverkehr

A. Die Regelung der internationalen Zuständigkeit in beiden Rechtsordnungen im allgemeinen

I. Das autonome deutsche Recht

Die örtliche und damit die internationale Zuständigkeit der deutschen Gerichte für erbrechtliche Streitigkeiten ist im autonomen deutschen Recht in §§ 27, 28 i.V.m. 12 ff. ZPO geregelt[526]. Für die in § 27 Abs. 1 genannten Erbschaftsklagen ist eine *fakultative* Zuständigkeit am letzten allgemeinen Gerichtsstand des Erblassers begründet[527]. Das gilt auch dann, wenn sich die Nachlassgegenstände im Ausland befinden[528]. Für einige Klagen gegen Erben kommt § 28 ZPO in Betracht.

II. Das autonome türkische Recht

Im autonomen türkischen Recht wird die örtliche und damit die internationale Zuständigkeit für erbrechtliche Streitigkeiten auf Grund der Verweisung des Art. 27 türk. IPRG grundsätzlich in Art. 518 türk. ZGB und Art. 11 türk. ZPO am letzten Wohnsitz des Erblassers begründet[529]. Weil diese Vorschriften jedoch offen lassen, welches Gericht für erbrechtliche Streitigkeiten in bezug auf das in der Türkei hintergelassenen Vermögens desjenigen Erblassers zuständig sind, der seinen letzten Wohnsitz im Ausland hatte, wurde mit Art. 30 türk. IPRG eine ergänzende Regelung vorgeschrieben. Danach können Prozesse, die sich auf die Erbschaft eines Erblassers beziehen,

---

526 Erbrechtliche Angelegenheiten sind vom EuGVÜ gemäß seinem Art. 1 Abs. 2 Nr. 1 nicht erfasst.

527 *Kropholler*, Hdb. IZVR I, Kap. III, Rdn. 424; *Schack*, IZVR, Rdn. 321.

528 BGH, IPRspr 1968-1969, Nr. 158.

529 Insoweit ist es im türkischen Recht die herrschende Meinung, dass Art. 13 türk. ZPO weder zur Bestimmung des Erbschaftsgerichtsstands, noch zur Bewertung dessen Ausschließlichkeit anzuwenden ist(*Çelikel*, S.297; *Kuru*, Bd. 1, S. 334; *Postacıoğlu*, S. 156; *Üstündağ*, S. 207 ff.; *Ekşi*, S. 145; Yarg. 2. HD., E. 1986/808, K. 1986/1284, T. 10.2.1986, YKD 1986/11, S. 1612-1613; Yarg. 2. HD., E./K. 585/677, T. 8.2.1973, RKD 1973/4-5, S.163; a.A. *Önen*, AHFM 1965, S. 588). Denn Art. 11 türk. ZPO, Art. 518 türk. ZGB, Art. 30 türk. IPRG, die den Gerichtsstand für erbrechtliche Streitigkeiten regeln, gehen als lex specialis dem Art. 13 türk. ZPO vor, und zwar ohne dass es darauf ankommt, ob es um bewegliche oder unbewegliche Sachen geht.

der seinen letzten Wohnsitz nicht in der Türkei gehabt hat, vor dem Gericht des Ortes geführt werden, an dem sich die Nachlassgegenstände befinden.

B. Staatsvertragliche Bestimmungen für Erbstreitigkeiten im deutsch-türkischen Rechtsverkehr

Vor den oben erwähnten autonomen Bestimmungen der beiden Länder hat das deutsch-türkische Nachlassabkommen[530] im deutsch-türkischen Rechtsverkehr den Vorrang. Dieses Abkommen normiert nämlich die internationale Entscheidungs- und Anerkennungszuständigkeit für erbrechtliche Streitigkeiten im deutsch-türkischen Rechtsverkehr[531]. In § 15 des Abkommens wird die internationale Zuständigkeit für Klagen aus erbrechtlichen Streitigkeiten, welche die Feststellung des Erbrechts, Erbschaftsansprüche, Ansprüche aus Vermächtnissen oder Pflichtteilsansprüche zum Gegenstand haben, für den beweglichen Nachlass den Gerichten des Heimatstaates des Erblassers, für den unbeweglichen Nachlass den Gerichten des Belegenheitsstaates zugewiesen[532]. Aufgrund dessen, dass die mit dieser Vorschrift begründete internationale Zuständigkeit aus der Sicht beider Staaten ausschließlich ist, ist auf die jeweiligen autonomen Bestimmungen beider Staaten nicht mehr zurückzugreifen[533].

Die Ausschließlichkeit der Zuständigkeit der Heimatgerichte für Klagen auf Herausgabe von beweglichem Nachlass und auf Erfüllung von Pflichtteilsansprüchen wird jedoch zu Recht kritisiert. Es widerspreche dem Anspruch auf Rechtsschutz der Beteiligten, die häufig sämtlich und langjährig im Inland leben, für Erbstreitigkeiten an entfernte Heimatstaatgerichte zu verweisen[534] Vorgeschlagen wird, dass eine ausschließliche Zuständigkeit dann nicht mehr angenommen werden sollte, wenn die streitenden Parteien ihren gewöhnlichen Aufenthalt jeweils im anderen Vertragsstaat haben[535].

§ 15 des Abkommens erfasst weder die Geltendmachung der zum Nachlass gehörenden Ansprüche gegen Dritte[536], noch die Klagen, die sich aus einem gegen den Nachlass gerichteten Anspruch Dritter ergeben; insoweit ist nach § 8 des Abkommens die internationale Zuständigkeit der

---

[530] S. oben Fn. 24.

[531] *Nagel/Gottwald*, § 3, Rdn. 53; *Schack*, IZVR, Rdn. 321.

[532] OLG Köln, IPRspr 1986, S. 248 Nr. 109.

[533] *Nagel/Gottwald*, § 3, Rdn. 53; *Dörner*, ZEV 1996/3, S. 96.

[534] *Nagel/Gottwald*, § 3, Rdn. 53; Beispiele bei *Dörner*, ZEV 1996/3, S. 96.

[535] *Dörner*, ZEV 1996/3, S. 96.

[536] *Dörner*, ZEV 1996/3, S. 96; *ders*., in: Staudingers Kommentar zum BGB (2000), Vorbem. Zu Art. 25 f EGBGB, Rdn. 180; OLG München, IPRax 1981, S. 215; a.A. *Kremer*, IPRax 1981, S. 205.

Gerichte des Staates begründet, in dem sich der bewegliche oder unbewegliche Nachlass befindet[537].

Nach § 17 des Abkommens genügen die Erbscheine oder Testamentsvollstreckerzeugnisse, die von Behörden des Heimatstaates des Erblassers ausgestellt worden sind, in bezug auf den beweglichen Nachlass in dem jeweils anderen Vertragsstaat zum Nachweis der Rechtsstellung. Diese Vorschrift regelt m.E. zwar für die betreffenden Scheine sowohl die Entscheidungs- als auch die Anerkennungszuständigkeit, sieht aber ihrem Wortlaut nach keine ausschließliche Zuständigkeit vor. Daher können die deutschen Gerichte gegebenenfalls aufgrund § 2369 BGB für die Ausstellung der Erbscheine angerufen werden, womit die Diskussion um die Anerkennung und die Wirkungen der im Ausland ausgestellten Urkunden vermieden werden kann[538].

C. Zusammenfassung

Die internationale Zuständigkeit in Erbstreitigkeiten im deutsch-türkischen Rechtsverkehr ist in § 15 des Nachlassabkommens geregelt. Danach sind die Gerichte des Heimatstaates des Erblassers zuständig, soweit die Klage den beweglichen Nachlass betrifft, und die Gerichte des Belegenheitsstaates sind zuständig, wenn sich die Klage auf den unbeweglichen Nachlass bezieht. Die vor gut 70 Jahren bestimmte Anknüpfung an die Gerichte des Heimatstaates ist jedoch heutzutage mit den Erfordernissen einer gerechten Zuständigkeitsverteilung nicht mehr in Einklang zu bringen, wenn es sich um die beweglichen Nachlasssachen handelt. Sie sollte durch ein neues Abkommen aufgehoben werden. Bis dahin lässt sich empfehlen, dass die Gerichte beider Staaten § 15 des Abkommens insoweit restriktiv auslegen[539]. Eine derartige Auslegung/Anwendung ist wie folgt zu verstehen: „Die im Hinblick auf den beweglichen Nachlass getroffene Zuständigkeitsregelung dürfte sich allein auf Erbstreitigkeiten beziehen, deren Beteiligte dieselbe Staatsangehörigkeit besitzen wie der Erblasser – Heimatzuständigkeit zum Schutze der Angehörigen des jeweils anderen Vertragsstaates. Insoweit kann § 15 Satz 1 dann keine ausschließliche Geltung besitzen, wenn an der Auseinandersetzung auch ein Erbe, Vermächtnisnehmer usw. mit einer anderen Staatsangehörigkeit beteiligt ist. Wird etwa ein türkischer Erblasser von einem deutschen

---

[537] *Dörner*, ZEV 1996/3, S. 96.

[538] Vgl. *Dörner*, ZVE 1996/3, S. 96; *ders.*, in: Staudingers Kommentar zum BGB (2000), Vorbem. Zu Art. 25 f EGBGB, Rdn. 188; Erman/*Hohloch*, Art. 25 EGBGB, Rdn. 57; *Kremer*, IPRax 1981, S. 206.

Staatsangehörigen (vgl. auch Art. 5 Abs. 1 Satz 2) beerbt, so besteht auch eine internationale Zuständigkeit der deutschen Gerichte analog § 27 ZPO für Klagen, die von diesem Erben erhoben bzw. gegen ihn gerichtet werden“[540].

---

[539] *Dörner*, ZEV 1996/3, S. 96.

[540] *Dörner*, in: Staudingers Kommentar zum BGB (2000), Vorbem. Zu Art. 25 f EGBGB, Rdn. 180.

§ 13 Internationale Zuständigkeit der deutschen Gerichte für familienrechtliche Streitigkeiten

A. Einleitung

Die Regelung der internationalen Zuständigkeit der deutschen Gerichte für Ehe- und Familiensachen weicht vom Doppelfunktionalitätsprinzip der örtlichen Zuständigkeitsregeln teilweise ab. Die Abweichung gilt vor allem für Ehesachen, für die die internationale Zuständigkeit selbständig in § 606a ZPO geregelt ist. Eine mittelbare Abweichung kommt insoweit in Betracht, als in Fällen mit Auslandsberührung eine internationale Verbundzuständigkeit für die Folgesachen gemäß § 621 Abs. 2, 3 ZPO in Betracht kommt.

Für familienrechtliche Streitigkeiten findet die Zuständigkeitsordnung des EuGVÜ keine Anwendung (Art. 1 Nr. 1 EuGVÜ). Vielmehr gilt für sie seit 01.03.2001 die EG-Verordnung vom 29.05.2000[541]. Im Hinblick darauf, dass diese Verordnung nur in den EU-Staaten – mit Ausnahme des Königreichs Dänemark – gilt (Art. 46 Abs. 2 der Verordnung) und die Türkei kein Mitgliedstaat der EU ist, stellt sich die Frage, ob ihre Zuständigkeitsordnung (Kapitel II, Abschnitt 1) in einem Mitgliedstaat (hinsichtlich der vorliegenden Arbeit in Deutschland) auch auf die Fälle Anwendung findet, die einen Auslandsbezug zu einem Drittstaat aufweisen. Diese Frage (sog. Drittstaatenproblematik) wurde in der vorliegenden Arbeit bereits in bezug auf die Zuständigkeitsordnung des EuGVÜ erörtert[542]. Dortige Ausführungen gelten hierfür entsprechend. Folglich sollte diese Verordnung m.E. auch für die Fälle mit Drittstaatenbezug zur Anwendung kommen (vor allem ihr Art. 2), es sei denn, dass ihre Anwendbarkeit in einzelnen Vorschriften ausdrücklich nur für die Fälle mit EU-Staatenbezug vorgesehen ist (so etwa in Art. 3 der Verordnung). Da jedoch die deutsche Rechtsprechung überwiegend anderer Auffassung ist, wird hier ihr folgend die autonomen Bestimmungen für die in der vorliegenden Arbeit interessierenden Fälle (für die Fälle mit Drittstaatenbezug) für anwendbar gehalten. Es ist allerdings nicht auszuschließen, dass auch die deutsche Rechtsprechung ihre Auffassung im Hinblick auf die Entscheidung des EuGH vom 13.07.2000[543] ändert und sich an die in der Lehre herrschende Meinung anschließt. Dies ist aber noch abzuwarten.

In Anbetracht dessen, dass die vorliegende Arbeit die internationale Zuständigkeit der deutschen und türkischen Gerichte mehr aus der Sicht des deutsch-türkischen Rechtsverkehrs behandelt,

---

541 S. oben Fn. 114.

542 S. oben S. 30 ff.

543 S. oben Fn. 130.

wird im folgenden gelegentlich das türkische Sachrecht in Erwägung gezogen. Denn es ist in vielen der hier interessierenden Fälle das anwendbare Sachrecht vor dem deutschen Gericht, wobei ihm auch bezüglich der internationalen Zuständigkeit öfters eine mittelbare Bedeutung zukommt.

B. Eherechtliche Streitigkeiten mit/unter türkischen Beteiligten

I. Die Qualifikation des Begriffs der Ehesache und dessen Behandlung im internationalen Zuständigkeitsrecht unter Berücksichtigung der unterschiedlichen Rechtsinstitute

Für die Qualifikation der Ehesache ist der Grundsatz der lex fori in Betracht zu ziehen. Denn es handelt sich hier um einen prozessrechtlichen Begriff[544]. Insoweit ist § 606 Abs. 1 Satz 1 ZPO die maßgebliche Regelung im deutschen Recht.

In Fällen mit Auslandsberührung ist aber dem Grundsatz lex fori nicht immer im vollen Umfang zu folgen; jedenfalls dann nicht, wenn etwa das zur Anwendung kommende ausländische Sachrecht mit der Aufzählung des § 606 Abs. 1 Satz 1 ZPO nicht übereinstimmt[545]. Das erweist sich auch in unserem Fall, wenn nämlich das türkische Recht das anwendbare Sachrecht ist. Insoweit ist auf einige Institute des türkischen Rechts einzugehen, die dem deutschen Recht fremd sind:

1. Die förmliche Trennung der Ehe

Bei der Qualifikation der in Art. 138 ff. türk. ZGB geregelten sog. förmlichen Trennung der Ehe von Tisch und Bett, ob sie also als eine Ehesache i.S.v. § 606 Abs. 1 Satz 1 ZPO anzusehen, ist in erster Linie der Grundsatz in Erwägung zu ziehen, wonach die funktionelle Ähnlichkeit der unterschiedlichen Institute maßgebend ist[546]. Dieser Grundsatz hilft aber indes nicht weiter. Ein funktionell ähnliches Institut gibt es im deutschen Recht nämlich nicht.

Im türkischen Recht wird sie nicht als Ersatz für eine grundsätzlich ausgeschlossene Scheidung betrachtet. Denn die ursprünglich aus katholischem Verständnis zur Umgehung der Unauflösbarkeit des Ehebundes herstammende Trennung auf *unbestimmte* Zeit[547] kennt das türkische Recht nicht. Im türkischen Recht wird vielmehr davon ausgegangen, dass diese Trennung dazu dient,

---

544 Staudinger-*Spellenberg*, §§ 606 ff. ZPO, Rdn. 34.

545 Stein/Jonas-*Schlosser*, vor § 606 ZPO, Rdn. 5.

546 Staudinger-*Spellenberg*, §§ 606 ff. ZPO, Rdn. 34.

dass sich die Eheleute nach der Unterbrechung des Zusammenlebens wieder miteinander versöhnen können[548].

Dennoch ist dieses Institut m.E. als *Vorstufe zur Scheidung*[549] anzusehen und folglich die internationale Zuständigkeit der deutschen Gerichte aus § 606a ZPO herzuleiten[550]. Denn sie kommt immer im Zusammenhang mit der Scheidung in Frage, so dass sie dabei entweder auf *bestimmte* Zeit die Alternative der Scheidung wird, oder zur Verschiebung der begehrten Scheidung auf *bestimmte* Zeit vom Richter in Anspruch genommen wird[551].

2. Talaq-Scheidung

Ein anderes Institut, womit sich der deutsche Richter im Falle der Anwendung des türkischen Sachrechts zu befassen haben kann, ist eigentlich kein gesetzliches sondern ein faktisches der türkischen Eherechtspraxis. Das ist die sog. talaq-Scheidung (Verstoßung). Ihr eherechtlicher Charakter und damit ihre Einordnung in § 606a Abs. 1 ZPO ist zwar nicht zu bezweifeln, aber das türkische gesetzte (positive) Recht sieht keine andere Scheidungsform als die gerichtliche vor. Sie ist also nach dem türkischen Scheidungsrecht unzulässig. Folglich kann dem Begehren, der Feststellung bzw. der Anerkennung der Geschiedenheit wegen der Verstoßung, vor dem deutschen Gericht unter Anwendung des türkischen Sachrechts nicht stattgegeben werden[552].

Erfolgt dagegen die talaq-Scheidung unter Anwendung des islamischen Rechts, das im konkreten Fall das Scheidungsstatut ist, so besteht nur eine geringe Wahrscheinlichkeit, dass diese Entscheidung in der Türkei anerkannt wird. Hier ist deswegen von der geringen *Wahrscheinlichkeit* die Rede, weil die talaq-Scheidung als unvereinbar mit dem türkischen ordre public betrachtet wird, auch wenn sie im Ausland und nach dem gemäß türkischen Kollisionsnormen maßgeblichen Recht ergangen ist[553]. Es wird damit das ausländische Gesetz, das die Verstoßung vorsieht,

---

547 Vgl. Art. 117 Abs. 1 schweiz. ZGB.

548 *Oğuzman/Dural*, S. 133; Hatemi/Serozan-*Hatemi*, S. 210; *Zevkliler/Acabey/Gökyayla*, S. 909 ff.

549 Zöller/*Philippi*, § 606 ZPO, Rdn. 11.

550 Staudinger-*Spellenberg*, §§ 606 ff. ZPO, Rdn. 34; *Gottwald*, FS Nakamura, S. 191; MünchKommZPO/*Walter*, § 606a ZPO, Rdn. 7; MünchKommBGB/*Winker v. Mohrenfels*, Art. 17 EGBGB, Rdn. 238.

551 Vgl. BGHZ 47, S. 324 = IPRspr 1966/67, Nr. 90 = FamRZ 1967, S. 452; s. auch für eine Reihe von Entscheidungen der obersten und erstinstanzlichen Gerichte zu diesem Thema s. Staudinger-*Spellenberg*, §§ 606 ff. ZPO, Rdn. 42.

552 Vgl. KG, IPRax 2000, S. 126 ff.; dazu *Herfarth*, IPRax 2000, S. 101 ff: Die Entscheidung und die Rezension des Autors beschäftigen sich damit, ob eine Scheidung nach religiösem Recht durch deutsche Gerichte im Hinblick auf wesenseigene Zuständigkeit möglich sei; der Entscheidung lag eine *talaq*-Scheidung zwischen persischen Eheleuten in Deutschland zugrunde.

553 *Çelikel*, S. 361.

mit dem türkischen ordre public als unvereinbar angesehen. Trotzdem wurde aber eine solche ausländische (saudi-arabische) Entscheidung in der Türkei mit der Begründung anerkannt, dass diese Entscheidung *im konkreten Fall* im Hinblick auf ihre Folgen mit dem türkischen ordre-public nicht unvereinbar war[554].

II. Anknüpfungspunkte für die internationale Zuständigkeit in Ehesachen

Gemäß § 606a ZPO sind die deutschen Gerichte für Ehesachen sind zuständig,

- wenn ein Ehegatte Deutscher ist oder bei der Eheschließung war (sog. Antrittszuständigkeit),
- wenn beide Ehegatten ihren gewöhnlichen Aufenthalt in Deutschland haben,
- wenn ein Ehegatte Staatenloser mit gewöhnlichen Aufenthalt im Inland ist oder
- wenn ein Ehegatte seinen gewöhnlichen Aufenthalt im Inland hat, es sei denn, dass die zu fällende Entscheidung offensichtlich nach dem Recht keines der Staaten anerkannt würde, denen einer der Ehegatten angehört.

Die Vorschrift stellt damit auf die Staatsangehörigkeit und auf den Aufenthaltsort ab.

1. Staatsangehörigkeitszuständigkeit

a) Im allgemeinen

Die internationale Zuständigkeit der deutschen Gerichte für Ehesachen ist gegeben, wenn wenigstens einer der Ehegatten die deutsche Staatsangehörigkeit besitzt (sog. Heimatzuständigkeit) oder zumindest während der Eheschließung (sog. Antrittszuständigkeit) besaß (§ 606a Abs.1 Nr. 1). Diese Anknüpfung an die deutsche Staatsangehörigkeit ist absolut und es kommt weder auf die Anerkennungsprognose der zu fällenden Entscheidung, noch auf den Aufenthalt der Parteien an[555].

---

[554] Diese Entscheidung von Kadiköy 2. Asliye Hukuk Mahkemesi (v. 07.02.1991) wird von *Çelikel* (S. 361) zitiert und für richtig gehalten. Zu einer Rezension über diese Entscheidung und die Anerkennung saudi-arabischer Verstoßungen in der Türkei s. *Nomer*, Ergin, Suudi Arabistan Hukukuna göre Talak ve Türkiye'de Taninmasi (talaq nach saudi-arabischem Recht und dessen Anerkennung in der Türkei) İBD 1991, Band 65, Nr. 7-8-9, S. 501 ff. Zur Anerkennbarkeit solcher Gerichtsentscheidungen in der Türkei schon *Sakmar*, Yabancı Ilamlar, S. 24.

[555] Ausführlich Staudinger-*Spellenberg*, §§ 606 ff. ZPO, Rdn. 128 ff.

Da Flüchtlinge im Bundesgebiet in Fragen der internationalen Zuständigkeit den deutschen Staatsangehörigen gleichgestellt sind, erstreckt sich die Anwendung des § 606a Abs.1 Nr. 1 ZPO auch auf sie[556].

b) Zuständigkeitsrechtliche Folgen der deutsch-türkischen Doppelstaatsangehörigkeit

Anders als im deutschen IPR (Art. 5 Abs. 1, Satz 2 EGBGB) ist die Frage der doppelten Staatsangehörigkeit für das deutsche internationale Zivilprozessrecht gesetzlich nicht geregelt. Trotzdem hält die h.M. im Falle einer deutsch-ausländischen Doppelstaatsangehörigkeit die deutsche Staatsangehörigkeit für die Begründung der internationalen Zuständigkeit der deutschen Gerichte für Ehesachen für ausreichend, auch wenn sie nicht die effektive ist[557]. Es lässt sich daraus folgern, dass die deutsche internationale Zuständigkeit etwa für eine Scheidungsklage einer Person, die sowohl die deutsche als auch die türkische Staatsangehörigkeit besitzt, auf Grund § 606a Abs. 1 Nr. 1 ZPO eröffnet ist. Dabei spielt es keine Rolle, wo die betreffende Person ihren Wohnsitz oder Aufenthalt hat. Im Falle einer deutsch-ausländischen Doppelstaatsangehörigkeit ist nämlich die internationale Zuständigkeit der deutschen Gerichte für Statussachen immer nur aus der deutschen Staatsangehörigkeit zu folgern, auch wenn die betreffenden Person zugleich ihren Aufenthaltsort im Inland hat[558].

Auf Grund Art. 28 türk. IPRG besteht bei einer deutsch-türkischen Doppelstaatsangehörigkeit besteht auch die internationale Zuständigkeit der türkischen Gerichte. Denn zum einen ist in Statussachen weder die deutsche[559] noch die türkische[560] internationale Zuständigkeit ausschließlich. Zum zweiten stellt auch das türkischen Recht in Art. 4 lit. b türk. IPRG[561] im Falle einer türkisch-ausländischen Doppelstaatsangehörigkeit auf die türkische ab

Diese Rechtslage kann im Zusammenspiel mit anwendbarem Recht zu vermehrten Konflikten im Rahmen der Rechtshängigkeit und Anerkennung führen. Denkbar ist etwa folgende Fallkonstellation: Bei einer Scheidungsklage eines deutsch-türkischen Doppelstaatlers hat das deutsche Fa-

---

556 *Kilian*, IPRax 1995, S. 9, Fn. 16; Staudinger-*Spellenberg*, §§ 606 ff. ZPO, Rdn. 165 ff.

557 *Riezler*, S. 152 ff.; Zöller/*Geimer*, § 606a ZPO, Rdn. 37 und 44; Baumbach/Lauterbach/*Albers*, § 606a ZPO, Rdn. 4; *Kropholler*, Hdb. IZVR I, Kap. III, Rdn. 76; *Schröder*, S. 726; *Graf*, S. 56 ff.; m.w.N. *Mansel*, Rdn. 443 ff.; BayObLG, BayObLGZ 1982, S. 32, 37 = IPRspr 1982, Nr. 10; OLG Karlsruhe, FamRZ 1984, S. 819 = IPRspr 1984, 200; a.A. Stein/Jonas-*Schlosser*, § 606a ZPO, Rdn. 11; *Kilian*, IPRax 1995, S. 11-12; Staudinger-*Spellenberg*, §§ 606 ff. ZPO, Rdn. 153 ff.; vgl. BayObLG, FamRZ 1997, S. 959; s. auch BGHZ 118, S. 312 (327) = NJW 1992, S. 3096 (3100).

558 *Martiny*, JZ 1993, S. 1150.

559 *Nagel/Gottwald*, § 3, Rdn. 95.

560 S. unten S. 172.

561 Vgl. Art. 5 Abs. 1 Satz 2 EGBGB.

miliengericht, dessen internationale Zuständigkeit auf die deutsche der beiden Staatsangehörigkeiten basiert, auf Grund Art. 17 i.V.m. Art. 14, 5 Abs. 1 Satz 2 EGBGB das deutsche Sachrecht anzuwenden. Würde die selbe Person die Scheidungsklage in der Türkei, wo die internationale Zuständigkeit auf die türkische der doppelten Staatsangehörigkeiten gestützt wird, erheben, so kämen auf Grund Art. 13 i.V.m. Art. 4 lit. b türk. IPRG die türkischen Sachnormen zur Anwendung. Nun haben die Gerichte der jeweiligen Staaten aus der Sicht der anderen nicht das maßgebliche Sachrecht angewandt. Wendet der Antragsgegner beim Anerkennungsverfahren über das in Deutschland erlassene Scheidungsurteil in der Türkei ein, dass das deutsche Gericht bei der Urteilsfindung nicht das gemäß türkischem Kollisionsrecht maßgebliche Recht angewandt hat, so ist die Anerkennung des deutschen Scheidungsurteils in der Türkei auf Grund Art. 42 i.V.m. Art. 38 lit. e türk. IPRG abzulehnen[562]. Um ein solches Ergebnis zu vermeiden, muss m.E. im deutschen aber auch im türkischen IPR auf die effektive Staatsangehörigkeit des Mehrstaatlers abgestellt werden[563].

2. Aufenthaltszuständigkeit

Als zweiten Anknüpfungspunkt stellt § 606a ZPO auf den inländischen gewöhnlichen Aufenthalt der ausländischen Ehegatten zweifach ab. In erster Linie kommt der inländische (aber nicht unbedingt *gemeinsame*)[564] gewöhnliche Aufenthalt der *beiden* ausländischen Ehegatten in Betracht, wobei es nicht darauf ankommt, ob die zu fällende Entscheidung im Ausland anzuerkennen wäre (§ 606a Abs. 1, Nr. 2 ZPO). Ist das nicht der Fall, so begründet der inländische gewöhnliche Aufenthalt eines der beiden ausländischen Ehegatten die internationale Zuständigkeit der deutschen Gerichte für die Ehesachen, es sei denn, dass die zu fällende Entscheidung offensichtlich nach dem Recht keines der Staaten anerkannt würde, denen einer der Ehegatten angehört (§ 606a Abs. 1 Nr. 4 ZPO).

Insoweit ist an dieser Stelle auf zwei Themen einzugehen, die für die Begründung der Aufenthaltszuständigkeit von Bedeutung sind. Zunächst ist die Bestimmung des inländischen Aufenthaltes, was sowohl bei § 606a Abs. 1, Nr. 2 ZPO als auch bei § 606a Abs. 1, Nr. 4 ZPO in Frage kommt, zu behandeln. Des weiteren kommt der Anerkennung ausländischer Entscheidungen in Personalstatutsangelegenheiten von türkischen Staatsangehörigen in der Türkei, was im Hinblick auf § 606a Abs. 1, Nr. 4 ZPO in Frage kommen kann, eine weitere Bedeutung zu.

---

562 M.w.N. bei *Nomer*, JZ 1993, S. 1144; vgl. *Martiny*, JZ 1993, S.

563 So auch *Kılıç*, IPRax 1994, S. 479.

564 Staudinger-*Spellenberg*, §§ 606 ff. ZPO, Rdn. 181; Baumbach/Lauterbach/*Albers*, § 606a ZPO, Rdn. 5.

a) Bestimmung des inländischen Aufenthaltes

(1) Qualifikationsfragen

Da es sich hier um einen prozessrechtlichen Begriff handelt, lässt sich grundsätzlich sagen, dass der inländische gewöhnliche Aufenthalt nach der lex fori, also nach deutschem Recht zu bestimmen ist[565]. Er wird aber im deutschen Recht nicht weiter definiert; dagegen wird er neben § 606a Abs. 1 Nr. 3 und 4 ZPO auch u.a. in § 606 Abs. 1 und 2 ZPO, Art. 5 Abs. 2, Art. 14 Abs. 1 Nr. 2, Art. 18 Abs. 1 EGBGB, Art. 5 Nr. 2 EuGVÜ und Art. 1 MSA[566] mit jeweils unterschiedlicher Funktion (etwa zum Zwecke der Bestimmung der internationalen bzw. örtlichen Zuständigkeit, oder des Scheidungsstatutes usw.) verwendet. Nun stellt sich vor allem die Frage, ob er für all diese genannten Normen einheitlich auszulegen ist.

Nach der h.M. ist eine differenzierende Auslegung im Hinblick auf den Unterschied der Funktion und des Zwecks der unterschiedlichen Normen geboten[567]. Da es sich etwa bei § 606a ZPO um Rechtschutzgewährung handele, sei für ihn eine eigenständige und zwar extensive Auslegung geboten[568]. Die Mindermeinung tritt dagegen für eine mindestens innerhalb der kollisions- und zuständigkeitsrechtlichen Bereiche der Ehesachen einheitliche Auslegung ein[569].

Der h.M. ist m.E. nicht zu folgen. Denn zum einen ist davon auszugehen, dass der vom Gesetzgeber in unterschiedlichen Bereichen als Anknüpfungspunkt ausgewählte gewöhnliche Aufenthalt ein fester, klarer, konkreter, objektiver und von daher leicht feststellbarer Begriff sein soll,

---

[565] Zöller/*Geimer*, § 606a ZPO, Rdn. 48; Baumbach/Lauterbach/*Albers*, § 606a ZPO, Rdn. 5; MünchKommZPO/ *Walter*, § 606a ZPO, Rdn. 22; *Kilian*, IPRax 1995, S. 10; *Spellenberg*, IPRax 1988, S. 4; Staudinger-*Spellenberg*, §§ 606 ff. ZPO, Rdn. 182; BGHZ 27, S. 47 = NJW 1958, S. 830 = FamRZ 1958, S. 216; BGH, NJW 1975, S. 1068 = FamRZ 1975, S. 272; BGH, NJW 1983, S. 2771 = RIW/AWD 1983, S. 694; OLG Zweibrücken, FamRZ 1985, S. 81; KG, NJW 1988, S. 650; zu IPR vgl. *Neuhaus*, Grundbegriffe, S. 225 ff.; *Baetge*, S. 44 ff.

[566] Haager Übereinkommen über die Zuständigkeit der Behörden und das anzuwendende Recht auf dem Gebiet des Schutzes von Minderjährigen vom 5.10.1961. Diesem Übereinkommen sind Deutschland (BGBl. 1971 II, S. 219) und die Türkei (RG, T. 21.2.1983, Nr. 17966) beigetreten, und das Übereinkommen ist für Deutschland im Verhältnis zur Türkei seit 16.4.1984 (BGBl. 1984 II, S. 460) in Kraft.

[567] *Beitzke*, Vorschläge und Gutachten, S. 143, 151 ff.; *Mann*, JZ 1956, S. 470; *Neuhaus*, Grundbegriffe, S. 226 ff.; *Papenfuß*, S. 136 ff.; vgl. auch OLG Hamm, NJW 1990, S. 651 = IPRax 1990, S. 247-248 (das Gericht geht davon aus, dass der Kernbereich des Begriffs des gewöhnlichen Aufenthaltes in den unterschiedlichen Rechtsgebieten deckungsgleich sein dürfte, doch aber gewisse Modifikationen bei der Anwendung in Einzelbereichen erkennbar seien); OLG Koblenz, IPRax 1990, 249. Für die Meinungsstände und ihre Kritik (und eine dreistufige Differenzierung – insbesondere innerhalb des IPR –) s. ausführlicher *Baetge*, S. 86 ff.

[568] *Baetge*, S. 100; *Kilian*, IPRax 1995, S. 11; vgl. OLG Hamm, NJW 1990, S. 651 = IPRax 1990, S. 247.

[569] So Staudinger-*Spellenberg*, §§ 606 ff. ZPO, Rdn. 183 (abweichende Auslegung sei nur auf das Unumgängliche zu beschränken); vgl. ferner Zöller/*Philippi*, § 606 ZPO, Rdn. 16a; Stein/Jonas-*Schlosser*, § 606 ZPO, Rdn. 7 (vorbehaltlich der eventuellen geringfügigen Nuancen); *Spickhoff*, IPRax 1990; S. 226-227; *ders.*, IPRax 1995, S. 186.

auch wenn seine Funktion in unterschiedlichen Bereichen anders sein kann. Wenn derselbe Begriff in verschiedenen Bereichen unterschiedlich verstanden werden sollte, wenn also der Gesetzgeber dies so beabsichtigt hätte, dann hätte er anderweitige Anknüpfungspunkte verwendet. Er kann also nicht ein unterschiedliches Verständnis des gleichen Begriffs zum Ziel gehabt haben. Zum anderen gibt es keinen Grund für eine differenzierende Auslegung. Das Argument, bei den internationalen Zuständigkeitsbestimmungen gehe es um Rechtsschutzgewährung, und er könne bei einer restriktiven Auslegung, der aus den völkerrechtlichen und rechtsstaatlichen Gründen geboten sei, in Frage gestellt werden[570], trifft m.E. nicht zu. Denn in solchen Fällen ist die Notzuständigkeit in Anspruch zu nehmen. Des weiteren würde man bei einer differenzierenden Auslegung für jeden Bereich, in dem dieser Begriff verwendet wird, einen zweiten Maßstab brauchen, wonach der Zweck der Regelung bestimmt werden soll[571]. Außerdem haben die Grenzfälle, in denen der gewöhnliche Aufenthalt schwer zu bestimmen ist, mit der differenzierenden Auslegung nichts zu tun, sondern es geht in diesen Fällen um die Konkretisierung des Begriffs, wobei der Richter bezüglich der Elemente des Begriffs einen Beurteilungsspielraum hat.

Folglich kann der Aufenthaltsort im allgemeinen, aber vor allem i.S.v. § 606a ZPO folgendermaßen definiert werden: Er ist der tatsächliche Mittelpunkt des Lebens, der Ort, wo die Person sich hauptsächlich (nicht unbedingt ununterbrochen) aufzuhalten pflegt, insbesondere der Ort, an dem nicht nur vorübergehend gewohnt und genächtigt wird[572]. Nicht erforderlich ist die einwohnerbehördliche Meldung[573]; es handelt sich hierbei nämlich um einen rein tatsächlichen Vorgang, ohne dass ein (rechtsgeschäftlicher) Wille hinzukommen muss[574], wodurch sich der gewöhnliche Aufenthalt und der Wohnsitz unterscheiden[575].

Das ist allerdings die erste Art der gewöhnlichen Aufenthaltsbegründung[576]. Sie ist faktisch[577] und ihr liegen die Dauer des Aufenthaltes, sowie die Eingliederung (jedoch nicht unbedingt eine soziale Einbindung mit der einheimischen Bevölkerung[578]) der Person in das soziale Umfeld zugrunde. Diese, also die gewisse Dauer und die Eingliederung ins soziale Umfeld, sind die wich-

---

570 Statt aller s. *Kilian*, IPRax 1995, S. 11.

571 Vgl. *Spickhoff*, IPRax 1990, S. 226.

572 Ausführlich bei Staudinger-*Spellenberg*, §§ 606 ff. ZPO, Rdn. 185.

573 KG, NJW 1988, S. 650.

574 BGH, FamRZ 1975, S. 273; BGHZ 78, S. 293; KG, NJW 1988, S. 650; BayObLGZ 1979, S. 196; OLG Karlsruhe, FamRZ 1970, S. 410.

575 OLG Hamm, NJW-RR 1997, S. 6.

576 *Spickhoff*, IPRax 1990, S. 227; *Kilian*, IPRax 1995, S. 10.

577 BGH, NJW 1975, S. 1068 = FamRZ 1975, S. 272; OLG Hamm, NJW-RR 1997, S. 6.

578 Staudinger-*Spellenberg*, §§ 606 ff. ZPO, Rdn. 185.

tigsten Elemente, wodurch sich der gewöhnliche und der schlichte Aufenthalt (§ 16 ZPO) unterscheiden[579].

Auch wenn man in der Praxis in bezug auf die Dauer des Aufenthaltes öfters als Faustregel von einem sechsmonatigen Zeitraum ausgeht[580], ist dies weder gesetzlich noch durch die ständige Rechtsprechung fixiert. Eine solche Annahme ist m.E. nicht zutreffend. Denn der Vorgang des tatsächlichen räumlichen Mittelpunkts des Lebens, was entscheidend ist und sich an sozialen Bindungen des Betroffenen zu seiner Umwelt erweist[581], kann eine kürzere oder aber auch eine längere Zeit erfordern[582]. Dem Zeitfaktor kann lediglich eine Indizfunktion zukommen[583].

Bei der zweiten Art der Begründung des gewöhnlichen Aufenthaltes, für die in der Literatur[584] aber neulich auch in der Praxis[585] plädiert wird, geht es um die bloße Aufenthaltsnahme, so dass sich aus den Umständen ergibt, dass der Aufenthalt an diesem Ort auf längere Zeit angelegt ist und der neue Aufenthaltsort an die Stelle des bisherigen Daseinsmittelpunkts treten soll[586]. Dabei spielt der Wille eine konstitutive Rolle. Wenn er da ist, kann der Aufenthalt schon mit Anbeginn als *gewöhnlicher* angenommen werden, auch wenn die soziale Integration erst jetzt beginnt[587]. Wichtig ist aber auch, dass die Verwirklichung der dortigen Aufenthaltsbegründung auf Zeit dort anzunehmen ist[588].

Aufgrund dessen, dass ein rechtsgeschäftlicher Wille für die Begründung des gewöhnlichen Aufenthaltes (erster Art) nicht erforderlich ist[589], können Minderjährige und Nichtvollgeschäftsfähige ohne – sogar gegen – Willen ihrer gesetzlichen Vertreter einen eigenen gewöhnlichen Aufenthalt begründen. Das hat zur Folge, dass der gewöhnliche Aufenthalt für Minderjährige selbständig zu ermitteln ist; er leitet sich nämlich nicht vom gewöhnlichen Aufenthalt des Sorgerechtsberechtigten ab[590].

---

579 Staudinger-*Spellenberg*, §§ 606 ff. ZPO, Rdn. 187; m.w.N. bei *Baetge*, S. 49-50.

580 BGH, IPRax 1981, S. 139 (betreffend MSA); OLG Hamm, NJW 1991, S. 636; OLG Stuttgart, NJW 1978, S. 1716; OLG München, FamRZ 1981, S. 389; OLG Düsseldorf, FamRZ 1984, S. 194.

581 *Baetge*, S. 51.

582 Vgl. Staudinger-*Spellenberg*, §§ 606 ff. ZPO, Rdn. 187-188; Stein/Jonas-*Schlosser*, § 606 ZPO, Rdn. 9.

583 MünchKommBGB/*Sonnenberger*, Einl. IPR, Rdn. 665; so auch OLG Hamm, NJW-RR 1997, S. 6.

584 *Spickhoff*, IPRax 1990, S. 227; *Kilian*, IPRax 1995, S. 10.

585 Vgl. OLG Hamm, NJW-RR, 1997, S. 6.

586 OLG Hamm, NJW-RR, 1997, S. 6; vgl. grundlegend BGH, NJW 1981, S. 520.

587 Erman/*Hohloch*, Art. 5 EGBGB, Rdn. 52-53.

588 Staudinger-*Spellenberg*, §§ 606 ff. ZPO, Rdn. 196.

589 Staudinger-*Spellenberg*, §§ 606 ff. ZPO, Rdn. 192; Stein/Jonas-*Schlosser*, § 606 ZPO, Rdn. 8-9; Baumbach/Lauterbach/*Albers*, § 606 ZPO, Rdn. 10; BGH, IPRax 1994, S. 133; BGH, NJW 1975, S. 1068.

590 BGH, NJW 1981, S. 520; OLG Hamm, NJW-RR, 1997, S. 6 (beide betreffend MSA).

Die Möglichkeit eines doppelten gewöhnlichen Aufenthaltes ist umstritten[591]. Eine solche Möglichkeit würde sich m.E. damit nicht vereinbaren, dass der gewöhnliche Aufenthalt faktischer Wohnsitz ist[592]. Darüber hinaus ist es m.E. undenkbar, dass die Beziehungen der betroffenen Person zu mehreren Orten ganz gleichwertig sind, so dass man zur Bestimmung des gewöhnlichen Aufenthaltes keinen von ihnen bevorzugen kann. Außerdem würde ja mehrfacher Aufenthalt zur mehrfachen internationalen Zuständigkeit führen, was nicht wünschenswert ist[593].

(2) Aufenthaltsbegründung in Einzelfällen

(i) Aufenthalt bei Strafhaft

Im Hinblick darauf, dass der gewöhnliche Aufenthalt eher faktisch ist, kommt es bei seiner Begründung nicht darauf an, ob er freiwillig war und dabei ein animus manendi bestand, es sei denn, dass die Unfreiwilligkeit und das Fehlen des animus manendi die Entstehung der objektiven Merkmale nicht vereiteln[594]. Aus dieser Sicht begründet die Strafhaft i.d.R. keinen gewöhnlichen Aufenthalt[595]. Anders ist es jedoch, wenn die Strafhaft auf längere Zeit ist und der Gefangene die Ab- und Aussicht hat, nach der Haft in diesem Staat zu bleiben[596]. Droht hiergegen dem Gefangenen die baldige Abschiebung, so kann ein gewöhnlicher Aufenthalt nicht begründet werden[597].

(ii) Aufenthalt bei Asylbewerber

Ob ein Asylbewerber seinen gewöhnlichen Aufenthalt in Deutschland begründen kann, ist nach der konkreten Sachlage unterschiedlich zu beurteilen: Derjenige etwa, den das Bundesamt für die

591 Bejahend Stein/Jonas-*Schlosser*, § 606 ZPO, Rdn. 11, der Autor ist (im Anschluss an RGZ 102, 82, 86 f) der Meinung, dass man dem Antragsteller (Kläger) im Falle des mehreren Aufenthaltes das Recht geben soll, nach seiner Wahl an einem der mehreren Aufenthaltsorte sein Verfahren einzuleiten; vgl. MünchKommBGB/*Sonnenberger*, Einl. IPR, Rdn. 667 und dort Fn. 1765; *Spickhoff*, IPRax 1995, S. 189.

592 BGH, NJW 1975, S. 1068 = FamRZ 1975, S. 272.

593 Ausführlich s. *Spickhoff*, IPRax 1995, S. 187 ff.; Staudinger-*Spellenberg*, §§ 606 ff. ZPO, Rdn. 182 ff.; MünchKommBGB/*Sonnenberger*, Einl. IPR, Rdn. 668; Stein/Jonas-*Schlosser*, § 606 ZPO, Rdn. 8 ff.; Baumbach/Lauterbach/*Albers*, § 606 ZPO, Rdn. 10.

594 BGH, NJW 1981, S. 520.

595 Erman/*Hohloch*, Art. 5 EGBGB, Rdn. 49; MünchKommBGB/*Sonnenberger*, Einl. IPR, Rdn. 668.

596 Stein/Jonas-*Schlosser*, § 606 ZPO, Rdn. 8; Staudinger-*Spellenberg*, §§ 606 ff. ZPO, Rdn. 194-195; Baumbach/Lauterbach/*Albers*, § 606 ZPO, Rdn. 10; für die arbeits- und sozialversicherungsrechtliche Fragen bei der Strafhaft s. *Uşan*, S. 1436 ff.

597 OLG Koblenz, JuS-Kartei § 606 ZPO Nr. 98/1 = FamRZ 1998, S. 756, (mit krit. Anm. von *Gottwald*, aaO., S. 757); zust. *Hohloch*, JuS 1998, S. 848; vgl. OLG Köln, FamRZ 1996, S. 946-947.

Anerkennung ausländischer Flüchtlinge als Asylberechtigter im Sinne des Art. 16 Abs. 2 Satz 2 GG anerkannt hat (§§ 1, 4, 12 ff. AsylVerfG), ist aufgrund der nach § 2 AsylVerfG gewährten Flüchtlingsstellung im Sinne der Genfer Flüchtlingskonvention wie ein Deutscher zu erfassen. Sie können vor den deutschen Gerichten wie ein Deutscher gemäß § 606a Abs. 1 Nr. 1 ZPO Scheidungsantrag stellen und wegen der Nebenfolgen der Scheidung das Verbundverfahren beanspruchen[598]. Sie können aber auch nach den allgemeinen Grundsätzen einen gewöhnlichen Aufenthalt in Deutschland begründen[599].

Der Asylbewerber, der sich seit einiger Zeit in Deutschland aufhält aber sein Anerkennungsverfahren noch nicht abgeschlossen ist, kann in Deutschland seinen gewöhnlichen Aufenthalt begründen[600].

Für den Fall, dass ein rechtskräftiger Abschluss des Asylverfahrens unmittelbar bevorsteht, werden zwei Auffassungen vertreten. Nach der wohl h.M. hat man in diesem Fall den Abschluss des Asylverfahrens abzuwarten und während dessen ein zivilrechtliches Verfahren auszusetzen. Denn wenn das Asylverfahren negativ ausgeht, dann wird die Annahme des gewöhnlichen Aufenthaltes wegen des Fehlens der Fortdauermöglichkeit des Aufenthaltes unmöglich[601]. Die m.E. zutreffende Gegenmeinung geht insoweit davon aus, dass der einmal entstandene gewöhnliche Aufenthalt nicht allein dadurch entfällt, dass der Asylantrag abgelehnt und die Ausreise angeordnet wird, sondern erst durch tatsächliche Ausreise. Ist der gewöhnliche Aufenthalt während des Asylverfahrens oder der Aufenthaltserlaubnis bzw. -duldung entstanden, so bleibt er bis zur Ausreise[602]. Ebenfalls können diejenigen, deren Bewerbung um das Asyl endgültig abgelehnt wurde, aber ihnen auf absehbare Zeit keine Abschiebung (aus z.B. humanitären Gründen oder aufgrund §§ 19, 20 AsylVerfG) droht, in Deutschland ihren gewöhnlichen Aufenthalt begründen[603].

---

598 Stein/Jonas-*Schlosser*, vor § 606 ZPO, Rdn. 8; näher Baumbach/Lauterbach/*Albers*, § 606a ZPO, Anh. I D.

599 *Spickhoff*, IPRax 1990, S. 228; *Kilian*, IPRax 1995, S. 10.

600 *Kilian*, IPRax 1995, S. 11; MünchKommBGB/*Sonnenberger*, Einl. IPR, Rdn. 665; OLG Hamm, IPRax 1990, S. 247 (der Asylbewerber – ein Türke – hielt sich seit mehr als vier Jahren in Deutschland auf); OLG Koblenz, IPRax 1990, S. 249 (der Asylbewerber – ein Türke – hielt sich seit mehr als neun Jahren in Deutschland auf); OLG Nürnberg, IPRax 1990, S. 249-250 (der Asylbewerber hielt sich seit 23 Monaten in Deutschland auf).

601 Baumbach/Lauterbach/*Albers*, § 606 ZPO, Rdn. 10; *Spickhoff*, IPRax 1990, S. 228; vgl. MünchKommBGB/*Sonnenberger*, Einl. IPR, Rdn. 665; OLG Bremen, FamRZ 1992, S. 962; BSG, MDR 1983, S. 173.

602 *Spellenberg*, §§ 606 ff. ZPO, Rdn. 202, 203; *Kilian*, IPRax 1995, S. 11; OLG Hamburg, IPRax 1992, S. 38 f.

603 *Spickhoff*, IPRax 1990, S. 227; *Kilian*, IPRax 1995, S. 11.

b) Die Anerkennung ausländischer Scheidungsurteile in der Türkei

Zur Bejahung der deutschen internationalen Zuständigkeit in Ehesachen ist eine der Möglichkeiten der inländische gewöhnliche Aufenthalt eines der ausländischen Ehegatten, es sei denn, dass die zu fällende Entscheidung offensichtlich nach dem Recht keines der Staaten anerkannt würde, denen einer der Ehegatten angehört (§ 606a Abs. 1, Nr. 4 ZPO). Wenn das deutsche Gericht bei einer Scheidungsklage eines türkischen Staatsangehörigen seine Zuständigkeit mit dieser Vorschrift begründet, ist die Anerkennungspraxis des türkischen Rechts zu berücksichtigen. Deshalb ist an dieser Stelle die Annerkennung ausländischer Urteile (jedoch beschränkt auf Personalstatutssachen) zu erörtern:

Seit Inkrafttreten des türk. IPRG, durch dessen Art. 46 Art. 18 türk. ZPO, der die ausschließliche internationale Zuständigkeit der türkischen Gerichte für die Personalstatutssachen der türkischen Staatsangehörigen beanspruchte, und Art. 540 türk. ZPO, wegen dessen Abs. 4 die Vollstreckung der ausländischen Entscheidungen in Statussachen der türkischen Staatsangehörigen nicht möglich war, aufgehoben wurde, ist die von § 606a Abs. 1, Nr. 4 ZPO vorgesehene Voraussetzung aus türkischer Sicht erfüllt. Denn als Folge der neuen Rechtslage nimmt die Türkei nicht mehr die ausschließliche Zuständigkeit ihrer Gerichte in Anspruch[604]. Das ergibt sich gerade aus dem Wortlaut des Art. 28 türk. IPRG und aus der Aufhebung der Art. 18, 540 türk. ZPO. Nach Art. 28 türk. IPRG können nämlich türkische Staatsangehörige ohne Wohnsitz in der Türkei Prozesse in Personalstatutsangelegenheiten für den Fall, dass sie vor dem Gericht des Staates, in dem sie wohnen, *nicht erhoben wurden oder nicht erhoben werden konnten*, vor dem in der Türkei örtlich zuständigen Gericht führen.

Die Voraussetzungen der Anerkennung ausländischer Entscheidungen sind kurzgefasst folgende[605]:

(1) Die ausländische Entscheidung darf nicht einen Gegenstand betreffen, der zur ausschließlichen Zuständigkeit der türkischen Gerichte gehört (z.B. Art. 13 türk. ZPO –Klagen auf dingliche Rechte an unbeweglichen Sachen in der Türkei),

(2) Die Entscheidung darf nicht offensichtlich gegen die öffentliche Ordnung (den ordre public) verstoßen,

---

604 *Nomer*, FS Kitagawa (1992), S. 771 ff.; *ders.*, MHB 1983/1, S. 11-15; *Krüger*, IPRax 1985, S. 304; Staudinger-*Spellenberg*, §§ 606 ff. ZPO, Rdn. 321; *Ansay*, StAZ 1983, S. 29-30; *ders.*, MHB 1982/2, S. 1-5.

605 Ausführlich bei *Tiryakioglu*, B., Yabanci Bosanma Kararlarinin Türkiye'de Taninmasi ve Tenfizi (Anerkennung und Vollstreckung ausländischer Scheidungsurteile in der Türkei), Diss., Ankara 1996.

(3) Falls das ausländische Urteil das Personalstatut von Türken betrifft, muss das nach den türkischen Kollisionsnormen maßgebende Recht angewandt worden sein; (insoweit muss man hier hinzufügen, dass die Nichteinhaltung dieser Voraussetzung nur dann zur Nichtanerkennung führt, wenn der Beklagte dies vor dem Gericht vorträgt).

Unter diesen Voraussetzungen ist die zweite relativ unbestimmt und abstrakt. Auch wenn sie im Hinblick auf ihre Einschränkung durch das Wort *offensichtlich* entschärft wird, bleibt es immer noch offen, was unter dem *„offensichtlichen Verstoß gegen die türkische öffentliche Ordnung“* zu verstehen ist. Damit bleibt es den türkischen Richtern, die bei der Anerkennung der ausländischen Entscheidungen von dieser Voraussetzung nicht selten Gebrauch machen[606], überlassen, sie im konkreten Fall nach ihren Ermessen zu bewerten[607]. Insoweit ist eine interessante (und m.E. unzutreffende) Entscheidung des türk. Kassationshofes an dieser Stelle zu erwähnen. Es geht um die Revisionsentscheidung des 2. Zivilsenats von 11.10.1990[608]. In der Sache ging es um die Anerkennung eines ausländischen Scheidungsurteils. Die Anerkennung wurde mit der folgenden Begründung abgelehnt: In dem von dem ausländischen Gericht entschiedenen Fall wären die gesetzlichen (materiell-rechtliche) Voraussetzungen der Scheidung (Art. 134 türk. ZGB) nicht nachgewiesen, wodurch das ausländische Urteil gegen den *türkischen ordre public* verstieße[609].

Die Entscheidung des Gerichts ist m.E. mit dem türkischen Anerkennungsregime nicht zu vereinbaren. Denn im türkischen Anerkennungs- und Vollstreckungssystem ist die Institution von „revision au fond“ nicht vorgesehen[610]. Die Befugnis des türkischen Anerkennungsrichters besteht darin, die ausländische Entscheidung nur hinsichtlich der Anerkennungs- bzw. Vollstreckungsvoraussetzungen zu bewerten. Ein darüber hinausgehendes Ermessen hat er insoweit nicht[611]. Denn Art. 540 türk. ZPO, der das weitgehende richterliche Ermessen bei der Anerkennung ausländischer Urteile vorsah, wurde aufgehoben, und die ihn ersetzende Vorschrift (Art. 38 türk. IPRG) gibt dem Richter mit der Formulierung *„das zuständige Gericht erlasse bei nachstehenden Voraussetzungen ein Vollstreckungsurteil“* nicht mehr einen Spielraum für die sachliche Prüfung der ausländischen Entscheidung.

---

606 S. u.a. Yarg. 2. HD., 15.05.1984, 2674/4577, YKD 1984, S. 1356-1357; zu dieser Entscheidung krit. *Nomer*, MHB 1984/2, S. 94 ff.; vgl. Yarg. 2. HD., 02.03.1990, İKİD 1990, S. 358, dazu krit. *Çelikel*, S. 361; Yarg. 2. HD., T. 26.05.1986, 3520/5471, in: *Çelikel/Nomer*, S. 396, Nr. 65.

607 *Nomer*, FS Kitagawa (1992), S. 780-782.

608 Yarg. 2. HD., T. 11.10.1990, E. 3102, K. 9263, in: *Gökkaya*, S. 198.

609 So auch derselbe Senat in der Revisionsentscheidung von 26.05.1988, E. 1988/3211, K. 1988/5558, Yasa Hukuk Dergisi, Jahr 1988, Nr. 2, S. 57 = *Çelikel/Nomer*, S. 4417, Nr. 77; dazu krit. *Çelikel*, S. 361.

610 *Çelikel*, S. 360, Fn. 85; *Nomer*, IPR, S. 392 ff.; so auch Yarg. 2. HD., T. 27.10.1995, 10281/11167, YKD 1996, S. 528-531; zum Thema der Revision im allgemeinen bei *Akcan*, S. 1 ff.

611 *Sakmar*, Yabancı İlamlar, S. 114; *Özbakan*, S. 202.

Derselbe Senat hat jedoch bei einer späteren Entscheidung[612] richtigerweise folgendes ausgeführt: „Das erstinstanzliche Gericht hat den Antrag mit der Begründung abgewiesen, das deutsche Gericht habe das türkische Recht nicht richtig ausgelegt und angewandt. ... Im ausländischen Urteil, das in der Prozessakte ist, steht, dass das türkische Recht angewandt wurde. Diesem Urteil ist zu entnehmen, dass das ausländische Gericht das türkische Recht anders als die ständige türkische Rechtsprechung ausgelegt hat. Es ist ganz klar, dass das ausländische Urteil dann nicht anzuerkennen ist, wenn festgestellt wird, dass das gemäß türkischen Kollisionsnormen maßgebende Recht für die Scheidungsklagen der türkischen Staatsangehörigen (Art. 13 türk. IPRG) nicht angewandt wurde und aus diesem Grund gegen die Anerkennung ein Einwand erhoben wird. Es ist aber mit dem Zweck des türk. IPRG nicht zu vereinbaren, dass in den Fällen, in denen – wie hier – das türkische Recht *fehlerhaft* ausgelegt wurde, angenommen wird, dass das ausländische Gericht das türkische Recht nicht angewandt hat. Der Beklagte kann vor den türkischen Gerichten die falsche Auslegung des türkischen Rechts durch das ausländische Gericht nicht mehr einwenden, wenn er diesen Punkt im betreffenden Land durch die Rechtsmitteleinlegung nicht überprüfen hat lassen (so die Entscheidung von Yarg. 2. HD. 25.06.1993, 5243/6131). Das türk. IPRG erkennt die Revision, die Nachprüfung der sachlichen Richtigkeit des ausländischen Urteils (revision au fond), nicht. Außerdem kann die Anerkennung des ausländischen Urteils wegen der fehlerhaften Auslegung des Gesetzes auch *nicht* aufgrund Art. 38 lit. c türk. IPRG (ordre public) abgelehnt werden. Denn das Gesetz sieht nur den *offensichtlichen Verstoß gegen die öffentliche Ordnung* als ein Ablehnungsgrund vor. Der Auslegungsfehler darf nicht als offensichtlicher Verstoß gegen den ordre public angesehen werden."

Die dritte Voraussetzung der Anerkennung der ausländischen Urteile, nämlich die Anwendung des gemäß türkischen Kollisionsregeln maßgebenden Rechts über personalstatutsrechtliche Angelegenheiten türkischer Staatsbürger, und die Folge ihrer Missachtung, nämlich die Ablehnung der Anerkennung des ausländischen Urteils bei Personalstatutsangelegenheiten im Falle des diesbezüglichen Einwands des Betreffenden, ist im Gesetz (Art. 38 lit. e türk. IPRG) ganz eindeutig geregelt. Der 2. Zivilsenat des türk. Kassationshofes hat aber diese Vorschrift in seiner Entscheidung von 01.03.1991[613] ganz unverständlich ausgelegt. Es ging um die Anerkennung eines ausländischen (holländischen) Scheidungsurteils. Das holländische Gericht hatte in der Sache nicht das türkische Recht, sondern das holländische angewandt. Obwohl von den Parteien kein Einwand – in der Entscheidung jedoch nicht ganz klar – zu diesem Punkt im erstinstanzlichen Vollstreckungsverfahren erhoben worden war, wurde die Vollstreckung bei der Revision vom 2. Zi-

[612] Yarg. 2. HD., T. 27.10.1995, E. 10281, K. 11167, YKD 1996, S. 529-530.

vilsenat mit der Begründung abgelehnt, dass die Gründe der Scheidung und Trennung unter türkischen Eheleuten im Ausland dem türkischen Recht unterlägen. Dieser Punkt, der den ordre public betreffe, sei beim Anerkennungs- (Art. 42 türk. IPRG) und Vollstreckungsverfahren (Art. 43 türk. IPRG) *von Amts wegen* zu berücksichtigen.

Da die Anerkennung und Vollstreckung ausländischer Entscheidungen in der Türkei ein Thema für sich darstellt und die Grenzen der vorliegenden Arbeit überschreitet, lässt es sich mit obigen Erläuterungen bewenden. Mit den bisherigen Erläuterungen zum Thema wurde beabsichtigt, einen kurzen Überblick auf die Anerkennungsmöglichkeit der deutschen Entscheidungen in der Türkei zu geben, was zur Bejahung der internationalen Zuständigkeit der *deutschen* Gerichte für die Klagen in Ehesachen im Hinblick auf § 606a Abs. 1, Nr. 4 ZPO von Bedeutung ist. Im folgenden wird das Thema der internationalen Zuständigkeit weiter behandelt.

C. Internationale Zuständigkeit der deutschen Gerichte für Scheidungsfolge- und andere Familiensachen während der Anhängigkeit einer Ehesache vor einem deutschen Gericht im Falle der Anwendung des türkischen Sachrechts

I. Die Qualifikation der Folgesachen

Die Qualifikation einer Rechtsstreitigkeit als Familien- bzw. Folgesache spielt im Zusammenhang mit der Bestimmung der internationalen Zuständigkeit eine wichtige Rolle. Denn während der Anhängigkeit einer Ehesache ist das selbe Gericht auch für die in § 621 ZPO aufgezählten Folge- bzw. Familiensachen international zuständig. Ansonsten bestimmt sich die internationale Zuständigkeit für die betroffenen Angelegenheiten nach den allgemeinen Regeln.

Im Grunde sind Familiensachen die Streitigkeiten und Verfahren unter Ehegatten, die ihre Kinder sowie Angelegenheiten zwischen Kindern und mindestens einem Elternteil betreffen[614]. Man braucht aber eine nähere Definition, wenn es um die Fälle mit Auslandsberührung geht.

Zunächst einmal lässt sich feststellen, dass das deutsche Recht als lex fori heranzuziehen ist, weil es sich um die Zuständigkeitsbestimmung, also um einen prozessrechtlichen Begriff, handelt[615].

---

[613] Yarg. 2. HD., T. 01.03.1991, E. 739, K. 3721, YKD 1991, S. 843.

[614] *Thomas/Putzo*, vor § 621 ZPO, Rdn. 1.

[615] So die h.M; *Thomas/Putzo*, § 621 ZPO, Rdn. 6; MünchKommZPO/*Walter*, § 621 ZPO, Rdn. 2; OLG Hamm, FamRZ 1993, S. 211-212; OLG Frankfurt, FamRZ 1989, S. 75 = NJW-RR 1989, S. 6; BGH, FamRZ 1987, S. 463 (zur Einordnung der Morgengabe); vgl. auch BGHZ 78, S. 108 ff.; OLG Köln, FamRZ 1994, S. 1476; OLG Düsseldorf, FamRZ 1995, S. 1280.

Im deutschen Recht sind *Familiensachen* in § 23b Abs. 1 Satz 2 Nr. 1-13 GVG definiert, und dem Familiengericht zugewiesen (§ 621 ZPO)[616], wobei nicht die Behauptung der Parteien als solche, sondern die tatsächliche Begründung des geltend gemachten Anspruchs maßgebend ist[617].

Folgesachen sind hingegen diejenigen Familiensachen zwischen denselben Ehegatten, für die im Falle der Scheidung vor demselben Gericht auf Begehren eines der Ehegatten oder von Amts wegen entschieden wird[618]. Sie fallen gemäß § 623 ZPO in den Verbund[619].

II. Familiensachen im Verbundverfahren

Das in § 623 ZPO vorgesehene Verbundverfahren gilt für die in § 621 Abs. 1 ZPO aufgezählte Familiensachen, falls eine Scheidungsentscheidung zu erlassen ist. Es tritt im Hinblick auf den Grundsatz lex fori ein, auch wenn das ausländische Scheidungsstatut es nicht kennt[620]. Dabei stellt sich aber die Frage, wie der deutsche Richter den von seinem Prozessrecht vorgesehenen Verbund mit dem ausländischen Scheidungsstatut zu kombinieren hat.

Zunächst einmal ist davon auszugehen, dass der Verbund als ein prozessrechtliches Institut neben prozessrechtsbezogenen auch sachrechtsbezogene Zwecke hat[621], die bei der Anwendung des ausländischen Sachrechts im Auge behalten werden sollten[622]. In diesem Punkt kommt das ausländische Sachrecht zum Zuge. Folglich hat der deutsche Richter, der etwa das türkische materielle Recht als Scheidungsstatut anzuwenden hat, die in § 621 ZPO i.V.m. § 23b GVG verankerten Familien- und Folgesachen nur insoweit zu berücksichtigen, als sie ihm bei der Qualifizierung und der Einordnung des Begehrens der Parteien helfen. Aus der Sicht des Verbunds (§ 623 ZPO) heißt das, dass die in ihn fallenden Folgesachen, etwa bei einer Scheidungsklage mit Anwendung des türkischen Sachrechts, die vom türkischen Recht als solche vorgesehen sind[623]. Damit bietet

---

[616] Der Katalog von § 23b GVG deckt sich nicht mit § 621 ZPO. Denn die in § 23b Abs. 1 Satz 2 Nr. 11 GVG verankerten Familiensachen sind in den Katalog des § 621 ZPO nicht aufgenommen worden. Hierzu Johannsen/Henrich-*Sedemund-Treiber*, vor § 621 ZPO, Rdn. 1.

[617] BGH, FamRZ 1980, S. 988; 1984, S. 35, 36; OLG Frankfurt, FamRZ 1986, S. 692; vgl. *Walter*, JZ 1983, S. 54 ff.

[618] *Thomas/Putzo*, § 623 ZPO, Rdn. 3.

[619] MünchKommZPO/*Walter*, § 621 ZPO, Rdn. 143; *Schack*, IZVR, Rdn. 376; *Piltz*, S. 114; ausführlicher *Graf*, S. 20 ff.

[620] *Gottwald*, FS Nakamura, S. 194; *Finger*, FuR 1999, S. 315 ff.

[621] *Graf*, S. 10-11.

[622] *Gottwald*, FS Nakamura, S. 195.

[623] Vgl. *Graf*, S. 150 ff., und 181 ff.; OLG Frankfurt, FamRZ 1994, S. 715; Stein/Jonas-*Schlosser*, § 623 ZPO, Rdn. 21; a.A. OLG Frankfurt, FamRZ 1995, S. 375.

das deutsche Prozessrecht die Verbundmöglichkeit, aber sein Umfang richtet sich in Fällen mit Auslandsberührung nach dem Scheidungsstatut[624].

Insoweit ist es m.E. auch nach dem Scheidungsstatut zu bestimmen, ob der Verbund von Amts wegen oder aber auf Antrag der Parteien eintritt, auch wenn sich diese Sache auf die Befugnisse des Richters bezieht und folglich in Anbetracht ihres prozessrechtlichen Charakters auf den Grundsatz lex fori zurückzugreifen ist. Sonst kann es u.U. zu unerwünschten Ergebnissen kommen. Folgende Rechtslage macht die Sache deutlich: Im türkischem Recht hat der Richter gemäß Art. 148, Abs. 1 türk. ZGB bei der Scheidung (im Scheidungsurteil)[625] das Sorgerecht der Kinder auf einen Elternteil von Amts wegen zu übertragen[626]; nach der Scheidung können nämlich die Eltern das Sorgerecht nicht mehr zusammen ausüben[627]. Wenn der deutsche Richter gemäß § 623 Abs. 1 ZPO n.F. bei der Scheidung der türkischen Eheleute über das Sorgerecht nicht entschieden hat, weil dies keiner der Ehegatten begehrt hatte, bleibt das Sorgerecht nach deutschem Recht bei beiden Elternteilen (§§ 1671 ff. BGB n.F.)[628], dagegen nach türkischem Recht (im konkreten Fall) unentschieden (oder faktisch bei beiden Elternteilen). Ein solches aus türkischer Sicht fehlerhaftes Scheidungsurteil hat wegen des Verstoßes gegen den türkischen ordre public kaum Chancen, in der Türkei anerkannt zu werden, weil die Übertragung (bzw. Regelung) der elterlichen Sorge mit dem Scheidungsurteil im türkischen Recht im Hinblick auf die öffentliche Ordnung und das Kindeswohls vorgesehen ist[629]. Darüber hinaus ist gemäß Art. 20 türk. IPRG bei der Scheidung über das Sorgerecht (elterliche Gewalt) das Recht anzuwenden, dem die Scheidung unterliegt. Wenn diese Vorschrift übersehen wird, kann der ausländischen Entscheidung die Annerkennung in der Türkei (wiederum wegen Verstoß gegen den ordre public gemäß Art. 42 Abs. 1, 38 Abs. 1 lit. a türk. IPRG) abgesagt werden, falls ein Einwand erhoben wird[630].

---

624 Vgl. *Nagel/Gottwald*, § 5, Rdn. 68.

625 Auch bei der Trennung von Tisch und Bett hat der Richter über die Ausübung des Sorgerechts von Amts wegen zu entscheiden, das ist aber natürlich nicht die Übertragung des Sorgerechts, sondern vorübergehende Regelung der Ausübung des Sorgerechts.

626 *Oğuzman/Dural*, S. 141.

627 *Tekinay*, S. 272-273; Hatemi/Serozan-*Hatemi*, S. 248.

628 Für die Neuerungen im deutschen Recht über die elterliche Sorge durch das Kindschaftsreformgesetz vom 16.12.1997 (BGBl. 1997 I 2942, in Kraft seit 01.07.1998) s. *Niepmann*, MDR 1998, S. 565 ff.

629 Vgl. *Tekinay*, S. 272-273; Hatemi/Serozan-*Hatemi*, S. 245.

630 Vgl. oben S. 138.

III. Internationale Zuständigkeit des deutschen Familiengerichts in einzelnen Folgesachen

Nach der überwiegenden Meinung[631] ist die internationale Zuständigkeit für die in § 621 ZPO aufgezählten Familiensachen bei der Anhängigkeit einer Ehesache in Deutschland aus § 621 Abs. 2 ZPO herzuleiten, was im Zusammenspiel mit § 623 ZPO als internationale Verbundzuständigkeit bezeichnet wird. Im Falle der Anwendung des türkischen Sachrechts (Scheidungsstatut) muss sie aus der Sicht der folgenden Folgesachen[632] in Betracht gezogen werden:

1. Die Übertragung des Sorgerechts und die Regelung des Umgangsrechts

Im türkischen Recht üben die Eltern die elterliche Gewalt gemäß Art. 263 türk. ZGB während der Ehe gemeinsam aus, und bei der Meinungsverschiedenheit hat der Vater den Stichentscheid. Bei der Scheidung (und der Trennung von Tisch und Bett) hat der Richter gemäß Art. 148 türk. ZGB über das Sorgerecht[633] und das Umgangsrecht[634] des Nichtsorgerechtsberechtigten eine Entscheidung von Amts wegen zu treffen[635]. Mit der Entziehung des Sorgerechts ist auch über die Herausgabe des Kindes zu entscheiden.

All diese Sachen sind auch im Sinne des § 23b Abs. 1 Satz 2 Nr. 2, 3, 4 GVG und des § 621 Abs. 1 Nr. 1, 2, 3 ZPO Familiensachen, und sie fallen im Hinblick auf § 623, Abs. 2, Nr. 1, 2, 3, ZPO grundsätzlich in den Verbund. Da diese Sachen aber in gleicher Weise auch zu den Schutzmaßnahmen im Sinne des Haager Minderjährigenschutzabkommens (MSA) zählen[636], dem die Türkei und Deutschland beigetreten sind und dieses Abkommen auch im Falle eines Verbundes Vorrang vor den autonomen internationalen Zuständigkeitsbestimmungen hat, bestimmt sich die interna-

---

631 MünchKommZPO/*Walter*, § 621 ZPO, Rdn. 143; *Schack*, IZVR, Rdn. 376; *Piltz*, S. 114; ausführlicher *Graf*, S. 20 ff.; a.A. Staudinger-*Spellenberg*, §§ 606 ff. ZPO, Rdn. 340.

632 Für den Begriff der Folgesache im türkischen Scheidungsrecht s. *Ercan*, S. 94-95.

633 Bei der Trennung von Tisch und Bett heißt das „Ausübung der elterlichen Sorge".

634 Das Umgangsrecht steht auch den Großeltern des Kindes zu, (Planerentscheidung des türkischen Kassationshofes v. 18.11.1959, 12/29, RG, Nr. 10482. Das ist aber nicht von Amts wegen, sondern auf Antrag der Großeltern zu regeln. Über die Rechtslage des Umgangsrecht der Großeltern im Rahmen des Haager Kindesentführungsübereinkommens und des Europäischen Sorgerechtsübereinkommen s. *Limbrock*, FamRZ 1999, S. 1631 ff.

635 Statt aller s. *Oğuzman/Dural*, S. 141; AmtsG Pankow/Weißensee, FamRZ 1998, S. 1593. Bei dieser Übertragung der elterlichen Sorge hat der Richter die beiden Elternteile und gegebenenfalls auch das Kind anzuhören. Bei der Wahl eines der Ehegatten spielt das Verschulden keine Rolle. Die elterliche Sorge kann auch dem Ehegatten, der an den Umständen, die zur Scheidung geführt haben, überwiegend schuld ist, übertragen werden. Man geht davon aus, dass ein Elternteil ein guter Erziehungsberechtigter sein kann, auch wenn er kein guter Ehegatte war. Entscheidend ist also das Wohl des Kindes; s. *Oğuzman/Dural*, S. 141; Hatemi/Serozan-*Hatemi*, S. 248-249.

636 In bezug auf Sorgerecht s. etwa BGHZ 60, S. 72; 78, S. 301; über die Regelung des Umgangsrecht s. OLG Stuttgart, FamRZ 1984, S. 350; über Herausgabe des Kindes s. BGHZ 91, S. 255 ff.; BayObLG, FamRZ 1991, S. 216 ff.; AmtsG Pankow/Weißensee, FamRZ 1998, S. 1593.

tionale Zuständigkeit für diese Sachen nicht nach dem autonomen deutschen Recht, sondern nach dem MSA, soweit das Kind sich in Deutschland aufhält[637]. Die Vorrangigkeit der Bestimmungen des MSA vor dem autonomen Recht führt dazu, dass insoweit nur die örtliche Zuständigkeit und die Verbundmöglichkeit nach §§ 621, 623 ZPO bestimmt werden.

Insoweit ist aber die Sache bei folgenden Fallkonstellationen unterschiedlich zu beurteilen:

a) Das Kind hält sich in der Türkei auf und besitzt nur die türkische Staatsangehörigkeit

Im Falle einer Scheidungsklage zwischen türkischen Eheleuten, deren Kind sich in der Türkei (etwa bei den Verwandten) aufhält und nur die türkische Staatsangehörigkeit besitzt, sind die deutschen Gerichte für die Übertragung der elterlichen Sorge, für die Regelung des Umgangsrechts und für die Herausgabe des Kindes international nicht zuständig, auch wenn sie in bezug auf die Scheidungsklage gemäß § 606a Abs. 1 Nr. 2 oder 4 ZPO international zuständig wären[638]. Denn Deutschland hat keinen Vorbehalt nach Art. 15 Abs.1 MSA, der dem autonomen Recht vorgeht[639], erklärt[640]. Es besteht auch keine Möglichkeit, Art. 4 Abs. 1 MSA in Anspruch zu nehmen, da das Kind im hier interessierenden Fall kein Angehöriger des deutschen Staats ist.

b) Das Kind hält sich in der Türkei auf und besitzt die türkische und zugleich die deutsche Staatsangehörigkeit

Wenn das betroffene Kind neben der türkischen zusätzlich auch die deutsche Staatsangehörigkeit besitzt, worüber – also über doppelte Staatsangehörigkeit – das MSA keine Regelung enthält, ist die Sache aus der Sicht, ob die deutsche oder die türkische oder aber die effektivere der beiden Staatsangehörigkeiten maßgebend ist, problematisch. Bevorzugt man etwa die deutsche Staatsan-

---

637 Unstrittig, s. u.a. BGHZ 60, S. 68, 71; 78, S. 293, 294; BGH, FamRZ 1984, S. 350, 353; 1994, S. 827; 1997, S. 1070; *Henrich*, Internationales Scheidungsrecht, S. 115; MünchKommZPO/*Walter*, § 621 ZPO, Rdn. 144; Johannsen/Henrich-*Sedemund-Treiber*, § 621 ZPO, Rdn. 19; Zöller/*Philippi*, § 621 ZPO, Rdn. 78.

638 Vgl. OLG München, 4. ZS, v. 01.02.1982 – 4 UF 306/81, mit zust. Anm. von *Henrich*, IPRax 1982, S. 204. Hält sich das Kind der türkischen Eheleute, denen Scheidungsklage vor einem deutschen Gericht anhängig ist, weder in Deutschland noch in der Türkei, sondern in einem Drittstaat von MSA auf, so ist die internationale Zuständigkeit der deutschen Gerichte für Entscheidung über die elterliche Sorge mit § 621, Abs. 2 S. 1 ZPO zu begründen; vgl. AmtsG Würzburg, FamRZ 1998, S. 1592.

639 *Jayme*, IPRax 1984, S. 123; Johannsen/Henrich-*Sedemund-Treiber*, § 621 ZPO, Rdn. 19.

640 Da aber die Türkei den Vorbehalt nach Art. 15 Abs. 1 MSA erklärt hat, sind die türkischen Gericht auch für die genannten Sachen bei einer Scheidungsklage im Falle des ausländischen Aufenthaltes des Kindes in einem der anderen Vertragsstaaten international zuständig, falls sie hinsichtlich der Scheidungsklage international zuständig sind (s. OLG Karlsruhe, FamRZ 1991, S. 362, 363). Im Falle der türkischen Staatsangehörigkeit des Kindes kann diese Zuständigkeit auch aus Art. 4 Abs. 1 MSA hergeleitet werden (vgl. *Jayme*, IPRax 1984, S. 123). Besitzt dagegen das Kind keine türkische Staatsangehörigkeit, so haben türkische Gerichte ihre internationale Zuständigkeit bezüglich der obigen Sachen aufgrund des genannten Vorbehalts nach Art. 15 MSA.

gehörigkeit, so kann die internationale Zuständigkeit der deutschen Gerichte für die Regelung der elterlichen Sorge des Kindes, das die deutsche und die türkische Staatsangehörigkeit besitzt, sich in der Türkei gewöhnlich aufhält und die Scheidungsklage dessen Eltern vor einem deutschen Gericht anhängig ist, auf Art. 4 Abs. 1 MSA gestützt werden[641].

Nach der wohl h.M. ist in diesem Fall im Hinblick auf Art. 6 Abs. 2, Art. 2 Abs. 1 GG auf Art. 5 Abs. 1 Satz 2 EGBGB zurückzugreifen und folglich der deutschen Staatsangehörigkeit den Vorgang zu geben[642]. Dagegen vertritt die Mindermeinung die Auffassung, dass die für das IPR getroffene Wertung (also Art. 5 Abs. 1 Satz 2 EGBGB) auf das internationale Zivilprozessrecht nicht auszuweiten ist. Vielmehr habe man hierfür eine eigenständige Lösung zu schaffen. Diese Lösung sei auf die effektivere Staatsangehörigkeit abzustellen[643].

c) Zwischenergebnis und Stellungnahme

In Anbetracht dessen, dass man für den hier interessierenden Fall ein konkretes Merkmal braucht, um die internationale Zuständigkeit eines bestimmten Staates zu eröffnen, – was das MSA für den Fall der doppelten Staatsangehörigkeit nicht bietet –, ist m.E. der letzteren Meinung, die die effektive Staatsangehörigkeit für maßgeblich hält und folglich die forum non conveniens-Theorie wachruft, zu folgen, wenngleich öfters auch die Feststellung der effektiveren Staatsangehörigkeit schwerfallen kann. Dass die nationalen Kollisionsnormen wegen der Vorrangigkeit der staatsvertraglichen Regelungen nicht in Anspruch zu nehmen sind, liegt auch in diesem Zusammenhang nahe[644]. Trotzdem ist aber m.E. die deutsche Zuständigkeit aufgrund der Rechtsschutzgarantie

---

[641] Nach der h.M. ist Art. 4 Abs. 1 MSA nur dann in Anspruch zu nehmen, wenn wegen besonderer Umstände das Eingreifen durch die Heimatbehörden dem Kindesinteresse mehr dient und den Schutz des Kindes besser gewährleistet als das Tätigwerden der nach Art. 1 MSA in erster Linie berufenen Behörden oder Gerichte des Aufenthaltsstaats, BGH, FamRZ 1997, S. 1071; OLG Celle, FamRZ 1993, S. 95; OLG Karlsruhe, JuS 1995, S. 359, Nr. 10; Palandt/*Heldrich*, Anh. zu Art. 24 EGBGB, Rdn. 31.

[642] Soergel/*Kegel*, Vorbem. Art. 19 EGBGB, Rdn. 43; Erman/*Hohloch*, Anh. Art. 24 EGBGB, Rdn. 18; m.w.N. bei Palandt/*Heldrich*, Anh. Art. 24 EGBGB, Rdn 31; BGHZ 118, S. 312 (327 f); BGH, NJW 1997, S. 3024 = FamRZ 1997, S. 1070-1071. Im vom BGH entschieden Fall waren m.E. die materielle Voraussetzungen des Art. 4 Abs. 1 MSA (s. vorige Fn.) nicht gegeben, so auch zu diesem Fall wohl *Hohloch*, JuS 1998, S. 181.

[643] MünchKommBGB/*Siehr*, Art. 19 EGBGB, Rdn. 187, 145; m.w.N. bei Soergel/*Kegel*, Vorbem. Art. 19 EGBGB, Rdn. 43 und dort Fn. 4; BayObLG, FamRZ 1997, S. 959 ff.; BGHZ 118, S. 312 (327) = NJW 1992, S. 3096 (3100); BGH, IPRax 1981, S. 139, 141; KG, IPRax 1998, S. 274 ff. = NJW 1998, S. 1565 = FamRZ 1998, S. 440; dazu krit. Anmerkung von *Henrich*, IPRax 1998, S. 248-249. Der Autor hält es für richtig, dass sich Art. 5 Abs. 1 Satz 2 EGBGB nur auf das anzuwendende Recht, nicht aber auf die Zuständigkeit bezieht, der Autor fügt aber hinzu, das heiße nicht, dass für die internationale Zuständigkeit nur die effektive Staatsangehörigkeit in Betracht zu ziehen sei. Denn die Staatsangehörigkeitszuständigkeit sei gerade zu dem Zweck geschaffen worden, auch Auslandsdeutschen den Zugang zu den deutschen Gerichten zu ermöglichen; hierzu vgl. auch *Hohloch*, Jus 1998, S. 660-661.

[644] *Martiny*, JZ 1993, S. 1148 und dort insb. Fn. 33.

heranzuziehen, wenn die Rechtsschutzbedürftigkeit[645] dies im konkreten Fall erzwingt. Das ist m.E. vor allem dann der Fall, wenn das doppelstaatsangehörige Kind ins Ausland zum Zwecke der Ausschaltung deutscher internationalen Zuständigkeit entführt wird. Da rechtfertigt sich die Annahme der deutschen internationalen Zuständigkeit[646], auch wenn im konkreten Fall die deutsche Staatsangehörigkeit nicht effektiv ist[647].

d) Aufenthaltszuständigkeit in MSA und die Entführung des Kindes während der Scheidungsklage

Auch das MSA stellt die internationale Zuständigkeit auf den gewöhnlichen Aufenthalt des Kindes ab (Art. 1, 13 Abs. 1 MSA), allerdings ohne ihn zu definieren. Eine vertragsautonome Auslegung ist also nicht gegeben. Die umfangreiche deutsche Gerichtspraxis qualifiziert diesen Begriff nach dem autonomen deutschen Recht[648]. Die obigen Erläuterungen über den gewöhnlichen Aufenthalt im Zusammenhang mit der internationalen Zuständigkeit in Ehesachen (§ 606a ZPO) gelten grundsätzlich auch hierfür[649]. Man hat jedoch in Erwägung zu ziehen, dass es umstritten ist, ob überhaupt und nach welcher Zeitdauer ein für das MSA maßgeblicher gewöhnlicher Aufenthalt eines Minderjährigen, den der nicht oder nicht allein sorgeberechtigte Elternteil gegen den Willen des anderen sorgeberechtigten Elternteils von seinem bisherigen Aufenthaltsort entfernt und in einem anderen Staat verbracht hat, begründet werden kann.

Die Mindermeinung geht davon aus, dass die Kindesentführung ein Rechtsbruch ist und von daher nicht sanktioniert werden dürfe. Folglich sei eine Änderung des gewöhnlichen Aufenthaltes in solchen Fällen abzulehnen[650]. Nach der h.M. kommt jedoch auch in Entführungsfällen ein Wechsel der internationalen Zuständigkeit gemäß Art. 1 MSA in Betracht, wenn es zu einer sozialen Einbindung des Minderjährigen in die Lebensverhältnisse am neuen Aufenthaltsort und damit zu einer tatsächlichen Verlegung des Daseinmittelpunkts gekommen ist[651]. Insoweit gilt

---

[645] Art. 6 Abs. 2, Art. 2 Abs. 1 GG.

[646] So auch *Henrich*, IPRax 1998, S. 248.

[647] Der vom BGH (NJW 1997, S. 3024 = FamRZ 1997, S. 1070-1071) entschiedene Fall stellt hierfür ein gutes Beispiel dar.

[648] So etwa OLG Hamm, FamRZ 1991, S. 1466 ff.; BGH, NJW 1981, S. 520 ff.; BGH, NJW 1997, S. 3024 = FamRZ 1997, S. 1070-1071; OLG Hamm, NJW-RR 1997, S. 5 ff.

[649] S. oben S. 131 ff.

[650] *Jayme*, JR 1973, S. 180; OLG Karlsruhe, NJW 1976, S. 485 = FamRZ 1976, S. 708; vgl. BayObLG, FamRZ 1972, S. 578 f (vor Inkrafttreten des MSA, dazu krit. Anm. von *Behr* aaO.).

[651] Staudinger-*Kropholler*, Vorbem. zu Art. 19 EGBGB, Rdn. 407; MünchKommBGB/*Siehr*, Art. 19 EGBGB, Anh. I, Rdn. 28 ff.; *Henrich*, Internationales Scheidungsrecht (1998), S. 96, Rdn. 261; *ders.*, IPRax 1981, S. 125 ff.; vgl. KG, IPRax 1998, S. 274 ff. = NJW 1998, S. 1565 = FamRZ 1998, S. 440, dazu *Henrich*, IPRax 1998, S. 247;

der „Perpetuatio fori-Grundsatz" nicht. Damit kann also die auf Grund des MSA begründete internationale Zuständigkeit der deutschen Gerichte nicht mehr fortdauern, wenn der gewöhnliche Aufenthalt in Deutschland infolge eines Aufenthaltswechsel entfallen ist[652]. Es wird jedoch in der Lehre dafür plädiert, dass die inländische internationale Zuständigkeit jedenfalls bis zum Zeitpunkt erhalten bleibt, in dem anzunehmen ist, dass das Kind im neuen Land seinen neuen gewöhnlichen Aufenthalt begründet hat[653]. Die Bedeutung dieser Meinung nimmt besonders für den Fall zu, wenn das Kind in die Türkei entführt worden ist. Denn die Türkei ist bislang weder dem „Haager Übereinkommen über die zivilrechtlichen Aspekte internationaler Kindesentführung"[654] noch dem „Europäisches Übereinkommen über die Anerkennung und Vollstreckung von Entscheidungen über das Sorgerecht für Kinder und die Wiederherstellung des Sorgeverhältnisses vom 20.05.1980"[655] beigetreten. Daher gibt es praktisch keine Möglichkeit, nach der Entführung des Kindes in die Türkei auf Grund beider genannten Abkommen irgendwelche Maßnahmen durchzuführen[656].

2. Kindes- und Bedürftigkeitsunterhalt und hierunter zu subsumierende Ansprüche bei der Scheidung

Die internationale Zuständigkeit für Unterhaltssachen wurde oben im allgemeinen erläutert[657]. Hier soll besonders näher behandelt werden, ob im türkischen Recht andere neben Bedürftigkeitsunterhalt als Folgesachen vorgesehene materielle Ansprüche, und im deutschen Recht anerkannte aber dem türkischen Recht fremde Sachen im Sinne von § 621 Abs. 1 Nr. 5 ZPO zu qualifizieren sind. Es sind vor allem folgende von Bedeutung:

OLG Hamm, NJW-RR 1997, S. 5 ff.; BGH, NJW 1981, S. 520-521 (dazu zust. Anm. von *Hohloch*, JuS 1981, S. 460-461); BayObLGZ, 1973, S. 349 ff.; OLG Stuttgart, NJW 1976, S. 483-484; OLG Düsseldorf, FamRZ 1984, S. 194; OLG Frankfurt, IPRax 1986, S. 384; OLG Celle, IPRax 1989, S. 390; OLG Koblenz, NJW 1989, S. 2201; OLG Karlsruhe, IPRspr 1986, Nr. 83; (ausführliche Rechtsprechungsübersicht bei Staudinger-*Kropholler*, Vorbem. zu Art. 19 EGBGB, Rdn. 134 ff.).

652 S. u.a. BGH, NJW 1981, S. 521; OLG Hamm, FamRZ 1989, S. 1109, NJW 1992, S. 636, NJW-RR 1997, S. 5; KG, IPRax 1998, S. 274 ff. = NJW 1998, S. 1565 = FamRZ 1998, S. 440; ausführlich zum perpetuatio fori-Grundsatz im Anwendungsbereich des MSA bei Staudinger-*Kropholler*, Vorbem. zu Art. 19 EGBGB, Rdn. 146 ff.

653 MünchKommBGB/*Siehr*, Art. 19 EGBGB, Anh. I, Rdn. 28; Staudinger-*Kropholler*, Vorbem. zu Art. 19 EGBGB, Rdn. 406.

654 BGBl. 1990 II S. 207.

655 BGBl. 1990 II S. 220.

656 Vgl. *Limbrock*, FamRZ 1999, S. 1631 ff.

657 S. oben S. 138.

a) Kindesunterhalt (iştirak nafakası)

Art. 148 Abs. 2 türk. ZGB, wonach derjenige Elternteil, dem die Kinder bei der Scheidung nicht zugesprochen worden sind, nach seinen Fähigkeiten zu den Kosten ihres Unterhalts und ihrer Erziehung beizutragen hat, entspricht dem § 621 Abs. 1 Nr. 4 ZPO sinngemäß. Deshalb ist der Kindesunterhalt bei einer Scheidungsklage ohne Qualifikationsschwierigkeiten vor einem deutschen Gericht zu begehren und zu entscheiden, falls das Unterhaltsstatut das türkische Recht ist. In diesem Zusammenhang ist die internationale Zuständigkeit der deutschen Gerichte dem § 621 Abs. 2 ZPO bzw. Art. 2, 5 Nr. 2 EuGVÜ zu entnehmen[658].

b) Bedürftigkeitsunterhalt (yoksulluk nafakası)

Der in Art. 144 türk. ZGB vorgesehene Bedürftigkeitsunterhalt[659] bei der Rechtshängigkeit der Scheidungsklage (allerdings auch im Falle der Trennung von Tisch und Bett) entspricht § 621 Abs. 1 Nr. 5 ZPO, woraus es sich folgern lässt, dass die internationale Zuständigkeit aus § 621 Abs. 2 bzw. aus Art. 2, 5 Nr. 2 EuGVÜ ohne Qualifikationsprobleme herzuleiten ist[660].

Problematisch ist jedoch der Auskunftsanspruch des Unterhaltsberechtigten über den wirtschaftlichen Zustand des Unterhaltspflichtigen, dem bei der Unterhaltsklage eine wichtige Bedeutung zukommt. Er richtet sich gemäß Art. 18 Abs. 4 Nr. 1 EGBGB nach dem Unterhaltsstatut[661]. Das türkische Unterhaltsrecht enthält aber keine mit den §§ 1361, 1580, 1605 BGB vergleichbare Vorschrift. Der Grund liegt hauptsächlich daran, dass im türkischen Zivilprozessrecht – im Gegensatz zum deutschen Recht – für die Unterhaltsklagen bei der Trennung, bei und nach der Scheidung, sowie für die Schadensersatzklagen gemäß Art. 143 türk. ZGB der Untersuchungsgrundsatz gilt[662]. Laut diesem Grundsatz hat der Richter bei diesen Klagen die wirtschaftliche Lage der Parteien von Amts wegen zu ermitteln, sei es durch die Einholung von Sachverständi-

---

658 Ausführlich *Henrich*, Internationales Scheidungsrecht, S. 63.

659 Zu materiellrechtlichen Voraussetzungen und Höhe des Bedürftigkeitsunterhalt ausführlich bei *Zevkliler*, S. 94 ff.; *Hahlen*, S. 77 ff.

660 *Henrich*, Internationales Scheidungsrecht, S. 36 ff.

661 *Henrich*, Internationales Scheidungsrecht, S. 54; *Morweiser*, IPRax 1992, S. 65. Der Auskunftsanspruch ist auch bei güterrechtlichen Streitigkeiten insb. für Zugewinnausgleich von großer Bedeutung. Grundsätzlich gelten hiesige Ausführungen analog auch für jene Streitigkeiten. Für den Fall, dass die Ehefrau ihrem Ehemann die Verwaltung ihres Vermögens überlässt, kann jedoch der Rechenschaftsanspruch der Ehefrau nach der Scheidung mit Hilfe von argumentum e contrario aus Art. 186 Abs. 2 türk. ZGB hergeleitet werden. Denn in diesem Fall, also nach der Beendigung der Ehe, verlangt Art. 186 Abs. 2 türk. ZGB keine Geltung, was nur für die Zeit der Fortdauer der Ehe eine Vermutung vorsieht, dass die Ehefrau während der Ehe darauf verzichtet, von ihrem Ehemann Rechenschaft über die Verwaltung ihrer ihm übertragenen Güter zu verlangen; so zu Recht OLG Köln, NJW-RR 1998, S. 865 = Jus-Kartei, Art. 15 EGBGB Nr. 98/1; dazu Anm. von *Hohloch*, JuS 1998, S. 955.

gengutachten, oder durch die amtliche oder private Auskünfte (etwa eine Bescheinigung des Arbeitgebers oder durch Grundbuchauszüge usw.)[663]. Aus diesem Grund besteht vor einem türkischen Gericht de iure kein Bedürfnis, dem Antragsteller einen materiellen Auskunftsanspruch zu gewähren[664].

Angesichts der geschilderten Rechtslage wird überwiegend die Ansicht vertreten, dass hierbei eine Gesetzeslücke anzunehmen ist, die durch Anpassung und mit Hilfe einer Fortentwicklung des türkischen Rechts zu füllen ist[665]. Insoweit ist also das deutsche Sachrecht zu greifen. Dieser Ansicht ist m.E. zuzustimmen. Denn im Falle der Nichtanerkennung eines materiellen Auskunftsanspruchs bleibt der Unterhaltsberechtigte vor dem deutschen Gericht, vor dem der Untersuchungsgrundsatz für die Unterhaltsklage nicht gilt, schutzlos gestellt. Hierzu wäre es m.E. eine andere Denkweise, den prozessrechtlichen Charakter des Auskunftsanspruchs in Betracht zu ziehen und folglich – im Hinblick also auf den lex fori-Grundsatz – den Unterhaltsschuldner mit einer Auskunftspflicht zu belasten. Denn schließlich geht es ja hier um keinen Anspruch, den zu erreichen das wahre Ziel mit der Klage ist. Er dient vielmehr dazu, die finanzielle Lage des Unterhaltsschuldners zu ermitteln. Insoweit besitzt er also einen beweisrechtlichen Charakter, was ermöglicht, das deutsche Recht als lex fori anzurufen.

3. Materieller Schadensersatz (Entschädigung – maddi tazminat)

Auch die Frage, wie der dem deutschen Scheidungsrecht fremde Entschädigungsanspruch (Art. 143 Abs. 1 türk. ZGB) zu qualifizieren ist, wenn er bei der Anwendung des türkischen Sachrechts gemäß Art. 143 Abs. 1 türk. ZGB als eine Folgesache begehrt wird, stellt sich öfters vor deutschen Gerichten[666]. Bei der Beantwortung dieser Frage, die für die vorliegende Arbeit im Hin-

---

662 Statt aller s. *Ercan*, S. 71 ff.

663 *Hahlen*, S. 125-126 und dort in den Fußnoten zitierten Entscheidungen des türk. Kassationshofes.

664 Trotzdem besteht m.E. de facto schon ein Bedürfnis, den Auskunftsanspruch gesetzlich zu regeln. Denn die Praxis hat schon gezeigt, dass einerseits der Richter nicht in der Lage sein kann, alle erforderliche Kenntnisse und Beweise über die finanzielle Lage des Unterhaltsschuldners selbst zu ermitteln. Auf der anderen Seite verursacht diese Selbstermittlungsmethode unnötige Verschiebung der Verhandlungen, die durch den Gebrauch von Auskunftsanspruch vermeidbar wäre.

665 *Hahlen*, S. 127-128; *Jayme*, IPRax 1989, S. 330; vgl. *Gottwald*, FS Nakamura, S. 198-199; *Finger*, FuR 1997/10, S. 302; Staudinger-*Spellenberg*, §§ 606 ff. ZPO, Rdn. 363; OLG Hamm, FamRZ 1993, S. 69; *Morwieser*, IPRax 1992, S. 66 (amerikanisches Recht); *Jayme/Bissias*, IPRax 1988, S. 94-95 zu OLG Hamm, IPRax 1988, S. 108 (griechisches Recht); OLG Stuttgart, IPRax 1990, S. 113 (Japanisches Recht), s. auch OLG Köln, NJW-RR 1998, S. 865-866 (über güterrechtlichen Rechenschaftsanspruch im türkischen Recht, dazu Anm. von *Hohloch*, JuS 1998, S. 955).

666 Was unter den Begriff des Schadens wegen der Scheidung fällt und unter welchen Voraussetzungen eine Entschädigung zu verlangen ist, erklärt *Hahlen* (S. 98 ff.) in deutscher Sprache ausführlich und umfassend; ebenso in deutscher Sprache Hohloch-*Öztan*, 6 B, Rdn. 261 ff.; *Rumpf*, ZfRV 1988 (29), S. 273 ff.

blick darauf von Bedeutung ist, ob die internationale Zuständigkeit der deutschen Gerichte für ihn dem § 621 Abs. 2 ZPO zu entnehmen ist, sind seine Funktion, seine Rechtsnatur und vor allem sein Bezug zum Bedürftigkeitsunterhalt[667] in Betracht zu ziehen:

(a) Seine Funktion ist es, den schuldlosen[668] Ehegatten, dessen Vermögensrechte oder Anwartschaften durch die Scheidung beeinträchtigt werden, mit einer angemessenen Summe zu entschädigen[669],

(b) Seine Rechtsnatur ist allerdings umstritten: nach einer Auffassung stellt er (materieller Schadensersatzanspruch – Art. 143 Abs. 1 türk. ZGB) seiner Natur nach einen *„im Eherecht begründeten Schadensersatzanspruch aus unerlaubter Handlung* (Art. 41 türk. OG)" dar[670]. Die Gegenmeinung[671] geht davon aus, dass die Ehe ein familienrechtlicher Vertrag ist und folglich der Schadensersatzanspruch auf Vertragsverletzung beruhe[672],

(c) Sein Bezug zum Bedürftigkeitsunterhalt ist sehr eng, so dass einerseits die erste Voraussetzung des Bedürftigkeitsunterhalts, nämlich die Bedürftigkeit, dann entfällt, wenn der Unterhaltsberechtigte durch die Entschädigung nicht mehr bedürftig ist[673]. Andererseits ist eine der materiellen Verluste, die zu den materiellen Schäden zählt, diejenige des Ehegattenunterhalts, was in der Tat die Basis des Bedürftigkeitsunterhalts ist[674].

---

667 Dieser Bezug der Entschädigung zum Bedürftigkeitsunterhalt ist sehr eng, so dass einerseits die erste Voraussetzung des Bedürftigkeitsunterhalts, nämlich die Bedürftigkeit, dann entfällt, wenn der Unterhaltsberechtigte durch die Entschädigung nicht mehr in Bedürftigkeit ist; s. *Oğuzman/Dural*, S. 146. Andererseits ist einer der Verlusten, die zu den materiellen Schaden zählen, derjenige des Ehegattenunterhalts, was die Basis des Bedürftigkeitsunterhalt ist. Das hat zur Folge, dass der Bedürftigkeitsunterhalt bei der Bemessung der Entschädigungsbetrag anzurechnen ist; *Hahlen*, S. 104 f; Hohloch-*Öztan*, 6 B, Rdn. 263.

668 Was bei der Scheidung als Schuld zu betrachten ist, ist eigentlich unklar. Damit kann der Gesetzgeber m.E. nicht den Schuld im technischen (zivilrechtlichen) Sinne gemeint haben. Die Scheidung an sich überhaupt und ihre Gründe öfters stellen ja keine unerlaubte Handlung dar. Deshalb soll hierbei m.E. derjenige Ehegatte als schuldlos gemeint sein, der der Entstehung des Scheidungsgrundes gar nichts oder am wenigsten beigetragen hat

669 *Oğuzman/Dural*, S. 144; *Zevkliler/Acabey/Gökyayla*, S. 923; ausführlich (in deutscher Sprache) bei *Zevkliler*, S. 83 ff.

670 *Oğuzman/Dural*, S. 144.

671 Zusammenfassend *Öztan*, FamRZ 1994, S. 1575-1576.

672 M.E. trifft weder die erste noch die zweite Meinung zu. Denn die Scheidung, die ein gesetzlich vorgesehenes Institut ist, darf nicht als unerlaubte Handlung betrachtet werden. Auch von Schaden, die aus der Auflösung eines Vertrages, sei es obligationsrechtlich, sei es familienrechtlich betrachtet wird, entstanden würden, kann keine Rede sein. Denn die Scheidung ist ja keine einseitige Lösung des Ehevertrags. Im Falle des Vorliegen eines der gesetzlich vorgesehenen Gründen erfolg sie durch das Gericht. Liegt keiner von gesetzlich vorgesehenen Gründen vor, so gibt es keine Scheidung. Der materielle Schadensersatz gemäß Art. 143 Abs. 1 türk. ZGB ist m.E. ein Anspruch von eigener Art (sui generis), der mit dem heutigem Verständnis der Scheidung nicht zu vereinbaren ist. Er kann aber trotzdem im türkischen Recht als Ersatz des Versorgungsausgleichs, den das türkische Recht nicht kennt, fungieren.

673 *Oğuzman/Dural*, S. 146; *Zevkliler*, S. 84, 87.

674 *Hahlen*, S. 104 f; vgl. Hohloch-*Öztan*, 6 B, Rdn. 263.

In Anbetracht vor allem seiner Funktion und seines Bezugs zum Bedürftigkeitsunterhalt, und unter Berücksichtigung der dem Verbund zugrundeliegenden Idee, nämlich alle Streitigkeiten, die als Folge der Auflösung der Ehe auftauchen, seien als Familiensachen im Verbund zu behandeln[675], ist die Entschädigung gemäß Art. 144 Abs. 1 türk. ZGB m.E. als Unterhaltssache zu qualifizieren. Folglich ist der Verbund auf Grund § 623 ZPO herzustellen und die internationale Zuständigkeit dem § 621 Abs. 2 ZPO zu entnehmen, wenn bei einer Scheidungsklage das türkische Sachrecht das Scheidungsstatut ist[676].

4. Immaterieller Schadensersatz (manevi tazminat)

Bei der Beantwortung der Frage, ob der immaterieller Schadensersatz im Sinne des Art. 143 Abs. 2 türk. ZGB unter den Katalog des § 621 ZPO zu subsumieren ist, ist folgendes im Auge zu behalten:

Erstens ist der im türkischen Recht als eine Folgesache der Scheidung vorgesehene Anspruch auf immateriellen Schadensersatz (Art. 143 Abs. 2 türk. ZGB) im Grunde eine spezielle Anwendung der Art. 24, 24a türk. ZGB[677] und lex specialis gegenüber den Art. 47, 49 türk. OG, die den immateriellen Schadensersatz im allgemeinen regeln[678].

Zweitens besteht keine Bedürftigkeit mehr, wenn dem Unterhaltsberechtigten bei der Scheidung ein hoher immaterieller Schadensersatz zugesprochen wird[679]. Er ist also bei der Entscheidung über das Bedürftigkeitsunterhalt zu berücksichtigen, auch wenn er keinen Unterhalt im engeren Sinne darstellt[680]. Das deutet darauf hin, dass es zwischen dem Bedürftigkeitsunterhalt und dem immateriellen Schadensersatz einen engen Zusammenhang gibt. Es kann hierzu auch der Grund-

---

675 *Gottwald*, FS Nakamura, S. 195; *Graf*, S. 10 ff.

676 Vgl. *Gottwald*, FS Nakamura, S. 196; *Hahlen*, S. 105; *Maciej*, FamRZ 1998, S. 938; *Rumpf*, ZfRV 1988 (29), S. 273; *Graf*, S. 163 ff.; OLG München, IPRax 1981, S. 22; a.A. Staudinger-*Spellenberg*, §§ 606 ff. ZPO, Rdn. 358.

677 Rechtswidriger Angriff auf die Persönlichkeit.

678 *Tekinay*, S. 262; Hatemi/Serozan-*Hatemi*, S. 256; *Zevkliler/Acabey/Gökyayla*, S. 933; *Zevkliler*, S. 89; *Öztan*, FamRZ 1994, S. 1576.

679 Vgl. oben Fn. 667.

680 A.A. wohl *Hahlen*, S. 99, Fn. 125 und S. 118 Fn. 235; *Maciej*, FamRZ 1998, S. 938. *Hahlen* (aaO.) geht davon aus, dass nach der türkischen Lehre und der Rechtsprechung die Genugtuung und der Bedürftigkeitsunterhalt nebeneinander geltend gemacht werden können, ohne sich gegenseitig zu beeinflussen. Dieser Feststellung ist schon zutreffend. Es gibt keinen direkten Zusammenhang zwischen der Genugtuung und dem Bedürftigkeitsunterhalt, was zwischen der Entschädigung und dem Bedürftigkeitsunterhalt der Fall ist. Jedoch kommt ein indirekter Zusammenhang zumindest dann in Betracht, wenn sich derjenige Ehegatte, der nach Bedürftigkeitsunterhalt begehrt, wegen der Höhe der Genugtuung nicht mehr in Bedarf befindet. Es fehlt also in diesem Fall die Voraussetzung der Bedürftigkeit, so dass dem Begehren auf Bedürftigkeitsunterhalt nicht mehr stattgegeben werden kann.

satz der Prozessökonomie in Betracht gezogen werden, wenn andernfalls eine Klage auf den immateriellen Schadensersatz nach allgemeinen Zuständigkeitsregeln wohl irgendwo anders und jedenfalls isoliert bei einem Prozessgericht erhoben werden müsste. Schließlich gelten die obigen Erläuterungen über den Anspruch auf den immateriellen Schadensersatz hierfür entsprechend[681].

Abschließend ist daran festzuhalten, dass die internationale Zuständigkeit und der Verbund für den immateriellen Schadensersatz i.S.v. Art. 143 Abs. 2 türk. ZGB bei der Anhängigkeit der Scheidungsklage vor dem deutschen Gericht §§ 621 Abs. 2 (i.V.m. Abs. 1 Nr. 5), und § 623 ZPO entnommen werden kann.

5. Morgengabe (mehir/mihr) nach türkischem Recht?

Es ist öfters der Fall, dass sich auch deutsche Gerichte bei der Scheidung der türkischen Eheleute mit dem Anspruch auf Morgengabe zu befassen haben, obwohl das geltende türkische Recht darüber keine Regelung enthält und die Morgengabe als Folge der Abschaffung des islamischen Rechts nicht mehr vorkommen sollte[682]. Weil sie sowohl dem türkischen (jetzigen positiven) wie auch dem deutschen Recht (überhaupt) fremd ist, stellt sich die Frage, wie sie zu qualifizieren und ob dadurch zur Aufzählung des § 621 Abs. 1 ZPO einzuordnen ist.

Aus der Sicht des deutschen Rechts wird überwiegend die Auffassung[683] vertreten, dass sie teils Unterhalts-, teils Zugewinnausgleichsfunktion[684] hat[685]. M.E ist sie so zu betrachten, wie wenn

---

681 S. Oben S. 148.

682 In die Diskussion, ob die Morgengabe mit dem türkischen ordre public zu vereinbaren ist oder nicht, braucht man in vorliegender Arbeit nicht einzugehen. Im Hinblick darauf, dass sie ggf. als ein Grund für die Nichtanerkennung des ausländischen Scheidungsurteils auf Grund Art. 42 i.V.m. 38 lit. c türk. IPRG in der Türkei angesehen werden kann, falls sie in der Scheidungsentscheidung (mit)ausgesprochen wird, ist jedoch kurz zu erwähnen, dass die h.M. sie für gegen die türkische öffentliche Ordnung hält (übersichtlich in deutscher Sprache *Öztan*, FamRZ 1998, S. 624 ff.; a.A. *Hatemi*, Hukuk'a ve Ahlak'a Aykirilik Kavramı ve Sonucları [Der Begriff der Rechts- und Sittenwidrigkeit und seine Folgen] Istanbul 1976, S. 279 ff.). Die h.M. ist m.E. fraglich. Wenn man ihre Verbreitung, ihre Funktion und das für sie immer noch bestehendes Verständnis auf dem Land betrachtet, ist es schwierig zu behaupten, dass sie gegen die türkische öffentliche Ordnung verstöße. Erstens lebt sie mehr und mehr in der Form der Tradition oder des Brauchs (Gewohnheitsrecht), die nicht als Verstoß gegen die Trennung von Staat und Religion (Säkularismus) anzusehen ist. Zweitens kann von der Sittenwidrigkeit, was beispielweise m.E. bei Brautgeld (başlık parası) der Fall ist, keine Rede sein, da sie weder gegen die Gleichstellung des Mannes und der Frau, noch ein erniedrigendes Institut aus der Sicht der Frauen (wie z.B. Brautgeld) angesehen werden kann. Drittens hat sie auch die Funktion, zugunsten der bei der Scheidung de facto öfters schutzbedürftigen Frau nach der Scheidung eine gewisse wirtschaftliche Garantie zu gewährleisten, was das türkische Scheidungs- und Güterrecht immer noch nicht genug leisten kann.

683 OLG Düsseldorf, FamRZ 1998, 623 (mit Anmerkung von *Öztan*); ausführlicher aber genauso offenlassend, ob unterhalts- oder aber güterrechtliche Funktion zu bevorzugen ist, BGH, NJW 1987, S. 2161 = FamRZ 1987, S. 463 = IPRax 1988, S. 109 (dazu *Heßler*, aaO., S. 95 f); KG, FamRZ 1988, S. 296; OLG Hamm, FamRZ 1988, S. 516; *Gottwald*, FS Nakamura, S. 196; für unterhaltsrechtliche Qualifikation *Graf*, S.162; *Heldrich*, IPRax 1983, S. 65. Insoweit ist auch die Entscheidung des BGH von 14.10.1998 (FamRZ 1999, S. 217) beachtlich (allerdings mit der Anmerkung, dass im entschiedenen Fall das deutsche Recht Scheidungsstatut war). Der BGH hat nämlich

sich die Ehegatten vor bzw. während oder nach der Trauung über den Bedürftigkeitsunterhalt im voraus geeinigt hätten[686]. Sie und ihre Höhe werden nämlich zumeist im Ehevertrag festgelegt. Es handelt sich also um ein Rechtsgeschäft unter Ehegatten über eine Scheidungsnebenfolge (Bedürftigkeitsunterhalt), was allerdings gemäß Art. 150 Nr. 5 türk. ZGB der Bestätigung des Richters bedarf. Als Bestätigung des Richters ist die Scheidungsentscheidung anzusehen, in der dem Begehren auf Morgengabe stattgegeben wird. Folglich ist dem § 621 Abs. 2 ZPO die internationale Zuständigkeit der deutschen Gerichte für die Streitigkeit über die Morgengabe bei der Anhängigkeit einer Scheidungsklage zu entnehmen[687].

6. Versorgungsausgleich

Der Versorgungsausgleich, der dem türkischen Recht fremd ist, kann bei der Scheidung der türkischen Ehegatten vor dem deutschen Gericht aufgrund Art. 17 Abs. 3 Satz 2 EGBGB auf Antrag durchgeführt werden, auch wenn Scheidungsstatut das türkische Sachrecht ist bzw. war[688]. Es wird damit eine im türkischen Recht nicht vorgesehene Folgesache durch Anwendung des deutschen Rechts durchgeführt, wofür die internationale Zuständigkeit bei der Anhängigkeit der Scheidungsklage aus § 621 Abs. 2 ZPO und der Verbund aus § 623 Abs. 1 ZPO hergeleitet wer-

---

in dieser Entscheidung die berufungsinstanzliche (OLG Bamberg) Bewertung der Morgengabe als ein abstraktes Schuldversprechen i.S.v. § 780 BGB für unzutreffend gehalten, und auf den Bezug der Morgengabe auf den Unterhalt hingewiesen: „... Ebenso könnte in Betracht kommen, dass die Parteien ausschließlich oder in erster Linie eine unterhaltsrechtliche Regelung treffen und jedenfalls mit der Zahlung der zweiten Hälfte der Morgengabe im Falle des Scheiterns ihrer Ehe eine Sicherstellung des Lebensbedarf der Kl. für bestimmte vorgestellte Zeiträume nach der Scheidung erreichen wollten. ... Dabei bietet die neue Verhandlung dem Bekl. die Gelegenheit, auf sein Vorbringen in der Revisionsbegründung zurückzukommen, dass ein in dem Scheidungstermin vor dem FamG ... vereinbarter gegenseitiger Unterhaltsverzicht der Parteien Einfluss auf die Verpflichtung zur Zahlung der Morgengabe habe." Der in dieser Entscheidung geäußerte Ansatz des BGH kann m.E. auch dann in Betracht gezogen werden, wenn das anwendbare Recht das türkische ist. Denn insoweit besteht kein Unterschied zwischen den beiden Rechtsordnungen, wenn es darum geht, dass die Morgengabe ein dem heutigen positiven Recht fremdes Rechtsinstitut ist, und darum, ob die Morgengabe als ein abstraktes Schuldversprechen (Art. 17 türk. OG) zu bewerten ist.

684 In türkischer Lehre wird von *Hatemi* (Hatemi/Serozan-*Hatemi*, S. 251) die Auffassung vertreten, dass die Morgengabe eine Ausgleichszuweisungsfunktion (denklestirme bedeli islevi) hat, die mit einem Nebenleistungsvertrag (yan sonuc sözlesmesi) vereinbart wird.

685 *Öztan* (FamRZ 1998, S. 625-626) erörtert auch andere Auslegungsversuche über die Rechtsnatur der Morgengabe im türkischen Recht, wie z.B. Handschenkung (Art. 237 türk. OG) bzw. Schenkungsversprechen (Art. 238 ff. türk. OG).

686 Vgl. Staudinger-*Spellenberg* §§ 606 ff. ZPO, Rdn. 357.

687 Vgl. OLG Düsseldorf, FamRZ 1998, S. 623.

688 *Henrich*, Internationales Scheidungsrecht (1998), S.85, Rdn. 231; OLG Stuttgart, FamRZ 1993, S. 975-976 = NJW-RR 1994, S. 135-136; m.w.N. *Hahlen*, S. 112-113 und dort Fn. 204.

den kann[689]. Weil das deutsche Sach- und Prozessrecht angewandt wird, ergeben sich insoweit keine Qualifikations- und Einordnungsprobleme[690].

7. Hausratsverteilung und Zuweisung der Ehewohnung

Hausratsverteilung und Zuweisung der Ehewohnung sind dem türkischen Recht in dem Sinne fremd, dass es diese Institute für den Zeitraum nach der Scheidung nicht kennt[691]. Für den Zeitraum, in dem die Scheidungsklage anhängig ist, fallen sie jedoch unter die vorläufigen Maßnahmen, die der Richter nach seinem Ermessen von Amts wegen durchzuführen hat[692]

Nun stellt sich die Frage, ob überhaupt und womit die Zuständigkeit des deutschen Familiengerichts für das Begehren auf Hausratsverteilung und Zuweisung der Ehewohnung zu begründen ist, wenn das türkische Recht das Scheidungsstatut ist, das grundsätzlich auch über diese Ansprüche entscheidet[693].

Hierzu wird die Auffassung vertreten, dass auf Grund dessen, dass andere Rechtsordnungen andere soziale Verhältnisse und Traditionen berücksichtigen, die nicht nahtlos zu den deutschen Lebensverhältnissen passen, die Hausratsverteilung aufgrund ihrer unterhaltsrechtlichen Natur und Zuweisung der Ehewohnung jedenfalls im Hinblick auf den deutschen ordre public gemäß § 23 b Abs. 1 Nr. 7 GVG vor dem Familiengericht durchzuführen ist, auch wenn das anwendbare ausländische Recht sie nicht kennt[694]. Folglich ist die internationale Zuständigkeit und der Verbund für diese Angelegenheiten während der Anhängigkeit einer Scheidungsklage aus den §§ 621 Abs. 2, bzw. 623 ZPO herzuleiten.

Dagegen geht die in der Rechtsprechung wohl h.M davon aus, dass das türkische Recht diese Ansprüche für den Zeitraum nach erfolgter Scheidung nicht vorsieht, und kommt zum Schluss,

---

689 *Wagner*, S. 11, Rdn. 14 ff.; Staudinger-*Spellenberg* §§ 606 ff. ZPO, Rdn. 365; zum Versorgungsausgleich unter türkischen Ehegatten s. Schleswig-Holsteinisches OLG v. 09.02.1998, 15 UF 68/97 in: juris Nr. kore536549800; BGH, NJW 1995. S. 135-136 = FamRZ 1995, S. 31-32; OLG Stuttgart, FamRZ 1993, S. 975-976 = NJW-RR 1994, S. 135-136; OLG München, FuR 1993, S. 169, 231; OLG Karlsruhe, FamRZ 1993, S. 458; OLG Stuttgart, FamRZ 1991, S. 1068 = NJW-RR 1992, S. 262-263 = IPRspr 1991, Nr. 82, S. 151-152; OLG Celle, FamRZ 1991, S. 204-206 = IPRspr 1990, Nr. 92, S. 177-178; Schleswig-Holsteinisches OLG, FamRZ 1991, S. 96-98 = IPRspr 1990, Nr. 88, S. 171-172; BGH, FamRZ 1990, S. 141-142 = NJW 1990, S. 638 = IPRax 1991, S. 57-58.

690 Näher *Finger*, FuR 1999, S. 317.

691 Hohloch-*Öztan*, 6 B, Rdn. 201; OLG Karlsruhe (Beschluss vom 29.10.1999 - 2 UF 259/98), mit krit. Anm. von *Henrich*, in: IPRax 2001, S. 51-52.

692 Hohloch-*Öztan*, 6 B, Rdn. 161; Tekinay, S. 253; s. unten S. 158.

693 *Henrich*, Internationales Scheidungsrecht, S. 57 ff.

694 *Gottwald*, FS Nakamura, S. 197; vgl. *Finger*, FuR 1997/11-12, S. 345; so auch *Ewers*, FamRZ 1999, S. 77; vgl. *Henrich*, FS Ferid (1988), S. 158 f; *Huber*, FamRZ 2000, S. 130 ff.; zum Hausrat OLG Düsseldorf, FamRZ 1995, S. 1280; zur Wohnungszuweisung AmtsG Recklinghausen, FamRZ 1995, S. 677; Staudinger-*Spellenberg* §§ 606 ff. ZPO, Rdn. 361; *Brudermüller*, FamRZ 1999, S. 194.

dass sie bei der Scheidung, die sich sachlich nach türkischem Recht richtet, vor dem Familiengericht nicht durchzusetzen sind[695].

Der ersteren Auffassung ist m.E. zuzustimmen. Demzufolge ist die Hausratsverteilung unter unterhaltsrechtlichem Gesichtspunkt, und die Zuweisung der Ehewohnung jedenfalls im Hinblick auf den deutschen ordre public vor dem deutschen Familiengericht durchzuführen, auch wenn sie im türkischen Recht nicht vorgesehen sind.

8. Ansprüche auf Herausgabe der persönlichen Gegenstände und Rückforderung von Schenkungen

Es handelt sich hier um Ansprüche, die weder im türkischen noch im deutschen Recht als Familien- bzw. Folgesachen vorgesehen sind. Trotzdem werden sie bei Scheidungsklagen unter türkischen Eheleuten vor deutschen Familiengerichten öfters geltend gemacht[696]. Insoweit lautet vor allem die Frage, wie sie zu qualifizieren sind.

Der Anspruch auf Herausgabe der *persönlichen* Gegenstände bei der Scheidung[697] ist m.E. als güterrechtlich zu qualifizieren, auch wenn die Anspruchsgrundlage das Eigentum ist (Vindikationsanspruch)[698]. Denn letzten Endes kommt er anlässlich der Scheidung in Betracht[699]. Dasselbe gilt für alle persönliche Gegenstände einschließlich der Aussteuer (çeyiz)[700]. Demzufolge ist die funktionelle Zuständigkeit des Familiengerichts aus § 23b Abs. 1 Nr. 9 GVG, und die internationale Zuständigkeit während der Anhängigkeit einer Scheidungsklage aus § 621 Abs. 2 ZPO herzuleiten[701].

In bezug auf die *Ansprüche aus Widerruf von Schenkungen* ist die Sache jedoch anders zu betrachten. Hierbei handelt es sich um ein Rechtsgeschäft, nämlich die Schenkung[702], gegen die ein

---

695 OLG Stuttgart, FamRZ 1997, S. 1085; OLG Karlsruhe, NJW 1997, S. 33; OLG Köln, FamRZ 1994, S. 1476; OLG Düsseldorf, FamRZ 1993, S. 575; OLG Hamm, FamRZ 1993, S. 211.

696 *Krüger*, GS. Für Lüderitz, S. 425.

697 Im Hinblick darauf, dass die Gütertrennung im türkischen Recht der gesetzliche Güterstand ist, und bei 99 % der Fälle vorliegt, gehören alle Gegenstände entweder dem einen oder dem anderen Ehegatten. Es gibt also praktisch kein gemeinschaftliches Vermögen. Deshalb spielt Art. 146 Abs. 1 Satz 1 türk. ZGB, der bei der Scheidung das Rücknahmerecht des persönlichen Vermögens vorsieht, praktisch keine Rolle, hierzu *Tekinay*, S. 284 und dort Fn. 59.

698 OLG Hamm, FamRZ 1994, S. 1259 = NJW-RR 1995, S. 133 = IPRspr 1994, S. 152, Nr. 73.

699 *Krüger*, GS. Für Lüderitz, S. 425.

700 OLG Hamm, NJW-RR 1992, S. 1220 = FamRZ 1992, S. 963; vgl. OLG Hamm NJW-RR 1995, S. 133.

701 *Gottwald*, FS Nakamura, S. 196-197; OLG Hamm, NJW-RR 1995, S. 133; NJW-RR 1992, S. 1220 = FamRZ 1992, S. 963; a.A. Staudinger-*Spellenberg* §§ 606 ff. ZPO, Rdn. 359; OLG Stuttgart, FamRZ 1997, 1085-1086; OLG Köln, NJW-RR 1995, S. 135 = FamRZ 1995, S. 236 = IPRspr 1994, S. 165, Nr. 79 = FuR 1994, S. 375; OLG Hamm, FamRZ 1993, S. 211 = NJW-RR 1993, S. 1349.

702 Entweder Schenkungsversprechen gemäß Art. 238 türk. OG oder Schenkung von Hand zu Hand gemäß Art. 237 türk. OG.

Widerruf bzw. eine Anfechtung unter den Voraussetzungen von Art. 244, 245 türk. OG erhoben werden kann[703]. Die Scheidung ist jedoch an sich weder ein Widerrufs- noch ein Anfechtungsgrund; Art. 61 Satz 2 türk. OG (ungerechtfertigte Bereicherung) kann auch nicht herangezogen werden[704]. Denkbar ist nur, dass der zur Zerrüttung der ehelichen Gemeinschaft führende Grund zugleich als einer der Widerrufs- bzw. Anfechtungsgründen betrachtet werden kann. Da sind jedoch die Bewertungskriterien und die Rechtsgrundlage für die Scheidungsgründe und für die Gründe des Widerrufs bzw. der Aufhebung der Schenkung nicht gleich. Deswegen gibt es zwischen beiden keinen direkten Zusammenhang, auch wenn der Beweggrund des Widerrufs bzw. der Aufhebung, die Scheidung sein mag. Demzufolge kann der Anspruch auf Widerruf bzw. Aufhebung der Schenkung nicht als eine der Scheidungsfolgesachen angesehen und in § 23b GVG, § 621 Abs. 1 ZPO eingeordnet werden. Folglich ist die Zuständigkeit des Familiengerichts für diese Ansprüche bei der Anhängigkeit der Scheidungsklage mit § 621 Abs. 2 ZPO nicht zu begründen, vielmehr ist auf die allgemeinen Zuständigkeitsregeln zurückzugreifen[705].

9. Weiterführung des Namens des (Ex)Ehemannes nach der Scheidung

Gemäß Art. 141 türk. ZGB kann der Frau auf ihr Begehren u.U. die Erlaubnis erteilt werden, den Familiennamen ihres Exehemannes nach der Scheidung weiter zu führen, was im türkischen Recht als eine der Scheidungsfolgesachen betrachtet wird[706]. Dieser Anspruch ist aber im deutschen Recht weder in den Katalog des § 621 ZPO noch der Aufzählung des § 23b GVG einzuordnen. Folglich ist eine Entscheidungskonzentration im Familiengericht grundsätzlich ausgeschlossen; die Zuständigkeit der deutschen Gerichte für dieses Begehren kann nur auf die allgemeinen Regeln gestützt werden. Trotzdem ist aber m.E. die Angelegenheit kraft Sachzusammenhang als Familiensache zu betrachten und demzufolge ein Verbund im Familiengericht herzustellen[707].

---

703 *Krüger*, GS. Für Lüderitz, S. 425.

704 Hierzu *Oğuzman/Dural*, S. 140; ausführlicher bei Hatemi/Serozan-*Hatemi*, S. 245-246; m.w.N. (in deutscher Sprache) *Krüger*, GS. Für Lüderitz, S. 423 ff.

705 So auch die h.M., s. LG Tübingen, NJW-RR 1992, S. 1095 = FamRZ 1992, S. 1437; OLG Köln, NJW-RR 1995, S. 135 = FamRZ 1995, S. 236 = IPRspr 1994, S. 165, Nr. 79 = FuR 1994, S. 375; OLG Frankfurt, FamRZ 1989, S. 75; OLG Hamm, FamRZ 1993, S. 221 = NJW-RR 1993, S. 1349; OLG Stuttgart, FamRZ 1997, S. 1085; a.A. *Krüger*, GS. Für Lüderitz, S. 416; vgl. *Gottwald*, FS. Nakamura, S. 196 ff.; OLG Hamm, FamRZ 1992, S. 963 = NJW-RR 1992, S. 1220; FamRZ 1994, S. 1259.

706 Hohloch-*Öztan*, 6 B, Rdn. 202 ff.

707 Vgl. *Thomas/Putzo*, § 621 ZPO, Rdn. 8.

D. Internationale Zuständigkeit der deutschen Gerichte für isolierte Familiensachen

Es ist nicht selten der Fall, dass türkische Eheleute ihre Scheidungsklage in der Türkei erheben und während dessen vor deutschen Gerichten etwa nachehelichen Unterhalt oder Übertragung des Sorgerechts der gemeinsamen Kinder geltend machen. Es gibt auch Fälle, in denen die Parteien nach einem rechtskräftigen (deutschen oder türkischen) Scheidungsurteil wegen einer Folgesache vor das deutsche Gericht gehen. Dabei lässt sich grundsätzlich sagen, dass dann, wenn eine Familiensache isoliert geltend gemacht wird, sich die internationale Zuständigkeit nach allgemeinen Regeln bestimmt[708]. Im einzelnen gilt folgendes:

In bezug auf die elterliche Sorge[709], die Regelung des Umgangs mit einem Kind[710] und die Herausgabe eines Kindes[711] bestimmt sich die internationale Zuständigkeit der deutschen Gerichte nach MSA, was auch bei der inländischen Anhängigkeit einer Ehesache genauso der Fall ist[712]. Für Unterhaltssachen[713], Entschädigung, Genugtuung, Morgengabe, Ansprüche auf Herausgabe der persönlichen Gegenstände[714], namensrechtliche Streitigkeiten und Rückforderung von Schenkungen[715] sind je nach dem Sachverhalt Art. 2[716], 5, Nr. 2[717] EuGVÜ bzw. §§ 12, 13[718], 16, 23[719],

---

708 Johannsen/Henrich-*Sedemund-Treiber*, § 621 ZPO, Rdn. 18a i.V.m. Rdn. 7; *Schack*, IZVR, Rdn. 378; Staudinger- *Spellenberg*, §§ 606 ff. ZPO, Rdn. 374-375; a.A. wohl *Walter* (MünchKommZPO, § 621 ZPO, Rdn. 143, im Anschluss an KG, IPRax 1988, S. 234-235), so wörtlich: „Auch bei isolierter Geltendmachung einer Familiensache besteht eine deutsche internationale Zuständigkeit im Sinne einer Annexzuständigkeit, wenn die deutschen Gerichte für die Ehesache international zuständig wären".

709 KG, FamRZ 1999, S. 395 (Streit um die elterliche Sorge nach in Deutschland erfolgter Scheidung); OLG Köln, FamRZ 1991, S. 363 (Scheidungsklage in der Türkei anhängig); AmtsG Eschwege, FamRZ 1995, S. 565 (keine Ehesache anhängig). Für den Fall, dass das Kind deutsche und zusätzlich türkische Staatsangehörigkeit besitzt, s. BGH, FamRZ 1997, S. 1070 = NJW 1997, S. 3024 = JuS Kartei Art. 4 MSA Nr. 98/1.

710 OLG Karlsruhe, FamRZ 1991, S. 362 (Scheidungsklage in der Türkei anhängig).

711 Vgl. OLG Hamm, NJW-RR 1997, S. 5 (Scheidungsklage in der Türkei anhängig).

712 Johannsen/Henrich-*Sedemund-Treiber*, § 621 ZPO, Rdn. 18a, 19 ff.

713 OLG Hamm, NJW-RR 1994, S. 136 (die Ehe war von einem türkischen Gericht geschieden worden); OLG Stuttgart, NJW-RR 1994, S. 135 (die Ehe der türkischen Staatsangehörigen war schon von einem deutschen Gericht geschieden worden). Auch wenn die internationale Zuständigkeit nicht direkt interessiert ist, hat es Sinn, darauf hinzuweisen, dass sich die Auffassung in der türkischen Lehre und Rechtsprechung überwiegend durchgesetzt hat, dass die Plenarentscheidung des türkischen Kassationshofes v. 21.1.1988 (Amtsblatt v. 15.6.1988, Nr. 19843), mit der die nachträgliche Geltendmachung des immateriellen Schadensersatzes aufgrund Art. 143 Abs. 2 türk. ZGB für zulässig erklärt wurde, auch bei dem nachträglichen Geltendmachung des Unterhaltsanspruchs analog anzuwenden ist; ausführlich zu diesem Thema in deutscher Sprache *Öztan*, FamRZ 1994, S. 1574 ff.; *Hahlen*, S. 78-79; OLG Hamm, NJW-RR 1994, S. 136 = FamRZ 1994, S. 582; vgl. OLG Stuttgart, NJW-RR 1994, S. 135.

714 OLG Hamm, NJW-RR 1995, S. 133.

715 OLG Köln, NJW-RR 1995, S. 135.

716 So etwa KG, IPRax 1994, S. 455. Das Gericht hat die internationale Zuständigkeit für eine isolierte nacheheliche Unterhaltsklage unter türkischen Ex-Ehegatten auf Art. 2 EuGVÜ berufen, weil der Beklagte seinen Wohnsitz in Berlin hatte (die Unterhaltsberechtigte wohnte in der Türkei).

717 OLG Hamm, IPRax 1988, S. 307.

23a ZPO[720] einschlägig. Für güterrechtliche Streitigkeiten gelten §§ 12, 13, 16, 23 ZPO, und für Streitigkeiten über Hausratsgegenstände gilt § 11 Abs. 2 Hausratsverordnung[721]. Für das selbständige Versorgungsausgleichsverfahren liegt die internationale Zuständigkeit nach wohl h.M. dann vor, wenn das angerufene Gericht für die Scheidungsklage international zuständig war bzw. wäre[722].

In diesem Zusammenhang stellt sich die Frage, ob die Rechtshängigkeit und ihre mögliche Sperrwirkung in Betracht kommt, wenn die Scheidungsklage in der Türkei anhängig ist und während dessen eine isolierte Folgesache in Deutschland geltend gemacht wird. Es besteht nämlich die Wahrscheinlichkeit, dass die selbe Folgesache von Amts wegen oder auf Antrag einer der Parteien im ausländischen Verfahren zur Entscheidung kommt. Es wird dafür plädiert, dass die bloße Anhängigkeit einer Ehesache im Ausland die internationale Zuständigkeit der deutschen Gerichte nicht ausschließt[723]. Da aber die türkischen Urteile in Deutschland voraussichtlich anzuerkennen sind, ist m.E. die Sperrwirkung der türkischen Rechtshängigkeit in Deutschland in bezug auf diejenige Folgesachen anzunehmen, über die der türkische Richter von Amts wegen bzw. auf Antrag[724] zu entscheiden hat[725].

---

718 OLG Köln (Beschl. v. 22.6.1988 – 27 UF 14/88) hat die internationale Zuständigkeit der deutschen Gerichte im entschiedenen Fall auf § 13 ZPO gestützt. Im Fall ging es um die Abänderung eines türkischen Unterhaltstitels, die Klägerin war in der Türkei wohnhafte, und der Beklagte (Ex-Ehemann der Klägerin) hatte seinen Wohnsitz in Deutschland. In seiner Anmerkung zu dieser Entscheidung äußert sich *Henrich* (aaO.), es wäre richtiger, wenn sich das Gericht auf Art. 2 EuGVÜ berufen hätte.

719 OLG Saarbrücken, FamRZ 1994, S. 579. Das Gericht hat die internationale Zuständigkeit der deutschen Gerichte mit § 23 ZPO begründet. Der Unterhaltspflichtete besaß nämlich genügend Vermögen in Deutschland, obwohl er dort weder seinen Wohnsitz noch Aufenthalt hatte. In der Sache ging es um eine Klage auf den Geschiedenenunterhalt, der nach einem rechtskräftigen Scheidungsurteil geltend gemacht wurde; vgl. BGH, FamRZ 1992, S. 1060; OLG Hamm, IPRax 1988, 307-308.

720 Johannsen/Henrich-*Sedemund-Treiber*, § 621 ZPO, Rdn. 18a, 22; *Schack*, IZVR, Rdn. 378.

721 *Brudermüller*, FamRZ 1999, S. 194; *Jayme*, IPRax 1981, S. 50; vgl. *Henrich*, IPRax 1985, S. 89.

722 BGH, FamRZ 1993, S. 176, 798 (dazu krit. Anm. *Henrich*, IPRax 1993, S. 189);*Wagner*, Rdn. 17-19; vgl. *Schack*, IZVR, Rdn. 378; Johannsen/Henrich-*Sedemund-Treiber*, § 621 ZPO, Rdn. 18a; in bezug auf Notzuständigkeit *Graf*, S. 195; dagegen ist *Spellenberg* (in: Staudinger, §§ 606 ZPO, Rdn. 375-376) der Meinung, dass die internationale Zuständigkeit für isolierte Geltendmachung des Versorgungsausgleichs (im Hinblick auf seinen unterhaltrechtlichen Charakter) den allgemeinen Regeln, nämlich §§ 13, 23, 23a), zu entnehmen ist. Dagegen vertritt *Henrich* die Auffassung, dass sich die internationale Zuständigkeit der deutschen Gerichte bei der nachträglichen Durchführung des Versorgungsausgleichs aus der entsprechenden Anwendung des § 45 FGG ergibt, *Henrich*, Internationales Scheidungsrecht, S. 86, Rdn. 234, im Anschluss an OLG Stuttgart, FamRZ 1991, S. 1068; OLG Hamm, FamRZ 1992, S. 826.

723 *Gottwald*, FS Nakamura, S. 195; OLG Hamm, FamRZ 1994, S. 774.

724 Allerdings muss für die Annahme der Sperrwirkung der Rechtshängigkeit in bezug auf die Antragssachen bewiesen werden, dass sie bei der in der Türkei anhängigen Klage beantragt wurden.

725 Vgl. Hierzu *Henrich*, Internationales Scheidungsrecht, S. 8-9; *Gottwald*, FS Nakamura, S. 195; Staudinger-*Spellenberg* §§ 606 ff. ZPO, Rdn. 448 ff.; vgl. *Gruber*, FamRZ 1999, S. 1563 ff.

E. Internationale Zuständigkeit der deutschen Gerichte für einstweilige Maßnahmen während der Anhängigkeit des Ehescheidungsverfahrens

Während der Anhängigkeit einer Ehesache besteht in den meisten Fällen das Bedürfnis, über die elterliche Sorge, den Umgang mit den Kindern, den Unterhalt, die Benutzung der Ehewohnung und des Hausrates etc. durch einstweilige Anordnungen erforderliche Regelungen zu treffen. Welche einstweilige Anordnungen getroffen werden können, ist im deutschen Recht in § 620 ZPO aufgezählt[726]. Im türkischen Recht gibt es dagegen nur eine allgemeine Regelung, nämlich Art. 137 türk. ZGB. Nach dieser Vorschrift hat der Scheidungsrichter nach der Erhebung der Klage auf Scheidung oder Trennung von Amts wegen die auf die Dauer des Prozesses erforderlichen Maßnahmen zu treffen, welche Benutzung der bisherigen gemeinsamen Wohnung, Unterhalt der Ehegatten, Verwaltung des ehelichen Vermögens und Fürsorge der Kinder betreffen.

Ist das türkische Sachrecht das Scheidungsstatut, so ist Art. 137 türk. ZGB, der im Gegensatz zu § 620 ZPO keine enumerative Aufzählung enthält, die materielle Rechtsgrundlage[727]. Da das Verfahren sich stets nach der lex fori richtet, und § 620 ZPO rein prozessrechtlich ist[728], sind im Falle der Anwendung des türkischen Sachrechts nur diejenigen Maßnahmen des türkischen Rechts zu treffen, die einer der in § 620 ZPO aufgezählten Maßnahmen entsprechen[729]. In den Fällen, in denen Eilbedürftigkeit besteht, kann man auf die Ermittlung der materiellen Rechtsgrundlage im türkischen Recht verzichten[730].

Für die Bestimmung der internationalen Zuständigkeit hinsichtlich der zu treffenden Maßnahmen hat man zu unterscheiden, ob das Hauptverfahren in Deutschland oder aber in der Türkei anhängig ist. Wenn das Hauptverfahren in Deutschland anhängig ist, richtet sich die internationale Zuständigkeit für die einstweiligen Anordnungen grundsätzlich nach der Zuständigkeit für das entsprechende Hauptverfahren, im Grunde also beim Scheidungs- bzw. Trennungsverfahren nach § 606a ZPO[731]. Für diejenigen einstweiligen Anordnungen, die vom MSA umfasste Maßnahmen betreffen, ist das MSA die Herkunft der internationalen Zuständigkeit[732].

---

726 Ausführlich bei *Bernreuther*, FamRZ 1999, S. 69 ff.; *Reischauer-Kirchner*, ZRP 1998, S. 355 ff.

727 Vgl. *Henrich*, FS Ferid (1988), S. 158.

728 Staudinger-*Spellenberg* §§ 606 ff. ZPO, Rdn. 623.

729 MünchKommZPO/*Klauser*, § 620 ZPO, Rdn. 11; Staudinger-*Spellenberg* §§ 606 ff. ZPO, Rdn. 623.

730 *Henrich*, FS Ferid (1988), S. 158.

731 *Henrich*, IPRax 1985; S. 89; MünchKommZPO/*Klauser*, § 620 ZPO, Rdn. 11; *Schack*, IZVR, Rdn. 414; *Albrecht*, S. 69; *Spellenberg/Leible*, S. 312; Staudinger-*Spellenberg* §§ 606 ff. ZPO, Rdn. 613; OLG Karlsruhe, FamRZ 1984, S. 184.

732 *Albrecht*, S. 69; Staudinger-*Spellenberg* §§ 606 ff. ZPO, Rdn. 614.

Auch im Falle der Anhängigkeit des Scheidungsverfahrens in der Türkei kann das Bedürfnis bestehen, für die in Deutschland lebenden Parteien oder das Kind einstweilige Maßnahmen zu treffen. In diesem Fall reicht jedoch die Anhängigkeit der Scheidungsklage in der Türkei für die Begründung der internationalen Zuständigkeit der deutschen Gerichte bezüglich der vorgenannten Maßnahmen nicht aus[733]. Es gibt auch keine besondere Zuständigkeitsnorm für diesen Fall. Deshalb ist grundsätzlich auf das generelle Doppelfunktionalitätsprinzip zurückzugreifen, und die internationale Zuständigkeit aus der örtlichen abzuleiten[734]. Wenn die zu erlassende vorläufige Anordnung inhaltlich einer der Scheidungsfolgesachen entspricht, sind für sie die obigen Ausführungen über die internationale Zuständigkeit für die isolierten Folgesachen[735] heranzuziehen[736]. Bei Schutzmaßnahmen für Minderjährige kann das MSA u.U. die internationale Zuständigkeit der deutschen Gerichte begründen[737].

Insofern stellt sich wiederum die Frage, ob das in der Türkei anhängige Hauptverfahren und die mit ihm von Amts wegen bzw. auf Antrag zu entscheidende Folgesache angesichts der Rechtshängigkeit für die Geltendmachung derselben Folgesache in Deutschland eine Sperrwirkung entfaltet. Nach der wohl einhelligen Meinung stehe die ausländische Rechtshängigkeit der Ehesache

---

733 *Albrecht*, S. 69; *Spellenberg/Leible*, S.312; OLG Frankfurt, FamRZ 1990, S. 747, 748.

734 *Spellenberg/Leible*, S. 308.

735 S. oben S. 156 f.

736 Vgl. etwa OLG Karlsruhe, FamRZ 1986, S. 1226, in der Sache ging es um das befristete Unterhaltsbegehren der Ehefrau für sich und für das gemeinsame Kind, während zwischen den in Deutschland lebenden Ehegatten in der Türkei eine Scheidungsklage anhängig war. Das OLG hat dem Begehren stattgegeben und die internationale Zuständigkeit der deutschen Gerichte mit der Begründung bejaht, diese Zuständigkeit ergebe sich aus Art. 2 und 5 Nr. 2 EuGVÜ, denn alle Beteiligten hätten ihren Wohnsitz in Deutschland. In einem ähnlichen Fall (die Scheidungsklage war in der Türkei anhängig) hat das OLG Frankfurt (FamRZ 1990, S. 747, 748) dem vorläufigen Unterhaltsbegehren stattgegeben und die internationale Zuständigkeit der deutschen Gerichte aufgrund § 13 ZPO bejaht. Das OLG Düsseldorf (IPRax 1983, S. 129) hat seine internationale Zuständigkeit in einem Fall für gegeben gehalten, in dem es um die einstweilige Zuweisung des ehelichen Hausrats an die Ehefrau ging, währenddessen die Scheidungsklage in der Türkei anhängig war. Das Gericht hat sich im Hinblick auf die internationale Zuständigkeit auf § 11 Abs. 2 S. 1 HausratsVO gestützt, (dazu zust. Anm. der Redaktion aaO., S. 129-130); vgl. *Henrich*, IPRax 1985, S. 89. Das OLG Karlsruhe (IPRax 1985, S. 106) hat darauf hingewiesen, dass bei einer einstweiligen Zuweisung der ehelichen Wohnung die internationale Zuständigkeit der deutschen Gerichte auch aus Art. 1 MSA dann herzuleiten ist, wenn die die Zuweisung begehrende Partei in der Wohnung mit den Kindern zu leben braucht. Für die vorläufige Zuweisung der ehelichen Wohnung während der Anhängigkeit der Scheidungsklage in der Türkei folge die internationale Zuständigkeit aus Art. 1 MSA, denn zum Schutz der gedeihlichen Entwicklung der Kinder sei es zwingend geboten, die eheliche Wohnung der Frau zur alleinigen Benutzung für sich und die Kinder zuzuweisen; dazu krit. *Henrich*, IPRax 1985, S. 90.

737 So etwa OLG Karlsruhe, FamRZ 1991, S. 362, in der Sache ging es um ein in der Türkei anhängiges Scheidungsverfahren zwischen in Deutschland lebenden Ehegatten, das OLG hat (m.E. zu Recht) die deutsche internationale Zuständigkeit für die vorläufige Regelung des Umgangrechts aufgrund Art. 1 MSA bejaht; vgl. auch OLG Köln, FamRZ 1991, S. 363. In bezug auf die Herausgabe des Kindes hat das OLG Hamm (NJW-RR 1997, S. 5) die deutsche internationale Zuständigkeit aus Art. 1 MSA hergeleitet, während die Ehescheidungsklage unter den Ehegatten in der Türkei anhängig war.

und selbst der Folgesache einer isoliert geltend gemachten einstweiligen Maßnahme nicht im Wege, wenn ein besonderes inländisches Rechtsschutzbedürfnis bestehe[738].

F. Internationale Zuständigkeit der deutschen Gerichte für einstweilige Maßnahmen während des Getrenntlebens der türkischen Ehegatten in Deutschland

Im türkischen Familienrecht ist eine andere Art der Trennung der Ehegatten vorgesehen als die förmliche Trennung von Tisch und Bett (Art. 139 türk. ZGB) und Getrenntleben während der Klage auf Scheidung bzw. Trennung von Tisch und Bett (Art. 162, Abs. 2 türk. ZGB). Sie muss nicht unbedingt gerichtlich angeordnet werden, und hat mit der Auflösung der Ehe direkt nichts zu tun; sogar ganz im Gegenteil, sie soll dem Fortbestehen der Ehe dienen. Die einschlägige Vorschrift (Art. 162 Abs. 1 türk. ZGB) lautet: „Jeder Ehegatte kann eine getrennte Wohnung haben, solange seine Gesundheit, sein Ruf oder das Gedeihen seiner Geschäfte durch das Zusammenleben ernstlich bedroht wird". Nach Abs. 3 der Vorschrift hat der Richter auf Begehren eines der Ehegatten den Betrag zu bestimmen, den der andere Ehegatte zum Unterhalt des Berechtigten zu leisten hat, falls das Getrenntleben berechtigt ist.

Weder in diesem Artikel noch irgendwo anders ist vorgesehen, ob überhaupt und wie bei dem hier interessierenden Getrenntleben das Sorgerecht der Kinder, die Verteilung des Hausrates, die Zuweisung der ehelichen Wohnung etc. zu regeln sind[739]. Während des Getrenntlebens nach Erhebung der Klage auf Scheidung oder Trennung von Tisch und Bett ist die Sache nicht problematisch, weil für diese Zeit der Gesetzgeber dem Richter mit Art. 137 türk. ZGB die Befugnis gibt, alle notwendigen vorläufigen Maßnahmen vor allem in bezug auf die Fürsorge der Kinder, Zuweisung der Ehewohnung etc. von Amts wegen zu treffen. Hinsichtlich des Getrenntlebens nach Art. 162 Abs. 1 türk. ZGB fehlt aber eine gesetzliche Regelung für die notwendigen Eilmaßnahmen. In bezug auf die Entziehung des Sorgerechts hat man vor allem Art. 262 und 263 türk. ZGB

[738] *Henrich*, IPRax 1985, S. 89; Stein/Jonas-*Grunsky*, vor § 916 ZPO, Rdn. 8; Staudinger-*Spellenberg* §§ 606 ff. ZPO, Rdn. 615-616; vgl. OLG Karlsruhe, FamRZ 1991, S. 1991, S. 362; OLG Frankfurt, FamRZ 1990, S. 747; OLG Karlsruhe, FamRZ 1986, S. 1226 (all diese Entscheidungen betreffen eine in der Türkei anhängige Scheidungsklage).

[739] In der türkischen Literatur und Rechtsprechung ist etwas präzises und ausführliches über dieses Thema nicht zu finden; für eine ausführliche Untersuchung in deutscher Sprache jedoch *Odendahl*, FamRZ 1999, S. 1328-1329.

im Auge zu behalten. Sie sehen nämlich vor, dass

(1) die elterliche Gewalt während des Bestehens der Ehe von beiden Elternteilen zusammen ausgeübt wird,

(2) das Sorgerecht den Eltern ohne gesetzliche Grundlage nicht entzogen werden kann, und

(3) der Vater bei der Meinungsverschiedenheit den Stichentscheid hat.

Diese Rechtslage ist m.E. im Sinne des Art. 3 MSA als „das kraft Gesetzes bestehende Gewaltverhältnis" zu verstehen, was die Sache noch verkompliziert. Das Gesetzt lässt während der Ehe weder die Entziehung des Sorgerechts selbst, noch (ohne gesetzliche Gründe) die Entziehung seiner Ausübung zu. Es besteht aber praktisch doch das Bedürfnis, während der Trennungszeit mindestens die Ausübung der elterlichen Gewalt einem der Ehegatten zuzuweisen, und m.E. zusätzlich die vorläufige Zuweisung der ehelichen Wohnung und Verteilung des Hausrates anzuordnen.

Die bis jetzt mit dieser Problematik befassten deutschen Gerichte haben über die materielle Rechtslage und über die internationale Zuständigkeit unterschiedlich entschieden. Die erstinstanzlichen Entscheidungen beschäftigten sich insbesondere mit dem Sorgerechtsentzug[740]. Einige Gerichte verneinten die deutsche internationale Zuständigkeit mangels materieller Grundlage und aufgrund des Stichentscheides des Vaters im türkischen Recht (Art. 263 Satz 2 türk. ZGB). Das kraft Gesetz bestehende Gewaltverhältnis (sog. ex-lege-Gewaltverhältnis) stehe also im Wege[741]. Die h.M. geht davon aus, dass hier eine regelungsfähige Lücke vorliegt, die mit Rückgriff auf die schweizerische Rechtsprechung und Lehre zu füllen sei. Jedenfalls verstoße der Stichentscheid des Vaters im türkischen Recht gegen den Gleichberechtigungsgrundsatz des Art. 3 Abs. 2 GG und damit gegen den deutschen ordre public; in vielen Fällen sei auch Art. 8 Abs. 1 MSA zur Hilfe zu rufen[742]. Folglich kann der deutsche Richter auf die Anwendung des türkischen Rechts

740 Für einen umfangreichen Überblick auf die deutsche Rechtsprechung zu diesem Thema s. *Odendahl*, FamRZ 1999, S. 1327-1328.

741 So etwa OLG Köln, FamRZ 1991, S. 362 (mit krit. Anm. von *Henrich*, aaO.); OLG Nürnberg, IPRax 1984, S. 220 (dazu krit. Anm. von *Henrich*, aaO.) vgl. OLG Stuttgart, NJW 1985, S. 566.

742 *Henrich*, IPRax 1984, S. 220; *ders.*, IPRax 1990, S. 126 (Anm. zu OLG Hamm, Beschluss v. 7.4.1989, aaO.); *ders.*, FamRZ 1990, S. 362; mit weiteren Nachweisen und einem umfassenden Überblick *Odendahl*, FamRZ 1999, S. 1327; *Ehringfeld*, S. 145 (er verweist auf ein unveröffentlichtes Gutachten von Andreas *Heldrich* an das OLG Koblenz über türkisches Kindschaftsrecht, wo der Gutachter dieselbe Ansicht vertreten haben soll); AmtsG Eschwege, FamRZ 1995, S. 565; OLG Koblenz, FamRZ 1990, S. 552; KG, IPRax 1985, S. 347; OLG Hamm, FamRZ 1989, S. 1324 (dazu *Henrich*, IPRax 1990, S. 126); OLG Celle, FamRZ 1989, S. 1324; OLG Köln, IPRax 1989, S. 311; OLG München, FamRZ 1992, S. 343 (nur Leitsatz der Redaktion).

(Art. 262, 263 türk. ZGB i.V.m. Art. 3 MSA) verzichten und die einschlägigen Vorschriften des deutschen materiellen Rechts, vor allem § 1672 BGB, heranziehen[743].

Der h.M ist m.E. zuzustimmen. Hierfür spricht auch der neue türk. ZGB-Vorentwurf, dessen Art. 159 Abs. 3 lautet: „Wenn die Aufhebung des Zusammenlebens berechtigt ist, trifft der Richter auf Begehren eines der Ehegatten die Maßnahmen über Unterhalt, Umgang mit Kindern, Zuweisung der ehelichen Wohnung und Hausrates sowie Verwaltung des ehelichen Vermögens“[744].

In bezug auf andere vorläufige Maßnahmen, wie Zuweisung der ehelichen Wohnung und des Hausrates usw., die u.U. als notwendig erscheinen, ist die internationale Zuständigkeit aus den allgemeinen Regeln, den §§ 12 ff. ZPO bzw. dem Art. 2 EuGVÜ, herzuleiten. Fehlt die sachrechtliche Basis aus der Sicht des türkischen Rechts, so ist das deutsche Sachrecht – so wie bei der Sorgerechtszuweisung die entsprechenden Vorschriften – im Wege der Lückenfüllung heranzuziehen.

G. Internationale Zuständigkeit der deutschen Gerichte für Kindschafts-, Vormundschafts-, Betreuungs- und Pflegschaftssachen

Wenn eine der Parteien Deutscher ist oder ihren gewöhnlichen Aufenthalt in Deutschland hat, sind die deutschen Gerichte für die Kindschaftssachen, die in § 640 Abs. 2 ZPO festgelegt sind, gemäß § 640a Abs. 2 ZPO, international zuständig[745]. Für die Vormundschafts-, Adoptions-, Pflegschafts- und Betreuungssachen[746] wird die deutsche internationale Zuständigkeit in den §§ 35b Abs. 1 und 43b Abs. 1 FGG auf die deutsche Staatsangehörigkeit oder hilfsweise auf den gewöhnlichen inländischen Aufenthalt gegründet[747].

Diese Zuständigkeitsnormen entfalten im deutsch-türkischen Rechtsverkehr keine besonderen Schwierigkeiten. Denn sowohl die einschlägigen Institute als auch die internationalprivatrechtlichen Anknüpfungsmerkmale entsprechen einander (Art. 9, 15, 16, 17, 18 türk. IPRG; Art. 24, 19, 20, 21 22 EGBGB). Seit der Abschaffung der Ausschließlichkeit der internationalen Zuständig-

---

[743] *Ehringfeld*, S. 145-146.

[744] Obwohl dieser Entwurf noch nicht zum Gesetz geworden ist, deutet er als ein Indiz darauf hin, dass hier eine Gesetzeslücke anzunehmen ist. Außerdem sieht Art. 253 Abs. 2 türk. ZGB-Vorentwurf vor, dass der Richter bei Nichtfortsetzung der ehelichen Gemeinschaft die Ausübung des Sorgerechts einem der Ehegatten überlassen kann.

[745] Ausführlich MünchKommZPO/*Coester-Waltjen*, § 640a ZPO, Rdn. 4 ff.; Baumbach/Lauterbach/*Albers*, § 640a ZPO, Rdn. 3; BGH, NJW 1982, S. 1215 (über Ehelichkeitsanfechtungsklage eines türkischen Kindes); KG, FamRZ 1994, S. 1413, (über Feststellung der Nichtehelichkeit eines türkischen Kindes).

[746] §§ 69e Satz 1 i.V.m. § 35b FGG.

keit der türkischen Gerichte für Personalstatutssachen für die im Ausland lebenden türkischen Staatsangehörigen[748] sind die ausländischen Urteile auch in den genannten Bereichen anzuerkennen; wäre es anders, würde sich auch keinen Unterschied hinsichtlich der Bejahung der deutschen internationalen Zuständigkeit für die hier interessierenden Angelegenheiten ergeben, denn die einschlägigen Vorschriften enthalten keinen solchen Vorbehalt, was in § 606a Abs. 1 Nr. 4 ZPO der Fall ist.

H. Zusammenfassung

Die internationale Zuständigkeit der deutschen Gerichte für familienrechtliche Streitigkeiten ist grundsätzlich abweichend vom Grundprinzip, wonach die Vorschriften über örtliche Zuständigkeit zugleich die internationale Zuständigkeit indizieren, weitgehend selbständig geregelt. Die §§ 606a Abs. 1, 640a Abs. 2 ZPO, sowie §§ 35b Abs. 1, 43b Abs. 1 FGG enthalten präzise Regelungen mit eigenen Anknüpfungspunkten über die internationale Zuständigkeit. Insofern kommt dem § 621 Abs. 2 ZPO eine erhebliche Bedeutung zu, da ihm eine in der Vorschrift nicht ausdrücklich geregelte Funktion, nämlich die sog. internationale Verbundzuständigkeit der deutschen Gerichte zu begründen, erteilt wird. Im Hinblick auf einige wesentliche Unterschiede zwischen dem deutschen und dem türkischen Recht, seien sie sachrechtlich oder verfahrensrechtlich, ergeben sich dann Probleme, wenn das türkische Recht das anwendbare Sachrecht ist. Zur Lösung dieser Probleme hat man vor allem den Zweck, die Rechtsnatur und die Funktion der unterschiedlichen Rechtsinstitute in Betracht zu ziehen. Ist keine sachrechtliche Basis zu finden, weil das in Frage stehende Institut dem anwendbaren türkischen Sachrecht, wie etwa Versorgungsausgleich oder Zuweisung der ehelichen Wohnung, fremd sind, so ist diese durch die Lückenfüllung bzw. Rechtsfortbildung herzustellen[749]. Dies ist auch ein Gebot der Rechtssicherheit und des Rechtsschutzes, wie der BGH anlässlich einer Ehelichkeitsanfechtungsklage eines türkischen Kindes betont hat[750].

---

[747] *Roth*, IPRax 1989, S. 279 ff.

[748] S. unten S. 172.

[749] *Rumpf*, IPRax 1983, S. 114 ff.

[750] BGH, NJW 1982; S. 1215, dazu Anmerkung der Redaktion in: IPRax 1983, S. 193-194.

§ 14 Internationale Zuständigkeit der türkischen Gerichte für familien- und personenrechtliche Angelegenheiten

A. Einleitung

An dieser Stelle wird die internationale Zuständigkeit der türkischen Gerichte für familien- und personalstatutsrechtliche Angelegenheiten zusammen behandelt. Damit wird den Art. 28, 29 türk. IPRG gefolgt, wo die angesprochenen Angelegenheiten zusammengefasst sind, obwohl zwischen beiden Kategorien kein unmittelbarer Zusammenhang besteht. Diese Vorschriften bauen nämlich auf der Basis der „Personalstatutsangelegenheiten (kişi halleri = ahvali şahsiye)" auf, die im türkischen juristischen Sprachgebrauch sowohl die familienrechtlichen wie auch die personenstandsrechtlichen Angelegenheiten umfassen[751]. Die Art. 28, 29 türk. IPRG sind zwar subsidiär, werden aber für die Eröffnung der internationalen Zuständigkeit der türkischen Gerichte für die hier interessierenden Angelegenheiten mit Auslandsbezug öfters in Anspruch genommen. In Anbetracht ihrer Subsidiarität sind zunächst diejenigen Vorschriften zu behandeln, welche bei der Begründung der internationalen Zuständigkeit der türkischen Gerichte für familien- und personalstatutsrechtlichen Angelegenheiten in erster Linie zur Anwendung kommen.

B. Die Regelung der internationalen Zuständigkeit der türkischen Gerichte für personen- und familienrechtliche Streitigkeiten

Der Grundsatz *actor sequitur forum rei* gilt i.d.R. auch für die personen- und familienrechtlichen Angelegenheiten, es sei denn, dass für sie abweichende *gesetzliche* Bestimmungen bestehen (Art. 9 Abs. 1 Satz 1 türk. ZPO)[752]. Abweichende gesetzliche Bestimmungen finden sich in Art. 9 Abs. 3 Satz 1 türk. ZPO und öfters im türk. ZGB. Im einzelnen sind folgendes zu erwähnen:

I. Die internationale Zuständigkeit der türkischen Gerichte für die Scheidungsklage

Über die örtliche und damit internationale Zuständigkeit der türkischen Gerichte für die Scheidungsklage gibt es zwei Regelungen im türkischen Recht: Die eine ist Art. 136 türk. ZGB, wo-

---

[751] *Nomer*, IPR, S. 362.

[752] Statt aller *Kuru/Arslan/Yılmaz*, S. 138.

nach das Gericht am Wohnsitze des *klagenden* Ehegatten für die Klage (auf Scheidung oder Trennung) zuständig ist; die andere Regelung ist Art. 9 Abs. 3 türk. ZPO. In letzterer Bestimmung wird der Gerichtsstand des *klagenden* Ehegatten wiederholt, aber daneben ein anderer Gerichtsstand begründet; das ist nämlich der Gerichtsstand an dem Ort, an dem die Eheleute zuletzt sechs Monate lang gemeinsam gewohnt haben (davadan evvel son defa alti aydan beri birlikte oturduklari yer). Damit umfasst die letztere Bestimmung die erstere, weshalb Art. 136 türk. ZGB insoweit überflüssig wird.

Art. 9 Abs. 3 türk. ZPO ist in zweierlei Sichten beachtlich: Zumal erweckt sich der Eindruck, dass hiermit der Klägergerichtsstand anstatt des Beklagtengerichtsstandes für die Scheidungsklage eröffnet wird. Im Hinblick darauf, dass gemäß Art. 21 Abs. 1 türk. ZGB der Wohnsitz des Ehemannes als derjenige der Ehefrau gilt, stellt jedoch die Vorschrift in der Tat keine Abweichung vom Grundsatz *actor sequitur forum rei* dar. Es besteht also grundsätzlich nur eine Scheinausnahme[753]. Eine wahre Abweichung vom Beklagtengerichtsstand besteht jedoch dann, wenn die Ehefrau berechtigt ist, einen selbständigen Wohnsitz zu führen (Art. 21 Abs. 2, 138, 139, 161 Abs.1 und 2 türk. ZGB)[754]. Ob in diesem Fall für die Scheidungsklage, sei es von der getrennt lebenden Ehefrau oder vom Ehemann erhoben wird, neben dem Wohnsitzgerichtsstand des Klägers auch der Wohnsitzgerichtsstand des Beklagten zur Verfügung steht, ist allerdings umstritten. Nach der h.M. kann die Klage in einem solchen Fall sowohl am Wohnsitz des Beklagten als auch an demjenigen des Klägers erhoben werden[755]. Nach der Gegenmeinung ist der Wortlaut des Art. 9 Abs. 3 türk. ZPO (und ebenso des Art. 136 türk. ZGB) eindeutig und folglich ist nur das Gericht am Wohnsitz des Klägers für die Scheidungsklage zuständig[756]. Der h.M. ist m.E. zuzustimmen. Denn Art. 9 Abs. 3 türk. ZPO bezieht sich auf den gesetzlichen Regelfall, den *gemeinsamen* Wohnsitz der Eheleute, wo es praktisch keine Bedeutung hat, auf den Beklagtenwohnsitz abzustellen. Wenn dagegen der Wohnsitz der Ehefrau und derjenige des Ehemannes auseinanderfallen, dann sollte sowohl der Wohnsitzgerichtsstand des Beklagten gemäß Art. 9 Abs. 1 türk. ZPO wie auch derjenige des Klägers gemäß Art. 9 Abs. 3 türk ZPO zur Wahl stehen.

Des weiteren wird mit Art. 9 Abs. 3 Alt. 2 türk. ZPO ein Gerichtsstand eröffnet, der dem Klägerwohnsitzgerichtsstand alternativ gegenüber steht. Er befindet sich an dem Ort, an dem die Eheleute *zuletzt* sechs Monate *gemeinsam* gewohnt haben. Diese sechs Monate müssen nicht unbedingt die letzten sechs Monate vor der Klageerhebung sein. Vielmehr genügt es, dass die Ehe-

---

753 *Kuru*, Bd. 1, S. 267.

754 S. oben S. 49 und dort Fn. 222.

755 *Oğuzman/Dural*, S. 134 und dort Fn. 233; *Kuru*, Bd. 1, S. 269 und dort Fn. 34.

756 *Üstündağ*, S. 196-197.

leute in dem der Erhebung der Klage vorhergehenden Zeitraum am betreffenden Ort sechs Monate lang gemeinsam gewohnt hatten, und dass es das *allerletzte gemeinsame Zusammenleben* der Eheleute war[757]. In einer relativ neuen Entscheidung hat der türk. Kassationshof die internationale Zuständigkeit der türkischen Gerichte für eine Scheidungsklage unter ausländischen Eheleuten aufgrund ihres letzten seschmonatigen gemeinsamen Zusammenlebens in der Türkei bejaht. Seine Begründung lautet: „Aus den Beweismitteln ergibt sich, dass es sich bei den Eheleuten um Deutsche handelt, die zwar ihren Wohnsitz aus Deutschland nicht in die Türkei verlegt haben, jedoch sich von 1988 bis 1991 ohne Unterbrechung in K./Türkei aufgehalten haben, dass sich der Kl. danach für jeweils zwei bis drei Monate nach Deutschland begeben hat und schließlich im letzten Jahr überhaupt nicht mehr nach K. gekommen ist. Indessen haben die Parteien die letzten sechs Monate gemeinsamen Aufenthalts in K./Türkei verbracht. ... Aus diesen Ausführungen ergibt sich, dass die Klage zu Recht in K./Türkei erhoben worden ist“[758].

Für die Begründung der Zuständigkeit mit Art. 9 Abs. 3 türk. ZPO ist die Staatsangehörigkeit der Parteien ohne Belang[759]. Trotzdem versteht sich die Auslegung des türk. Kassationshofes in bezug auf den Begriff des inländischen Wohnsitzes des im Ausland lebenden Türken praktisch so, als ob man Art. 9 Abs. 3 Alt. 1 türk. ZPO für die Eröffnung der internationalen Zuständigkeit der türkischen Gerichte für die Scheidungsklage der genannten Personengruppe brauchen würde[760]. Nach Auffassung des türk. Kassationshofes haben die im Ausland lebenden Türken einen Wohnsitz an dem Ort, wo sie beim Personenstandsbuch in der Türkei registriert sind[761]. Im Hinblick auf Art. 28 türk. IPRG, der für Personalstatutsangelegenheiten (darunter auch für die Scheidungsklage) der türkischen Staatsangehörigen ohne Wohnsitz in der Türkei einen Gerichtsstand

[757] So auch die ständige Rechtsprechung des türk. Kassationshofes, s. etwa in *Kuru*, Bd. 1, S. 270, 1068-1068 erwähnte Entscheidungen.

[758] Yarg. 2. HD., E. 1998/4842, K. 1998/6521, T. 27.5.1998, YKD 1998, S. 1136-1137 = FamRZ 1999, S. 444 (in deutscher Übersetzung von *Rumpf*). In der Praxis wird Art. 9 Abs. 3 Alt. 2 türk. ZPO mehr zur Begründung der internationalen Zuständigkeit der türkischen Gerichte für eine Scheidungsklage unter ausländischen Eheleuten in Betracht gezogen. Denn die Auslegung des türk. Kassationshofes für den Begriff des Wohnsitzes macht es fast unmöglich, dass Ausländer in der Türkei ihren Wohnsitz begründen können, hierzu Ekşi, S. 99.

[759] Yarg. 2. HD., E. 1985/5145, K. 1985/5390, T. 3.6.1985, YKD 1986, S. 32-33; Yarg. 2. HD., E. 1991/603, K. 1991/3657, T. 28.2.1991, YKD 1991, S. 1173-1174.

[760] Hierzu *Rumpf*, IPRax 1995, S. 184.

[761] Hierauf wurde bereits hingewiesen, s. oben S. 53; vgl. Yarg. 2. HD., E. 1992/10331, K. 1992/11219, T. 13.11.1992, YKD 1993, S. 1161-1163. Diese Neigung des türk. Kassationshofes findet ihre Wurzeln in der Auffassung, dass es eine widerlegbare Vermutung ist, dass der Ort, an dem eine Person im Personenstandsbuch registriert ist, als Wohnsitzort gilt; die Auffassung wird vor allem von *Kuru* (Bd. 1, S. 264 ff.) und *Kuru/Arslan/Yılmaz* (S. 139) vertreten.

in der Türkei für alle Fälle begründet[762], erweist sich jedoch kein Bedürfnis, in solchen Fällen auf Art. 9 Abs. 3 Alt. 1 zurückzugreifen.

II. Die Verbundzuständigkeit während der Anhängigkeit der Scheidungsklage

Ist eine Scheidungsklage in der Türkei anhängig, so erfasst die Zuständigkeit des Gerichts ebenfalls diejenigen Folgesachen der Scheidung, die von Amts wegen bzw. auf Antrag der Ehegatten zu entscheiden sind, aber auch die Maßnahmen, die während (und auf die Dauer) der Scheidungsklage zu treffen sind. Der Verbund ergibt sich jedoch nicht aus einer bestimmten Vorschrift, wie das etwa im deutschen Recht der Fall ist, vielmehr verweisen die einzelnen Bestimmungen, die eine Folgesache sachlich regeln, auf das Gericht, bei dem die Scheidungsklage anhängig ist. Insoweit sind folgende zu nennen:

1. Vorsorgliche Maßnahmen während (auf die Dauer) der Scheidungsklage

Die internationale Zuständigkeit des Scheidungsgerichts für vorsorgliche Maßnahmen während der Scheidungsklage ergibt sich aus Art. 137 türk. ZGB. Nach dieser Vorschrift hat der Richter der Scheidungsklage gleich nach Erhebung der Klage die nötigen vorsorglichen Maßnahmen über die gemeinsame Wohnung, Unterhalt der Ehegatten, güterrechtliche Verhältnisse und die Versorgung der Kinder *von Amts wegen* zu treffen[763].

Art. 137 türk. ZGB ist in der Tat die Präzisierung der Art. 101 Nr. 4 und Art. 104 Abs. 2 türk. ZPO. Denn die Vorschrift erteilt dem Richter (nicht unbedingt dem Richter der Scheidungsklage) die Befugnis, nach der Erhebung der Scheidungsklage die nach dem türkischen Zivilgesetzbuch zu treffenden Maßnahmen auf Antrag anzuordnen. Gemäß Art. 104 Abs. 2 türk. ZPO sind alle vorläufigen Maßnahmen nach der Erhebung der Klage nur vom Richter der Hauptklage anzuordnen, es sei denn, sie sind woanders schneller und billiger durchzuführen. Weil Art. 137 türk. ZGB eine Sonderbestimmung ist, hat der Richter der Scheidungsklage die nötigen Maßnahmen selbst und *von Amts wegen* anzuordnen und für die anderswo schneller und billiger durchzuführenden Maßnahmen den dortigen Richter um Rechtshilfe zu ersuchen.

[762] S. unten S. 171 ff.

[763] Diese Maßnahmen wurden bereits erörtert, s. oben S. 158 f.

2. Folgesachen der Scheidung

Im Falle der Scheidung (bzw. Trennung von Tisch und Bett) hat der Richter der Scheidungsklage zugleich über einige Folgesachen zu entscheiden. In erster Linie hat er gemäß Art. 148 türk. ZGB über das Sorgerecht[764], die Herausgabe des Kindes und über das persönliche Umgangsrecht des Nichtsorgerechtsberechtigten von Amts wegen eine Entscheidung zu treffen[765]. Nach der Scheidung können nämlich die Eltern das Sorgerecht nicht mehr zusammen ausüben[766]. Ebenso hat er über den Kindesunterhalt von Amts wegen zu entscheiden. Denn gemäß Art. 148 Abs. 2 türk. ZGB ist der Ehegatte, dem die Kinder entzogen werden, zur Entrichtung eines seinen Verhältnissen entsprechenden Beitrags für die Kosten des Unterhalts und der Erziehung verpflichtet.

Insofern ist das MSA für die internationale Zuständigkeit der türkischen Gerichte bezüglich der Angelegenheiten wie Übertragung des Sorgerechts und persönliches Umgangsrecht des Nichtsorgerechtsberechtigten mit dem Kind heranzuziehen. Denn all diese Sachen zählen zu den Schutzmaßnahmen im Sinne dieses Abkommens[767]. Im Falle eines Verbundes (also gemäß Art. 148 türk. ZGB während der Anhängigkeit einer Scheidungsklage) kommt jedoch Art. 15 des Abkommens in Betracht. Nach dieser Vorschrift kann sich jeder Vertragsstaat, dessen Behörden dazu berufen sind, über ein Begehren auf Nichtigerklärung, Auflösung oder Lockerung des zwischen den Eltern eines Minderjährigen bestehenden Ehebandes zu entscheiden, die Zuständigkeit dieser Behörden für Maßnahmen zum Schutze der Person oder des Vermögens des Minderjährigen vorbehalten. Da die Türkei diesen Vorbehalt erklärt hat[768], bestimmt sich die internationale Zuständigkeit der türkischen Gerichte für die betroffenen Sachen nicht nach den Bestimmungen des MSA, sondern nach dem autonomen Recht. Dasselbe gilt auch dann, wenn sich das Kind nicht in der Türkei, sondern im Ausland (etwa in Deutschland) aufhält[769].

Von übrigen Folgesachen, die bereits erläutert wurden[770], sind vor allem materieller Schadensersatz (Art. 143 Abs. 1 türk. ZGB), immaterieller Schadensersatz (Art. 143 Abs. 2 türk. ZGB) und Bedürftigkeitsunterhalt (Art. 144 türk. ZGB) in Betracht zu ziehen. Über diese Angelegenheiten hat der Richter der Scheidungsklage nur auf Antrag der Ehegatten zu entscheiden, und es ergibt

---

764 Bei der Trennung von Tisch und Bett heißt das „Ausübung der elterlichen Sorge“.

765 Statt aller *Oğuzman/Dural*, S. 141; Hatemi/Serozan-*Hatemi*, S. 248-249.

766 *Tekinay*, S. 272-273; Hatemi/Serozan-*Hatemi*, S. 248.

767 Hierzu oben S. 142.

768 *Jayme/Hausmann*, Nr. 54, S. 112, Fn. 11.

769 Die Behörden des ausländischen Vertragsstaats, in dem sich das Kind aufhält, sind allerdings nicht verpflichtet, diese Maßnahmen anzuerkennen (Art. 15 Abs. 2 MSA).

770 S. oben S. 168 f.

sich für diese die internationale (Verbund-)Zuständigkeit aus Art. 143, 144 türk. ZGB i.V.m. Art. 9 Abs. 3 türk. ZPO[771].

Für andere Folgesachen[772] ergibt sich die internationale Zuständigkeit des Gerichts, bei dem die Scheidungsklage anhängig ist, aus den jeweiligen Bestimmungen i.V.m. Art. 9 Abs. 3 türk. ZPO.

III. Familienrechtliche Angelegenheiten nach erfolgter Scheidung

Die Verbundzuständigkeit gilt nur während der Anhängigkeit einer Scheidungsklage. Wird eine Folgesache hiergegen nach der rechtskräftigen Scheidung geltend gemacht, so ist die internationale Zuständigkeit der türkischen Gerichte nicht mehr mit der jeweiligen Vorschrift i.V.m. Art. 9 Abs. 3 türk. ZPO zu begründen. Vielmehr gilt Art. 9 Abs. 1 türk. ZPO, also die allgemeine Regel: actor sequitur forum rei[773]. So ist es etwa bei der nachträglichen Geltendmachung des Kindes- und des Bedürftigkeitsunterhalts.

Handelt es sich jedoch um die Neuregelung des Sorgerechts, also seine eventuelle Übertragung auf den anderen Elternteil, weil die neuen Umstände dies erfordern, sowie um die Neuregelung des persönlichen Umgangsrechts des Nichtsorgerechtsberechtigten mit dem Kind, so bestimmt sich die internationale Zuständigkeit der türkischen Gerichte nach dem MSA. Denn in diesem Fall greift der Vorbehalt, den die Türkei gemäß Art. 15 Abs.1 MSA erklärt hat, nicht, da keine Scheidungsklage anhängig ist.

IV. Besondere Gerichtsstände für andere Personalstatutsangelegenheiten

Überwiegend im türk. ZGB, aber auch in einigen anderen Gesetzen, finden sich Zuständigkeitsregeln für Personalstatutsangelegenheiten, die die internationale Zuständigkeit der türkischen Gerichte für die betroffenen Fälle abweichend vom Beklagtenwohnsitzgerichtsstand begründen. Die wichtigsten von ihnen sind folgende:

---

771 *Oğuzman/Dural*, S. 143 ff.

772 Hierzu zählen vor allem Morgengabe (mehir), Versorgungsausgleich, Hausratsverteilung, Zuweisung der Ehewohnung, Ansprüche auf Herausgabe der persönlichen Gegenstände und Rückforderung von Schenkungen, Weiterführung des Mannesnamens nach der Scheidung (Art. 141 türk. ZGB). Die materielle Rechtslage dieser Angelegenheiten, und folglich ob sie in bezug auf Zuständigkeitsrecht als Folgesache einer Scheidung zu qualifizieren sind, wurden bereits erörtert (s. oben S. 151 ff.); dortige Ausführungen gelten auch hierfür entsprechend.

773 *Kuru*, Bd. 1, S. 345.

1. Gerichtsstand der Vaterschaftsklage

Gemäß Art. 299, 300 türk. ZGB ist die Vaterschaftsklage (Art. 295 türk. ZGB) beim Gericht am türkischen Wohnsitz des Klägers zur Zeit der Geburt oder am Wohnsitz des Beklagten zur Zeit der Klage anzubringen. Gegen einen Türken, der im Ausland wohnt, kann die Klage, wenn Mutter und Kind ebenfalls im Ausland ihren Wohnsitz haben, beim Gericht in der Provinz bzw. im -kreis, wo er im Personenstandsbuch registriert ist, erhoben werden.

Diese Zuständigkeiten sind nicht ausschließlich. Deshalb kann die Vaterschaftsklage auch im Ausland erhoben werden[774].

2. Gerichtsstand der Klagen auf Anfechtung der Ehelichkeit sowie auf Legitimation nichtehelicher Kinder (nesebin reddi ve tashihi davaları)

Für Klagen auf Anfechtung der Ehelichkeit eines Kindes (nesebin reddi) sowie auf Legitimation nichtehelicher Kinder durch das Gericht (nesebin dava yoluyla tashihi) ist das Gericht am Wohnsitzort des Klägers zuständig (Art. 242 ff., 249 ff. türk. ZGB)[775].

3. Gerichtsstand der vorläufigen Schutzmaßnahmen während der Ehe und ohne Scheidungsklage

Es handelt sich hier um die Schutzmaßnahmen während der Ehe, die ihrem Fortbestehen dienen sollen (Art. 162 Abs. 1 türk. ZGB). Sie wurden oben detailliert erläutert[776], allerdings in bezug auf die internationale Zuständigkeit der deutschen Gerichte für den Fall, dass sie unter Anwendung des türkischen Sachrechts in Deutschland zu treffen waren. Für dieselbe Maßnahmen ist im türkischen Recht keine präzise Zuständigkeit vorgesehen. Wegen der Vorläufigkeit dieser Maßnahmen ist die internationale Zuständigkeit der türkischen Gerichte m.E. mit Art. 104 Abs. 1 türk. ZPO zu begründen. Nach dieser Vorschrift sind die vorläufigen Maßnahmen (außer dinglicher Arrest) dort zu treffen, wo sie am billigsten und am schnellsten durchzuführen sind[777].

---

[774] *Çelikel*, S. 302.

[775] *Oğuzman/Dural*, S. 221, 233; *Kuru*, Bd. 1, S. 346; zum Thema der Unehelichkeit im türkischen Recht s. (in deutscher Sprache) *Yilmaz*, H.: Das Problem der Unehelichkeit in der Schweiz und in der Türkei, insbesondere für den Gesetzgeber, Peter Lang Verlag, 1980.

[776] S. oben S. 160 ff.

[777] *Oğuzman/Dural*, S. 162 ff., im Anschluss an Plenarentscheidung des türk. Kassationshof von 7.6.1935; vgl. Begründungsschrift der Regierung über die Aufhebung des Art. 500 türk. ZPO mit dem Gesetz Nr. 3222 v. 15.5.1985, in: *Kuru/Arslan/Yilmaz*, HUMK, S. 175, Fn. 9.

4. Internationale Zuständigkeit der türkischen Gerichte für einige FGG-Fälle im Bereich der Personalstatutsangelegenheiten

Gemäß Art. 31 Abs. 2 türk. ZGB ist der Richter des letzten türkischen Wohnsitzes des Verschwundenen für die *Verschollenerklärung* zuständig. Hat der Verschwundene in der Türkei niemals gewohnt, so ist der Richter an dem Ort zuständig, an dem der Verschwundene (ggf. dessen Vater) im Personenstandsbuch in der Türkei registriert ist.

Für die *Namensänderung* ist gemäß Art. 46 türk. Personenstandsgesetz (Nüfus Kanunu) das Gericht an dem Ort zuständig, an dem sich die betreffende Person aufhält (oturdugu yer)[778].

Für die Vormundschaftssachen (Art. 346 ff. türk. ZGB) ist das Gericht am Wohnsitzort des Mündels zuständig (Art. 361 türk. ZGB). Für die Beistandschafts- und Betreuungssachen (Art. 376 ff. türk. ZGB) ist das Gericht am Wohnsitzort der beistands- bzw. betreuungsbedürftigen Person oder das Gericht an dem Ort, wo sich Hauptbestandteil ihres Vermögens befindet, zuständig (Art. 380 türk. ZGB).

C. Internationale Zuständigkeit der türkischen Gerichte für Personalstatutsangelegen-heiten von Türken ohne Wohnsitz in der Türkei (Art. 28 türk. IPRG)

Bisher wurde die internationale Zuständigkeit der türkischen Gerichte für den Fall behandelt, für den die Personalstatutsangelegenheiten der betreffenden Person, seien es türkische oder ausländische Staatsangehörige, nach den Regeln des internen Rechts über die örtliche Zuständigkeit zu eröffnen war.

Für den Fall, dass die betreffende Person, die die *türkische* Staatsangehörigkeit besitzt, aber in der Türkei keinen Wohnsitz hat, war die Sache bis zum Inkrafttreten des türk. IPRG[779] (22.11.1982) in Art. 18 türk. ZPO geregelt. Nach dieser Vorschrift war die internationale Zuständigkeit der türkischen Gerichte für Personalstatutsangelegenheiten der türkischen Staatsangehörigen ohne einen türkischen Wohnsitz *ausschließlich*[780], und der Gerichtsstand befand sich in der Provinz bzw. im –kreis, wo sie im Personenstandsbuch registriert waren. Auf Grund dieser Vorschrift waren ausländische Entscheidungen über Personalstatutsangelegenheiten der türkischen

---

[778] Nach *Oğuzman/Seliçi* (S. 60) ist dieser Ort derjenige des Wohnsitzes.

[779] Oben Fn. 43.

[780] Ausführlich *Kuru*, Bd. 1, S. 407 ff.

Staatsangehörigen in der Türkei nicht anzuerkennen, auch wenn sie im ausländischen Staat, in dem die Entscheidung verkündet wurde, ihren tatsächlichen Wohnsitz hatten[781].

Mit Inkrafttreten des neuen türk. IPRG wurde Art. 18 türk. ZPO aufgehoben (Art. 46 türk. IPRG) und es trat an seine Stelle Art. 28 türk. IPRG. Hiermit fiel auch die Ausschließlichkeit der internationalen Zuständigkeit der türkischen Gerichte für Verfahren der im Ausland lebenden türkischen Staatsangehörigen in allen Angelegenheiten des Personalstatuts weg[782]. Angesichts des § 606a Abs. 1 Nr. 4 ZPO hat diese neue Regelung zugleich einen mittelbaren Effekt für die internationale Zuständigkeit der deutschen Gerichte hervorgerufen, indem mit der neuen Regelung die in der erwähnten Vorschrift verankerte negative Voraussetzung in bezug auf die Personen, die türkische Staatsbürger sind und sich in Deutschland aufhalten (also aus türkischer Sicht), erfüllt wurde[783].

Die neue Regelung (Art. 28 türk. IPRG), die an Stelle des alten Art. 18 türk ZPO trat, lautet: „Türkische Staatsangehörige ohne Wohnsitz in der Türkei können Klagen in Personalstatutsangelegenheiten (kisi hallerine iliskin davalar) für den Fall, dass sie (die Klagen) vor dem Gerich des Staates, in dem sie wohnen (ikamet ettikleri ülke) [784], nicht erhoben wurden oder nicht erhoben werden konnten[785], vor dem in der Türkei örtlich zuständigen Gericht führen; fehlt ein solches, so können sie sich an das Gericht ihres türkischen Aufenthaltsortes (sakin olduklari/oturduklari yer), in Ermangelung eines solchen an das Gericht ihres letzten türkischen Wohnsitzes und in Ermangelung dessen an ein Gericht entweder in Ankara, Istanbul oder Izmir wenden".

Damit die internationale Zuständigkeit der türkischen Gerichte auf Grund dieser Vorschrift in Anspruch genommen werden kann, müssen folgende Voraussetzungen erfüllt sein:

---

[781] *Kuru*, Bd. 1, S. 407 ff.; *Ekşi*, S. 9 ff., 133.

[782] S. unten S. 172 ff.

[783] § 606a Abs. 1 Nr. 4 ZPO.

[784] Sie müssen nicht unbedingt dort ihren *Wohnsitz* haben, können aber schon. Insoweit sind die Übersetzungen von *Krüger* (IPRax 1982, S. 257) und *Tekinalp* (RabelsZ 1983, S. 136) missverständlich. Sie übersetzen nämlich den Satzteil *„ikamet ettikleri"* als *„in dem (wo) sie ihren Wohnsitz haben"*. Das Wort *„ikametgah"* ist ein terminus technicus und deckt sich im Deutschen mit dem Wort *„Wohnsitz"*, der Ausdruck *„ikamet etmek = mukim olmak"* dagegen mit den Worten „sich aufhalten" oder „wohnen". In einer Entscheidung über Feststellung des Wohnsitzes von Deutschen in der Türkei hat auch der 2. Zivilsenat des türkischen Kassationshofes hierauf aufmerksam gemacht, „ikamet etmek" sei anders als „ikametgah sahibi olmak"; Yarg. 2. HD., T. 21.2.1977, E/K 1136/1490, MHB 1982, S. 35-36; (vgl. *Kıygı*, O.N., Wörterbuch der Rechts- und Wirtschaftssprache, Teil I, Türkisch-Deutsch, Beck, München 1997, S. 332).

[785] Der Ausdruck *„nicht erhoben werden konnten"* wird vom 2. Zivilsenat des türkischen Kassationshofes als *„das Nichtvorliegen der Möglichkeit der Klageerhebung wegen der rechtlichen Hindernisse im Ausland"* verstanden, Yarg. 2. HD., 14.01.1986, 11103/97, YKD 1986, S. 1764-1765.

(1) Zunächst muss der Prozess die Personalstatutsangelegenheiten[786] eines türkischen Staatsangehörigen betreffen. Ob dies der Fall ist, bestimmt sich nach türkischem Recht[787]. Insoweit genügt es, dass nur eine der Parteien die türkische Staatsangehörigkeit besitzt. Ob diese Partei die klagende oder aber die beklagte ist, ist ohne Belang[788].

Die Staatsangehörigkeit stellt in Art. 28 türk. IPRG (im Gegensatz etwa zu § 606a Abs. 1 Nr. 1 ZPO) keinen selbständigen Anknüpfungspunkt dar. Sie ist vielmehr die Grundvoraussetzung der Anwendbarkeit der Vorschrift u.a.[789]. Falls die Zuständigkeit der türkischen Gerichte mit den anderen Anknüpfungspunkten, die stufenweise vorgesehen sind (Aufenthaltsort, letzter Wohnsitz), nicht zu begründen ist, wird sie (allerdings örtlich in Ankara, Istanbul oder Izmir) auf die türkische Staatsangehörigkeit gestützt[790]. Sie stellt also nur in diesem Fall ein selbständiges Anknüpfungsmerkmal dar.

(2) Des weiteren darf der betreffende türkische Staatsangehörige z.Z. der Klageerhebung in der Türkei keinen Wohnsitz besitzen und es darf für die konkrete Klage kein besonderer Gerichtsstand gegeben sein.

Nun stellt sich die Frage, ob der türkische Staatsangehörige, um dessen Personalstatut es geht und der in der Türkei keinen Wohnsitz hat, die *klagende* oder aber die *beklagte* Partei sein muss, damit die Vorschrift in Anspruch genommen werden kann. Diese Frage wurde von *Kuru* in bezug auf den mit Art. 46 türk. IPRG aufgehobenen Art. 18 türk. ZPO gestellt. Nach seiner Auffassung sollte für die Inanspruchnahme der Vorschrift der in der Türkei wohnsitzlose türkische Staatsangehörige in der Klage die beklagte Partei sein. Habe der Beklagte, sei es ein türkischer oder aber ein ausländischer Staatsangehöriger, seinen Wohnsitz in der Türkei, so sei die internationale Zuständigkeit der türkischen Gerichte ohnehin auf Grund Art. 9 Abs. 1 türk. ZPO (actor sequitur forum rei) begründet[791]. Hiergegen vertritt *Nomer* die Auffassung, dass die Rolle der Partei in der Klage, um derer Personalstatut es sich handelt, für die Inanspruchnahme des Art. 28 türk. IPRG ohne Belang ist[792].

Der Auffassung von *Kuru* ist m.E. zuzustimmen. Denn man braucht Art. 28 türk. IPRG nur dann, wenn die internationale Zuständigkeit der türkischen Gerichte nach anderen Vorschriften (etwa

---

[786] Für den Begriff der Personalstatutsangelegenheiten s. oben S. 164.

[787] *Ekşi*, S. 132.

[788] *Nomer*, IPR, S. 362-363.

[789] Vgl. *Ekşi*, S. 133.

[790] Deshalb missverständlich *Ekşi*, S. 133.

[791] *Kuru*, Bd. 1, S. 278-279.

[792] *Nomer*, IPR, S. 363.

am inländischen Wohnsitz des Beklagten gemäß Art. 9 Abs. 1 türk. ZPO) nicht eröffnet werden kann. Gezielt auf diesen Fall wollte der Gesetzgeber mit Art. 28 türk. IPRG die internationale Zuständigkeit der türkischen Gerichte für die Personalstatutsangelegenheiten der *türkischen* Staatsangehörigen permanent und lückenlos bereithalten[793]. Daraus folgt, dass man Art. 28 türk. IPRG dann nicht in Anspruch zu nehmen braucht, wenn ein besonderer Gerichtsstand für die konkrete Angelegenheit in der Türkei schon begründet ist. So ist es etwa bei der Vaterschaftsklage gegen einen Türken; für diese Angelegenheit steht nämlich der Gerichtsstand an dem Ort immer zur Verfügung, wo der beklagte türkische Staatsangehörige im Personenstandbuch registriert ist (Art. 300 türk. ZGB)[794].

(3) Dass die Klage im Ausland, wo der betroffene türkische Staatsangehörige wohnt, nicht erhoben wurde oder nicht erhoben werden konnte, ist die dritte Voraussetzung der Inanspruchnahme des Art. 28 türk. IPRG.

Mit dieser Voraussetzung wollte der Gesetzgeber m.E. zum einen den türkischen Staatsangehörigen die Möglichkeit geben, ihre Klage in Personalstatutsangelegenheiten in der Türkei erheben zu können, wenn sie im Ausland aus juristischen Gründen nicht erhoben werden konnte[795], und die internationale Zuständigkeit der türkischen Gerichte im konkreten Fall sonst auf Grund keiner der bestehenden Vorschriften zu begründen war[796]. Zum anderen wollte er die Ausschließlichkeit der internationalen Zuständigkeit der türkischen Gerichte für Personalstatutsangelegenheiten der im Ausland wohnenden türkischen Staatsangehörigen abschaffen. Diese zwei Punkte waren vor der Gesetzesänderung immer wieder auf große Kritik-gestoßen[797]. Insoweit geht aber der Wortlaut der Vorschrift über den Zweck des Gesetzgebers hinaus und der Satzteil „*wenn die Klage im Ausland nicht erhoben wurde*" bringt einerseits die Willkür ins Spiel mit, und andererseits erkennt er die Sperrwirkung der ausländischen Rechtshängigkeit als ein Hindernis für dieselbe Klage in der Türkei ohne weiteres an. Art. 28 türk. IPRG ist also aus dreier Hinsicht beachtlich:

(a) Zum einen kann sich etwa eine Türkin, die ebenso wie ihr – angenommen deutscher – Ehemann ihren Wohnsitz in Deutschland hat, in der Türkei scheiden lassen, und zwar jedenfalls in Ankara, Istanbul oder Izmir, auch wenn weder sie noch ihr Ehemann ein einziges Mal in der Tür-

793 So *Nomer*, IPR, S. 362.

794 S. oben S. 170.

795 Etwa deswegen, weil das betroffene Land die internationale Zuständigkeit seiner Gerichte für die Personalstatutsangelegenheiten der Ausländer nicht annimmt; hierzu Yarg. 2. HD., T. 14.01.1986, E. 11103, K. 97, YKD 1986, S. 1764-1765; vgl. *Rumpf*, IPRax 1995, S. 184.

796 Vgl. *Ekşi*, S. 133.

797 Ausführlich bei *Ekşi*, S. 133.

kei waren, solange sich der o.g. Satzteil im Text der Vorschrift befindet[798]. Damit ist die Vorschrift auch für eine eventuell willkürliche und böswillige Inanspruchnahme offen.

(b) Außerdem ist beachtlich, dass der türkische Richter, der sich etwa mit einer Scheidungsklage zu befassen hat, deren ausländische Rechtshängigkeit vor dem Gericht vorgetragen und bewiesen wird, die Klage wegen *Unzuständigkeit* abzuweisen hat. Denn es fehlt in diesem Fall an einer Voraussetzung der Vorschrift (Art. 28 türk. ZPO), die die internationale Zuständigkeit der türkischen Gerichte für den konkreten Fall begründen sollte. Das ist das Ergebnis, das sich aus dem zweifelsfreien Wortlaut der Vorschrift mit Umkehrschluss folgern lässt: „Wenn die Klage im Ausland nicht erhoben wurde, ist (sie)... in der Türkei zu erheben" hat also die Bedeutung, dass „die Klage in der Türkei nicht mehr erhoben werden kann, wenn sie im Ausland erhoben wurde". Diese gesetzlich anerkannte Sperrwirkung der ausländischen Rechtshängigkeit[799] ist m.E. damit schwer zu vereinbaren, dass die ausländische Rechtshängigkeit im türkischen Recht grundsätzlich keine Wirkung hat[800]. Hinsichtlich des klaren Wortlauts der Vorschrift ist die Rechtslage jedoch so, dass dem Richter kein Spielraum bleibt, anders zu entscheiden[801].

---

798 Vgl. § 606 a Abs. 1 Nr. 1 ZPO.

799 So *Nomer*, IPR, S. 364, 354; *Ekşi*, S. 175-176; vgl. *Rumpf*, IPRax 1995, S. 184. Neulich wird diese Sperrwirkung der doppelten Rechtshängigkeit gemäß Art. 28 türk. IPRG auch in der Praxis anerkannt, hierzu der Bericht von *Maciej* über das Urteil von İstanbul Asliye Hukuk Mahkemesi (im Verfahren entsprach dem Familiengericht) v. 17.6.1997, FamRZ 1998, S. 919.

800 Die ausländische Rechtshängigkeit ist ein Thema für sich, und überschreitet die Grenzen der vorliegenden Arbeit. An dieser Stelle ist jedoch darauf hinzuweisen, dass sie abgesehen von drei Ausnahmen im türkischen Recht ohne jegliche Wirkung bleibt. Die drei Ausnahmen sind folgende: (1) Art. 28 türk. IPRG (ausländische Rechtshängigkeit im Bereich der Personalstatutsangelegenheiten der türkischen Staatsangehörigen), (2) Art. 31 türk. IPRG (Prorogation eines ausländischen Gerichtes) und (3) Klagen, für die die internationale Zuständigkeit mit Art. 28, 32 Warschauer Abkommen zur Vereinheitlichung von Regeln über die Beförderung im internationalen Luftverkehr v. 12.10.1929 begründet wird. Zum Thema ausführlich äußern sich vor allem *Nomer*, IPR, S. 354-355; *ders.*, İHFM 1969/1-4, S. 343-374; *Ekşi*, S. 166-177; Yarg. 11. HD., E. 1985/123, K. 1985/1209, T. 06.03.1983, MHB 1986, S. 78-79. Die Auffassung von *Ekşi* (S. 177), *„die ausländische Rechtshängigkeit müsse dann eine Sperrwirkung in der Türkei entfalten, wenn es zwischen dem sich mit der selben Klage befassten ausländischen Gerichtsstand und mit der Klage einen engen Zusammenhang gebe, und die zu fallende Entscheidung des ausländischen Gerichts in der Türkei anzuerkennen sei"*, wäre m.E. vom Standpunkt des künftigen Rechts eine zutreffende Lösung; zum Thema der Rechtshängigkeit im allgemeinen s. *Tanrıver*, S. 1 ff.; *Ulukapı*, YD 1995/4, S. 395 ff.

801 Diese Rechtslage kann in der Praxis zu sehr widersprüchlichen Ergebnissen führen. Dies zeigt sich etwa am folgenden Beispiel: trotz der in Deutschland anhängigen Scheidungsklage zwischen einer Türkin und einem Deutschen erhebt die Türkin die selbe Klage in der Türkei gemäß Art. 28 türk. IPRG. Wenn in diesem Fall der beklagte Ehemann die ausländische (deutsche) Rechtshängigkeit vor dem türkischen Gericht vorträgt, so hat der türkische Richter die Klage abzuweisen (vgl. die vorigen zwei Fußnote). Sind dagegen die selben (Ex-)Eheleute mit einem rechtskräftigen, aber in der Türkei noch nicht anerkannten Scheidungsurteil des deutschen Gerichts geschieden worden, wurde aber das Anerkennungsverfahren schon eingeleitet, erhebt die (Ex-)Ehefrau trotzdem in der Türkei eine neue Scheidungsklage, so kann der türkische Richter trotz des im Ausland rechtskräftig gewordenen Scheidungsurteils und in der Türkei schon eingeleiteten Anerkennungsverfahrens die Klage weder abweisen noch bis zum Ergebnis des Anerkennungsverfahrens ruhen lassen. Denn die ausländischen Entscheidungen sind bis zum Zeitpunkt des Eintretens des Rechtskraftes des Anerkennungsurteils des türkischen Gerichts in der Türkei ohne jede Wirkung; Yarg. 2. HD., E. 1985/640, K. 1985/2979, T. 28.03.1985, YKD 1985, S. 797; Yarg. 2. HD., E. 1991/6557, K. 1991/10749, T. 16.09.1991, YKD 1991, S. 1798-1799; so auch *Nomer*, IPR, S. 355; vgl.

(c) Des weiteren ist aus dem erwähnten Satzteil zu folgern, dass die internationale Zuständigkeit der türkischen Gerichte für die Klagen für Personalstatutsangelegenheiten der türkischen Staatsangehörigen *nicht* ausschließlich ist[802]. Diese Folgerung ergibt sich ebenfalls aus der Aufhebung des Art. 18 türk. ZPO, der dies vorsah.

Diese Folgerung ist richtig und zu begrüßen. Hieraus folgert aber *Nomer* etwas Neues, indem er die Auffassung vertritt, dass sich die Parteien, etwa einer Scheidungsklage, darüber einigen können, die Scheidungsklage in einem *dritten* Staat zu erheben, auch wenn dies nach Art. 31 türk. IPRG, der eine internationale Zuständigkeitsvereinbarung nur für Streitigkeiten aus Schuldverhältnissen mit Auslandsbezug zulässt, nicht zulässig ist. So eine Vereinbarung sei keine Zuständigkeitsvereinbarung im Sinne des Art. 31 türk. IPRG. Vielmehr handele es sich um eine Zuständigkeitsvereinbarung, die eine der ehelichen Angelegenheiten betrifft, und aus türkischer Sicht nur die internationale Zuständigkeit des ausländischen Gerichts (Anerkennungszuständigkeit) angeht. Angesichts dessen, dass die internationale Unzuständigkeit des ausländischen Gerichts aus türkischer Sicht kein Hindernis für die Anerkennung und Vollstreckung der ausländischen Entscheidung darstelle, solange die internationale Zuständigkeit der türkischen Gerichte für die betroffene Angelegenheit nicht ausschließlich sei, was hier der Fall sei, stehe einer solchen Zuständigkeitsvereinbarung nichts im Wege[803].

Der Auffassung von *Nomer* ist m.E. nicht zuzustimmen. Denn erstens ist die Vereinbarung der Ehegatten, die Scheidungsklage in einem dritten Land zu erheben, nichts anderes als eine inter-

---

Yarg. 2. HD., E. 10331, K. 11219, T. 13.11.1992, YKD 1993, S. 1163 (für die Kritik dieser Entscheidung *Rumpf*, IPRax 1995, S. 182 ff.); Yarg. 2. HD., E. 1985/11103, K. 1986/97, T. 14.01.1986, YKD 1986, S. 1764-1765: *„Es besteht kein juristisches Hindernis dafür, dass die Ehegatten, die im Ausland ein Scheidungsurteil bekommen haben, in der Türkei eine (neue) Scheidungsklage erheben, anstatt ein Anerkennungsverfahren einzuleiten"* hieß es in der Begründung der Entscheidung. Es könnte m.E. doch ein juristisches Hindernis u.U. bei einem solchen Fall bestehen, nämlich: „rechtliches Interesse", was im türkischen Zivilprozessrecht als eine ungeschriebene Prozessvoraussetzung betrachtet wird, (hierzu statt aller s. *Kuru*, Bd. 1, S. 884 ff.). Steht der Anerkennung des ausländischen Scheidungsurteil in der Türkei nichts im Wege, aber erhebt einer der Ehegatten trotzdem erneut eine Scheidungsklage, anstatt die Anerkennung der ausländischen Entscheidung zu beantragen, hat er m.E. in den meisten Fällen kein schutzwürdiges rechtliches Interesse, das ihm mit der erneut erhobenen Klage aufgebracht werden würde. Insoweit ist der Auffassung von *Ekşi* nicht ohne weiteres zuzustimmen, wenn sie meint, in der Türkei könne keine Scheidungsklage gemäß Art. 28 türk. IPRG erhoben werden, wenn die Eheleute mit einem rechtskräftigen, aber in der Türkei noch nicht anerkannten Urteil im Ausland geschieden worden seien. Denn eine der Voraussetzungen der Inanspruchnahme des Art. 28 türk. IPRG sei es, dass die Klage in dem Staat, wo der Betroffene wohne, nicht erhoben wurde. Diese Voraussetzung umfasse nicht nur die zur Zeit im Ausland anhängigen Klagen, sondern auch die längst abgeschlossenen. Dieser Auffassung kann nicht gefolgt werden, zumal man sonst konsequenterweise zum Ergebnis kommen muss, dass etwa auch diejenigen ausländischen Scheidungsurteilen eine erneut zu erhebende Scheidungsklage in der Türkei sperren, die in der Türkei nicht anzuerkennen sind. Deshalb ist es m.E. die beste Lösung, das rechtliche Interesse als Maßstab zu nehmen.

802 *Nomer*, IPR, S. 364; *ders.*, FS Kitagawa (1992), S. 771 ff.; *ders.*, MHB 1983/1, S. 11-15; *Krüger*, IPRax 1985, S. 304; Staudinger-*Spellenberg*, §§ 606 ff. ZPO, Rdn. 321; *Ansay*, StAZ 1983, S. 29-30; *ders.*, MHB 1982/2, S. 1 ff.

803 *Nomer*, IPR, S. 365.

nationale Zuständigkeitsvereinbarung, für die Art. 31 türk. IPRG, der die spezielle Vorschrift zum Thema ist jedoch die internationale Zuständigkeitsvereinbarung nur für Streitigkeiten aus Schuldverhältnissen mit Auslandsbezug zulässt, gilt. Familienrechtliche Streitigkeiten sind also definitiv ausgeschlossen. Zweitens setzt Art. 31 türk. IPRG für eine internationale Zuständigkeitsvereinbarung ganz präzise voraus, dass die *örtliche* Zuständigkeit für die betroffene Streitigkeit nicht im Hinblick auf den ordre public bestimmt ist oder für sie keine (*örtlich*) *ausschließliche* Zuständigkeit besteht. Sogar *Nomer* selbst ist der Meinung, dass die in Art. 28 türk. IPRG bestimmte Zuständigkeit *örtlich* (also die Reihenfolge: Aufenthaltsort, letzter Wohnsitzort, Ankara-İstanbul-İzmir)[804] *ausschließlich* ist[805]. Wenn also die internationale und zugleich die örtliche[806] Zuständigkeit mit Art. 28 türk. IPRG begründet wird, dann kommt die örtlich ausschließliche Zuständigkeit in Betracht, so dass eine internationale Zuständigkeitsvereinbarung gemäß Art. 31 türk. IPRG nicht mehr zulässig ist. Drittens ist die Nichtausschließlichkeit der internationalen Zuständigkeit der türkischen Gerichte für Personalstatutsangelegenheiten der türkischen Staatsangehörigen m.E. darin zu sehen, dass Art. 28 türk. IPRG die internationale Zuständigkeit der Gerichte des Staates anerkennt, in dem der betroffene türkische Staatsangehörige wohnt. In Art. 28 türk. IPRG ist nämlich nicht etwa einfach von „Ausland" die Rede, sondern von demjenigen Land, in dem der betroffene türkische Staatsangehöriger wohnhaft ist[807]. Viertens kommt Art. 28 türk. IPRG nur dann zur Anwendung, wenn die Person, die die türkische Staatsangehörigkeit

[804] Die Klage kann nur in dieser Reihenfolge vor das örtlich zuständige Gericht in der Türkei gebracht werden. Wenn die betreffende Person ihren letzten Wohnsitz etwa in Trabzon und den jetzigen Aufenthaltsort in Antalya hat, dann ist das Gericht am Aufenthaltsort (Antalya) örtlich zuständig. Die Klage kann nicht etwa in Trabzon oder in Ankara, Istanbul, Izmir erhoben werden. Wenn dagegen weder der letzte Wohnsitz noch der jetzige Aufenthaltsort in der Türkei liegt, hat der Kläger die Wahl, seine Klage entweder in Ankara oder in Istanbul oder in Izmir erheben zu können; s. *Ekşi*, S. 134.

[805] *Nomer*, IPR, S. 364; ebenso *Ekşi*, S. 134; ausführlich *Kuru*, Bd. 1, S. 407 ff., 1070, 1072/28.

[806] Art. 28 türk. IPRG regelt zugleich die örtliche Zuständigkeit.

[807] *Nomer* (MHB 1983/1, S. 13) bestreitet diese Folgerung wie folgt: ausgehend davon, dass in der Vorschrift von dem Staat die Rede sei, in dem der betroffene türkische Staatsangehörige wohnt, könne man nicht zum Ergebnis kommen, dass die internationale Zuständigkeit der türkischen Gerichte für Klagen mit Personenstandsbezug von Türken ohne Wohnsitz in der Türkei dem Staat gegenüber, in dem der betroffene türkische Staatsangehörige nicht wohne, ausschließlich sei. Vielmehr deute Art. 28 türk. IPRG darauf hin, dass vor dem türkischen Gericht die ausländische Rechtshängigkeitseinrede vorgebracht werden könne. Falls dagegen die selbe Klage in einem Staat rechtshängig sei, in dem der betroffene türkische Staatsangehörige nicht wohne, könne die ausländische Rechtshängigkeitseinrede vor dem türkischen Gericht *nicht* erhoben werden. Dieser Auffassung von *Nomer* ist m.E. nicht zuzustimmen. Denn in Art. 28 türk. IPRG wird nicht die ausländische Rechtshängigkeit geregelt. Dass sie eine Sperrwirkung vor dem türkischen Gericht entfaltet, ist eine Folgerung aus dem Satzteil der Vorschrift, wo von „*wenn die Klage in dem Staat, in dem der Türke wohnt, nicht erhoben wurde*" die Rede ist. Wenn man aus diesem Satzteil folgern kann, dass die internationale Zuständigkeit der türkischen Gerichte für Personalstatutsangelegenheiten von Türken ohne Wohnsitz in der Türkei *nicht nur* demjenigen Staat gegenüber, wo der Betroffene wohnt, sondern allen Staaten gegenüber nicht ausschließlich ist, könnte man auch folgern sollen, dass die ausländische Rechtshängigkeit eine generelle Sperrwirkung hat, und zwar ohne darauf anzukommen, in welchem ausländischen Staat dieselbe Klage anhängig ist. Nun ist es nicht konsequent, die letztere Folgerung zu bestreiten, die erstere dagegen nicht.

besitzt und um deren Personalstatut es sich handelt, in der Türkei keinen Wohnsitz hat und die internationale Zuständigkeit der türkischen Gerichte für die konkrete Streitigkeit mit keinem anderen (besonderen) Anknüpfungspunkt zu begründen ist. Nun ist es m.E. nicht denkbar, dass für diejenigen, die in der Türkei ihren Wohnsitz haben, eine internationale Zuständigkeitsvereinbarung nicht zulässig ist, weil für sie Art. 28 türk. IPRG nicht gilt; dagegen für diejenigen, die in der Türkei keinen Wohnsitz, aber doch den Aufenthaltsort oder den letzten Wohnsitz oder in Ermangelung, den Gerichtsstand in Ankara, İstanbul oder İzmir haben, eine internationale Zuständigkeitsvereinbarung zulässig ist, damit sie sich weder in dem Land, wo sie wohnen, noch in der Türkei, sondern in einem dritten Land, dank Art. 28 türk. IPRG, der eine Zuständigkeitsvereinbarung in Personalstatutsangelegenheiten ermöglichen sollte, prozessieren können. Fünftens war es nicht das Ziel der Aufhebung des Art. 18 türk. ZPO und der Inkraftsetzung des Art. 28 türk. IPRG, eine internationale Zuständigkeitsvereinbarung in Personalstatutsangelegenheiten zu ermöglichen. Wenn der Gesetzgeber dies beabsichtigt hätte, hätte er die internationale Zuständigkeitsvereinbarung in Art. 31 türk. IPRG nicht auf Streitigkeiten aus Schuldverhältnissen mit Auslandsbezug beschränkt. Vielmehr hat er beabsichtigt, den türkischen Staatsangehörigen ohne Wohnsitz in der Türkei die Möglichkeit zu verschaffen, über Personalstatutsangelegenheiten auch in dem Staat prozessieren zu können, wo sie wohnen, und zwar ohne die Angst zu haben, dass die zu fällende Entscheidung im Heimatland nicht anerkannt würde[808].

Zum Schluss bleibt also festzuhalten, dass die internationale Zuständigkeit der türkischen Gerichte für Personalstatutsangelegenheiten der türkischen Staatsangehörigen ohne Wohnsitz in der Türkei nicht ausschließlich ist, diese vielmehr auch in dem Staat, wo sie wohnen, prozessieren können. Ist das der Fall, so entfaltet die im Ausland anhängige Klage eine Sperrwirkung hinsichtlich der internationalen Zuständigkeit der inländischen Gerichte.

D. Internationale Zuständigkeit der türkischen Gerichte für einige FGG-Prozesse in Personalstatutsangelegenheiten von Ausländern ohne Wohnsitz in der Türkei (Art. 29 türk. IPRG)

Gemäß Art. 27 türk. IPRG bestimmen die Regeln des internen Rechts über die örtliche Zuständigkeit die internationale Zuständigkeit der türkischen Gerichte, ohne dass es darauf ankommt, welche Staatsangehörigkeit die Parteien besitzen[809]. Befindet sich also der Wohnsitz des Beklag-

---

[808] Über die Entstehungsgeschichte des türk. IPRG, sowie über die juristischen und faktischen Gründe, die dessen Inkraftsetzung gezwungen haben, s. Ekşi, S. 8-11.

[809] S. oben S. 35.

ten oder ein besonderer Gerichtsstand in der Türkei, so kommt es nicht mehr darauf an, wer der Kläger und wer der Beklagte ist. Für den Fall aber, dass die internationale Zuständigkeit der türkischen Gerichte für Personalstatutsangelegenheiten der türkischen Staatsangehörigen ohne türkischen Wohnsitz durch die Regeln des internen Rechts über die örtliche Zuständigkeit nicht begründet werden kann, haben türkische Staatsangehörige die Möglichkeit, Art. 28 türk. IPRG in Anspruch zu nehmen. Damit ein entsprechender Rechtschutz Ausländern ebenfalls gewährleistet werden kann, enthält Art. 29 türk. IPRG eine subsidiäre Vorschrift, welche die internationale Zuständigkeit der türkischen Gerichte für bestimmte FGG-Fälle betreffend ausländischen Staatsangehörigen ohne Wohnsitz in der Türkei auf Grund ihres inländischen Aufenthalts- und Vermögensbelegenheitsort eröffnet[810]. Nach dieser Vorschrift sind die Entscheidungen über Vormundschaft, Pflegschaft, Entmündigung, Verschollenheit und Todeserklärung betreffend einen Ausländer[811], welcher in der Türkei keinen Wohnsitz hatte, durch das Gericht an dem Ort zu ergehen, an dem sich der Betreffende in der Türkei aufhält, in Ermangelung an dem Ort, wo sich sein Vermögen befindet. Die Vorschrift ist aus zweierlei Hinsicht beachtenswert:

(1) Sie begründet die internationale Zuständigkeit der türkischen Gerichte nicht für alle Personalstatutsangelegenheiten der Ausländer ohne Wohnsitz in der Türkei, sondern nur für die aufgezählten FGG-Fälle, nämlich für *Vormundschaft*, *Pflegschaft*, *Entmündigung*, *Verschollenheit* und *Todeserklärung*[812].

In bezug auf andere Personalstatutsangelegenheiten gelten hiergegen die allgemeinen Regeln[813]. Befindet sich etwa der Wohnsitz des Klägers oder der Ort, an dem die Ehegatten zuletzt sechs Monate lang zusammen gewohnt haben, nicht in der Türkei[814], so ist die internationale Zuständigkeit der türkischen Gerichte für eine Scheidungsklage unter ausländischen Parteien mit Art. 29 türk. IPRG nicht zu begründen[815], was gemäß Art. 28 türk. IPRG bei türkischen Staatsangehörigen der Fall ist.

(2) Art. 29 türk. IPRG bestimmt zugleich das örtlich zuständige Gericht für die aufgezählten Angelegenheiten.

---

810 Ekşi, S. 138.

811 Der Begriff des Ausländers i.S.v. Art. 29 türk. IPRG umfasst zugleich Flüchtlinge und Heimatlosen; Ekşi, S. 137.

812 Vgl. *Sadrülesrafi*, MHB 1994/1-2, S. 69 ff.

813 Ekşi, S. 138.

814 Art. 9 Abs. 3 türk. ZPO.

815 Hierzu Yarg. 2. HD., E. 1998/4842, K. 1998/6521, T. 27.5.1998, YKD 1998, S. 1136-1137 = FamRZ 1999, S. 444 (in deutscher Übersetzung von *Rumpf*); vgl. Yarg. 2. HD., E. 1991/603, K. 1991/3657, T. 28.2.1991, YKD 1991, S. 1173; Yarg. 2. HD., E. 1985/5145, K. 1985/5390, T. 03.06.1985, YKD 1986, S. 32.

E. Zusammenfassung

Der Grundsatz actor sequitur forum rei (Art. 9 Abs. 1 Satz 1 türk. ZPO) gilt im türkischen Zuständigkeitsrecht hauptsächlich auch für personen- und familienrechtliche Angelegenheiten. Trotzdem bestehen jedoch zahlreiche Ausnahmen von diesem Grundsatz vor allem im türk. ZGB. Keine Ausnahme von dem Grundsatz des Beklagtenwohnsitzgerichtsstandes, sondern im Falle dessen Ermangelung anzuwendende Bestimmungen, sind dagegen Art. 28, 29 türk. IPRG. Art. 28 türk. IPRG findet für alle Personalstatutsangelegenheiten von türkischen Staatsangehörigen ohne Wohnsitz in der Türkei Anwendung; Art. 29 türk. IPRG begründet aber die internationale Zuständigkeit der türkischen Gerichte nur für bestimmte (in der Vorschrift aufgezählte) FGG-Prozesse der Ausländer ohne Wohnsitz in der Türkei.

Dritter Teil:
Bestimmung des Gerichtsstandes durch Parteivereinbarung

Die Bestimmung des Gerichtsstandes durch Parteivereinbarung stellt in der Praxis des internationalen Wirtschaftsverkehrs einen wichtigen Bestandteil eines Handelsvertrages dar. Denn die Parteien eines internationalen Vertrags wollen in der Regel im voraus wissen, welche Gerichte welches Staates anzurufen sind, falls es zu einer Rechtsstreitigkeit aus dem abgeschlossenen Geschäft kommt. Eine internationale Gerichtsstandsvereinbarung bietet den Parteien auch den Vorteil, dadurch das im einzuleitenden Verfahren anzuwendende Prozessrecht von vornherein zu wissen. Es richtet sich nämlich stets nach der lex fori[816]. Darüber hinaus können die Parteien durch eine ausschließliche Gerichtsstandsvereinbarung die an sich bestehende internationale Zuständigkeit der Gerichte anderer Staaten ausschließen, damit man dadurch nicht überrascht wird, in einem Forum prozessieren zu müssen, mit dem man vorher nicht gerechnet hat.

Im Hinblick darauf, dass sich rund 25 Prozent des Außenhandels der Türkei an Deutschland richtet, kommt den internationalen Zuständigkeitsvereinbarungen im deutsch-türkischen Rechtsverkehr eine erhebliche Bedeutung hinzu. Diese Bedeutung hat sich in der Praxis neulich dadurch gezeigt, dass der türkische Kassationshof seine restriktive Auslegung zu Art. 31 türk. IPRG, der die Prorogation der ausländischen Gerichte zum Gegenstand hat, anlässlich einer Klage, bei der es um die Vereinbarung der internationalen Zuständigkeit der deutschen Gerichte durch die Parteien ging[817], aufgegeben hat.

---

816 *Jaeckel*, S. 18.

817 Yarg. HGK., E. 1998/12-287, K. 1998/325, T. 6.5.1998, YKD 1998, S. 1269-1276, dazu *Krüger*, RIW 1998, S. 946-947.

§ 15 Internationale Gerichtsstandsvereinbarungen im deutschen Recht

Haben die deutschen Gerichte in einem internationalen Fall über eine Gerichtsstandsvereinbarung zu entscheiden, weil es sich um die Prorogation oder um die Derogation der internationalen Zuständigkeit der deutschen Gerichte handelt, so ist das deutsche Recht in bezug auf ihre Zulässigkeit und Wirkung als lex fori heranzuziehen[818]. Denn es geht um eine prozessrechtliche Angelegenheit[819]. Insoweit – sowie fast in allen Bereichen des internationalen Zuständigkeitsrechts – hat der deutsche Richter vor allem die Frage zu beantworten, ob er hierbei das autonome deutsche Recht (§ 38 ZPO) oder aber das EuGVÜ (Art. 17 EuGVÜ) anzuwenden hat. Denn als lex specialis geht das EuGVÜ in seinem Anwendungsbereich den entsprechenden autonomen Regelungen vor und verdrängt sie in vollem Umfang[820]. Zwar gilt das EuGVÜ grundsätzlich für die Fälle, die einen Auslandsbezug zu einem Vertragsstaat entfalten, hinsichtlich einiger einzelnen Bestimmungen wird jedoch plädiert, dass es auch dann Geltung beansprucht, wenn es sich um einen Fall handelt, bei dem der Auslandsbezug nur zu einem Drittstaat besteht[821]. So ist es etwa bei Art. 17 EuGVÜ, der die internationale Zuständigkeitsvereinbarungen regelt. In Anbetracht dessen, dass zwischen Art. 17 EuGVÜ und § 38 ZPO erhebliche Unterschiede bestehen, hat man zunächst festzustellen, welche von diesen beiden Regelungen zur Anwendung kommt, wenn es sich um eine Zuständigkeitsvereinbarung handelt, die die internationale Zuständigkeit der deutschen und der türkischen Gerichte berührt.

A. Der Geltungsanspruch des EuGVÜ für internationale Zuständigkeitsvereinbarungen mit Drittstaatenbezug

Der Geltungsanspruch des EuGVÜ auf die Fälle mit Drittstaatenbezug wurde oben *im allgemeinen* (hauptsächlich im Hinblick auf die allgemeine Zuständigkeit – Art. 2 EuGVÜ, §§ 12, 13 ZPO) dargelegt[822]. Die dortigen Ausführungen gelten grundsätzlich auch für die internationalen

---

818 BGH, NJW 1997, S. 2885 = LM H. 8/1997 § 23 ZPO Nr. 11; BGHZ 59, S. 23 = NJW 1972, S. 1622 = LM § 38 ZPO Nr. 15; BGH, NJW 1989, S. 1431, 1432.

819 *Rosenberg/Schwab/Gottwald*, S. 182. In bezug auf das Zustandekommen und die materielle Wirksamkeit einer Zuständigkeitsvereinbarung ist jedoch lex causae maßgeblich; aus der Rechtsprechung s. etwa BGH, NJW 1997, S. 2885; BGHZ 59, S. 23 = NJW 1972, S. 1622; weitere Nachweise bei *Gottwald*, FS Henckel (1995), S. 295 ff.; *Hausmann*, FS Lorenz (1991), S. 359, 364 ff.

820 BGH, NJW 1980, S. 2022; OLG München, NJW 1982, S. 1951.

821 S. oben S. 30 ff.

822 S. oben S. 30 ff.

Zuständigkeitsvereinbarungen. Gemeint ist vor allem die in der vorliegenden Arbeit bevorzugte Auffassung, wonach das EuGVÜ sich nicht darauf beschränkt, international zuständigkeitsrechtliche Angelegenheiten nur unter Vertragsstaaten zu regeln. Vielmehr hat der Richter für jeden konkreten Fall mit Auslandsbezug zu prüfen, ob die in Anwendung kommende Vorschrift des EuGVÜ einen Auslandsbezug zu einem der Vertragsstaaten voraussetzt, oder ein solcher zu einem Drittstaat ausreicht. Handelt es sich etwa um eine internationale Zuständigkeitsvereinbarung, so ist Art. 17 EuGVÜ in Betracht zu ziehen, und zu untersuchen, ob und wann er Geltung beansprucht. Fällt seine Anwendung aus, so kommt § 38 ZPO als autonome Bestimmung in Betracht.

Ausgangspunkt der Prüfung der Anwendbarkeit des Art. 17 EuGVÜ ist vor allem dessen erster Satz, wo es heißt: „Haben die Parteien, von denen mindestens eine ihren Wohnsitz in dem Hoheitsgebiet eines Vertragsstaat hat, vereinbart, dass ein Gericht oder die Gerichte eines Vertragsstaats ... entscheiden soll, so sind (sie) ... zuständig".

Dieser Satz, der die Basis der Anwendbarkeit des Art. 17 EuGVÜ darstellt, ist aus der Sicht folgender Fallkonstellationen näher zu untersuchen:

I. Reine Inlandsfälle und ihre Grenzen

Sollte man nur den Wortlaut des Art. 17 Abs. 1 EuGVÜ für maßgeblich halten, so könnte man zum Ergebnis kommen, dass auch diejenige Zuständigkeitsvereinbarung unter Art. 17 Abs. 1 EuGVÜ fiele, bei der beide Parteien in demselben Vertragsstaat wohnhaft sind und einen Gerichtsstand in diesem Staat vereinbaren. Denn im Text der Vorschrift ist nicht etwa von Gerichten *anderer* Vertragstaaten, deren Gerichte vereinbart sein sollen, sondern einfach von *einem* Vertragsstaat, die Rede. Die oben geschilderte Fallkonstellation stellt jedoch einen reinen Inlandsfall dar, für die das Übereinkommen im Hinblick auf Abs. 4 dessen Präambel keine Anwendung findet. Ein reiner Inlandsfall unterliegt vielmehr § 38 ZPO[823]. Hierauf wird auch im *Jenard*-Bericht wie folgt hingewiesen: „Die Vereinbarung gilt nur, wenn mindestens eine der Parteien ihren Wohnsitz in dem Hoheitsgebiet eines Vertragsstaats hat. Sie ist grundsätzlich nicht anwendbar, wenn die Parteien die Zuständigkeit eines Gerichts ihres gemeinsamen Wohnsitzstaats vereinbart

[823] MünchKommZPO/*Gottwald*, Art. 17 EuGVÜ, Rdn. 4; *Schlosser*, EuGVÜ, Art. 17, Rdn. 6; *Schack*, Rdn. 463 ff.; *Samtleben*, RabelsZ 59 (1995), S. 689; *Jung*, S. 60 ff.; *Killias*, S. 52; *Kim*, S. 146; vgl. *Roth*, ZZP 93 (1980), S. 159 f; a.A. *Geimer/Schütze*, I/1, S. 891; *Geimer/Schütze*, EuZVR, Art. 17 EuGVÜ, Rdn. 36 und 32; *Geimer*, IPRax 1991, S. 33 f; m.w.N. *Aull*, S. 95 ff. Insofern vertritt *Kropholler* (EuZPR, Art. 17 EuGVÜ, Rdn. 2) die Auffassung, dass Art. 17 EuGVÜ immer dann anzuwenden ist, wenn die internationale Zuständigkeit in Rede steht. Die Frage der internationalen Zuständigkeit werde bei Vereinbarung eines inländischen Gerichts nur dann relevant, wenn dadurch die Zuständigkeit eines ausländischen Gerichts derogiert werde.

haben, da das Übereinkommen nach dem in der Präambel festgelegten Grundsatz nur die Zuständigkeit bei internationalen Beziehungen bestimmt“[824].

Fraglich ist jedoch, ob Art. 17 EuGVÜ Anwendung findet, wenn eine Partei in einem Vertragsstaat und die andere in einem Drittstaat wohnt und beide die Zuständigkeit eines Gerichts des Vertragsstaats, in dem die eine Partei wohnt, unter Derogation der Zuständigkeit der Gerichte des Nichtvertragsstaats vereinbaren. Die im Schrifttum überwiegend vertretene Ansicht ist in diesem Fall mit der Begründung, dass das Erfordernis eines Bezugs zu einem zweiten Vertragsstaat dem Art. 17 Abs. 1 EuGVÜ nicht zu entnehmen sei, zu Recht für die Anwendbarkeit des Art. 17 EuGVÜ. Außerdem sei eine Anwendung ohne diese Einschränkung nicht nur deswegen geboten, weil der Wortlaut der Vorschrift sie nicht fordere, sondern auch deswegen, weil dies auch der Ratio der Bestimmung, „nämlich *die Prorogation eines Vertragsstaatsgerichts auch im Verhältnis zu Drittstaaten unter einheitlichen Voraussetzungen zuzulassen*“, entspreche[825]. An diese Auffassung hat sich neulich auch der EuGH in seiner Entscheidung vom 13.07.2000 (Rs. C-412/98 – Group Josi Reinsurance Company SA / Universal General Company)[826] mit folgender Begründung angeschlossen: „Titel II des Übereinkommens (des EuGVÜ) ... findet, sobald der Beklagte seinen Wohnsitz oder Sitz im Hoheitsgebiet eines Vertragsstaates hat, grundsätzlich auch dann Anwendung, wenn der Kläger in einem Drittland ansässig ist. Etwas anderes gilt ausnahmsweise dort, wo das Übereinkommen die Anwendung einer seiner Zuständigkeitsregeln ausdrücklich davon abhängig macht, dass der Wohnsitz des Klägers in einem Vertragsstaat liegt“.

Nun lässt sich erwarten, dass auch die deutsche Rechtspraxis, die bisher in derartigen Fallkonstellationen nicht Art. 17 EuGVÜ sondern überwiegend § 38 ZPO angewendet hat[827], der erwähnten Entscheidung des EuGH folgt.

---

[824] *Jenard*-Bericht zu Art. 17 EuGVÜ.

[825] MünchKommZPO/*Gottwald*, Art. 17 EuGVÜ, Rdn. 6 f; *Nagel/Gottwald*, § 3, Rdn. 231; *Kropholler*, EuZPR, Art. 17 EuGVÜ, Rdn. 5; *ders.*, FS Ferid (1988), S. 239, 242 und 243; *Schlosser*, EuGVÜ, Art. 17, Rdn. 6; *Coester-Waltjen*, FS Nakamura, S. 112; *Aull*, S. 141, 164 ff., 195; *Killias*, S. 54 ff., 67; *Geimer*, NJW 1986, S. 1438; *ders.*, IPRax 1991, S. 31; *Geimer/Schütze*, I/1, S. 227; *Geimer/Schütze*, EuZVR, Art. 17 EuGVÜ, Rdn. 29 ff.; a.A. *Samtleben*, NJW 1974, S. 1593; *ders.*, RabelsZ 59 (1995), S. 690 ff.; *Kohler*, IPRax 1983, S. 266; Stein/Jonas-*Bork*, § 38, Rdn. 22; *Schack*, Rdn. 463 ff.; *Piltz*, NJW 1979, S. 1071 ff.; vgl. *Kim*, S.151.

[826] S. oben Fn. 130.

[827] So etwa BGH, NJW 1993, S. 1070; IPRspr. 1991, Nr. 181; NJW 1989, S. 1431; BGHZ 109, S. 29 = NJW 1990, S. 317; OLG Saarbrücken, NJW 2000, S. 670; OLG Karlsruhe, NJW-RR 1993, S. 567; OLG München, IPRax 1991, S. 46; anders aber OLG München, RIW 1989, S. 901 = ZZP 103 (1990), S. 84.

II. Vereinbarung der Zuständigkeit der Gerichte eines Nichtvertragsstaats durch Parteien mit Wohnsitz in Vertragsstaaten

Im Hinblick darauf, dass Art. 17 Abs. 1 EuGVÜ als eine seiner Anwendungsvoraussetzungen die Prorogation eines Gerichts oder der Gerichte eines Vertragsstaats fordert, bestimmt sich die Vereinbarung eines Gerichts in einem Drittstaat – unabhängig vom Ort des Wohnsitzes der Parteien – nicht nach dieser Vorschrift[828]. Eine solche Zuständigkeitsvereinbarung richtet sich vielmehr stets nach dem Recht des Staats, dessen Gerichte prorogiert sind[829]. Da der Wortlaut der Vorschrift ganz präzise ist, wird ihre Anwendbarkeit von der überwiegenden Meinung auch dann abgelehnt, wenn mit der Vereinbarung eines Drittstaatsgerichts ein an sich bestehender Gerichtsstand (etwa gemäß Art. 2 EuGVÜ) im EuGVÜ-Inland derogiert wird[830]. Jedoch da, wo mit der ausschließlichen Prorogation des Drittstaatsgerichts die ausschließliche Zuständigkeit der Gerichte eines Vertragsstaats nach Art. 16 EuGVÜ oder die Gerichtsstände nach Art. 12, 15 EuGVÜ abbedungen werden sollten, entfaltet die internationale Gerichtsstandsvereinbarung gemäß Art. 17 Abs. 3 EuGVÜ keine Wirkung.

III. Vereinbarung der Zuständigkeit der Gerichte eines Vertragsstaats durch Parteien mit Drittstaatenwohnsitz

Da Art. 17 Abs. 1 Satz 1 EuGVÜ den Wohnsitz mindestens einer der Parteien in einem Vertragsstaat (z.Z. des Vertragsabschlusses[831]) voraussetzt, richtet sich die Prorogation der Gerichte eines Vertragsstaats durch Parteien mit Drittstaatenwohnsitz i.d.R. nicht nach Art. 17 EuGVÜ, sondern nach dem autonomen Recht des prorogierten Vertragsstaats. Der durch das Beitrittsübereinkommen von 1978 eingeführte Art. 17 Abs.1 Satz 3 EuGVÜ mildert diesen Grundsatz jedoch insoweit, als der derogative Effekt einer solchen Vereinbarung in allen Vertragsstaaten gleich behandelt werden soll[832]. Das heißt, die Gerichte anderer Vertragsstaaten, derer nach ihrem autonomen

[828] *Samtleben*, NJW 1974, S. 1590, 1594; *Schack*, Rdn. 463; *Killias*, S. 73 ff.; ausführlich bei *Kim*, S. 147-148; BGH, NJW 1986, S. 1438; OLG Frankfurt a.M., IPRax 1998, S. 35 ff.; im entschiedenen Fall ging es um die Vereinbarung der Zuständigkeit eines türkischen Gerichts, die Klägerin hatte ihren Sitz in Antalya/Türkei, die Beklagte dagegen in Hanau; dazu *Pfeiffer*, IPRax 1998, S. 17 ff.

[829] *Gottwald*, FS Henckel (1995), S. 295, 303.

[830] MünchKommZPO/*Gottwald*, Art. 17 EuGVÜ, Rdn. 11; *Kropholler*, EuZPR, Art. 17 EuGVÜ, Rdn. 14; *Killias*, S. 73 ff.; *Coester-Waltjen*, FS Nakamura, S. 113; *Roth*, ZZP 93 (1980), 156 ff.; a.A. *Geimer*, NJW 1986, S. 1439 ff. (Anm. zu BGH, Urt. v. 20.1.1986, aaO.); *ders.*, IPRax 1991, S. 33.

[831] MünchKommZPO/*Gottwald*, Art. 17 EuGVÜ, Rdn. 13; *Nagel/Gottwald*, § 3, Rdn. 231, 234; *Kropholler*, EuZPR, Art. 17 EuGVÜ, Rdn. 11; *Killias*, S. 79 ff.

[832] Weitere Nachweise bei *Kim*, S. 149.

Recht an sich gegebene internationale Zuständigkeit mit der ausschließlichen Gerichtsstandsvereinbarung durch Parteien mit Wohnsitz in Drittstaaten zugunsten eines Vertragsstaats derogiert wurde, dürfen nicht in der Sache entscheiden, bis es feststeht, dass das angerufene Gericht sich für unzuständig erklärt[833].

IV. Vereinbarung der Zuständigkeit der Gerichte eines Vertragsstaates durch Parteien mit Vertragsstaatenwohnsitz

Unumstritten ist der Vorrang des Art. 17 EuGVÜ gegenüber § 38 ZPO, wenn die Parteien in verschiedenen Vertragsstaaten wohnhaft sind und die Zuständigkeit der Gerichte eines Vertragsstaates prorogiert bzw. zugunsten eines anderen Vertragsstaats derogiert wird. Das gleiche gilt, wenn die Parteien in dem selben Vertragsstaat wohnen und die Zuständigkeit der Gerichte eines anderen Vertragsstaat vereinbaren. Ebenso unumstritten erweist sich die Anwendbarkeit des Art. 17 EuGVÜ, wenn die Parteien mit Vertrags- und Drittstaatswohnsitz die Zuständigkeit der Gerichte eines weiteren Vertragsstaats vereinbaren, oder mit Derogation der Zuständigkeit der Gerichte eines weiteren Vertragsstaats die Gerichte eines Vertragsstaats prorogieren, in dem eine der Parteien ihren (Wohn-)Sitz hat[834].

V. Fazit und Stellungnahme

Ebenso wie der allgemeine Geltungsanspruch des EuGVÜ ist es für die Geltung des Art. 17 EuGVÜ eine grundlegende Voraussetzung, dass die *internationale* Zuständigkeit in Frage steht. Sonst richtet sich eine Zuständigkeitsvereinbarung im deutschen Recht stets nach § 38 ZPO. Letzterer kommt auch dann zur Anwendung, wenn es sich um eine internationale Gerichtsstandsvereinbarung handelt, für die die weiteren Anwendungsvoraussetzungen des ersteren nicht gegeben sind. Um feststellen zu können, wann Art. 17 EuGVÜ Geltung beansprucht, sind nur die Voraussetzungen maßgebend, die der Vorschrift nach ihrem Sinn und Zweck zu entnehmen sind. Demzufolge ist die Vorschrift immer dann anzuwenden, wenn mindestens eine der Parteien ihren Sitz im geographischen Anwendungsbereich des Übereinkommens hat und mit der Gerichtsstandsvereinbarung die Zuständigkeit der Gerichte eines Vertragsstaats prorogiert wird. Weitere

---

[833] MünchKommZPO/*Gottwald*, Art. 17 EuGVÜ, Rdn. 9; *Kropholler*, EuZPR, Art. 17 EuGVÜ, Rdn. 13.

[834] *Geimer/Schütze*, EuZVR, Art. 17 EuGVÜ, Rdn. 29 ff.; *Kropholler*, EuZPR, Art. 17 EuGVÜ, Rdn. 3 ff.; *ders.*, FS Ferid (1988), S. 242 ff.; MünchKommZPO/*Gottwald*, Art. 17 EuGVÜ, Rdn. 5 ff.; *Kohler*, IPRax 1983, S. 266; *Jung*, S. 51 ff.; *Kim*, S. 145 ff.

zusätzliche Voraussetzungen lassen sich dem Wortlaut sowie dem Sinn und Zweck der Vorschrift nicht entnehmen. Zusammenfassend ist folgendes festzustellen:

Vereinbaren die Parteien mit Wohnsitz in unterschiedlichen Vertragsstaaten die Zuständigkeit eines Vertragsstaats, so richtet sich die Zuständigkeitsvereinbarung nach Art. 17 EuGVÜ. Das gleiche gilt, wenn die Parteien im selben Vertragsstaat wohnhaft sind und sie die Zuständigkeit der Gerichte eines anderen Vertragsstaats vereinbaren. Wohnt nur eine der Parteien in einem der Vertragsstaaten und wird die Zuständigkeit der Gerichte dieses oder aber eines anderen Vertragsstaats vereinbart, so ist Art. 17 EuGVÜ wiederum anwendbar. Die Vereinbarung der Zuständigkeit der Gerichte eines Vertragsstaats durch Parteien mit Wohnsitz in Drittstaaten ist aus der Sicht des Art. 17 EuGVÜ nur soweit von Bedeutung, dass er diese Vereinbarung in dem Sinne anerkennt, dass die Gerichte der anderen Vertragsstaaten in der Sache nicht entscheiden können, es sei denn, das vereinbarte Gericht oder die vereinbarten Gerichte haben sich rechtskräftig für unzuständig erklärt (Art. 17 Abs. 1 Satz 3 EuGVÜ).

B. Das Zusammenspiel des Art. 17 EuGVÜ mit autonomen Bestimmungen

Der Vorrang des EuGVÜ und im konkreten dessen Art. 17 vor den autonomen Bestimmungen ist nicht auf §§ 38, 40 ZPO zu beschränken. Vielmehr sind alle nationale Bestimmungen durch Art. 17 EuGVÜ verdrängt, soweit sie mit Gerichtsstandsvereinbarungen, die unter Anwendungsbereich des Art. 17 EuGVÜ fallen, zu tun haben, es sei denn, das Übereinkommen verweist ausdrücklich auf das nationale Recht, wie das etwa bei Art. 12 Nr. 3 und Art. 15 Nr. 3 der Fall ist. Sein Vorrang geht über die Formerfordernisse der nationalen Bestimmungen hinaus und verdrängt sie in vollem Umfang. Das gilt etwa für die Zuständigkeitsvereinbarungen gemäß § 7 Abs. 2 HWiG, § 26 Abs. 2 FernUSG, § 53 Abs. 3 KWG, § 6 Abs. 2 AuslInvestmG, § 48 Abs. 1 VVG und § 98 Abs. 2 GWB. Das gleiche gilt für die Bestimmungen des AGB-Gesetzes[835]. Art. 17 EuGVÜ stellt also eine in sich abgeschlossene Regelung des Rechts der Zuständigkeitsvereinbarungen dar, die einer Ergänzung durch das nationale Recht nicht zugänglich ist[836].

---

[835] Vgl. *Gottwald/Baumann*, IPRax 1998, S. 445, 246; BGH, NJW 1996, S. 1819; vgl. OLG Frankfurt a.M., IPRax 1998, S. 35 ff., dazu *Pfeiffer*, IPRax 1998, S. 17 ff.

[836] Hierzu ausführlich *Geimer/Schütze*, EuZVR, Art. 17 EuGVÜ, Rdn. 69-72; MünchKommZPO/*Gottwald*, Art. 17 EuGVÜ, Rdn. 48-50; *Kropholler*, EuZPR, Art. 17 EuGVÜ, Rdn. 16 ff.

C. Das Verhältnis des Art. 17 EuGVÜ zu anderen Zuständigkeitsvorschriften des EuGVÜ

Obwohl Art. 17 EuGVÜ für Zuständigkeitsvereinbarungen in Angelegenheiten, die unter den sachlichen Anwendungsbereich des Übereinkommens fallen, im Falle des Bestehens der in dessen Abs. 1 Satz 1 verankerten Voraussetzungen grundsätzlich zulässt, beschränkt er sie in seinem Abs. 3 vor allem in bezug auf Art. 12, 15, 16 EuGVÜ. Demzufolge sind die Zuständigkeitsvereinbarungen in Versicherungs- und Verbrauchersachen insoweit unzulässig, als sie den Vorschriften der Artikel 12, 15 oder 16 zuwiderlaufen, indem sie die in den genannten Vorschriften festgelegten Gerichtsstände abbedingen[837]. Dieses Derogationsverbot gilt nicht nur im Verhältnis zu Vertragsstaaten, sondern auch im Verhältnis zu Drittstaaten. Denn nach Art. 16 EuGVÜ ist der Wohnsitz der Parteien ohne Belang[838].

Eine anderweitige Beschränkung betrifft die Arbeitssachen. Gemäß Art. 17 Abs. 5 EuGVÜ haben Gerichtsstandsvereinbarungen bei individuellen Arbeitsverträgen nur dann rechtliche Wirkung, wenn sie nach der Entstehung der Streitigkeit getroffen werden oder wenn der Arbeitnehmer sie geltend macht, um ein anderes Gericht als das am Wohnsitz des Beklagten oder das in Art. 5 Nr.1 EuGVÜ bezeichnete anzurufen[839].

Schließlich sind die Erfüllungsortsvereinbarungen gemäß Art. 5 Nr. 1 EuGVÜ im Zusammenhang mit Gerichtsstandsvereinbarungen zu erörtern. Die zuständigkeitsbegründende Wirkung der Erfüllungsortsvereinbarung gemäß Art. 5 Nr. 1 EuGVÜ hängt i.d.R. nicht von der Einhaltung der in Art. 17 EuGVÜ für Gerichtsstandsvereinbarungen vorgeschriebenen Formerfordernissen ab. Denn es liegen zwei unterschiedliche Rechtsinstitute vor, und zwar so, dass bei der Erfüllungsortsvereinbarung die Zuständigkeit des Gerichts am Erfüllungsort der Durchsetzung der materiell-rechtlich geschuldeten Leistung dient, während Art. 17 EuGVÜ für eine Gerichtsstandsvereinbarung auf jeden objektiven Zusammenhang zwischen dem streitigen Rechtsverhältnis und dem vereinbarten Gericht verzichtet[840]. Zielt dagegen eine Erfüllungsortvereinbarung nicht ernsthaft auf die materiell-rechtliche Begründung eines tatsächlichen Leistungsorts, sondern auf die

---

[837] Hierzu EuGH, 3.7.1997, Rs. C-269/95, ZZPInt 3 (1998), S. 225 ff., mit Anmerkung von *Koch*, aaO., S. 230 ff.

[838] MünchKommZPO/*Gottwald*, Art. 17 EuGVÜ, Rdn. 12; *Gottwald/Baumann*, IPRax 1998, 445, 446; vgl. *Kropholler*, EuZPR, Art. 17 EuGVÜ, Rdn. 72 ff.

[839] Hierbei divergieren das EuGVÜ und das LugÜ, indem das letztere die Zuständigkeitsvereinbarungen bei individuellen Arbeitsverträgen vor Entstehung der Streitigkeit generell verbietet; dazu *Kropholler*, EuZPR, Art. 17 EuGVÜ, Rdn. 84 ff.; *Geimer/Schütze*, EuZVR, Art. 17 EuGVÜ, Rdn. 54 ff.

[840] *Kropholler*, EuZPR, Art. 5 EuGVÜ, Rdn. 24.

durch die Umgehung der Formerfordernissen des Art. 17 EuGVÜ formfreie Festlegung eines bestimmten Gerichts ab[841], so unterliegt sie nicht mehr Art. 5 Nr.1, sondern Art. 17 EuGVÜ[842].

D. Die Form der Gerichtsstandsvereinbarungen nach Art. 17 EuGVÜ

Die Modalitäten der Form einer Gerichtsstandsvereinbarung nach Art. 17 EuGVÜ werden in Abs. 1 Satz 2 der Norm abschließend geregelt, und zwar wie folgt:
(a) Die schriftliche oder schriftlich bestätigte mündliche Form;
(b) die Form, die den zwischen den Parteien entstandenen Gepflogenheiten entspricht;
(c) die Form, die den internationalen Handelsbräuchen entspricht[843].

E. Zulässigkeit und Wirkungen der Gerichtsstandsvereinbarungen im EuGVÜ

Im Gegensatz zu § 38 ZPO lässt Art. 17 EuGVÜ Zuständigkeitsvereinbarungen nicht nur für Kaufleute zu. Vielmehr können auch Nichtkaufleute eine internationale Zuständigkeitsvereinbarung abschließen. Insoweit spielt es keine Rolle, dass die im Klageweg in Anspruch zu nehmende Partei ihren Wohnsitz oder gewöhnlichen Aufenthalt nach Vertragsabschluss ins Ausland verlegt oder ihr Wohnsitz oder gewöhnlicher Aufenthalt im Zeitpunkt der Klageerhebung nicht mehr bekannt ist[844].

Ebenso wie § 38 ZPO stellt aber die Bestimmtheit der Rechtsstreitigkeit bei Art. 17 EuGVÜ eine Zulässigkeitsvoraussetzung dar. Er fordert nämlich, dass sich die Zuständigkeitsvereinbarung auf eine bereits entstandene oder auf eine künftige, aus einem bestimmten Rechtsverhältnis entsprin-

---

[841] Die sog. abstrakten Erfüllungsortvereinbarungen.

[842] EuGH, 20.2.1997, Rs. C-106/95, EuZW 1997, S. 209 = NJW 1997, S. 1431= ZZPInt 2 (1997), S. 161 ff. mit Anmerkung von *Huber*, aaO., S. 168 ff.; BGH, NJW-RR 1998, S. 755; weitere Nachweise bei MünchKommZPO/*Gottwald*, Art. 5 EuGVÜ, Rdn. 15; *Kropholler*, EuZPR, Art. 5 EuGVÜ, Rdn. 25; *Geimer/Schütze*, EuZVR, Art. 17 EuGVÜ, Rdn. 52 und 53; *Geimer/Schütze*, I/1, S. 596; Stein/Jonas-*Schumann*, § 29 ZPO, Rdn. 49, 23b; *Spellenberg*, IPRax 1981, S. 79; *ders.*, ZZP 42 (1978), S. 62; *Schack*, Erfüllungsort, Rdn. 174, 340 ff.; *ders.*, IPRax 1996, S. 248; *von Hoffmann*, RIW/AWD 1973, S. 61.

[843] Hierzu EuGH 24.6.1981, Rs. C 150/80, Slg. 1981, S. 1671 = RIW 1981, S. 709 = IPRax 1982, S. 234 (mit Anmerkung von *Leipold*, aaO., S. 222 ff.); EuGH 20.2.1997, Rs. C-106/95, EuZW 1997, S. 209 = ZZPInt 2 (1997), S. 161 ff. (mit Anmerkung von Peter *Huber*, aaO., S. 168); EuGH 16.3.1999, Rs. C-159/97, IPRax 2000, S. 119, (dazu *Girsberger*, IPRax 2000, S. 87 ff.); BGH, NJW-RR 1998, S. 755. Zur Wirksamkeit einer Gerichtsstandsvereinbarung in AGB sowie für die Besonderheiten einer solchen s. OLG München, ZZP 103 (1990), S. 84; vgl. OLG München, IPRax 1991, S. 46; OLG Frankfurt a.M., IPRax 1998, S. 35 ff., (dazu *Pfeiffer*, IPRax 1998, S. 17 ff.). Ausführlich zum Thema der Form der internationalen Gerichtsstandsvereinbarungen u.a. MünchKommZPO/*Gottwald*, Art. 17 EuGVÜ, Rdn. 16 ff.; *Nagel/Gottwald*, § 3, Rdn. 236 ff.; *Kropholler*, EuZPR, Art. 17 EuGVÜ, Rdn. 28 ff.; *Geimer/Schütze*, EuZVR, Art. 17 EuGVÜ, Rdn. 95 ff.

[844] *Nagel/Gottwald*, § 3, Rdn. 234.

gende Rechtsstreitigkeit bezieht (Abs. 1 Satz 1). Dieses Erfordernis dient dazu, dass ein wirtschaftlich überlegener Vertragspartner der schwächeren Seite mit einer einzigen umfassenden Klausel nicht aufzwingt, auch für Streitigkeiten aus noch nicht vorhersehbaren künftigen Vertragsverhältnissen einen Gerichtsstand im voraus anzunehmen[845].

Ebenfalls erforderlich ist die Bestimmtheit des mit der Gerichtsstandsvereinbarung vereinbarten Gerichts für ihre Wirksamkeit. Dieses Erfordernis gilt als erfüllt, wenn sich das vereinbarte Gericht aus der Klausel ergibt oder wenigstens bei Klageerhebung aus den Umständen zu bestimmen ist[846]. Enthält die Vereinbarung keine Anhaltspunkte für die Bestimmung des Gerichts oder der Gerichte, die international zuständig sein sollen, sondern legt nur fest, dass eine Partei einseitig und beliebig das zuständige Gericht bestimmen kann, so ist diese Vereinbarung unwirksam[847]. Die Bestimmtheit des örtlich zuständigen Gerichts bei der Zuständigkeitsvereinbarung stellt dagegen keine Wirksamkeitsvoraussetzung dar; es genügt vielmehr, dass die Parteien nur die internationale Zuständigkeit vereinbaren. In diesem Fall greifen nämlich die nationalen Zuständigkeitsregeln ein[848]. Ist kein örtlich zuständiges Gericht nach den nationalen Zuständigkeitsregeln zu begründen[849], und treffen die Parteien nachträglich keine Ortsbestimmung, so ist auf eine örtliche Ersatzzuständigkeit, etwa am Wohnsitz der einen Partei oder am Sitz der Regierung abzustellen[850].

Dass eine Gerichtsstandsvereinbarung gemäß Art. 17 EuGVÜ zu einer ausschließlichen Zuständigkeit des vereinbarten Gerichts führt, lässt sich aus dem eindeutigen Wortlaut des letzten Halbsatz des Abs. 1 der Norm folgern. Im Hinblick auf Abs. 4 der Norm ist die Ausschließlichkeit der Zuständigkeitsvereinbarung gemäß Art. 17 EuGVÜ jedoch lediglich eine widerlegbare Vermutung. Die Parteien können also Abweichendes vereinbaren[851].

---

[845] *Kropholler*, EuZPR, Art. 17 EuGVÜ, Rdn. 63.

[846] MünchKommZPO/*Gottwald*, Art. 17 EuGVÜ, Rdn. 38; *Kropholler*, EuZPR, Art. 17 EuGVÜ, Rdn. 65.

[847] LG Braunschweig, RIW 1974, S. 346 = IPRspr 1974, Nr. 174; *Geimer/Schütze*, EuZVR, Art. 17 EuGVÜ, Rdn. 171.

[848] MünchKommZPO/*Gottwald*, Art. 17 EuGVÜ, Rdn. 39; *Geimer/Schütze*, I/1, S. 884; *Aull*, S. 133.

[849] Dass der Staat, die internationale Zuständigkeit dessen Gerichte gemäß Art. 17 EuGVÜ vereinbart wurde, zur Justizgewährung verpflichtet ist, kommt nicht in Frage, auch wenn weder die Parteien noch der Streitgegenstand einen Bezug zum prorogierten Vertragsstaat haben, zumal jede Form einer forum non conveniens-Prüfung im Anwendungsbereich des EuGVÜ verboten ist; s. etwa *Geimer/Schütze*, I/1, S. 288, 918; *Schack*, RabelsZ 58 (1994), S. 49 f. Jedoch hilft der Justizgewährungsanspruch hinsichtlich der Zuständigkeitsvereinbarung praktisch nicht weiter, wenn der prorogierte Staat nicht entgegenkommt, hierzu MünchKommZPO/*Gottwald*, Art. 17 EuGVÜ, Rdn. 39.

[850] MünchKommZPO/*Gottwald*, Art. 17 EuGVÜ, Rdn. 39; *Kropholler*, EuZPR, Art. 17 EuGVÜ, Rdn. 71; *Geimer/Schütze*, I/1, S. 884; ausführlich mit weiteren Lösungsvorschlägen bei *Killias*, S. 110 ff.

[851] *Weyland*, GS Arens (1993), S. 417, 426 ff.; *Nagel/Gottwald*, § 3, Rdn. 244; *Gottwald*, IPRax 1987, S. 82.

F. Zwischenergebnis

Art. 17 EuGVÜ beansprucht für eine Zuständigkeitsvereinbarung erst dann Geltung, wenn mindestens eine der Parteien ihren Wohnsitz im Hoheitsgebiet des Übereinkommens hat und die internationale Zuständigkeit der Gerichte eines Vertragsstaats vereinbart wird. Weil im deutschen Schrifttum die Auffassung überwiegend vertreten wird, dass für die Anwendbarkeit der Norm der Wohnsitz einer der Parteien und das vereinbarte Gericht nicht unbedingt in verschiedenen Vertragsstaaten liegen müssen, ist Art. 17 EuGVÜ in zweierlei Hinsicht bedeutsam: Zunächst ist beachtenswert, dass für eine Gerichtsstandsvereinbarung, mit der die internationale Zuständigkeit der deutschen Gerichte vereinbart wird, zwischen Parteien, von denen eine ihren (Wohn-)sitz in Deutschland und die andere in der Türkei hat, nicht § 38 ZPO sondern Art. 17 EuGVÜ maßgebend ist [852]. Des weiteren ist die Vereinbarung der internationalen Zuständigkeit eines Vertragsstaats durch die Parteien mit Wohnsitz in der Türkei aus der Sicht des Art. 17 EuGVÜ soweit von Bedeutung, dass er diese Vereinbarung in dem Sinne anerkennt, dass die Gerichte der anderen Vertragsstaaten in der Sache nicht entscheiden können, es sei denn, das vereinbarte Gericht oder die vereinbarten Gerichte haben sich rechtskräftig für unzuständig erklärt (Art. 17 Abs. 1 Satz 3 EuGVÜ).

Bei bisherigen Ausführungen über Art 17 EuGVÜ wurde diese (begrenzte) Bedeutung im Auge behalten. Im Hinblick darauf, dass die deutsche Gerichtspraxis der oben genannten Auffassung nicht folgt, richtet sich eine Zuständigkeitsvereinbarung im deutsch-türkischen Rechtsverkehr in den meisten Fällen nach § 38 ZPO; er ist also für die vorliegende Arbeit von größerer Bedeutung als Art. 17 EuGVÜ.

G. Internationale Gerichtsstandsvereinbarungen im autonomen deutschen Recht

I. Zulässigkeit einer Zuständigkeitsvereinbarung gemäß § 38 ZPO

Auf Grund der Doppelfunktionalität hat § 38 ZPO, der im Grunde die Vereinbarung der örtlichen Zuständigkeit regelt, die Prorogation und die Derogation der internationalen Zuständigkeit der

[852] S. oben S. 184 und Fn. 130.

deutschen Gerichte zu indizieren[853]. Insoweit lassen sich folgendes im Rahmen der Zulässigkeit der internationalen Zuständigkeitsvereinbarungen aus § 38 ZPO folgern:

(1) Gerichtsstandsvereinbarungen sind in erster Linie für Vollkaufleute, juristische Personen des öffentlichen Rechts und für öffentlich-rechtliches Sondervermögen zugelassen. Hierbei stellt sich die Frage, wann eine ausländische Partei als Kaufmann[854] im Sinne dieser Vorschrift anzusehen ist. Unter Hinweis auf obige Ausführungen zum Thema der Erfüllungsortsvereinbarungen ist m.E. in erster Linie das deutsche HGB und hilfsweise das Recht des Staates, dem die ausländische Partei angehört, zugrunde zu legen[855].

Eine Zuständigkeitsvereinbarung unter Vollkaufleuten gemäß § 38 Abs. 1 ZPO kann jederzeit, also auch bei Abschluss des Hauptvertrages, schriftlich oder mündlich, ausdrücklich oder konkludent getroffen werden[856].

(2) Gemäß § 38 Abs. 2 ZPO können Nichtkaufleute die Zuständigkeit eines deutschen oder ausländischen Gerichts vereinbaren, vorausgesetzt, dass mindestens eine der Parteien keinen *allgemeinen* (Wohn-) Sitz in Deutschland hat (§ 38 Abs. 2 Satz 1 ZPO). Als Form einer solchen Vereinbarung wird in Abs. 2 Satz 2 der Norm die schriftliche oder die schriftlich bestätigte mündliche vorgeschrieben. § 38 Abs. 2 Satz 3 ZPO begrenzt die Wahl der möglichen Gerichtsstände im Interesse des Verbraucherschutzes[857] für den Fall, dass eine der Parteien einen inländischen allgemeinen Gerichtsstand hat. In diesem Fall kann im Inland nur das Gericht gewählt werden, bei dem diese Partei ihren allgemeinen Gerichtsstand hat oder ein besonderer Gerichtsstand begründet ist.

(3) Nach § 38 Abs. 3 ZPO ist eine Gerichtsstandsvereinbarung im übrigen nur zulässig, wenn sie ausdrücklich und schriftlich, (a) nach dem Entstehen der Streitigkeit, (b) für den Fall, dass die beklagte Partei ihren Wohnsitz oder gewöhnlichen Aufenthalt nach Abschluss der Zuständigkeitsvereinbarung ins Ausland verlegt, oder der Wohnsitz oder gewöhnliche Aufenthalt der beklagten Partei bei Klageerhebung nicht bekannt ist, getroffen werden.

---

853 *Kropholler*, Hdb. IZVR I, Kap. III, Rdn. 495; *Geimer*, IZPR, Rdn. 947 und 1605.

854 Die Kaufmannseigenschaft der Parteien muss bei Abschluss der Gerichtsstandsvereinbarung vorhanden sein, *Nagel/Gottwald*, § 3, Rdn. 62.

855 Oben S. 88 f.

856 *Geimer*, IZPR, Rdn. 1606. Hierbei wird § 38 Abs. 1 ZPO nicht durch § 38 Abs. 2 ZPO verdrängt. Die Vollkaufleute können also nach Maßgabe des § 38 Abs. 1 ZPO ohne Wahrung der Erfordernisse des § 38 Abs. 2 ZPO eine internationale Zuständigkeitsvereinbarung treffen, dazu BGH, NJW-RR 1987, S. 227; OLG Saarbrücken, NJW-RR 1989, S. 828; Baumbach/Lauterbach/Albers/*Hartmann*, § 38 ZPO, Rdn. 20; *Samtleben*, NJW 1974, S. 1590; a.A. Zöller/*Vollkommer*, § 38 ZPO, Rdn. 25.

857 *Geimer*, IZPR, Rdn. 1752.

Sei es unter Vollkaufleuten oder unter Nichtkaufleuten, ist eine internationale Zuständigkeitsvereinbarung jedenfalls dann unzulässig, wenn der Rechtsstreit andere als vermögensrechtliche Ansprüche betrifft oder wenn für die Klage ein ausschließlicher Gerichtsstand begründet ist (§ 40 Abs. 2 Satz 1 ZPO)[858].

II. Bestimmtheitsgrundsatz bei Gerichtsstandsvereinbarungen nach § 38 ZPO

Der Bestimmtheitsgrundsatz, nämlich die Konkretisierung des Streitgegenstandes und des vereinbarten Gerichts bei der Vereinbarung, gilt ebenso wie Art. 17 EuGVÜ für die Zuständigkeitsvereinbarungen nach § 38 ZPO (§ 40 Abs. 1 ZPO). Folglich ist an dieser Stelle auf die obigen Erläuterungen im Zusammenhang mit Art. 17 EuGVÜ zu verweisen[859].

In bezug auf die Bestimmtheit des *örtlich* zuständigen Gerichts finden sich keine weitere Anhaltspunkte in den §§ 38, 40 ZPO. Dabei ist § 38 Abs. 2 Satz 3 ZPO nur insoweit von Bedeutung, als er eine Beschränkung der auszuwählenden Gerichtsstände in bezug auf den inländischen Wohnsitzgerichtsstand der beklagten Partei bzw. auf den bestehenden besonderen Gerichtsstand in Deutschland darstellt. Ein Teil der älteren Literatur ist der Meinung, dass eine Zuständigkeitsvereinbarung ins Leere geht, wenn sie sich nur auf die Festlegung der internationalen Zuständigkeit beschränkt, ohne dass sie gleichzeitig das örtlich zuständige Gericht bestimmt[860]. Hiergegen ist die wohl h.M. zu Recht der Auffassung, dass auch internationale Zuständigkeitsvereinbarungen ohne Bestimmung des örtlichen Gerichts wirksam sind. Das örtlich zuständige Gericht lasse sich dann nach der gesetzlichen Zuständigkeitsordnung des prorogierten Staates bestimmen[861]. Fehle danach ein örtlich zuständiges Gericht, so sei das Gericht am Sitz der Regierung anzurufen. Dies entspreche der Regelung des Art. 17 EuGVÜ, der bereits seinem Wortlaut nach allein die Prorogation der Gerichte eines Vertragsstaates in ihrer Gesamtheit genügen lässt[862].

---

858 Hierzu ausführlich *Jung*, S. 114; *Kropholler*, Hdb. IZVR I, Kap. III, Rdn. 526 ff.; *Geimer*, IZPR, Rdn. 1751.

859 S. oben S. 189.

860 *Neuner*, S. 37; *Riezler*, S. 298; *Matthies*, S. 53 ff.; *Kropholler* (Hdb. IZVR I, Kap. III, Rdn. 525) will dieses Ergebnis nur auf die in § 38 Abs. 3 ZPO aufgezählten Fälle beschränken.

861 So etwa BGH, AWD 1968, S. 189; OLG Hamburg, AWD 1973, S. 690.

862 *Hausmann*, FS Lorenz (1991), S. 358, 373; *Kropholler*, Hdb. IZVR I, Kap. III, Rdn. 521 ff.; *Geimer*, IZPR, Rdn. 1753; vgl. *Schröder*, S. 468; *Walchshöfer*, ZZP 80 (1967), S. 218.

III. Folgen einer Zuständigkeitsvereinbarung nach § 38 ZPO

Die Parteien können vereinbaren, dass ein Gericht ausschließlich oder neben dem gesetzlich zuständigen Gericht zuständig sein soll. Im Gegensatz zu Art. 17 EuGVÜ spricht eine Vermutung bei § 38 ZPO weder für die Ausschließlichkeit der Zuständigkeit des prorogierten Gerichts noch gegen sie. Fehlen weitere Anhaltspunkte hierzu, so ist anhand der Interessenslage zu entscheiden, ob eine ausschließliche oder nicht ausschließliche Zuständigkeit vereinbart wurde[863]. Für eine Ausschließlichkeit spricht jedoch, wenn die Gerichte des vereinbarten Forums ihr eigenes Sachrecht anwenden sollen[864].

IV. Fehlende Anerkennungsfähigkeit der zu fällenden Entscheidung des vereinbarten Gerichts

Für die Annahme der Wirksamkeit einer Prorogation stellt es keine Voraussetzung dar, dass die Entscheidung des deutschen Gerichts in dem Staat, dessen an sich gegebene Zuständigkeit derogiert wurde, anerkannt wird. Vielmehr hat der deutsche Richter nur zu prüfen, ob nach seinem Verfahrensrecht eine zulässige Zuständigkeitsvereinbarung vorliegt. Denn zum einen spielt der Kompetenzanspruch fremder Staaten für die Begründung der deutschen Zuständigkeit keine Rolle. Zum anderen hat das angerufene deutsche Gericht kein Ermessen, seine begründete Zuständigkeit wegen der forum non conveniens-Theorie abzulehnen[865].

Ebenso wenig ist es für die Wirksamkeit der Derogation der deutschen Gerichte eine Voraussetzung, dass die Entscheidung des ausländischen Gerichts, dessen Zuständigkeit als ausschließlich vereinbart wurde, in Deutschland anerkannt und vollstreckt werden kann[866]. Anders ist es jedoch, wenn die internationale Zuständigkeit eines Gerichts vereinbart wurde, bei dem eine sachgerechte und geordnete Prüfung der Ansprüche nicht gewährleistet ist[867]. Die Prorogation eines ausländi-

---

863 BGH, NJW 1972, S. 1671; OLG Frankfurt, IPRax 1998, S. 35; vgl. jedoch BGH, WM 1973, S. 174.

864 *Nagel/Gottwald*, § 3, Rdn. 80, in Anlehnung an OLG Düsseldorf, RIW 1990, S. 220; ausführlich bei *Weyland*, GS. Arens (1993), S. 417, 418 ff.

865 *Kropholler*, Hdb. IZVR I, Kap. III, Rdn. 547 ff.; *Nagel/Gottwald*, § 3, Rdn. 64; *Geimer*, IZPR, Rdn. 1750 und 1743; *ders*., NJW 1971, S. 324 (Anm. zu BGH, Urt. v. 23.10.1970, aaO.); Stein/Jonas-*Bork*, § 38 ZPO, Rdn. 19b, s. auch dort Fn. 79; a.A. Walchshöfer, ZZP 80 (1967), S. 220; *ders*., NJW 1972, S. 2166 und 2167.

866 *Kropholler*, Hdb. IZVR I, Kap. III, Rdn. 552; *Nagel/Gottwald*, § 3, Rdn. 65; BGH, NJW 1971, S. 325 und 985; BGHZ 49, S. 124 = NJW 1968, S. 356; BGH, RIW/AWD 1974, S. 221; a.A. *Schröder*, S. 460; *Walchshöfer*, ZZP 88 (1975), S. 321 (Anm. zu BGH, Urt. v. 3.12.1973, aaO., S. 318); *ders*. NJW 1972, S. 2164, 2166.

867 *Nagel/Gottwald*, § 3, Rdn. 66, in Anlehnung an BGH, ZZP 88 (1975), S. 318.

schen Gerichts darf nämlich nicht so weit gehen, dass sie auf einen Verzicht auf Rechtsschutz hinausläuft[868].

V. Ergebnis

Die Begründung (Prorogation) und die Ausschaltung (Derogation) der internationalen Zuständigkeit der deutschen Gerichte durch Parteiwillen richten sich im autonomen deutschen Recht hauptsächlich nach §§ 38, 40 ZPO. Sie sind im deutsch-türkischen Rechtsverkehr für die Zuständigkeitsvereinbarungen insoweit die maßgeblichen Regelungen, als es um die (ausschließliche oder fakultative) Prorogation der deutschen Gerichte gegenüber den türkischen Gerichten geht und während dessen die internationale Zuständigkeit der anderen EuGVÜ-Vertragsstaaten nicht berührt wird.

Das Ziel der bisherigen Erläuterungen war es, die Rechtslage über die internationalen Gerichtsstandsvereinbarungen aus der deutschen Sicht darzustellen, wobei sie im Hinblick auf die Reichweite der vorliegenden Arbeit im Vergleich zum breiten Umfang des Themas nur schlagwortartig blieben. Im folgenden wird die Rechtslage im türkischen Recht behandelt.

---

[868] *Kropholler*, Hdb. IZVR I, Kap. III, Rdn. 561 ff.; *Nagel/Gottwald*, § 3, Rdn. 67, in Anlehnung an BGHZ 49, S. 128; weitere Nachweise bei *Gottwald/Baumann*, IPRax 1998, S. 445, 446.

§ 16 Gerichtsstandsvereinbarungen nach türkischem Recht

A. Gesetzliche Grundlage

Im Gegensatz zum deutschen Recht (§§ 38, 40 ZPO bzw. Art. 17 EuGVÜ) sind die internationalen Gerichtsstandsvereinbarungen im türkischen Recht zum einen für die Vereinbarung der internationalen Zuständigkeit der türkischen Gerichte und zum anderen für die Vereinbarung derjenigen der ausländischen Gerichte (damit also für die Derogation der türkischen Gerichte) getrennt geregelt. Für die erstere gilt Art. 22 ZPO i.V.m. Art. 27 türk. IPRG, und für die letztere Art. 31 türk. IPRG. Geht es um die Prorogation oder aber die Derogation der türkischen Gerichte, so sind vor allem diese Normen aus türkischer Sicht als lex fori in Betracht zu ziehen[869].

B. Prorogation der türkischen Gerichte

Aufgrund Art. 27 türk. IPRG, wonach die Regeln des internen Rechts über die örtliche Zuständigkeit zugleich die internationale Zuständigkeit der türkischen Gerichte bestimmen, ist Art. 22 türk. ZPO dann die maßgebliche Norm, wenn es um die Begründung der internationalen Zuständigkeit der türkischen Gerichte durch eine Zuständigkeitsvereinbarung geht[870]. Er ist jedoch in diesem Zusammenhang überfordert. Denn er beansprucht mit folgender Formulierung nur die reinen örtlichen Zuständigkeitsvereinbarungen zu regeln: „Ist die Zuständigkeit des Gerichts nicht im Hinblick auf den ordre public bestimmt, so können die Parteien für die Lösung der aus einer oder mehreren bestimmten Angelegenheiten entspringenden Rechtsstreitigkeiten die Zuständigkeit eines an sich unzuständigen Gerichts schriftlich vereinbaren. In diesem Fall kann das (vereinbarte) Gericht sich nicht weigern, die Klage anzunehmen". Will man diese Norm den internationalen Zuständigkeitsvereinbarungen zugrunde legen, so hat man über seinen Wortlaut hinaus die Erfordernisse sowie die Besonderheiten der internationalen Zuständigkeit im Auge zu behalten. Demzufolge ist die Rechtslage über die Prorogation der türkischen Gerichte aus türkischer Sicht wie folgt zu skizzieren.

---

[869] *Nomer*, IPR, S. 370 und 372; *Sargın*, S. 48, 93 ff. und 236 ff.

[870] So die einhellige Meinung, statt aller s. *Sargın*, S. 210 ff.

1. Für eine Prorogation geeignete Rechtsstreitigkeiten

a) Inlandsbezogenheit des Rechtsverhältnisses?

Im Rahmen der Zulässigkeit einer Prorogation der türkischen Gerichte stellt sich zunächst die Frage, ob es erforderlich ist, dass die Rechtsstreitigkeit einen Inlandsbezug aufweist.

In einer relativ alten erstinstanzlichen Entscheidung[871] wurde die Auffassung vertreten, dass es eine Voraussetzung für die Begründung der internationalen Zuständigkeit der türkischen Gerichte durch eine internationale Gerichtsstandsvereinbarung ist, dass die Parteien oder der Rechtsstreit einen inländischen Bezug haben müssen.

Dagegen wird in der Lehre[872] überwiegend die Auffassung vertreten, dass die Inlandsbezogenheit des Rechtsstreits für die Zulässigkeit der Prorogation der türkischen Gerichte gemäß Art. 22 türk. ZPO keine Voraussetzung darstellt. Eine derartige Voraussetzung sei Art. 22 türk. ZPO nicht zu entnehmen. Vielmehr genüge die bloße Vereinbarung der Parteien, um die internationale Zuständigkeit der türkischen Gerichte zu begründen. Es sei davon auszugehen, dass der Gesetzgeber die Begründung der türkischen internationalen Zuständigkeit allein durch Parteiwillen zulasse[873]. Dies entspreche der Auffassung im IPR, wonach die Parteien grundsätzlich auch ein neutrales Recht wählen können, zu dem der Sachverhalt überhaupt keine Verbindung hat.

Der Auffassung der Lehre ist m.E. zuzustimmen. Zudem lässt sich die in *Art. 31 türk. IPRG* vorgesehene Klausel, „damit *ausländische* Gerichte prorogiert werden können, muss der Rechtsstreit einen Auslandsbezug aufweisen", kann nicht auf die Prorogation der *türkischen* Gerichte gemäß *Art. 22 türk. ZPO* übertragen werden[874].

b) Keine für den Rechtsstreit im Hinblick auf den ordre public bestimmte Zuständigkeit im Ausland?

Der Wortlaut des § 22 türk. ZPO lässt nicht zu, ein an sich nicht zuständiges Gericht durch eine Zuständigkeitsvereinbarung für zuständig zu erklären, wenn ein Gericht für die der Klage zu-

---

871 *Die 3. Kammer des İstanbuler Handelsgerichts*, E. 161, K. 233, T. 18.4.1983, *in*: *Sakmar/Yılmaz/Ekşi*, S. 90.

872 *Nomer*, IPR, S. 371; *Çelikel*, S. 319; ausführlich bei *Sargın*, 229 ff.

873 So auch *Nagel/Gottwald*, § 3, Rdn. 63.

874 Aus dieser Sicht ist die Auffassung von *Sargın* (S. 212) unklar, wenn sie meint, das Rechtsverhältnis müsse ein internationales Element (*milletlerarası unsur*) enthalten, damit für die aus ihm entspringenden Rechtsstreitigkeiten die internationale Zuständigkeit der türkischen Gerichte zu vereinbaren sei. Die Autorin selbst gibt hierfür

grunde liegende Rechtsstreitigkeit vom Gesetz im Hinblick auf den ordre public bestimmt ist. Da sich die Vorschrift grundsätzlich auf die örtliche Zuständigkeit bezieht, wird in der türkischen Lehre überwiegend die Auffassung vertreten, dass dem Wortlaut der Vorschrift nicht mehr zu folgen ist, wenn von der internationalen Zuständigkeit anderer Länder die Rede ist. Es sei also für die Begründung der internationalen Zuständigkeit der türkischen Gerichte durch Parteivereinbarung ohne Belang, ob die Rechtsordnung eines anderen Staates für die betroffene Rechtsstreitigkeit die ausschließliche internationale Zuständigkeit seiner Gerichte beansprucht[875]. Hieraus lässt sich konsequent folgern, dass für die Begründung der internationalen Zuständigkeit der türkischen Gerichte durch Parteivereinbarung ohne Bedeutung ist, dass die vom (vereinbarten) türkischen Gericht zu fällende Entscheidung in dem Staat, dessen Gerichte für die einschlägige Klage aus seiner Sicht ausschließlich zuständig ist, keine Anerkennung und Vollstreckung genießen würde[876].

2. Sachliche Voraussetzungen der Gültigkeit einer Prorogation der türkischen Gerichte

Als sachliche Voraussetzungen der Gültigkeit einer Prorogation der türkischen Gerichte kommen die Bestimmtheit der Rechtsstreitigkeit und des vereinbarten Gerichts in Betracht.

Art. 22 türk. ZPO setzt für die Gültigkeit einer Prorogation der türkischen Gerichte voraus, dass das Rechtsverhältnis, für die aus ihm entspringenden Rechtsstreitigkeiten die internationale Zuständigkeit der türkischen Gerichte vereinbart wird, bestimmt sein muss. Dies muss nicht unbedingt ein einziges Rechtsverhältnis sein. Die internationale Zuständigkeit der türkischen Gerichte kann auch für mehrere Rechtsverhältnisse vereinbart werden, vorausgesetzt, dass sie eindeutig bestimmt sind. Demzufolge ist eine Prorogation der türkischen Gerichte für alle Rechtsstreitigkeiten, die unter den Parteien in der Zukunft entstehen, ungültig[877].

Ob hiergegen die Bestimmtheit des prorogierten Gerichts eine Voraussetzung für die Gültigkeit der Prorogation der türkischen Gerichte darstellt, ist in der türkischen Lehre umstritten. Nach der wohl h.M. ist eine internationale Zuständigkeitsvereinbarung zumindest dann sinnlos, wenn sie neben der Vereinbarung der internationalen Zuständigkeit der türkischen Gerichte keinen Hin-

keine weiteren Anhaltspunkte und verweist bloß auf ihre eigene Ausführungen, die sie zum Thema der Derogation der türkischen Gerichte gemäß Art. 31 türk. IPRG geäußert hat; ebenso unverständlich Ekşi, S. 110.

875 Ausführlich bei *Nomer*, MHB 1981/2, S. 62; vgl. *Sakmar*, *Yabancı İlamlar*, S. 110.

876 *Sargın*, S. 231 und 232; Ekşi, S. 116.

877 So die einhellige Meinung, statt aller s. *Sargın*, S. 220 und 174 ff.

weis über das örtlich zuständige Gericht in der Türkei enthält und nach der Zuständigkeitsordnung des türkischen Recht ein solches nicht zu ermitteln ist[878].

Aufgrund dessen, dass – im Gegensatz zu einer Gerichtsstandsvereinbarung im Rahmen der örtlichen Zuständigkeit – bei internationalen Gerichtsstandsvereinbarungen die Begründung der internationalen Zuständigkeit der Gerichte eines Staates in ihrer Gesamtheit im Vordergrund steht, vertritt die Gegenmeinung zu Recht die Auffassung, dass auch die internationalen Gerichtsstandsvereinbarungen, die keinen Hinweis über das örtlich zuständige Gericht in der Türkei enthalten, nicht ungültig sind. Vielmehr könne der Kläger seine Klage bei irgend einem Gericht in der Türkei erheben, es sei denn, seine Auswahl könne unter mehreren Gerichten als Rechtsmissbrauch betrachtet werden[879].

Die Gegenmeinung ist m.E. überzeugend. Denn Art. 22 türk. ZPO ist nicht ohne jegliche Modifikation auf die internationale Ebene zu tragen. Geht es um die Regelung der internationalen Prorogation der türkischen Gerichte mit Art. 22 ZPO, so hat man ebenso die Voraussetzung der Bestimmtheit des Gerichts im Rahmen der Erfordernisse und der Besonderheiten der internationalen Zuständigkeit zu interpretieren. Demzufolge ist diese Voraussetzung der Bestimmtheit m.E. dahin zu verstehen, dass in der internationalen Zuständigkeitsvereinbarung ganz präzise bestimmt werden muss, die Gerichte welches Staates auf Grund der Vereinbarung international zuständig sein sollen. Die Bestimmung der örtlichen Zuständigkeit ist dagegen eine untergeordnete Angelegenheit, die auf die Gültigkeit einer internationalen Gerichtsstandsvereinbarung keine Wirkung entfaltet. Lässt sich kein örtlich zuständiges Gericht nach den Bestimmungen des inneren Rechts vermitteln und können sich die Parteien hierüber nicht einigen, so kann die Klage vor irgend einem Gericht erhoben werden, solange diese Auswahl u.U. kein Rechtsmissbrauch darstellt[880].

Im Zusammenhang mit dem Bestimmtheitsgrundsatz stellt sich auch die Frage, ob mit einer internationalen Gerichtsstandsvereinbarung gemäß Art. 22 türk. ZPO die internationale Zuständigkeit mehrerer Staaten vereinbart werden kann. Es werden hierzu zwei Auffassungen vertreten. Die erste Auffassung lehnt dies mit der Begründung ab, der Wortlaut des Art. 22 türk. ZPO sei eindeutig und ermögliche eine solche Vereinbarung nicht. Die Prorogation der Gerichte mehrerer Staaten stimme mit dem Bestimmtheitsgrundsatz nicht überein[881].

---

878 *Kuru*, Bd. 1, S. 414; *Çelikel*, S. 319; *Nomer*, IPR, S. 371; *Ekşi*, S. 112.

879 *Sargın*, S. 218-219.

880 Vom Standpunkt des künftigen Rechts lässt sich jedoch empfehlen, die subsidiäre örtliche Zuständigkeit der Gerichte von Ankara, Istanbul, und Izmir mit einer Gesetzänderung zu regeln, wie das bei Art. 28 türk. IPRG der Fall ist.

881 *Ekşi*, S. 113; *Kuru*, Bd. 1, S. 363.

Nach der zweiten Auffassung können die Parteien die Gerichte mehrerer Staaten vereinbaren. Denn Art. 22 türk. ZPO dürfe man im Bereich der internationalen Zuständigkeit nicht restriktiv auslegen. Man habe im Bereich der Zuständigkeitsvereinbarungen vielmehr den Willen der Parteien den Vorzug zu geben. Der Grundsatz der Parteiautonomie liege Art. 22 türk. ZPO zugrunde[882].

Der zweiten Auffassung ist m.E. zu folgen. Hierfür spricht auch die Tatsache, dass eine Prorogation nicht unbedingt ausschließlich erfolgen muss. Würde man der ersten Auffassung folgen, so sollte man konsequent auch die Gültigkeit derjenigen Gerichtsstandsvereinbarungen ablehnen, die neben der Prorogation eines Staates die an sich gegebene internationale Zuständigkeit eines anderen Staates nicht ausschließen.

3. Die Form der Zuständigkeitsvereinbarungen

In Art. 22 türk. ZPO wird für die Form der Zuständigkeitsvereinbarung die schriftliche vorgesehen. Das ist nach einhelliger Auffassung die einfache schriftliche Form; eine notarielle oder sonstige amtliche Bestätigung ist nicht erforderlich[883]. Es genügt auch, dass allein diejenige Partei die schriftliche Vereinbarung unterzeichnet hat, gegen die die Zuständigkeitsvereinbarung in Anspruch genommen wird[884].

C. Prorogation ausländischer Gerichte

Die gesetzliche Grundlage einer Prorogation *ausländischer* Gerichte bildet Art. 31 türk. IPRG, während die Prorogation *inländischer* Gerichte in Art. 22 türk. ZPO geregelt ist. Diese Trennung hat ihre geschichtlichen Gründe. Der türkische Kassationshof hatte nämlich vor dem Inkrafttreten des türk. IPRG die Prorogation ausländischer Gerichte unter Ausschluss der türkischen Gerichtsbarkeit immer abgelehnt. Diese Auffassung war jedoch mit den Erfordernissen des immer mehr wachsenden Außenhandels und der internationalen wirtschaftlichen Beziehungen schwer zu ver-

---

882 *Sargın*, S. 219 und 220; *Çelikel*, S. 319 (allerdings ohne Begründung); so auch ohne weiteres Yarg. 13. HD., E. 408, K. 560, T. 29.01.1993, YKD 1993, S. 724, in der Sache ging es um die Vereinbarung der internationalen Zuständigkeit der Gerichte von Deutschland und zugleich der Türkei.

883 Statt aller s. *Sargın*, S. 220 ff.

884 *Sargın*, S. 222; nach der Auffassung der Autorin sollen daneben auch die schriftlich bestätigte mündliche, aber auch die den zwischen Parteien entstandenen Gepflogenheiten oder den internationalen Handelsbräuchen entsprechende Form als ausreichend angenommen werden, wenn die Parteien Vollkaufleute sind. Dieser Auffassung der Autorin, die sie unter Hinweis auf Art. 17 EuGVÜ vertritt, ist m.E. im Hinblick auf den eindeutigen Wortlaut des Art. 22 türk. ZPO nicht zuzustimmen.

einbaren[885]. Schließlich wurde mit Art. 31 türk. IPRG für derartige Gerichtsstandsvereinbarungen eine präzise gesetzliche Grundlage geschaffen. Diese Norm lautet in deutscher Übersetzung:

„In den Fällen, in denen die örtliche Zuständigkeit nicht im Hinblick auf den ordre public bestimmt ist oder in denen keine ausschließliche Zuständigkeit besteht, können die Parteien für Streitigkeiten aus Schuldverhältnissen mit Auslandsbezug die Zuständigkeit des Gerichts eines ausländischen Staats vereinbaren. Erklärt sich das vereinbarte ausländische Gericht für unzuständig, so kann der Prozess vor dem zuständigen türkischen Gericht geführt werden“[886].

I. Die Folgen der Prorogation ausländischer Gerichte aus der Sicht der inneren Gerichtsbarkeit

Zunächst ist festzustellen, dass dem eindeutigen Wortlaut des Art. 31 türk. IPRG zu entnehmen ist, dass die Prorogation ausländischer Gerichte aus der Sicht der inneren Gerichtsbarkeit einen Derogationseffekt hervorruft. Das ergibt sich allein schon daraus, dass Art. 31 Satz 2 türk. IPRG das Zurückgreifen auf das zuständige türkische Gericht nur dann zulässt, wenn das prorogierte ausländische Gericht sich für unzuständig erklärt. Damit ist eine Prorogation der ausländischen Gerichte gemäß Art. 31 türk. IPRG i.d.R. ausschließlich[887].

Trotz dieser präzisen Gesetzeslage hatte der türk. Kassationshof die Ausschließlichkeit einer Prorogation der ausländischen Gerichte gemäß Art. 31 türk. IPRG jahrelang mit der Begründung abgelehnt, dass in einer Derogation der Zuständigkeit der türkischen Gerichte zugunsten ausländischer staatlicher Gerichte immer ein Misstrauen gegenüber der türkischen Gerichtsbarkeit zu erblicken sei und folglich sie gegen den türkischen ordre public verstoße[888]. Diese fehlerhafte Auslegung des Art. 31 türk. IPRG durch den türk. Kassationshof dauerte bis zu seiner Entscheidung vom 06.05.1998 an[889]. Mit dieser neuen Entscheidung schloss er sich der einhelligen Auffassung der Lehre an. Demzufolge kann eine Rechtsstreitigkeit dann nicht mehr vor das an sich zuständige Gericht in der Türkei gebracht werden, wenn für sie die Zuständigkeit eines ausländi-

---

885 Ausführliche Erläuterungen und Hinweise zur alten Rechtsprechung des türk. Kassationshof sowie zu ihrer Kritik und zum Meinungsstand im Schrifttum finden sich u.a. bei *Sargın*, S. 143 ff. und 188 ff.; *Krüger/Nomer*, RIW 1989, S. 953 ff.; *Krüger*, RIW 1998, S. 946 f.

886 Vgl. die Übersetzung von *Krüger*, IPRax 1982, S. 252, 257.

887 So die einhellige Meinung im Schrifttum, s. etwa *Kuru*, MHB 1986/2, S. 140 ff.; *Nomer*, IPR, S. 375; *Sargın*, S. 190 und 194 ff.

888 Hierzu vor allem Yarg. HGK, E. 88/II-246, K. 88/476, T. 15.06.1988, YKD 1989, S. 153, weitere Nachweise und ausführliche Kritik dieser Entscheidung in deutscher Sprache bei *Krüger/Nomer*, RIW 1989, S. 953 ff.

schen Gerichts vereinbart ist. Erhebt der Kläger trotzdem seine Klage bei dem an sich zuständigen Gericht in der Türkei, so kann der Beklagte die internationale Unzuständigkeitseinrede innerhalb der Frist für die Einlassung zur Hauptsache und vor der Einlassung zur Hauptsache (Art. 187 Abs. 2, 188 türk. ZPO) auf Grund der Zuständigkeitsvereinbarung erheben. Ohne diese Einrede wird eine Prorogation der ausländischen Gerichte vom türkischen Richter aber nicht von Amts wegen berücksichtigt[890].

II. Für eine Prorogation der ausländischen Gerichte geeignete Rechtsverhältnisse

Eine Prorogation der ausländischen Gerichte unter Ausschluss der türkischen Gerichtsbarkeit ist nicht für beliebige Rechtsverhältnisse zulässig. Es bestehen Begrenzungen, die Art. 31 türk. IPRG aufzählt:

1. Auslandsbezogenheit des Rechtsverhältnisses

Die erste Begrenzung der Rechtsverhältnisse, für die eine Prorogation der ausländischen Gerichte zulässig ist, besteht darin, dass sie einen Auslandsbezug haben müssen. Was unter dem Begriff des Auslandsbezuges zu verstehen ist, wird in Art. 31 türk. IPRG nicht weiter definiert. Im allgemeinen wird folgendes als genügende Auslandsbezüge betrachtet: ausländische Staatsangehörigkeit einer oder beider Parteien, im Ausland liegender Abschluss- oder Erfüllungsort des Vertrags und das anwendbare ausländische Sachrecht[891]. Diese sind jedoch nicht enumerativ.

Wie bereits erläutert wurde[892], ist der Begriff der Auslandsberührung unbestimmt und schwer definierbar. Von daher sollte er m.E. keine Voraussetzung für die Prorogation ausländischer Gerichte (aus türkischer Sicht) darstellen. Hiergegen ist *Çelikel* der Auffassung, die Auslandsbezogenheit des Rechtsverhältnisses sei von konstitutiver Bedeutung. Ohne sie sei die Prorogation der ausländischen Gerichte unzulässig, so dass das dazu führe, dass die Entscheidung des ausländischen (vereinbarten) Gerichtes keine Anerkennung bzw. Vollstreckung in der Türkei finden kön-

---

889 Yarg. HGK, E. 1998/12-287, K. 1998/325, T. 06.05.1998, YKD 1998, S. 1269, dazu *Krüger*, RIW 1998, S. 946-947. Der Entscheidung lag ein Sachverhalt mit Auslandsbezug zu Deutschland zugrunde und es waren deutsche Gerichte prorogiert.

890 *Kuru*, MHB 1986/2, S. 140, 144; *Ekşi*, S. 164; *Krüger/Nomer*, RIW 1989, S. 953, 955; Yarg. 13. HD., E. 7408, K. 7250, T. 07.09.1994, in: *Sargın*, S. 204, Fn. 572.

891 Beispiele bei *Nomer*, IPR, S. 374; Yarg. HGK, E. 1998/12-287, K. 1998/325, T. 06.05.1998, YKD 1998, S. 1269, 1274.

892 S. oben S. 28 f.

ne[893]. Der Auffassung von *Çelikel* ist m.E. nicht zuzustimmen. Denn es gibt weder ein überzeugendes Argument noch eine rechtliche Grundlage dafür, dass man die Unzuständigkeit des ausländischen Entscheidungsgerichts mit einer willkürlichen Erweiterung des in Art. 38 lit. b türk. IPRG verankerten Grundsatzes auch dann als ein Grund für die Nichtanerkennung des ausländischen Urteils betrachten kann, wenn die internationale Zuständigkeit der türkischen Gerichte für den entschiedenen Fall nicht ausschließlich ist[894].

Insoweit ist m.E. auch der Auffassung von *Sargın* nicht zuzustimmen, wenn sie meint, das anwendbare ausländische Recht in der Sache stelle keinen Auslandsbezug dar; denn es sei ein subjektiver Auslandsbezug, den die Parteien selbst mit ihren eigenen Willen herbeischaffen[895]. Dem Argument der Autorin fehlt es m.E. an Überzeugungskraft. Denn erstens kommt den Willen der Parteien bei einer Zuständigkeitsvereinbarung eine konstitutive Bedeutung zu. Die Zuständigkeitsvereinbarungen zählen also zu den Bereichen des IZPR, in denen der Wille der Parteien grundlegend ist[896]. Zweitens sind ja auch der Erfüllungs- und Abschlussort eines Vertrags durch Parteiwillen zu bestimmen. Sollte man der Auffassung der Autorin folgen, so sollten auch diese Merkmale keinen Auslandsbezug bilden können.

Schließlich ist festzuhalten, dass ein Rechtsverhältnis allein durch eine Zuständigkeitsvereinbarung oder -klausel die Eigenschaft erwirbt, einen Auslandsbezug zu haben[897].

2. Schuldrechtliche Rechtsverhältnisse

Art. 31 türk. IPRG beschränkt die Prorogation ausländischer Gerichte auf Streitigkeiten aus *schuldrechtlichen* Rechtsverhältnissen. Hierunter fallen Streitigkeiten aus unerlaubter Handlung, ungerechtfertigter Bereicherung und diejenigen vom vertraglichen Charakter, soweit sie im Bereich des Privatrechts liegen[898].

---

[893] *Çelikel*, S. 315.

[894] So auch *Ekşi*, S. 157. Die Autorin schließt sich aber insoweit an die Auffassung von *Çelikel*, als sie (*Çelikel*) die Auslandbezogenheit des Rechtverhältnisses für die Prorogation der ausländischen Gerichte eine unbedingt notwendige Voraussetzung ansieht; dies müsse *a priori* und vor der Klageerhebung bestehen, *Ekşi*, S. 157.

[895] *Sargın*, S. 150 (in Anlehnung an Lando).

[896] *Nomer*, IPR, S. 297 ff.; vgl. *Nagel/Gottwald*, § 3, Rdn. 63.

[897] Vgl. *Nagel/Gottwald*, § 3, Rdn. 63; *Krüger/Nomer*, RIW 1989, S. 953, 956. *Kuru* (Bd. 1, S. 418) ist (m.E. zu Recht) der Auffassung, dass eine Prorogation ausländischer Gerichte auch dann zulässig ist, wenn das Rechtsverhältnis keinen Auslandsbezug hat.

[898] *Ekşi*, S. 156; *Sargın*, S. 150 ff.

3. Keine ausschließliche oder im Hinblick auf den ordre public bestimmte Zuständigkeit in der Türkei

Die dritte Begrenzung für die Prorogation der ausländischen Gerichte gemäß Art. 31 türk. IPRG ist das Nichtbestehen einer ausschließlichen oder durch Erwägungen des ordre public bestimmten Zuständigkeit der türkischen Gerichte für die konkrete Rechtsstreitigkeit. In bezug auf diese Voraussetzung sind folgende Streitigkeiten näher zu behandeln:

a) Personen-, familien- und erbrechtliche Angelegenheiten

Für Streitigkeiten aus Rechtsverhältnissen von personen-, familien- und erbrechtlicher Charakter ist die Zuständigkeit der türkischen Gerichte durch Erwägungen des ordre public bestimmt, auch wenn sie nicht immer ausschließlich ist. Folglich ist eine Prorogation ausländischer Gerichte in diesen Angelegenheiten nicht zulässig[899].

b) Versicherungssachen

Nach Art. 19 Abs. 1 türk. ZPO sind die Klagen auf Schadensersatz aus Versicherungsverträgen (mit Ausnahme von Seeversicherungen gemäß Art. 19 Abs. 3 türk. ZPO)[900] neben beim allgemeinen Gerichtsstand des Beklagten auch bei folgenden Gerichten zu erheben[901]:

- wenn die versicherte Sache eine unbewegliche ist, dort, wo sie belegen ist,
- wenn die versicherte Sache eine ortsgebundene bewegliche (etwa eine Maschine in einer Fabrik) ist, dort, wo sie sich befindet,
- wenn die versicherte Sache eine ganz normale bewegliche Sache ist, dort, wo die Gefahr eingetreten ist,
- bei Lebensversicherungen dort, wo der Versicherte seinen Wohnsitz hat.

Nach Art. 19 Abs. 2 türk. ZPO sind alle Klauseln, die den Bestimmungen des Abs. 1 zuwiderlaufen, ungültig.

---

899 *Nomer*, IPR, S. 374; *Kuru*, Bd. 1, S. 407 und 350 ff.; *Kuru/Arslan/Yılmaz*, S. 161-162; *Sargın*, S. 152 ff. Für die Auffassung von *Nomer*, eine Zuständigkeitsvereinbarung sei auch für die Scheidungsklage zulässig, und für ihre Kritik s. oben S. 176 f.

900 Art. 1339 türk. HGB.

901 Hierzu auch Art. 10 türk. ESHK, s. oben S. 60.

Über den Umfang dieser Ungültigkeit gibt es im Schrifttum zwei Meinungen. Einer Meinung nach sind alle (Zuständigkeits-)Klauseln, die den Bestimmungen des Abs. 1 zuwiderlaufen, ungültig. Denn es gehe hier um die durch Erwägungen des ordre public bestimmten Gerichtsstände[902]. Nach der wohl herrschenden (und m.E. zutreffenden) Meinung sind die den Bestimmungen des Art. 19 Abs. 1 türk. ZPO zuwiderlaufenden Klauseln nur insoweit ungültig, als sie die in der genannten Vorschrift festgelegten Gerichtsstände abbedingen oder nur zu Gunsten des Versicherers neue Gerichtsstände schaffen. Die im Versicherungsvertrag zu Gunsten des Versicherten verankerten Gerichtsstandsklauseln, sowie nach dem Abschluss des Versicherungsvertrags oder nach dem Eintreten der Gefahr abgeschlossene Gerichtsstandsvereinbarungen sind dagegen nicht ungültig[903].

c) Arbeitsrechtliche Streitigkeiten

Nach Art. 5 türk. Arbeitsgerichtsgesetz ist jede Klage, für die das Arbeitsgericht sachlich zuständig ist[904], beim Gericht an dem Ort zu erheben, wo der Beklagte seinen Wohnsitz hat, oder an dem Ort, wo der Arbeitnehmer seine Arbeit verrichtet; zuwiderlaufende Verträge sind nicht rechtsgültig.

Die obigen Erläuterungen über den Gerichtsstand in Versicherungssachen sowie diesbezügliche unterschiedliche Meinungen gelten ebenso für den Gerichtsstand in arbeitsrechtlichen Streitigkeiten. Folglich ist festzuhalten, dass die Prorogation der ausländischen Gerichte für arbeitsrechtliche Streitigkeiten nur insoweit zulässig ist, als die in Art. 5 türk. Arbeitsgerichtsgesetz festgelegte Gerichtsstände nicht derogiert werden und der vereinbarte Gerichtsstand im Ausland dem Schutze des Arbeitnehmers dient[905].

d) Rechtsstreitigkeiten mit Beteiligung ausländischer Aktien- und Kommanditgesellschaften

Wie bereits erwähnt wurde, sieht Art. 10 türk. ESHK für die ausländischen Aktien- und Kommanditaktiengesellschaften, die ihren Sitz im Ausland aber einen Handelsvertreter oder eine

---

902 *Kuru/Arslan/Yılmaz*, S. 150; *Altuğ*, S. 60 und 123.

903 *Çelikel*, S. 358-359; *Sakmar*, *Yabancı İlamlar*, *S.*104; *Sargın*, S. 156-157.

904 Sachlich zuständig sind die Arbeitsgerichte für die Klagen, bei denen es um diejenigen Ansprüche zwischen Arbeitnehmer und Arbeitgeber oder Arbeitgebervertreter geht, die aus einem Arbeitsvertrag oder dem Arbeitsgesetz hervorgehen (Art. 1 türk. Arbeitsgerichtsgesetz).

905 *Nomer*, IPR, S. 391 und 375, Fn. 214; *Sargın*, S. 158-159.

Zweigstelle in der Türkei haben, einen fiktiven Sitz in der Türkei vor[906]. Demzufolge sind sie für Streitigkeiten aus einem Vertragsverhältnis[907] aber auch aus einer unerlaubten Handlung in der Türkei dort zu verklagen, wo sich ihr Handelsvertreter bzw. Zweigstelle in der Türkei befindet.

Nach einer Meinung im Schrifttum ist der in Art. 10 türk. ESHK festgelegte Gerichtsstand ausschließlich und im Hinblick auf den ordre public bestimmt. Von daher sei eine Prorogation der ausländischen Gerichte unzulässig[908]. Die h.M. dagegen vertritt richtigerweise die Auffassung, dass die Prorogation der ausländischen Gerichte für die Rechtsstreitigkeiten, für die Art. 10 türk. ESHK Geltung verlangt, zulässig ist, wenn sie die internationale Zuständigkeit der türkischen Gerichte nicht abbedingt[909]. Dasselbe gilt für Rechtsstreitigkeiten, für die Art. 119 Abs. 2 i.V.m. 117 Nr. 3 türk. HGB einen inländischen Gerichtsstand begründet[910].

e) Gerichtsstand der unbeweglichen Sachen

Wie bereits erläutert wurde, ist der Gerichtsstand unbeweglicher Sachen gemäß Art. 13 türk. ZPO nach einhelliger Auffassung ausschließlich und durch Erwägungen des ordre public bestimmt. Daher ist für eine Rechtsstreitigkeit, die eine in der Türkei belegene unbewegliche Sache betrifft, die Prorogation der ausländischen Gerichte nicht zulässig, und zwar ohne dass es darauf ankommt, ob es sich um eine ausschließliche oder aber nicht ausschließliche Zuständigkeitsvereinbarung handelt. Dasselbe gilt auch für Mietfeststellungs- und Räumungsklagen[911].

f) Konkursverfahren

Die Zuständigkeit des Gerichts am Verwaltungssitz (muamele merkezi) des Schuldners für Konkursverfahren gemäß Art. 154 Abs. 3 Satz 2 türk. SchKG ist nach einhelliger Auffassung sowohl örtlich wie auch international ausschließlich und durch Erwägungen des ordre public bestimmt[912]. Demzufolge ist eine Prorogation der ausländischen Gerichte für Konkursverfahren eines Schuldners, dessen Verwaltungssitz sich in der Türkei befindet, unzulässig, ohne dass es darauf an-

---

906 S. oben S.60 f.

907 In bezug auf Versicherungsverträge gilt Art. 19 türk. ZPO vorrangig, hierzu oben S. 204.

908 *Altuğ*, S. 60 und 123.

909 *Çelikel*, S. 359; vgl. *Nomer*, IPR, S. 392, Fn. 255; *Sakmar*, *Yabancı İlamlar*, *S*. 101-102; *Sargın*, 161.

910 S. oben S. 73.

911 S. oben S. 118.

912 Im Schrifttum statt aller *Kuru*, İflâs ve *Konkordato*, *S*. 542; *Yarg*. 11. HD., *E*. 2333, *K*. 3582, T. 07.05.1990, *Eriş*, S. 25; Yarg. 12 HD., E. 10018, K. 11690, T. 18.11.1976, YKD 1977, S. 1426.

kommt, ob es sich um eine ausschließliche oder aber nicht ausschließliche Gerichtsstandsvereinbarung handelt[913].

III. Bestimmtheitsgrundsatz bei der Prorogation ausländischer Gerichte

Nach Art. 31 türk. IPRG können die Parteien die Zuständigkeit „des Gerichts *eines* ausländischen *Staates* (*yabancı bir devlet mahkemesi*)" *vereinbaren*. *Gestützt auf diesen Satzteil* der *Vorschrift* wird die Auffassung vertreten, für die Gültigkeit einer Prorogation ausländischer Gerichte genüge es nicht, dass die Parteien nur die internationale Zuständigkeit der Gerichte eines Staats vereinbaren. Vielmehr müsse auch das (vereinbarte) örtlich zuständige Gericht bestimmt sein[914]. Dagegen vertritt die Gegenmeinung (m.E. richtigerweise) die Auffassung, die Bestimmtheitsvoraussetzung sei auch dann erfüllt, wenn der prorogierte Staat[915] bestimmt ist[916]. Insoweit gelten die obigen Erläuterungen auch hierfür und für die Bestimmtheit der Rechtsverhältnisse, aus denen entspringende Rechtsstreitigkeiten vor das prorogierte ausländische Gericht zu tragen sind[917].

IV. Die Form der Prorogation ausländischer Gerichte

Über die Form einer Prorogation ausländischer Gerichte enthält Art. 31 türk. IPRG keine Vorschrift. Daraus folgert die h.M., dass die Prorogation ausländischer Gerichte seitens des türkischen Rechts nicht formbedürftig ist[918]. Dagegen vertritt *Kuru* die Auffassung, die in Art. 22 türk. ZPO vorgesehene schriftliche Form[919] gelte auch für die Prorogation ausländischer Gerichte. Denn die Vereinbarung der internationalen Zuständigkeit der Gerichte eines ausländischen Staats habe zwei Aspekte: Zum einen werde damit die internationale Zuständigkeit der Gerichte eines ausländischen Staats begründet; ob jenes der Fall sei, habe das ausländische Gericht nach seinem lex fori zu messen. Zum anderen, was aus türkischer Sicht wichtig sei, habe eine solche Prorogation seitens der internationalen Zuständigkeit der türkischen Gerichte einen Derogationseffekt. Erhebe der Kläger die Klage beim türkischen Gericht, so habe der türkische Richter (an Hand

---

913 *Güneysu-Güngör*, S. 130 ff.; *Sargın*, S. 165; *Nomer*, IPR, S. 386, Fn. 240; *Ekşi*, S. 91-92; hinsichtlich Art. 10 türk. ESHK s. oben S. 60 f.

914 *Kuru*, Bd. 1, S. 1072/35; *ders.*, MHB 1986/2, S. 144; Yarg. 19. HD., E. 1170, K. 9992, T. 21.11.1995 (in: *Sargın*, S. 171, Fn. 473).

915 Es kann auch die internationale Zuständigkeit mehrerer Staaten vereinbart werden, vorausgesetzt, dass sie namentlich bestimmt sind, hierzu *Nomer*, IPR, S. 374; *Çelikel*, S. 319; *Sargın*, S. 174; Yarg. 13. HD., E. 408, K. 560, T. 29.01.1993, YKD 1993, S. 724; a.A. *Ekşi*, S. 113.

916 *Nomer*, IPR, S. 374; m.w.N. *Sargın*, S. 171.

917 S. oben S. 198 f.

918 *Nomer*, IPR, S. 373; *Çelikel*, S. 315-316; *Sargın*, S. 179; *Ekşi*, S. 158; Yarg. HGK, E. 1998/12-287, K. 1998/325, T. 06.05.1998, YKD 1998, S. 1269, 1273, Nr. 2.

919 S. oben S. 200.

einer Unzuständigkeitseinrede des Beklagten auf Grund der Prorogation der ausländischen Gerichte) die förmliche Gültigkeit der Gerichtsstandsvereinbarung nach dem türkischen Recht zu messen. Die in diesem Fall in Betracht kommende Norm sei Art. 22 türk. ZPO, der die schriftliche Form verlange.

Der Auffassung von *Kuru* ist m.E. zuzustimmen. Es ist seiner Argumentation hinzuzufügen, dass Art. 22 türk. ZPO die Norm ist, die die Zuständigkeitsvereinbarungen im allgemeinen regelt. Dagegen bestimmt Art. 31 türk. IPRG nur, wann und unter welchen Voraussetzungen eine Rechtsstreitigkeit, für die die internationale Zuständigkeit der türkischen Gerichte an sich gegeben ist, vor ein ausländisches Gericht mit Ausschaltung der internationalen Zuständigkeit der türkischen Gerichte getragen werden kann. Zwischen Art. 22 türk. ZPO und Art. 31 türk. IPRG gibt es damit kein *lex specialis - lex generalis*-Verhältnis. Vielmehr ist der erstere die Grundnorm und ergänzt den zweiteren. Genauso ist es etwa für die Bestimmtheit der Rechtsverhältnisse, aus denen entspringende Rechtsstreitigkeiten in die Prorogation der ausländischen Gerichte fallen sollen. Art. 31 türk. IPRG gibt hierfür nämlich keinen Hinweis. Dass diejenige Bestimmtheit eine Voraussetzung darstellt, ist aber in Art. 22 türk. ZPO festgelegt und gilt auch für Prorogation der ausländischen Gerichte[920]. Im Ergebnis bleibt also festzuhalten, dass auch die Prorogation ausländischer Gerichte der schriftlichen Form unterliegt, die in Art. 22 türk. ZPO als Gültigkeitsform vorgesehen ist. Ohne eine solche kann der Beklagte keine Unzuständigkeitseinrede beim an sich zuständigen türkischen Gericht vorbringen, wenn der Kläger die Klage trotz der Prorogation der ausländischen Gerichte in der Türkei erhebt.

D. Ergebnis

Gemäß Art. 31 türk. IPRG ist eine Prorogation ausländischer Gerichte mit Ausschaltung der an sich zuständigen türkischen Gerichte zulässig, solange die ausschließliche oder die im Hinblick auf den ordre public bestimmte (internationale) Zuständigkeit der türkischen Gerichte nicht vorliegt. Geht es um die halbfakultative internationale Zuständigkeit der türkischen Gerichte, wie bei Arbeits- und Versicherungssachen, so kann mit einer Porogation die internationale Zuständigkeit der türkischen Gerichte nicht abbedungen werden.

Nach der in der Lehre überwiegend vertretenen und in der Praxis durchgesetzten Auffassung gibt es für die Gültigkeit einer Prorogation ausländischer Gerichte aus türkischer Sicht, also in Anbetracht der Derogation der türkischen Gerichte, keine Formerfordernisse.

Ist die internationale Zuständigkeit ausländischer Gerichte rechtmäßig vereinbart worden, so kann die Klage beim an sich zuständigen Gericht in der Türkei nicht mehr erhoben werden, es sei

---

920 So auch die h.M., statt aller *Sargın*, S. 174 ff.

denn, das vereinbarte ausländische Gericht erklärt sich für unzuständig[921]. Daran ändert es nichts, dass das zu fällende Urteil des vereinbarten ausländischen Gerichts in der Türkei keine Anerkennung genießt[922]. Denn man braucht dieses Urteil nicht unbedingt in der Türkei anerkennen zu lassen. Darüber hinaus ist die Anerkennbarkeit einer ausländischen Entscheidung in der Türkei erst dann zu bewerten, wenn sie vorliegt[923]. Hiergegen bedeutet eine (ausschließliche) Prorogation ausländischer Gerichte auch nicht, dass man damit auf den Rechtsschutz durch die türkischen Gerichte völlig verzichtet. Daher haben die Parteien einer solchen Prorogation nach der Nichtanerkennung der ausländischen Entscheidung in der Türkei die Möglichkeit, die Klage beim gesetzlich zuständigen türkischen Gericht zu erheben[924].

---

921 *Kuru* (MHB 1986/2, S. 140, 145) ist der Auffassung, die Klage sei trotz der Prorogation der ausländischen Gerichte auch dann in der Türkei zu erheben, wenn vorherzusehen sei, dass sich das vereinbarte ausländische Gericht für unzuständig erklären würde.

922 A.A. *Kuru*, MHB 1986/2, S. 140, 145.

923 *Nomer*, IPR, S. 376; *Sargın*, S. 186-187.

924 *Nomer*, IPR, S. 376.

§ 17 Begründung der internationalen Zuständigkeit durch Rügelose Einlassung

Als zweite Art der Begründung der internationalen Zuständigkeit durch Parteiverhalten erscheint die rügelose Einlassung des Beklagten zur Hauptsache. Sie ist für den Anwendungsbereich des EuGVÜ in seinem Art. 18 geregelt. Im autonomen deutschen sowie im türkischen Recht kommen diejenigen Vorschriften in Betracht, die die Wirkung der rügelosen Einlassung zur Hauptsache in bezug auf die örtliche Zuständigkeit zum Gegenstand haben und auf Grund der Doppelfunktionalität auch im Bereich der internationalen Zuständigkeit maßgeblich sind.

A. Rügelose Einlassung im EuGVÜ

Gemäß Art. 18 EuGVÜ wird das unzuständige Gericht eines Vertragsstaats zuständig, wenn sich der Beklagte vor dem Gericht auf das Verfahren einlässt, ohne den Mangel der Zuständigkeit geltend zu machen. Das gilt aber nicht, wenn ein anderes Gericht aufgrund Art. 16 EuGVÜ ausschließlich zuständig ist. Im Hinblick darauf, dass bei der Widerklage der Kläger der Hauptklage der Beklagte der Widerklage ist, kann die internationale Zuständigkeit des Gerichts für die Widerklage auch durch die rügelose Einlassung des Klägers (der Hauptklage) begründet werden[925].

Dem Wortlaut des Art. 18 EuGVÜ ist nicht zu entnehmen, ob die Vorschrift nur dann Geltung verlangt, wenn die Parteien in einem oder mehreren Vertragsstaaten wohnen, oder aber es genügt, dass nur eine der Parteien in einem Vertragsstaat wohnt. Nach der h.M. ist der Anwendungsbereich des Art. 18 EuGVÜ wegen des sachlichen Zusammenhangs in gleicher Weise wie der des Art. 17 EuGVÜ auszulegen[926]. Demzufolge gelten obige Ausführungen über den räumlichen Anwendungsbereich des Art. 17 EuGVÜ ebenfalls hierfür[927].

925 MünchKommZPO/*Gottwald*, Art. 18 EuGVÜ, Rdn. 2; ausführlich bei *Schulte-Beckhausen*, S. 181 ff.

926 MünchKommZPO/*Gottwald*, Art. 18 EuGVÜ, Rdn. 4; *Schlosser*, Art. 18 EuGVÜ, Rdn. 1; *Kropholler*, EuZPR, Art. 18 EuGVÜ, Rdn. 3; *Schack*, Rdn. 86; Stein/Jonas-*Bork*, § 39 ZPO, Rdn. 15; a.A. *Schulte-Beckhausen*, S. 117 ff., nach der Auffassung der Autorin kommt Art. 18 EuGVÜ nur dann zur Anwendung, wenn der Beklagte seinen Wohnsitz in einem der Vertragsstaaten hat; zum Verhältnis Art. 17 zu Art. 18 EuGVÜ s. *Leipold*, IPRax 1982, S. 222 ff.

927 S. oben S. 182 ff.

B. Rügelose Einlassung im autonomen deutschen Recht

Nach § 39 ZPO wird die Zuständigkeit eines Gerichts des ersten Rechtszuges ferner dadurch begründet, dass der Beklagte, ohne die Unzuständigkeit geltend zu machen, zur Hauptsache mündlich verhandelt. Nach einhelliger Auffassung gilt § 39 ZPO ebenso für die internationale Zuständigkeit[928].

Bei der Begründung der internationalen Zuständigkeit durch rügelose Einlassung handelt es sich nicht um eine stillschweigende Gerichtsstandsvereinbarung, sondern um eine reine Prozesshandlung im Rahmen der Dispositionsfreiheit[929].

Der Begründung der internationalen Zuständigkeit durch rügelose Einlassung setzt § 39 Satz 2 ZPO eine erhebliche Grenze. Demnach wirkt eine rügelose Einlassung zur Hauptsache nicht zuständigkeitsbegründend, wenn der Richter im Verfahren vor den Amtsgerichten den Beklagten über die Folgen einer rügelosen Einlassung nicht informiert hat. Im übrigen setzt der zuständigkeitsbegründende Effekt der rügelosen Einlassung des Beklagten – abgesehen von der Vertragsnatur – dieselben Erfordernisse voraus wie die Prorogation[930].

C. Rügelose Einlassung im türkischen Recht

Die Begründung der Zuständigkeit durch rügelose Einlassung des Beklagten zur Hauptsache ist auch im türkischen Recht bekannt. Wird die Klage beim unzuständigen Gericht erhoben und lässt sich der Beklagte ohne Einrede der Unzuständigkeit zur Hauptsache ein, so wird gemäß Art. 23 türk. ZPO angenommen, dass er die Zuständigkeit des Gerichts akzeptiert hat.

Die Rechtsnatur der Begründung der Zuständigkeit solcher Art ist in der Lehre allerdings umstritten. Nach der h.M. kommt durch rügelose Einlassung des Beklagten eine konkludente Zuständigkeitsvereinbarung zustande. Es handele sich also um die Begründung der Zuständigkeit durch Parteiwillen[931]. Diese Auffassung spaltet sich jedoch an dem Punkt, was das Ergebnis sein soll, wenn der Beklagte keine Unzuständigkeitseinrede erhebt und sich auch nicht zur Hauptsache

---

[928] Nachweise bei *Kropholler*, Hdb. IZVR I, Kap. III, Rdn. 594, Fn. 1337; Stein/Jonas-*Bork*, § 39 ZPO, Rdn. 2, Fn. 3 und 4.

[929] So die h.M, s. etwa *Nagel/Gottwald*, § 3, Rdn. 83 und 84; *Kropholler*, Hdb. IZVR I, Kap. III, Rdn. 598; *Geimer*, WM 1977, S. 66; Stein/Jonas-*Bork*, § 39, Rdn. 1; OLG München, IPRax 1986, S. 178; a.A. *Schütze*, ZZP 90 (1977), S. 67, 70 ff.

[930] *Nagel/Gottwald*, § 3, Rdn. 85.

[931] *Kuru*, Bd. 1, S. 370; *Kuru/Arslan/Yılmaz*, S. 166; *Postacıoğlu*, S. 168; m.w.N. *Üstündağ*, S. 212 bis 217.

einlässt[932]. Nach Auffassung von *Üstündağ* ist in diesem Fall keine konkludente Zuständigkeitsvereinbarung anzunehmen. Sie komme erst dann zustande, wenn der Beklagte neben Nichtrügen der Zuständigkeit sich zur Hauptsache einlässt. Daher sei die Unzuständigkeit in einem solchen Fall auch später zu rügen und vom Richter von Amts wegen zu berücksichtigen[933]. Dagegen vertritt *Postacıoğlu* die Auffassung, die Unzuständigkeit des Gerichts sei danach weder zu rügen noch von Amts wegen zu berücksichtigen. Denn sie sei gemäß Art. 187 Nr. 2 türk. ZPO eine der prozesshindernden Einreden, die nach Ablauf der Frist für die Einlassung zur Hauptsache (gemäß Art. 195 türk. ZPO i.d.R. innerhalb 10 Tage nach der Zustellung der Klageschrift an den Beklagten) weder vorgebracht werden könne noch von Amts wegen zu berücksichtigen ist (Art. 188 türk. ZPO)[934].

Bei der Begründung der internationalen Zuständigkeit durch rügelose Einlassung geht es m.E. um eine gesetzliche Folge des Parteiverhaltens. Von einer konkludenten Zuständigkeitsvereinbarung ist keine Rede, zumal das Ergebnis, nämlich die Eröffnung der Zuständigkeit, dabei zustande kommt, ohne auf den Willen der beklagten Partei abzustellen. Das zeigt sich etwa bei dem Fall ganz deutlich, dass die Zuständigkeit auch dann begründet wird, wenn der Beklagte die Frist versäumt, um seine Unzuständigkeitseinrede mit anderen prozesshindernden Einreden zu erheben und sich zur Hauptsache einzulassen. In diesem Fall kann also die internationale Unzuständigkeit des Gerichts später (nach dem Ablauf der Frist) weder vom Beklagten erhoben noch vom Richter von Amts wegen berücksichtigt werden[935], es sei denn, es geht um die ausschließliche oder im Hinblick auf den ordre public bestimmte internationale Zuständigkeit der türkischen Gerichte[936]. Denn gemäß Art. 188 türk. ZPO sind alle prozesshindernde Einreden nicht mehr vorzubringen,

932 In diesem Fall kann das Verfahren gemäß Art. 409 i.V.m. 213 Abs. 2 und 377 Abs. 1 türk. ZPO in Abwesendheit des Beklagten geführt werden, s. *Kuru/Arslan/Yılmaz*, S. 530-531.

933 *Üstündağ*, S. 216.

934 *Postacıoğlu*, S. 168-169.

935 *Sargın*, S. 224 ff.; *Ekşi*, S. 117 ff.; a.A. *Çelikel*, S. 319-320.

936 *Ekşi*, S. 148 ff.

wenn sie zu Anfang der Klage nicht geltend gemacht worden sind. Das Vorliegen der internationalen Zuständigkeit stellt keine Prozessvoraussetzung dar, solange sie nicht ausschließlich und nicht im Hinblick auf den ordre public bestimmt ist[937].

[937] *Kuru*, Bd. 1, S. 260 ff.; *Ekşi*, S. 147 ff.

Zusammenfassung

In wenigen Worten kann zum Ergebnis dieser Arbeit ausgesagt werden, dass die Rechtspraxis im deutsch-türkischen Rechtsverkehr bezüglich der internationalen Zuständigkeit der Gerichte trotz einiger gesetzlicher Defizite im wesentlichen nicht auf sehr große Probleme stößt. Im Einzelnen ist folgendes festzuhalten:

I. Der Begriff der internationalen Zuständigkeit wird im türkischen und im deutschen Recht in dem selben Sinne verstanden. Mit ihr ist gemeint, ob überhaupt und unter welchen Voraussetzungen die Gerichte eines Staats in ihrer Gesamtheit für die Entscheidung eines Rechtsstreits mit Auslandsbezug von der bestehenden Jurisdiktionshoheit Gebrauch machen dürfen. Die Einordnung des Begriffs in allgemeine und besondere, sowie in ausschließliche und konkurrierende Zuständigkeit, gilt ebenfalls in beiden Rechtsordnungen. Jedoch zeigt sich ein wesentlicher Unterschied zwischen beiden dadurch, dass die internationale Zuständigkeit im deutschen Recht eine Prozessvoraussetzung darstellt, während sie im türkischen Recht nach der h.M. eine prozesshindernde Einrede ist.

II. In bezug auf die Regelung der internationalen Zuständigkeit gilt in beiden Rechtsordnungen das sog. Mischsystem. Die Regeln des internen Rechts über die örtliche Zuständigkeit indizieren also auch die internationale, während die letztere in einigen Bereichen mit direkten Normen geregelt wird. Dass diese Rechtslage im türkischen Recht gesetzlich angeordnet ist, als sie im deutschen Recht als die Folge des sich praktisch durchgesetzten Doppelfunktionalitätsprinzips erscheint, entfaltet im Ergebnis keinen Unterschied.

Im deutschen Recht gilt neben den autonomen Regelungen eine völkerrechtliche Zuständigkeitsordnung, nämlich das EuGVÜ, das als eine die internationale Zuständigkeit der Vertragsstaaten in Zivil- und Handelssachen innerhalb seines räumlich-persönlichen Anwendungsbereiches abschließend regelnde Zuständigkeitsordnung den autonomen Bestimmungen vorgeht. In dieser Zuständigkeitsordnung wird die internationale Zuständigkeit der Vertragsstaaten mit direkten Bestimmungen geregelt.

III. Insoweit war es eines der wichtigsten Themen, mit denen sich die vorliegende Arbeit zu beschäftigen hatte, ob überhaupt und unter welchen Voraussetzungen die Zuständigkeitsordnung des EuGVÜ zur Anwendung kommt, wenn der Rechtsstreit einen Drittstaatsbezug hat (die sog. Drittstaatenproblematik). Denn die Türkei ist ein Drittstaat des EuGVÜ, und bleibt es, bis sie der

EU beitritt. Das EuGVÜ ist nämlich eine geschlossene Konvention, der nur die Vertragsstaaten der EU beitreten können.

In bezug auf die Drittstaatenproblematik wurde in der vorliegenden Arbeit die Auffassung bevorzugt, dass das EuGVÜ auch auf die Fälle mit Drittstaatenbezug anzuwenden ist, solange sein räumlich-persönlicher Anwendungsbereich mit der im konkreten Fall in Betracht kommenden Vorschrift nicht ausdrücklich auf die Fälle mit Vertragsstaatenbezug eingeschränkt wird. Demzufolge wurde für jeden Gerichtsstand, der bei der Arbeit von Interesse war, getrennt untersucht, ob für ihn die autonome Bestimmung oder die entsprechende Bestimmung des EuGVÜ maßgeblich war. Hierzu sind folgende zu erwähnen:

(1) Der allgemeine Gerichtsstand im deutschen Recht bestimmt sich stets nach Art. 2 i.V.m. Art. 52 EuGVÜ, wenn der Beklagte seinen Wohnsitz in Deutschland hat; ob der Kläger in der Türkei oder in einem Vertragsstaat wohnhaft ist, ist insoweit ohne Belang.

Der allgemeine Gerichtsstand stellt im türkischen Recht, ebenso wie Art. 2 EuGVÜ bzw. §§ 12, 13 ZPO im deutschen Recht, auf den Wohnsitz des Beklagten (Art. 9 Abs. 1 Satz 1 türk. ZPO) ab. In Anbetracht dessen, dass im türkischen Recht der Wohnsitz des Ehemannes als derjenige der Ehefrau gilt, und der türkische Kassationshof die einschlägigen Vorschriften des türkischen ZGB (Art. 19 ff.) über die Begründung des inländischen Wohnsitzes in bezug auf die Inländer immer extensiv, dagegen bezüglich der Ausländer ganz restriktiv auslegt, tauchen jedoch zwischen beiden Rechtsordnungen erhebliche Unterschiede auf.

Insoweit ist es auch eine Abweichung im türkischen Recht vom deutschen, dass das erstere vorsieht, dass alle Passivstreitgenossen beim allgemeinen Gerichtsstand einer von ihnen zu verklagen sind (Art. 9 Abs. 2 Satz 1 türk. ZPO). Gemäß Art. 9 Abs. 2 Satz 2 türk. ZPO gilt aber diese Regel nicht mehr, wenn für die konkrete Streitigkeit im Hinblick auf den Streitgrund ein gemeinsamer Gerichtsstand (etwa am Begehungsort der Delikt) besteht.

Im Zusammenhang mit dem allgemeinen Gerichtsstand der juristischen Personen ist hier zu erwähnen, dass Art. 10 türk. ESHK einen fiktiven Sitz für die ausländischen Aktien-, Kommandit- und Versicherungsgesellschaften, die in der Türkei einen Handelsvertreter oder eine Zweigstelle haben, an dem Ort vorsieht, wo sich der inländische Handelsvertreter bzw. die Zweigstelle befindet.

(2) Der besondere Gerichtsstand der Niederlassung richtet sich im deutsch-türkischen Rechtsverkehr im deutschen Recht nach § 21 ZPO, im türkischen Recht nach Art. 17 türk. ZPO. Hierbei ist Art. 5 Nr. 5 EuGVÜ, der für seine Anwendbarkeit einen Auslandsbezug zu einem anderen Ver-

tragsstaat ausdrücklich voraussetzt, nicht in Anspruch zu nehmen. Art. 28 Abs. 1 WA und Art. 31 Abs. 1 Alt. a CMR sind jedoch Vorschriften, die bezüglich des besonderen Gerichtsstandes im deutsch-türkischen Rechtsverkehr für beide Seiten vorrangig zur Anwendung kommen.

(3) Der Gerichtsstand des Vermögens, der auf der Ebene der internationalen Zuständigkeit grundsätzlich als exorbitant gilt und im Anwendungsbereich des EuGVÜ keinen Platz findet, ist im autonomen deutschen Recht durch die Rechtsprechung auf die Fälle eingeschränkt, die einen hinreichenden Inlandsbezug entfalten. Diese Einschränkung gilt auch im deutsch-türkischen Rechtsverkehr.

(4) Hinsichtlich des besonderen Gerichtsstands für Streitigkeiten aus Vertragsverhältnissen, für die Art. 5 Nr. 1 EuGVÜ im deutsch-türkischen Rechtsverkehr grundsätzlich keine Anwendung findet, weicht Art. 10 türk. ZPO von der entsprechenden Regelung im autonomen deutschen Recht, nämlich von § 29 ZPO, ab, indem der erstere neben Erfüllungsort u.U. auch den Ort abstellt, wo der Vertrag abgeschlossen wurde. Insoweit sind aber Art. 28 Abs. 1 WA und Art. 31 Abs. 1 Alt. b CMR vorrangige Regelungen.

(5) Für den besonderen Gerichtsstand der unerlaubten Handlung bestehen im deutschen und im türkischen Recht zahlreiche Sonderbestimmungen Sie wurden in der vorliegenden Arbeit erwähnt, soweit sie von Interesse waren. Die Grundnorm hierzu ist aber im autonomen deutschen Recht § 32 ZPO, und im türkischen Recht Art. 21 türk. ZPO.

(5) Für Unterhaltssachen sieht § 23a ZPO einen besonderen Gerichtsstand am Wohnsitz des Klägers vor, falls der Beklagte keinen inländischen Wohnsitz hat. Eine etwaige Regelung, die im Grunde für alle unterhaltsrechtlichen Streitigkeiten in Anspruch zu nehmen ist, kennt das türkische Recht dagegen nicht. Es sind vielmehr Einzelbestimmungen gegeben, die für die betreffende Art des Unterhalts gelten.

(6) In bezug auf die ausschließlichen Gerichtsstände gilt Art. 16 EuGVÜ auch im deutsch-türkischen Rechtsverkehr, solange der einschlägige Anknüpfungspunkt in Deutschland zu lokalisieren ist. Auch die autonomen Bestimmungen, die einen ausschließlichen Gerichtsstand begründen, sind im deutsch-türkischen Rechtsverkehr von Bedeutung, soweit sie in den Katalog des Art. 16 EuGVÜ nicht einzuordnen sind. Insoweit ist also der Katalog des EuGVÜ im Verhältnis zur Türkei nicht abschließend.

IV. Von besonderer Bedeutung im deutsch-türkischen Rechtsverkehr ist das deutsch-türkische Nachlassabkommen, das die internationale Zuständigkeit der Gerichte beider Staaten für erbrechtliche Streitigkeiten regelt. In § 15 dieses Abkommens wird die internationale Zuständigkeit für Klagen aus erbrechtlichen Streitigkeiten, welche die Feststellung des Erbrechts, Erbschaftsansprüche, Ansprüche aus Vermächtnissen oder Pflichtteilsansprüche zum Gegenstand hat, für den beweglichen Nachlass den Gerichten des Heimatstaates des Erblassers, für den unbeweglichen Nachlass den Gerichten des Belegenheitsstaates zugewiesen. Hierbei ist jedoch festzuhalten, dass diese Bestimmung in bezug auf den beweglichen Nachlass mit den Erfordernissen einer gerechten Zuständigkeitsverteilung nicht zu vereinbaren ist.

V. Erhebliche Schwierigkeiten hat der deutsche Richter öfters, wenn er bei den familienrechtlichen Streitigkeiten das türkische Recht als maßgebliches Sachrecht anzuwenden hat. Diese Schwierigkeiten sind aber dadurch zu bekämpfen, dass er den Zweck, die Rechtsnatur und die Funktion der unterschiedlichen Rechtsinstitute im Auge behält. Insoweit kann die sachliche Basis für einen dem türkischen Sachrecht fremden Anspruch, der nach deutschem Recht durchzusetzen ist, u.U. im Dienste des Rechtsschutzes durch die Lückenfüllung bzw. Rechtsfortbildung hergestellt werden.

VI. Der (zweite) Gerichtsstand der Scheidungsklage an dem Ort, an dem die Eheleute *zuletzt* sechs Monate lang *gemeinsam* gewohnt haben (Art. 9 Abs. 3 Alt. 2 türk. ZPO), lässt sich m.E. hinsichtlich internationalen Zuständigkeit schwer vertreten, wenn es sich bei der Klage um die ausländischen Parteien handelt und zur Zeit der Klageerhebung keine von beiden in der Türkei wohnt. Aus der Sicht des künftigen Rechts empfiehlt es sich, diese Anknüpfung nur dann gelten zu lassen, wenn mindestens einer der Ehegatten die türkische Staatsangehörigkeit besitzt.

VI. Bei der Begründung der internationalen Zuständigkeit der deutschen Gerichte durch Parteivereinbarung ist Art. 17 EuGVÜ im deutsch-türkischen Rechtsverkehr dann die maßgebliche Regelung, wenn die Zuständigkeit der deutschen Gerichte vereinbart wird, wobei einer der Parteien in Deutschland wohnhaft ist. Ansonsten richten sich die Zuständigkeitsvereinbarungen immer nach autonomen Bestimmungen, nämlich nach §§ 38 ff. ZPO.

Literaturverzeichnis

Albrecht, C.: Das EuGVÜ und der einstweilige Rechtsschutz in England und in der Bundesrepublik Deutschland, Diss., Heidelberg 1991

Akcan, R.: Usul Kurallarına Aykırılığa Dayanan Temyiz Nedenleri (Die Revisionsgründe wegen des Verstoßes gegen prozessuale Regelungen), Diss., Ankara 1999

Altuğ, Y.: Türk Milletlerarası Usul Hukuku (türk. IZPR), İstanbul 1983

Ansay, T.: İkametgahın Tayininden Doğan Kanunlar İhtilafı (Gesetzeskollision bei der Bestimmung des Wohnsitzes), AHFM X (1953), S. 665-687

ders.: Zur Scheidung von Türken in der Bundesrepublik Deutschland nach Inkrafttreten des neuen IPR-Gesetzes, StAZ 1983, S. 29 ff.

ders.: Yabancı Boşanma İlamlarının Türkiye'de Tanınmasına İlişkin İlk Görüşler (Erste Meinungen über die Annerkennung ausländischer Scheidungsurteile in der Türkei), MHB 1982/2, S. 1-6

Aull, M. J.: Der Geltungsanspruch des EuGVÜ: „Binnensachverhalte" und Internationales Zivilverfahrensrecht in der Europäischen Union, Zur Auslegung von Art. 17 Abs. 1 S. 1 EuGVÜ, Diss., Frankfurt a.M. 1995

Baetge, D.: Der gewöhnliche Aufenthalt im internationalen Privatrecht, Diss., Tübingen 1994

Bähre, I. L./Schneider, M: KWG-Kommentar, 2. Aufl., München 1976

Baumann, P.: Aktuelles zum internationalen Unterhaltsverfahrensrecht, IPRax 1994, S. 435-439

ders.: Leistungs- und Abänderungsklage bei früherem Auslandsurteil, IPRax 1990, S. 28-32

Baumbach, A./Lauterbach, W./Albers, J./Hartmann, P.: Zivilprozessordnung, Kommentar, 59. Aufl., München 2001 (zit.: Baumbach/Lauterbach-Bearbeiter)

Baumgärtel, G.: Die Vereinbarung der internationalen Zuständigkeit nach dem EWG-Übereinkommen vom 27. September 1968 und § 38 ZPO Abs. 2, in: FS für Kegel (1977), S. 285-303

Behrens, P.: Das internationale Gesellschaftsrecht nach dem Centros-Urteil des EuGH, IPRax 1999, S. 323-331

ders.: Niederlassungsfreiheit und internationales Gesellschaftsrecht, RabelsZ 52 (1988), S. 498-525

ders.: Reaktionen mitgliedstaatlicher Gerichte auf das Centros-Urteil des EuGH, IPRax 2000, S. 384-390

Beitzke, G.: Staatenlose, Flüchtlinge und Mehrstaatler, in: Lauterbach(Hrsg.), Vorschläge und Gutachten zur Reform des deutschen internationalen Personen- und Sachenrechts, 1972 (zit.: Beitzke, Vorschläge und Gutachten)

ders.: Internationale Zuständigkeit in Verkehrsunfallsachen, in: FS für Ernst von Caemmerer (1978), S. 673-685

Bendref, B.: Die Beendigung von Arbeitsverhältnissen in Saudi-Arabien und der deutsche ordre public, RIW 1986, S. 186-192

Benecke, L.: Die teleologische Reduktion des räumlich-persönlichen Anwendungsbereiches von Art. 2 ff. und 17 EuGVÜ, Diss., Köln 1993

Bergmann, A./Ferid, M.: Internationales Ehe- und Kindschaftsrecht, (Bd. XI: Türkei), Stand: 05.10.2000

Bernreuther, J.: Das System des vorläufigen Rechtsschutzes in Familiensachen, FamRZ 1999, S. 69-74

Bernstein, H.: Kollisionsrechtliche Fragen der culpa in contrahendo, RabelsZ 41 (1977), S. 281-298

ders.: Prozessuale Risiken im Handel mit den USA, Ausgewählte Fragen zu § 328 ZPO, in: FS Ferid (1978), S. 75-101

Bilge, N./Önen, E.: Medeni Yargılama Hukuku Dersleri (Lehrbuch des Zivilverfahrensrechts), 3. Aufl., Ankara 1978

Bittighofer, A. M.: Der internationale Gerichtsstand des Vermögens, Diss., Frankfurt a.M. 1994

Brudermüller, G.: Regelungen der Nutzungs- und Rechtsverhältnisse an Ehewohnung und Hausrat, FamRZ 1999, (Teil I) S. 129-139, (Teil II) S. 193-205

Buchner, B.: Kläger- und Beklagtenschutz im Recht der internationalen Zuständigkeit, Diss., Tübingen 1998

Bülow, A./Böckstiegel, K. H./Geimer R /Schütze, R. A.: Der internationale Rechtsverkehr in Zivil- und Handelssachen, Bd. 1, München, Stand: Januar 1998 (zit.: Bülow/Böckstiegel/Geimer/Schütze-Bearbeiter)

Cebecioğlu, T.: Stellung des Ausländers im Zivilprozess (Diss.), Frankfurt a.M. 2000

Çelikel, A.: Milletlerarası Özel Hukuk (IPR), 4. Aufl., İstanbul 1995

dies./Nomer, E.: Devletler Hususi Hukuku, Örnek Olaylar – Mahkeme Kararları (IPR, Musterfälle und Gerichtsentscheidungen), 6. Aufl., İstanbul 1997

Coester-Waltjen, D.: Die Bedeutung des EuGVÜ und des Luganer Abkommens für Drittstaaten, in: FS für Hideo Nakamura, Tokyo, 1996, S. 89-115

dies.: Zum Begriff „Unterhaltssache" im Sinne der internationalen Zuständigkeit nach § 23 a ZPO, IPRax 1990, S. 26-28

dies./Ziegler, T.: Der Gerichtsstand der Belegenheit nach Art. 16 Nr. 1 EuGVÜ, Jura 1992, S. 609-613

Dewenter, J.: Die rechtliche Stellung des Reisebüros (Diss.), Baden-Baden 2000

Dörner, H.: Das deutsch-türkische Nachlassabkommen, ZEV 1996/3, S. 90-96

Dorsel, C.: Forum non Conveniens, Richterliche Beschränkung der Wahl des Gerichtsstandes im deutschen und amerikanischen Recht, Diss., Berlin 1996

Ebke, W. F.: Das Centros-Urteil des EuGH und seine Relevanz für das deutsche internationale Gesellschaftsrecht, JZ 1999, S. 656-661

ders.: Schuldrechtliche Teilzeitwohnrechte an Immobilien im Ausland und kein Widerrufsrecht: Zum Ende der Altfälle, IPRax 1998, S. 263-270

Ehringfeld, K.: Eltern-Kind-Konflikte in Ausländerfamilien, Diss., Berlin 1997

Erdemir, I.: Hukuk Usulü Muhakemeleri Kanunu Şerhi (Kommentar zur türk. ZPO), İstanbul 1986

Ekşi, N.: Türk Mahkemelerinin Milletlerarası Yetkisi (Internationale Zuständigkeit der türk. Gerichte), Diss., İstanbul 1996

Ercan, İ.: Richter und Parteien im Scheidungsverfahren, Diss., München 2000

Eriş, G.: Uygulamalı İflâs ve Konkordato Hukuku (Praxisbuch über Konkurs- und Zwangsvergleichsrecht), Ankara 1991

Erman - BGB Handkommentar, Bd. 2, 9. Aufl., Münster 1993 (zit.: Erman/Bearbeiter)

Ewers, F.-G.: Schwarzer Peter (§§ 36 Nr. 6 ZPO, 5, 46 II FGG), FamRZ 1999, S. 74-79

Finger, P.: Ausländische Rechtshängigkeit und inländisches Scheidungsverfahren (einschl. Scheidungsfolgen, FuR 1999, S. 310-317

ders.: Türkisches Scheidungs- und Scheidungsfolgenrecht vor deutschen Gerichten, FuR 1997, (Teil 1) S. 129-133, (Teil 2) S. 195-199, (Teil 3) S. 236-238, (Teil 4) S. 300-303, (Teil 5) S. 340-347

Fischer, K.: Zur internationalen Zuständigkeit deutscher Gerichte nach § 23 ZPO, RIW 1990, S. 794-797

Fremuth, F. / Thume, K. H. (Hrsg.): Kommentar zum Transportrecht, Heidelberg 2000

Fricke, M.: Der Gerichtsstand des Vermögens – eine unendliche Geschichte? IPRax 1991, S. 159-162

ders.: Neues vom Vermögensgerichtsstand? NJW 1992, S. 3066-3069

Fuchs, A.: Begriff „Unterhaltsberechtigter" in Art. 5 Nr. 2 EuGVÜ, IPRax 1998, S. 327-330

Geimer, R.: Internationales Zivilprozessrecht, 3. Aufl., Köln 1997 (zit.: Geimer, IZPR)

ders.: Ungeschriebene Anwendungsgrenzen des EuGVÜ: Müssen Berührungspunkte zu mehreren Vertragsstaaten bestehen? IPRax 1991, S. 31-35

ders.: „Doing Business in Germany" als Basis deutscher internationaler Zuständigkeit, RIW 1988, S. 221-225

ders.: Die inländische Niederlassung als Anknüpfungspunkt für die internationale Zuständigkeit, WM 1976, S. 146-149

ders.: Das Zuständigkeitssystem des EWG-Übereinkommens vom 27. September 1968, WM 1976, S. 830-839

ders.: Zur Rechtfertigung des Vermögensgerichtsstandes, JZ 1984, S. 979-981

ders.: Eine neue internationale Zuständigkeitsordnung in Europa, NJW 1976, S. 441-446

ders.: Rechtsschutz in Deutschland künftig nur bei Inlandsbezug, NJW 1991, S. 3072-3074

ders. / Schütze, Rolf A.: Internationale Urteilsanerkennung, Bd. I, 1. Halbband, München 1983. (zit.: Geimer/Schütze I/1)

ders./Schütze, R. A.: Europäisches Zivilverfahrensrecht, Kommentar zum EuGVÜ und zum Lugano-Übereinkommen, München 1997 (zit.: Geimer/Schütze, EuZVR)

Geyrhalter, W.: Niederlassungsfreiheit contra Sitztheorie – Good Bye „Daily Mail"?, EWS 1999, S. 201-203

Giemulla, E. / Mölls, W.: Die selbständige Agentur – eine „Geschäftsstelle minderer Art"?, NJW 1983, S. 1953-1954

Girsberger, D.: Gerichtsstandsklausel im Konnossement: Der EuGH und der internationale Handelsbrauch, IPRax 2000, S. 87-91

Göğer, E.: Devletler Hususi Hukuku Yönünden İkametgah (Wohnsitz im IPR), AHFM 1969, XXVI, S. 237-252

Gökkaya, S. : Milletlerarası Özel Hukuk ve Usul Hukuku Hakkında Kanun (IPRG), Ankara 1996

Gottwald, P.: Die Stellung des Ausländers im Prozess, in: Habscheid, Walther J./Beys, Kostas E. (Hrsg.), Grundfragen des Zivilprozessrechts, Bielefeld 1991, S. 1-99 (zit.: *Gottwald*, in: Habscheid/Beys)

ders.: Anerkennungszuständigkeit und doppelrelevante Tatsachen, IPRax 1995, S. 75-76 *ders.*: Internationale Gerichtsstandsvereinbarungen: Verträge zwischen Prozessrecht und materiellem Recht, in: FS für W. Henckel (1995), S. 295-309

ders.: Deutsche Probleme Internationaler Familienverfahren, in: FS für Hideo Nakamura, Tokyo 1996, S. 187-201

ders.: Grenzen Zivilgerichtlicher Maßnahmen mit Auslandswirkung, in: FS Habscheid, S. 119-130

ders./Baumann, T.: Zur Derogation der deutschen internationalen Zuständigkeit, IPRax 1998, S. 445-447

Graf, G.: Die internationale Verbundszuständigkeit, Diss., München 1984

Grolimund, P.: Drittstaatenproblematik des europäischen Zivilverfahrensrechts, Diss., Tübingen 2000

Großfeld, B.: Die Sitztheorie des internationalen Gesellschaftsrechts in der Europäischen Gemeinschaft, IPRax 1986, S. 145-146

Grothe, H.: „Exorbitante" Gerichtszuständigkeiten im Rechtsverkehr zwischen Deutschland und den USA, RabelsZ 58 (1994), S. 686-726

Gruber, U. P.: Die „ausländische Rechtshängigkeit" bei Scheidungsverfahren, FamRZ 1999, S. 1563-1568

Grundmann, S.: Zur internationalen Zuständigkeit der Gerichte von Drittstaaten nach Art. 16 EuGVÜ, IPRax 1985, S. 249-254

Güneysu-Güngör, G.: Milletlerarası Özel Hukukta İflâs (Der Konkurs im IPR), Diss., Ankara 1997

Habscheid, W. J.: Jurisdiction, Gerichtsbarkeit und Zuständigkeiten im internationalen Kontext, in: FS für Gaul (1997), S. 167-173

Hahlen, R.: Türkisches Ehegatten- und Geschiedenenunterhaltsrecht, Diss., Frankfurt a.M. 1996

Hartwieg, O.: Forum Shopping zwischen Forum Non Conveniens und „hinreichendem Inlandsbezug", JZ 1996, S. 109-118

Hatemi, H.: Hukuk'a ve Ahlak'a Aykırılık Kavramı ve Sonuçları (Der Begriff der Rechts- und Sittenwidrigkeit und ihre Rechtsfolgen), İstanbul 1976

ders./Serozan, R.: Aile Hukuku (Familienrecht), İstanbul 1993

Hau, W.: Internationales Eheverfahrensrecht in der Europäischen Union, FamRZ 1999, S. 484-488

Haubold, J.: Internationale Zuständigkeit nach CMR und EuGVÜ/LugÜ, IPRax 2000, S. 92-96.

Hausmann, R.: Einheitliche Anknüpfung internationaler Gerichtsstands- und Schiedsvereinbarungen? in: FS für W. Lorenz (1991), S. 359-378

Heinrichs, J.: Die Bestimmung der gerichtlichen Zuständigkeit nach dem Begehungsort im nationalen und internationalen Zivilprozessrecht, Diss., Freiburg 1984

Heldrich, A.: Internationale Zuständigkeit und anwendbares Recht, 1969

ders.: Das juristische Kuckucksei aus dem Morgenland, IPRax 1983, S. 64-65

Henrich, D.: Internationales Scheidungsrecht, Bielefeld 1998

ders.: Verbürgung der Gegenseitigkeit im Verhältnis zur Türkei, IPRax 1991, S. 136

ders.: Zum Wegfall der internationalen Zuständigkeit in Sorgerechtsverfahren, IPRax 1998, S. 247-249

ders.: Wechsel der effektiven Staatsangehörigkeit in Fällen einer Kindesentführung, IPRax 1981, S. 125-127
ders.: Die einstweilige Zuweisung der Ehewohnung, wenn zwischen ausländischen Ehegatten ein Scheidungsverfahren in ihrem Heimatstaat anhängig ist, IPRax 1985, S. 88-90
ders.: Die gerichtliche Zuweisung der Ehewohnung an einen Ehegatten in Fällen mit Auslandsberührung, in: FS für Murad Ferid (1988), S. 147-163
Herber, R../Piper, H.: Kommentar, CMR – Internationales Straßentransportrecht, 1996
Herfarth, C.: Scheidung nach religiösem Recht durch deutsche Gerichte, IPRax 2000, S. 101-103
Herrmann, H. J./Basedow, J./Kropholler J.: Handbuch des Internationalen Zivilverfahrensrechts, Bd. I, Tübingen 1982 (zit: Bearbeiter, Hdb. IZVR I)
Heß, B.: Gerichtsstandsvereinbarungen zwischen EuGVÜ und ZPO, IPRax 1992, S. 358-361
ders.: Auslandssachverhalte im Offenbarungsverfahren, Rpfleger, 1996, S. 89-94
Heßler, H.-J.: Islamisch-rechtliche Morgengabe: vereinbarter Vermögensausgleich im deutschen Scheidungsfolgenrecht, IPRax 1988, S. 95-97
Höfling, B.: Die Centros-Entscheidung des EuGH – auf dem Weg zu einer Überlagerungstheorie für Europa, DB 1999, S. 1206-1208
von Hoffmann, B.: Gegenwartsprobleme internationaler Zuständigkeit, IPRax 1982, S. 217-222
ders.: Das EWG-Übereinkommen über die gerichtliche Zuständigkeit und die Vollstreckung gerichtlicher Entscheidungen in Zivil- und Handelssachen, RIW/AWD 1973, S. 57-64
Hohloch, G. (Hrsg.): Internationales Scheidungs- und Scheidungsfolgenrecht, München 1998
ders.: Nachehelicher Unterhaltsverzicht nach türkischem ZGB und Verstoß gegen Ordre Public, JuS 1999, S. 918-919
ders.: Zur Herleitung des Auskunftsanspruchs bei ausländischem Güterstatut, JuS 1998, S. 955 ff.
Huber, P.: Die Ehewohnung in der Trennungszeit – Nutzungsvergütung oder Trennungsunterhalt? FamRZ 2000, S. 129-133
ders.: Forum non conveniens und EuGVÜ, RIW 1993, S. 977-983
İmre, Z.: İkametgah Kavramı ve Buna İlişkin Meseleler (Der Begriff des Wohnsitzes und diesbezügliche Probleme), in: İHF 50. Yıl Armağanı, Cumhuriyet Döneminde Hukuk, İstanbul 1973, S. 205-231
Jaeckel, F.: Die Reichweite der lex fori im internationalen Zivilprozessrecht, Diss., Berlin 1995
Jansen, P.: Kommentar zum FGG, Bd. 2, 2. Aufl., Berlin 1962
Jayme, E.: Die internationale Zuständigkeit bei Haustürgeschäften – Nationale und internationale Wege zu einem europäischen Prozessrecht, in: FS für H. Nagel (1987), S. 123-132
ders.: Fragen der internationalen Verbundszuständigkeit, IPRax 1984, S. 121-125
ders.: Türkisches Familienrecht und deutsche Praxis – Tagung in Heidelberg, IPRax 1989, S. 330-331
ders.: Zu Qualifikation und Inhalt der „Schutzmaßnahme" nach dem Haager Minderjährigenschutzabkommen, JR 1973, Heft 5, S. 177-185
ders.: Zur Verteilung der Ehewohnung und des Hausrats bei Getrenntleben ausländischer Ehegatten, IPRax 1981, S. 45-50
ders.: Türkisches Familienrecht und deutsche Praxis – Tagung in Heidelberg, IPRax 1989, S. 330-331

ders.: Prozessuale Hindernisse für Timesharing-Anbieter in Auslandsfällen, IPRax 1996, S. 87-89

ders./Bissias, I.: Auskunftsanspruch und ausländisches Ehegüterrechtsstatut – zur Fortbildung griechischen Rechts durch deutsche Gerichte, IPRax 1988, S. 94-95

ders./Hausmann, R.: Internationales Privat- und Verfahrensrecht, Textausgabe, 10. Aufl., Stand: 15 Juni 2000, München 2000

ders./Kohler, C.: Europäisches Kollisionsrecht 1994: Quellenpluralismus und offene Kontraste, IPRax 1994, S. 405-415

Johannsen K. H./Henrich, D./Brudermüller, G.: Eherecht, 3. Aufl., München 1998 (zit.: Johannsen/Henrich-Bearbeiter)

Jung, H.: Vereinbarungen über die Internationale Zuständigkeit nach dem EWG-Gerichtsstandsübereinkommen und nach § 38 II ZPO, Bochum 1980

Junker, A..: Die internationale Zuständigkeit deutscher Gerichte in Arbeitssachen, ZZPInt 3 (1998), S. 179-202

Kegel, G.: Internationales Privatrecht, 7. Aufl., München 1995

Kiethe, K.: Internationale Tatortszuständigkeit bei unerlaubter Handlung – die Problematik des Vermögensschadens, NJW 1994, S. 222-227

Kilian, M.: Aktuelle Probleme der internationalen Zuständigkeit in Ehesachen, § 606 a ZPO, IPRax 1995, S. 9-13

Kılıç, M.: Anerkennung und Vollstreckung ausländischer Scheidungsurteile durch türkische Gerichte, IPRax 1994, S. 477-480

Killias, L.: Dies Gerichtsstandsvereinbarungen nach dem Lugano-Übereinkommen, Diss., in: Schweizer Studien zum Internationalen Recht, Bd. 84, Zürich 1993

Kim, Y. J.: Internationale Gerichtsstandsvereinbarungen, Diss., Frankfurt a.M. 1995

Kindler, P.: Niederlassungsfreiheit für Scheinauslandsgesellschaften? Die „Centros"-Entscheidung des EuGH und das internationale Privatrecht, NJW 1999, S. 1993-2000

Koch, R.: Zur Vereinbarkeit des Erfordernisses „hinreichender Inlandsbezug des Rechtsstreits" gemäß § 23 ZPO mit dem Gemeinschaftsrecht, IPRax 1997, S. 229-233

Kohler, C.: Internationale Gerichtsstandsvereinbarungen: Liberalität und Rigorismus im EuGVÜ, IPRax 1983, S. 265-272

ders.: Staatsvertragliche Bindungen bei der Ausübung internationaler Zuständigkeit und richterliches Ermessen, in: FS Matscher, Wien 1993, S. 251 ff.

Köksal, M.: Das Verlöbnis und seine Auflösung im deutschen und türkischen Recht, Diss., Köln 1995

Koller, I.: Transportrecht, Kommentar zu Spedition und Gütertransport, 4. Aufl., München 2000

Kremer, G.: Die Bedeutung des deutsch-türkischen Konsularvertrags für Nachlassverfahren in der Bundesrepublik Deutschland, IPRax 1981, S. 205-206

Kropholler, J.: Europäisches Zivilprozessrecht, 6. Aufl., Heidelberg 1998 (zit.: Kropholler, EuZPR)

ders.: Möglichkeiten einer Reform des Vermögensgerichtsstandes, ZfRV 1982, S. 1-10.

ders.: Problematische Schranken der europäischen Zuständigkeitsordnung gegenüber Drittstaaten, in: FS für Murad Ferid (1988), S. 239-250 *ders./von Hinden, M.*: Die Reform des europäischen Gerichtsstands am Erfüllungsort (Art. 5 Nr. 1 EuGVÜ), in: GS für Alexander Lüderitz, München 2000, S. 401-414

Krüger, H.: Anerkennung deutscher Scheidungsurteile in der Türkei, IPRax 1985, S. 304-305

ders.: Das türkische IPR-Gesetz von 1982, IPRax 1982, S. 252-259

ders.: Gerichtsstandsvereinbarungen nach türkischem Recht, Urteil des Kassationshofs vom 6.5. 1998, RIW 1998, S. 946-947

ders.: Zur Rückforderung von Ehegeschenken nach türkischem Recht, GS. Für Alexander Lüderitz, München 2000, S. 415-430

ders./Nomer, E.: Gerichtsstandsvereinbarungen nach türkischem Recht, RIW 1989, S. 953-956

Kuru, B., Hukuk Muhakemeleri Usulü (Zivilverfahrensrecht), Bd. 1, 5. Aufl., Ankara 1990, (zit.: Kuru, Bd. 1); Bd. 4, 5. Aufl., Ankara 1990 (zit.: Kuru, Bd. IV)

ders.: İflâs ve Konkordato Hukuku (Konkurs- und Zwangsvergleichsrecht), 2. Aufl., İstanbul 1988 (zit.: *Kuru*, İflâs ve Konkordato)

ders.: Sözleşme ile Yabancı Mahkemelerin Yetkili Kılınması (Die Begründung der Zuständigkeit ausländischer Gerichte durch Parteivereinbarung), MHB 1986/2, S. 140-144

ders./Arslan, R./Yılmaz, E.: Medeni Usul Hukuku, Ders Kitabı (Zivilprozessrecht, Lehrbuch), 11. Aufl., Ankara 1999 (zit.: Kuru/Arslan/Yılmaz)

ders./Arslan, R./Yılmaz, E.: Hukuk Usulü Muhakemeleri Kanunu ve İlgili Mevzuat (türk. ZPO und betreffende Gesetzgebung), 10. Aufl., Ankara 1993 (zit.: Kuru/Arslan/Yılmaz, HUMK)

Leipold, D.: Zuständigkeitsvereinbarungen und rügelose Einlassung nach dem Europäischen Gerichtsstands- und Vollstreckungsübereinkommen, IPRax 1982, S. 222-225

Limbrock, G.: Das Umgangsrecht im Rahmen des Haager Kindesentführungsübereinkommens und des Europäischen Sorgerechtsübereinkommens, FamRZ 1999, S. 1631-1633

Lindacher, W. F.: Internationale Zuständigkeit in Wettbewerbssachen, in: FS für H. Nakamura, Tokyo 1996, S. 321-337

Linke, H.: Internationales Zivilprozessrecht, Köln 1990

Looschelders, D.: Der Klägergerichtsstand am Wohnsitz des Versicherungsnehmers nach Art. 8 Abs. 1 Nr. 2 EuGVÜ, IPRax 1998, S. 86-90

Lorenz, S.: Verkehrsunfälle in der Türkei vor deutschen Gerichten, DAR 1991, S. 126-130

Lüderitz, A.: Fremdbestimmte internationale Zuständigkeit, Versuch einer Neubestimmung von § 29 ZPO, Art. 5 Nr. 1 EuGVÜ, in: FS für K. Zweigert (1981), S. 233-250

Lurger, B.: Inlandsbezug von Vermögensgerichtsständen, ZfRV 1995, S. 61-64

Maciej, H. W.: Der nacheheliche Ehegattenunterhalt nach türkischem Recht in Literatur und Rechtsprechung, FamRZ 1998, S. 937-939

Mankowski, P.: Verlöbnisbruch, konkurrierende Deliktsansprüche und Rückforderung von Geschenken im Internationalen Privat- und Zivilprozessrecht, IPRax 1997, S. 173-182

ders.: Abnahme der eidesstattlichen Versicherung einer Gesellschaft mit Sitz nur im Ausland – Internationale Zuständigkeit des Amtsgerichts, in dessen Bezirk die Niederlassung der Gesellschaft in Deutschland liegt, EWiR 1995, S. 935-936

Mann, F.A.: Der „gewöhnliche Aufenthalt" im internationalen Privatrecht, JZ 1956, S. 466-470

Mansel, H.-P.: Personalstatut, Staatsangehörigkeit und Effektivität, München 1988

Mark, J./Ziegenhain, H.-J.: Der Gerichtsstand des Vermögens im Spannungsfeld zwischen Völkerrecht und deutschem internationalen Prozessrecht, NJW 1992, S. 3062-3066

Martiny, D.: Probleme der Doppelstaatsangehörigkeit im deutschen Internationalen Privatrecht, JZ 1993, S. 1145-1150

Matthies, H.: Die Deutsche Internationale Zuständigkeit, Frankfurt a.M. 1955

Morweiser, S.: Discovery und materiellrechtlicher Auskunftsanspruch im deutschen Unterhaltsprozess, IPRax 1992, S. 65-67

Münchener Kommentar zum Bürgerlichen Gesetzbuch: Bd. 10 (IPR, Art. 1-38 EGBGB), 3. Aufl., München 1998, Bd. 11 (Internationales Handels- und Gesellschaftsrecht, Art. 50-237 EGBGB), 3. Aufl., München 1999 (zit. MünchKommBGB/Bearbeiter)

Münchener Kommentar zur Zivilprozessordnung: Bd. 1 (§§ 1-354 ZPO), Bd. 2 (§§ 355-802 ZPO), Bd. 3 (§§ 803-1048 ZPO, EGZPO, GVG, EGGVG, IZPR), 2. Aufl., München 2000 (zit. MünchKommZPO/Bearbeiter)

Nagel, H.: Internationale Zuständigkeit bei Beteiligung ausländischer Fluggesellschaften, IPRax 1984, S. 13-14

ders./Gottwald, P.: Internationales Zivilprozessrecht, 4. Aufl., Münster 1997 (zit.: Nagel/Gottwald)

Neuhaus, P. H.: Die Grundbegriffe des Internationalen Privatrechts, 2. Aufl., Tübingen 1976 (zit.: Neuhaus, Grundbegriffe)

Neuner, R.: Internationale Zuständigkeit, Mannheim/Berlin/Leipzig 1929

Niepmann, B.: Die Reform des Kindschaftsrechts – Die wichtigsten Neuerungen für die Praxis-, MDR 1998, S. 565-570

Nießen, H.: Niederlassungsrecht von Gesellschaften nach den Regeln des europäischen Gemeinschaftsrecht, NJW 1986, S. 1408

North, P.M.: The Brussels Convention and Forum Non Conveniens, IPRax 1992, S. 183-184

Nomer, E.: Anerkennung und Vollstreckung ausländischer Entscheidungen in der Türkei, in: FS für Kitagawa, Berlin 1992, S. 771-788

ders.: Devletler Hususi Hukuku (IPR), 9. Aufl., İstanbul 1998 (zit.: Nomer, IPR)

ders.: Ehliyetsizlik Sebebi ile Almanya'daki Gayrimenkul Mallar İçin Vasiyetin İptali (Aufhebung der letztwilligen Verfügung über in Deutschland hinterlassene Immobilien wegen Unfähigkeit), MHB 1981/2, S. 61-63

ders.: Milletlerarası Yetki Alanında Derdestlik İtirazı (Der Einwand der Rechtshängigkeit im Bereich der internationalen Zuständigkeit), İHFM XXXIX (1969) 1-4, S. 343-374

ders.: Türkisches Internationales Privatrecht und doppelte Staatsangehörigkeit, JZ 1993, S. 1142-1145

ders.: Türklerin Kişi Hallerine İlişkin İhtilafları ve Türk Mahkemelerinin Münhasır Yetkisi (Personalstatutsangelegenheiten türkischer Staatsangehörigen und die ausschließliche Zuständigkeit der türkischen Gerichte), MHB 1983/1, S. 11-14

Odendahl, H.: Die Regelung des Sorgerechts nach Trennung im türkischen Recht, FamRZ 1999, S. 1327-1330

Oğuzman, K./Dural, M.: Aile Hukuku (Familienrecht), 2. Aufl., İstanbul 1998 (zit.: Oğuzman/Dural)

Oğuzman, K./Öz, T.: Borçlar Hukuku, Genel Hükümler (Schuldrecht, Allgemeiner Teil), İstanbul 1995 (zit.: Oğuzman/Öz)

Oğuzman, K./Seliçi, Ö.: Kişiler Hukuku Dersleri (Personenrecht), 5. Aufl., İstanbul 1993 (zit.: Oğuzman/Seliçi)

Öktemer, S.: HUMK'da Değişiklik Getiren 1711 Sayılı Kanunun Tahlil ve Tenkidi (Die Analyse und Kritik des türk. ZPO-Änderungsgesetzes Nr. 1711), ABD 1973/3, S. 473-479

Önen, E.: Gayrimenkul Davalarında Yetki (Zuständigkeit bei Immobilienklagen), AHFM XXII-XXIII (1967) 1-4, S. 572-633

Ortan, A. N.: Die neue türkische Verordnung über Patente und Gebrauchsmuster, GRURInt 1996, S. 709-712

Ott, G.: Die Luftfrachtbeförderung im nationalen und internationalen Bereich, Diss., München 1990

Öztan, B.: Die Geltendmachung von Geschiedenenunterhalt nach türkischem Recht, FamRZ 1994, S. 1574-1576

dies.: Zur Rückforderung der sog. Morgengabe bei der Ehescheidung türkischer Staatsangehöriger, FamRZ 1998, S. 624-626

Pagenstecher, O.: Gerichtsbarkeit und internationale Zuständigkeit als selbständige Prozessvoraussetzungen, RabelsZ 11 (1937), S. 337-438

Palandt, O.: Kommentar zum Bürgerlichen Gesetzbuch, 60. Aufl., München 2001 (zit.: Palandt/Bearbeiter)

Papenfuß, H. R.: Der gewöhnliche Aufenthalt im internationalen und interlokalen Privatrecht, Diss., Köln 1963

Pekcanıtez, H.: Medenî Usul Hukuku (Zivilprozessrecht), Ankara 2000.

Pfeiffer, T.: Der Umweltgerichtsstand als zuständigkeitsrechtlicher Störfall – Bemerkungen zu § 32 a ZPO, ZZP 106 (1993), S. 159-179

ders.: Halbseitig fakultative Gerichtsstandsvereinbarungen in stillschweigend vereinbarten AGB?, IPRax 1998, S. 17-25

ders.: Internationale Zuständigkeit und prozessuale Gerechtigkeit, Frankfurt a.M. 1995

Pınar, H.: Verfahrensrechtliche Regelungen im türkischen Patent- und Markenrecht, GRURInt. 1999, S. 120-131

Piltz, B.: Die Zuständigkeitsordnung nach dem EWG-Gerichtsstands- und Vollstreckungsübereinkommen, NJW 1979, S.1071-1075

ders.: Internationales Scheidungsrecht, München 1988

Postacıoğlu, E. I.: Medeni Usul Hukuku Dersleri (Zivilprozessrecht), 6 Aufl., İstanbul 1975

Prölss E. R.: VAG Kommentar zum Versicherungsaufsichtsgesetz, 11. Aufl. München 1997 (zit.: Prölss-Bearbeiter)

Prölss, E. R./Knappmann, U./Martin, A.: VVG Kommentar zum Versicherungsvertragsgesetz, 26. Aufl., München 1998 (zit.: Prölss-Bearbeiter)

Puszkajler, K. P.: Luxemburg locuta, causa nonfinita? IPRax 2000, S.79-80

Rauscher, T.: Eidesstattliche Versicherung durch den Generalbevollmächtigten einer ausländischen Gesellschaft, IPRax 1996, S. 179-181

Reishcauer-Kirschner, E.: Vereinfachung und Vereinheitlichung auf dem Gebiet des einstweiligen Rechtsschutzes in Familiensachen, ZRP 1998, S. 355-360

Reus, A.: Die „forum non conveniens-doctrine" in Großbritannien und den USA in Zukunft auch im deutschen Prozess?, RIW 1991, S. 542-553

Reuter, D.: Das selbstgeschaffene Recht des internationalen Sports im Konflikt mit dem Geltungsanspruch des nationalen Rechts, DZWir 1996, S. 1 ff.

Riezler, E.: Internationales Zivilprozessrecht und prozessuales Fremdenrecht, Berlin/Tübingen 1949

Rosenberg, L./Schwab, K. H./Gottwald, P.: Zivilprozessrecht, 15. Aufl., München 1993

Roth, G. H.: Internationalrechtliche Probleme bei Prorogation und Derogation, ZZP 93 (1980), S. 156-177

ders.: Probleme um die internationale und örtliche Zuständigkeit in Familiensachen aus dem Verfahrensbereich der Freiwilligen Gerichtsbarkeit, IPRax 1989, S. 279-281

ders.: Vernetzte Prozessmaximen im familiengerichtlichen Verbundverfahren, ZZP 103 (1990), S. 5-21

ders.: Gründungstheorie – Ist der Damm gebrochen? ZIP 1999, S. 861-867

Rumpf, C.: Scheidungsfolgen im türkischen Recht, ZfRV 1988, S. 272-289

ders.: Zur Anerkennung und Vollstreckung ausländischer Unterhaltsentscheidungen in der Türkei, IPRax 1998, S. 48-50

ders.: Zur „Fortbildung“ türkischen Unterhaltsrecht durch deutsche Gerichte – Prozesskostenvorschusspflicht unter türkischen Ehegatten, IPRax 1983, S. 114-116

ders.: Zur internationalen Zuständigkeit türkischer Gerichte für Scheidungsverfahren im Ausland lebender Türken, IPRax 1995, S. 182-185

Sadrulesrafi, H. A.: Devletler Özel Hukukunda Yabancılık Ögesi İçeren Çekişmesiz Yargı (İhtilafsız Kaza) ve Buna İlişkin Bir Olay ve Kararlar (Ein Fall und eine Entscheidung aus dem Bereich der freiwilligen Gerichtsbarkeit mit Auslandsbezug im IPR), MHB 1994/1-2, S. 63-81

Sakmar, A.: Devletler Hususi Hukukunda Boşanma (Ehescheidung im IPR), İstanbul 1976 (zit.: Sakmar, Boşanma)

ders.: Yabancı İlamların Türkiye'deki Sonuçları (Die Folgen ausländischer Entscheidungen in der Türkei), İstanbul 1982 (zit.: Sakmar, Yabancı İlamlar)

ders./Yılmaz, I./Ekşi, N.: Milletlerarası Özel Hukuk ve Usul Hukuku Hakkında Kanun, Uygulamadan Örnekler (türk. IPRG und ausgewählte Fälle aus der Praxis), İstanbul 1990

Samtleben, J.: Europäische Gerichtsstandsvereinbarungen und Drittstaaten – viel Lärm um nichts? Zum räumlichen Anwendungsbereich des Art. 17 I EuGVÜ/LugÜ, RabelsZ 59 (1995), S. 671-712

ders.: Internationale Gerichtsstandsvereinbarungen nach dem EWG-Übereinkommen und nach der Gerichtsstandsnovelle, NJW 1974, S. 1590-1596

ders.: Warentermingeschäfte im Ausland – ein Glückspiel? IPRax 1989, S. 148-155

Şanlı, C.: Türkiye'deki Gayrimenkullerle İlgili Bir Yabancı Boşanma Kararının Tenfizi (Die Vollstreckung einer ausländischen Entscheidung über die Immobilien in der Türkei), MHB 1986/1, S. 40-45

Sargın, F.: Milletlerarası Usul Hukukunda Yetki Anlaşmaları (Zuständigkeitsvereinbarungen im IZPR), Diss., Ankara 1996

Schack, H.: Abstrakte Erfüllungsortsvereinbarungen, form- oder sinnlos? IPRax 1996, S. 247-249

ders.: Einführung in das US-amerikanische Zivilprozessrecht, 2. Aufl., München 1995

ders.: Der Erfüllungsort im deutschen, ausländischen und internationalen Privat- und Zivilprozessrecht, Frankfurt a.M. 1985 (zit.: Schack, Erfüllungsort) *ders.*: Die Versagung der deutschen internationalen Zuständigkeit wegen forum non conveniens und lis alibi pendens, RabelsZ 58 (1994), 40-58

ders.: Internationale Zuständigkeit und Inlandsbeziehung, in: FS für H. Nakamura, Tokyo 1996, S. 491-514

ders.: Internationales Zivilverfahrensrecht, 2. Aufl., München 1996 (zit.: Schack, IZVR)

ders.: Vermögensbelegenheit als Zuständigkeitsgrund, – Exorbitant oder sinnvoll? –, ZZP 97 (1984), S. 46-68

ders.: Voraussetzungen der internationalen Zuständigkeit deutscher Zivilgerichte, JZ 1992, S. 54-56

Schlosser, P.: Einschränkung des Vermögensgerichtsstandes, IPRax 1992, S. 140-143

ders.: „Forum non conveniens" wegen Inaktivität der Prozessbeteiligten? IPRax 1983, S. 285-286

ders.: Kommentar zum EuGVÜ, München 1996 (zit.: Schlosser, EuGVÜ)

ders.: Europäische Wege aus der Sackgasse des deutschen internationalen Insolvenzrechts RIW 1983, S. 473-485

ders.: Neues Primärrecht der Europäischen Gemeinschaften, NJW 1975, S. 2132-2133

ders.: Vertragsautonome Auslegung, nationales Recht, Rechtsvergleichung und das EuGVÜ, in: Gedächtnisschrift Bruns, München 1980, S. 45-64

Schmidt, M. J.: Ablehnung eines Richters wegen früherer richterlicher Tätigkeit, NJW 1974, S. 729-731

Schmidt, H.: Zu den Voraussetzungen einer Gerichtsstandsvereinbarung nach VollstrZustÜbk Art. 17 und nach dem AGBG, die in Algemeinen Geschäftsbedingungen getroffen worden ist, ZZP 103 (1990), S. 91-98

Schröder, J.: Internationale Zuständigkeit, Opladen 1971

Schulte-Beckhausen, S.: Internationale Zuständigkeit durch rügelose Einlassung im Europäischen Zivilprozessrecht, Diss., Bielefeld 1994

Schumann, E.: Internationale Zuständigkeit: Besonderheiten, Wahlfeststellung, doppelrelevante Tatsachen, in: FS für Heinrich Nagel, München 1987, S. 402-426

ders.: Der internationale Gerichtsstand des Vermögens und seine Einschränkungen, in: Studi in Onore Entrico Tullio Liebman, Bd. 2, Milano 1979, S. 839-870

ders.: Aktuelle Fragen und Probleme des Gerichtsstands des Vermögens (§ 23 ZPO), ZZP 93 (1980), S. 408-442

ders.: Der Vermögensgerichtsstand (§ 23 ZPO) und der Einwand internationaler Rechtshängigkeit, IPRax 1988, S.13-15

Schurig, K.: Interessenjurisprudenz contra Interessenjurisprudenz im IPR, RabelsZ 59 (1995), S. 229-244

Schwab, K. H./Gottwald, P.: Verfassung und Zivilprozess, Bielefeld, 1984

Schwartz, I. E.: Übereinkommen zwischen den EG-Staaten: Völkerrecht oder Gemeinschaftsrecht? in: Im Dienste Deutschlands und des Rechtes, in: FS für W. G. Grewe, Baden Baden 1981, S. 551-607

Schütze, R. A.: Zur internationalen Zuständigkeit aufgrund rügeloser Einlassung, ZZP 90 (1977), S. 67-76

ders.: Zum Vermögensgerichtsstand des § 23 ZPO, DZWir 1991, S. 239-243

Seeberg, O.: Der Termin- und Differenzeinwand und die internationale Zuständigkeit bei Geschäften mit ausländischen Banken nach der Börsengesetznovelle 1989, ZIP 1992, S. 600-608

Serick, R.: Nach welchem Recht ist der Wohnsitz in §§ 13 und 16 ZPO bei Auslandsbeziehungen zu beurteilen?, ZZP 68 (1955), S. 278-301

Soergel/Kegel: Kommentar zum BGB, Bd. 10 (EGBGB), 12. Aufl., Stuttgart 1996 (zit.: Soergel/Kegel-Mitarbeiter)

Spellenberg, U.: Die Neuregelung der internationalen Zuständigkeit in Ehesachen, IPRax 1988, S. 1-7

ders.: Die Vereinbarung des Erfüllungsortes und Art. 5 Nr. 1 des Europäischen Gerichtsstands- und Vollstreckungsübereinkommens, IPRax 1981, S. 75-79

ders.: Der Gerichtsstand des Erfüllungsortes im europäischen Gerichtsstands- und Vollstreckungsübereinkommens, ZZP 91 (1978), S. 38-63

ders./Leible, S.: Die Notwendigkeit vorläufigen Rechtsschutzes bei transnationalen Streitigkeiten, in: Gilles (Hrsg.), Transnationales Prozessrecht 1995, S. 293-335

Spickhoff, A.: Asylbewerber und gewöhnlicher Aufenthalt im internationalen Zivilprozess und Privatrecht, IPRax 1990, S. 225-228

ders.: Grenzpendler als Grenzfälle: Zum „gewöhnlichen Aufenthalt“ im IPR, IPRax 1995, S. 185-189

ders.: Der Tatortregel im neuen Deliktskollisionsrecht, IPRax 2000, S. 1-8

Staudinger, A.: Vertragsstaatenbezug und Rückversicherungsverträge im EuGVÜ, IPRax 2000, S. 483-488.

Staudingers Kommentar zum Bürgerlichen Gesetzbuch, Internationales Gesellschaftsrecht, 14. Aufl., 1998 (zit.: Staudinger-Großfeld, IntGesR); Internationales Verfahrensrecht in Ehesachen, 13. Aufl., 1997 (zit. Staudinger-Spellenberg); Art. 25, 26 EGBGB, 14. Aufl., 2000 (zit.: Staudinger-Dörner); MSA, SorgeRÜbk, Art. 19 EGBGB, 13. Aufl., 1994 (zit.: Staudinger-Kropholler)

Stein/Jonas: Kommentar zur Zivilprozessordnung, 21. Aufl., Tübingen 1993 (zit.: Stein/Jonas-Bearbeiter)

Stoll, H.: Handlungsort und Erfolgsort im internationalen Deliktsrecht, Überlegungen zu Art. 40 Abs. 1 EGBGB, in: GS für Alexander Lüderitz, München 2000, S. 733-750

Tanrıver, S.: Medeni Usul Hukukunda Derdestlik İtirazı (Die Einrede der Rechtshängigkeit im Zivilprozessrecht), Ankara 1998

Tekinalp, G.: Protection of the Rights an Invention in the New Turkisch Patent Law, in: Annales de la Faculte de Droit d`Istanbul, 1997 (47), S. 27 f.

dies.: Unterhaltsansprüche getrenntlebender türkischer Eheleute, IPRax 1985, S. 333

dies.: Das türkische Gesetz über internationales Privatrecht und Zivilverfahrensrecht von 1982, RabelsZ 47 (1983), S. 74-78

Tekinay, S.S.: Aile Hukuku (Familienrecht), 7. Aufl., İstanbul 1990

Thomas, H./Putzo, H.: Kommentar zur Zivilprozessordnung, 22. Aufl., München 1999 (zit.: Thomas/Putzo)

Thume, K. H. (Hrsg.): Thume Kommentar zur CMR, Heidelberg 1994

Tunçomağ, K.: İkametgah (Wohnsitz), XXVI (1961) 1-4, S.153-184.

Ulmer, M. J.: Neue Tendenzen bei der Auslegung des Art. 16 Nr. 1 EuGVÜ, IPRax 1995, S. 72-75

Ulukapı, Ö.: Medeni Usul Hukukunda Dava Arkadaşlığı (Prozessgenossenschaft im Zivilprozessrecht), Diss., Konya 1991

ders.: Medeni Usul Hukukunda Derdestlik (Rechtshängigkeit im Zivilprozessrecht), YD 1995/4, S. 395 ff.

Uşan, M.F.: İş ve Sosyal Güvenlik Hukuku Açısından Tutuklu ve Hükümlülerin Çalıştırılması (Arbeits- und sozialversicherungsrechtliche Aspekte der Beschäftigung von Untersuchungshäftlingen und Verurteilten), Prof. Dr. Nuri Çelik'e Armağan (FS. für Prof. Dr. Nuri Çelik), İstanbul 2001, S. 1436-1447

Üstündağ, S.: Medeni Yargılama Hukuku (Zivilverfahrensrecht), Bd. I-II, 6. Aufl., İstanbul 1997

Vischer, F.: Bemerkungen zum Verhältnis von internationaler Zuständigkeit und Kollisionsrecht, in: FS Overbeck, S. 349-377

Wagner, R.: Die geplante Reform des Brüsseler und des Lugano-Übereinkommen, IPRax 1998, S. 241-244

ders.: Versorgungsausgleich mit Auslandsberührung, Bielefeld 1996

Wahl, U.: Die verfehlte internationale Zuständigkeit – Forum non conveniens und internationales Rechtsschutzbedürfnis, Berlin 1974

Walchshöfer, A.: Die deutsche internationale Zuständigkeit in der streitigen Gerichtsbarkeit, ZZP 80 (1967), S. 165-229

ders.: Die Wirksamkeit internationaler Zuständigkeitsvereinbarungen, NJW 1972, S. 2164-2167

Walter, G.: Die eigenmächtige Hausratsteilung, JZ 1983, S.54-57

Weyland, P.: Zur Frage der Ausschließlichkeit internationaler Gerichtsstandsvereinbarungen, in: Gedächtnisschrift für P. Arens, 1993, S. 417-429

Wieczorek, B./Schütze, R.: Zivilprozessordnung und Nebengesetze, 3. Aufl., Berlin 1994 (zit.: Wieczorek/Schütze-Bearbeiter)

Wrangel, P. G.: Der Gerichtsstand des Erfüllungsortes im deutschen, italienischen und europäischen Recht, München 1988

Würthwein, S.: Zur Problematik der örtlichen und internationalen Zuständigkeit aufgrund unerlaubter Handlung, ZZP 106 (1993), S. 51-78

Yilmaz, H.: Das Problem der Unehelichkeit in der Schweiz und in der Türkei, insbesondere für den Gesetzgeber, Peter Lang Verlag, 1980

Zevkliler, A.: Die Scheidungsfolgen im neuen türkischen Ehescheidungsrecht unter Berücksichtigung der nachehelichen Vermögensleistungen, insbesondere nachehelicher Bedürftigkeitsunterhalt, Türkisch-Schweizerische Juristentage 1989, Zürich 1990, S. 81 ff.

Zevkliler, A. / Acabey, M.B. / Gökyayla, E.: Medeni Hukuk (Bürgerliches Recht), 6. Aufl., Ankara 2000

Zöller, R.: Zivilprozessordnung, 22. Aufl., Köln 2001 (zit.: Zöller/Bearbeiter)

Peter Lang · Europäischer Verlag der Wissenschaften

Giuseppe Orsi / Kurt Seelmann / StefanSmid /
Ulrich Steinvorth (Hrsg.)

Recht und Kulturen

Frankfurt/M., Berlin, Bern, Bruxelles, New York, Oxford, Wien, 2000. 159 S.
Rechtsphilosophische Hefte.
Beiträge zur Rechtswissenschaft, Philosophie und Politik.
Herausgegeben von Giuseppe Orsi, Kurt Seelmann, Stefan Smid und Ulrich Steinvorth. Bd. IX
ISBN 3-631-36194-7 · br. DM 53.–*

Recht ist einerseits an Kulturen gebunden, tritt insbesondere in Form der Menschenrechte aber auch mit einem universellen Anspruch auf. Die Beiträge untersuchen dieses Spannungsverhältnis vor allem im Hinblick auf den Universalitätsanspruch und auf kulturübergreifende Rezeptionsvorgänge. Aber auch das Verhältnis der Menschenrechte zur staatlichen Souveränität und der moderne Kulturbegriff werden erörtert.

Aus dem Inhalt: Menschenrechte in Asien · Rezeption europäischen Rechts in Korea · Einheit der Menschheit und kulturelle Vielfalt · Menschenrechte und Rechtsstaatlichkeit · Subjektivität und Kultur

Frankfurt/M · Berlin · Bern · Bruxelles · New York · Oxford · Wien
Auslieferung: Verlag Peter Lang AG
Jupiterstr. 15, CH-3000 Bern 15
Telefax (004131) 9402131
*inklusive Mehrwertsteuer
Preisänderungen vorbehalten

Kolibri 360 GmbH
Ferdinand-Jühlke-Straße 7
99095 Erfurt, Deutschland
produktsicherheit@kolibri360.de

Druck:
CPI Druckdienstleistungen GmbH
im Auftrag der
Kolibri 360 GmbH
Ferdinand-Jühlke-Str. 7
99095 Erfurt